新疆少数民族高等教育入学机会研究

——社会分层与教育公平的视角

蔡文伯 等著

中央民族大学出版社
China Minzu University Press

图书在版编目(CIP)数据

新疆少数民族高等教育入学机会研究:社会分层与教育公平的视角/蔡文伯等著. —北京:中央民族大学出版社,2020. 12

ISBN 978-7-81108-854-0

Ⅰ. ①新… Ⅱ. ①蔡… Ⅲ. ①少数民族教育—高等教育—研究—新疆 Ⅳ. ①G759. 2

中国版本图书馆 CIP 数据核字(2019)第 073073 号

新疆少数民族高等教育入学机会研究

——社会分层与教育公平的视角

著　　者　蔡文伯等

责任编辑　满福玺

责任校对　杜星宇

封面设计　布拉格

出版发行　中央民族大学出版社

北京市海淀区中关村南大街 27 号　邮编:100081

电话:(010)68472815(发行部)　传真:(010)68932751(发行部)

(010)68932218(总编室)　(010)68932447(办公室)

经 销 者　全国各地新华书店

印 刷 厂　北京鑫宇图源印刷科技有限公司

开　　本　787×1092　1/16　印张: 25. 75

字　　数　435 千字

版　　次　2020 年 12 月第 1 版　2020 年 12 月第 1 次印刷

书　　号　ISBN 978-7-81108-854-0

定　　价　99. 00 元

序

当今时代的主题是和平与发展，而新疆地处我国西北边境，地域辽阔，民族众多，其各民族群体间的团结友好是维护新疆社会和谐稳定、健康发展的必要前提。新疆少数民族高等教育的发展不仅影响着该地区经济发展速度，而且也影响着新疆各民族间的友好团结氛围。随着高等教育大众化的发展及阶层背景因素的影响，不同社会阶层少数民族高等教育入学机会越来越受到人们的关注。

新疆少数民族对新疆政治、经济、文化等方面的发展起着重要的作用，因此民族教育就显得尤为重要。为加强民族教育，提高民族高等教育发展水平，新疆高等学校响应党和政府的号召，采取了一系列促进少数民族高等教育发展的改革措施。在这些倾斜政策的支持下，新疆少数民族高等教育取得了长足的进步，为新疆的经济建设和社会发展培养了大批专门人才。但由于新疆地理位置、气候状况、人文历史等多方面原因致使其经济一直处于发展比较缓慢的局面，从而造成教育资源匮乏、少数民族高等教育发展水平滞后于其他地区。这不仅不利于新疆少数民族接受更高层次的学校教育，也不利于维护新疆社会的和谐稳定。本书正是基于全面掌握新疆少数民族高等教育现状，分析社会阶层背景对新疆少数民族高等教育机会公平的影响，提出保障不同社会阶层和家庭背景的新疆少数民族高等教育入学机会公平的政策建议与对策，为保障新疆的长治久安、促进新疆少数民族高等教育入学机会公平、促进新疆经济和社会发展的宏观决策提供依据。

本书第一章对新疆少数民族大学生的家庭基本情况进行摸底调查，同时对高校收费、贫困生资助体系、专业选择的影响等方面进行了研究，发现新疆不同社会阶层少数民族大学生高等教育入学机会存在显著性差异，剖析了导致新疆少数民族高等教育入学机会阶层差异现象产生的深层次原因，立足于新疆教育发展现状，提出了加大助学贷款宣传力度、创建信息资源获取平台、提高少数民族家长信息意识等控制和缩小新疆少数民族高等教育入学机会阶层差异的对策建议。

第二章基于问卷调查，从家庭所处社会阶层、父母受教育程度、家庭收入、家庭所在地和民族等方面分析家庭背景对新疆大学生高等教育入学机会的影响。通过分析得出如下结论：不同家庭背景的新疆大学生在高等教育入学机会获得方面存在显著差异，父母的职业阶层、父母受教育状况、家庭收入、家庭所在地和民族等因素对新疆大学生进入何种层次和类型的高校就读产生重要影响。在此基础上，提出了保障新疆不同家庭背景大学生高等教育入学机会均等的对策建议：大力发展新疆经济，缩小社会阶层差距和收入差距；大力发展新疆教育事业，合理配置教育资源；协调新疆城乡和区域均衡发展；不断完善相关政策，保障高等教育入学机会；加强对低收入家庭大学生的经济资助，建立多元化的奖助体系。

第三章采用问卷调查法对新疆9所高校的在校大学生进行随机抽样调查，研究发现影响新疆高等教育机会获得的原因包括教育体制的累积效应、城乡经济差距、高考试卷以城市为中心的价值取向、教育抱负的差异、显性和隐性资源排斥。提出改变“唯分数论”的应试教育模式；缩小城乡收入差距，应该大力发展农村教育，发挥就业政策牵引机制，加大就业培训力度；提高弱势文化资本阶层的资本存量，改革学校教育制度；减少高考试卷城市倾向，为农村学生和城镇学生营造一个公平的竞争环境等建议。

第四章通过对新疆高校少数民族学生家庭付费能力和资助的调查统计分析，少数民族学生的家庭供给量明显低于汉族学生的家庭供给量；获得资助对缓解少数民族学生家庭付费压力起了积极的作用。高校学生资助工作在一定程度上帮助了经济困难的学生，但还存在政策宣传不到位、操作过程不够透明、不够公平等问题。本研究立足于新疆经济、文化、教育发展的实际，提出了强化新疆高校少数民族学生家庭付费能力的建议：制定合理的高校收费政策；发展农村经济，提高少数民族家庭经济收入；完善学生资助工作，切实保障教育公平。

第五章通过个案研究发现社会分层与学生在校期间获得助学金、获得学习指导帮助和兼职等方面密切相关，家庭社会分层对学生在接受高等教育过程中获得助学金、获得学习指导帮助和参加社会兼职等方面都有显著影响。不同的家庭社会分层会有不一样的经济资本、文化资本和社会资本，这对学生在接受高等教育期间课程学习方面、参与科研方面、评奖评优方面、获得学习指导帮助方面及人际交往方面都有程度不一的影响。国家应实施创新政策；政府应加大对高校学生科研投入力度，增加高校科研项目，同时完善高校资助体系，增大贫困生资助力度；高校应加大课程改革力度，推广因材施教的差别教育教学方法，端正学生评奖评优态度，严格监督评优过程，增加学生实习机会，保证弱势阶层享有平等的实习机会，正确引导大学生自我认识和教育，加强大学生公平意识等。

第六章高等教育对新疆少数民族个体发展的影响研究中发现，不论是接受高等教育的个体，还是作为利益相关者的家长和朋友，对高等教育基本上是持肯定和认可的态度，在条件允许的情况下均支持接受高等教育。高等教育对少数民族个体的文化资本、经济资本和社会资本的积累都有不同程度的影响，尤其对来自贫困家庭的学生较为明显。高等教育对个人发展发挥的效用带来的经济效益保障了个人的基本生活，也为家里提供经济上的支持。高等学校是由不同社会网络结成的组织，在这个组织中学生会结识不同的圈子，而这些人脉关系将在毕业后转化为社会资源，成为个体社会资本总量中重要的一部分。此外，在研究中还发现高等教育和个人发展之间不但有良性的互动，还存在一定的摩擦和冲突。

第七章以新疆少数民族大学生为研究对象，以高校学生社团对其社会化影响为研究内容，通过抽样问卷调查及部分学生的深度访谈的方式，了解新疆少数民族大学生参与高校学生社团的现状及其对学生社会化的影响。研究发现，是否加入高校学生社团、社团类型、社团参与数量及深度都对新疆少数民族大学生社会化产生影响。高校社团还存在组织建设欠佳、互动不足等问题，对此提出发挥高校学生社团社会化功能的建议：强化学生社团组织发展建设，营造开放多元的交流互动环境，提升学生社团活动品质。

本书的各章节内容主要源自本人主持的教育部人文社科规划基金项目“新疆不同社会阶层的少数民族高等教育入学机会差异研究（项目编号：14YJA880002）”、新疆生产建设兵团哲学社会科学研究规划基金项目“新疆社会分层流动对社会稳定的研究（项目编号：11BTYB19）”和新疆维吾尔自治区普通高等学校人文社会科学重点研究基地（新疆少数民族教育发展与教育政策研究中心）“高校社团对新疆少数民族大学生社会化影响的实证研究（项目编号：XJEDU020315B02）”的最终研究成果。课题组成员侯立杰、伍开文、王邦权、李玉芹、张天祈、马瑜和程璐直接参与了课题的研究和本书的写作，在本书统稿和编辑过程中袁雪协助作者做了大量的整理工作，可以说本书是通力协作、共同研究的成果。在研究过程中，得到了新疆生产建设兵团哲学社会科学办公室、新疆相关高等院校等部门领导对本课题的热情关心和帮助，参阅了国内外许多知名学者的学术论著，并得到了石河子大学“中西部高校综合实力提升工程”和新疆普通高校重点文科基地——新疆少数民族教育发展与教育政策研究中心的资助，在此一并表示衷心的感谢！书稿从立项、研究、结题到出版已经过去多年，许多内外部环境发生了变化，如学校名称、数据资料、管理制度等，为了不改变课题研究的当初边界条件，基本保持了原有的研究结果。但是，书稿内容仍然对促进新疆教育发展具有积极意义和应用价值，尤其可作为研究新疆教育发展的参考资料，也可供相关管理者决策参考。限于作者理论水平，书中难免有疏漏和不妥之处，敬请读者和专家批评指正。

目　录

第一章　新疆不同社会阶层少数民族的高等教育入学机会差异研究

入学机会公平通常被视为教育公平的前提，即教育的起点公平。对于贫困家庭的儿童来说，接受高等教育几乎可以被看作他们成就自我、实现就业和流动的唯一机会。然而，高等教育入学机会往往涉及学生家庭的社会资本、经济资本、文化资本等众多社会阶层指标，新疆复杂的民族成分以及区域经济发展现状的悬殊又使其社会分层呈现出独有的规律和特点，从而直接或间接地导致高等教育入学阶层差异的出现。因此，研究新疆不同社会阶层少数民族高等教育入学机会的差异就显得尤为重要。

本研究通过问卷调查法对新疆 10 所高校少数民族大学生的社会资本、文化资本和经济资本等家庭基本情况以及其对高校收费、贫困生资助体系、专业选择的影响因素等方面的看法进行了摸底，从辈出率、不同社会阶层少数民族高校和专业分布比例、多因素方差分析、交叉列表等相关统计指标对调查数据进行科学全面的分析。研究发现，新疆不同社会阶层少数民族大学生高等教育入学机会存在差异；拥有社会资本、文化资本、经济资本不同阶层的少数民族大学生进入高校类型存在显著性差异；拥有社会资本、文化资本、经济资本不同阶层的少数民族大学生就读专业存在显著性差异。通过整理部分少数民族大学生、教师及未接受高等教育的少数民族适龄青少年的访谈资料，从师资队伍建设、区域教学设施、助学贷款制度及家庭背景等不同层面，剖析导致新疆少数民族高等教育入学机会阶层差异现象产生的深层次原因：学校环境及硬件设施方面的差距、师资队伍和教学质量的悬殊、校际管理制度的差异；家庭学习资源、学习环境、高校不同专业收费标准的区别、家庭人口结构等经济资本因素；家庭文化氛围、信息资源获取能力、父母期望值等文化资本因素；家庭社会关系网络资源占有量及质量、父母职业及个人经验等社会资本因素。在此基础上，本研究立足于新疆教育发展现状，提出了加大助学贷款宣传力度、创建信息资源获取平台、提高少数民族学生家长信息意识等控制和缩小新疆少数民族高等教育入学机会阶层差异的对策建议。

本研究有利于丰富社会阶层与新疆少数民族大学生教育机会相关理论，有助于了解新疆少数民族大学生高等教育入学机会差异现状，揭示深层次原因，为减小阶层差距对少数民族获得高等教育机会的影响提供实证依据，有利于推进新疆少数民族高等教育事业发展，增强新疆地区自我发展能力，促进新疆社会的和谐稳定。

第一节　新疆不同社会阶层少数民族的高等教育入学机会差异现状调查分析

一、研究设计

（一）研究工具

1. 调查问卷

（1）调查问卷的设计

问卷调查法是本研究的主要方法，也是获取研究所需数据最为重要的渠道。“新疆不同社会阶层少数民族的高等教育入学机会差异研究”调查问卷是在厦门大学谢作栩教授提供的问卷基础之上，依据新疆少数民族群体具体情况进行修改而成，该问卷由个人基本信息、家庭基本信息、学习及费用情况三部分组成。

（2）问卷信度分析

学者 Devellis（1991）认为，0.60—0.65（最好不要）；0.65—0.70（最小可接受值）；0.70—0.80（相当好）；0.80—0.90（非常好）。由此，一份信度系数好的量表或问卷，最好在 0.80 以上，测试信度的方法包括重测法、复本法、内部一致性测试等。由于本研究问卷题型属于事实性问题，记忆或环境等因素不会对被试者产生较大的影响，故最佳信度分析法为重测法。重测法又称再测法，针对同一组被试者采用相同的调查问卷，分不同时间点进行重复测试，根据两次测试所得数据测量相关系数，即为再测信度。

为此，课题组随机选取了石河子大学 2013 级英语公共课 65 人作为测试对象。对这些学生进行了两次问卷调查，考虑到实际条件、研究时间等因素，课题组最终将间隔时间定为半个月。由于该问卷的主要目的是调查有关学生家庭背景资料，课题组从问卷中抽取了家庭收入、父母受教育程度及父母工作这三个主要指标来观测问卷的可信度。结果显示，对这三个问题的两次答复，一致率为92%，说明该问卷具有较高的可信度。

2. 访谈

访谈是一种研究性交谈，是研究者通过口头谈话的方式从被研究者那里收集（或者说"建构"）第一手资料的研究方法。① 由于问卷调查所获数据只能呈现事实，而很难反映出事实背后的成因，因此本研究辅之以访谈法弥补问卷法的不足，以期达到研究内容更加充分及完善的目的。

基于研究需要，课题组依据问卷编制内容，设计了相对应的访谈提纲，便于针对统计结果分析深层次原因，力求做到问卷调查数据与访谈提纲在思路设计上紧密联系，高度吻合。本研究根据访谈对象的不同设计了两种提纲，分别针对正在接受高等教育的少数民族大学生以及未能接受高等教育的少数民族学生，采用的访谈提纲为半开放型提纲，由封闭式问题及半开放式问题组成。

（二）数据来源与样本抽取

1. 调查问卷

（1）调查问卷数据来源

2014年，新疆共有普通高等院校44所②，其中本科院校13所，公办高职高专院校22所，民办高职高专院校4所，独立学院5所。本次调查发放问卷时间为2014年3月7日至2014年4月16日，共发放问卷1600份，回收问卷1542份，回收率为96.38%；有效问卷1460份，有效率为94.68%。本次调查采用的是分层目的抽样法，考虑到研究对高校类型的要求，选取了新疆10所高校的少数民族大学生作为主要调查对象。10所高校分别为新疆大学、石河子大学、塔里木大学、伊犁师范学院、新疆职业大学、伊犁职业技术学院、新疆天山职业技术学院、新疆现代职业技术学

---

① 陈向明．质的研究方法与社会科学研究［M］．北京：教育科学出版社，2000：165.

② 教育部．2014年全国高等学校名单（截至2014年7月9日）［EB/OL］．中华人民共和国教育部网．(2014-7-9)［2015-2-6］http：//www.moe.edu.cn/publicfiles/business/htmlfiles/moe/moe_ 229/201408/173611.html.

院、新疆农业大学科学技术学院、新疆财经大学商务学院。课题组将问卷回收情况进行整理统计，详细数据见表 1–1–1。

表 1–1–1　样本信息统计

学校	类型	所属区域	问卷基本信息统计（份）						
			总计	性别		年级			
				男	女	大一	大二	大三	大四
新疆大学	“211”重点高校	北疆	114	39	75	24	47	42	1
石河子大学	“211”重点高校	北疆	190	56	134	114	58	14	4
塔里木大学	公办普通本科院校	南疆	187	49	138	83	101	3	/
伊犁师范学院	公办普通本科院校	北疆	140	20	120	96	22	1	21
新疆职业大学	公办高职院校	北疆	144	65	79	79	41	24	/
伊犁职业技术学院	公办高职院校	北疆	133	53	80	64	56	13	/
新疆天山职业技术学院	民办高职院校	北疆	149	69	80	39	79	31	/
新疆现代职业技术学院	民办高职院校	北疆	143	20	123	126	17	/	/
新疆农业大学科学技术学院	独立学院	北疆	165	77	88	107	37	21	/
新疆财经大学商务学院	独立学院	北疆	95	35	60	95	/	/	/

（2）样本特征

表1–1–2为对调查样本分布特征的描述统计。从性别来看，男生占总样本的比例为 33. 1%，女生占 66. 9%，女生比例显著高于男生；从生源地来看，来自北疆的少数民族大学生占总样本的比例为 48. 2%，来自南疆的占 51. 8%，比例基本持平；从户口性质来看，农业户口占总样本的比例为 58. 2%，非农业户口占 41. 8%，样本中为农业户口的学生人数略高于非农业户口学生；从年级来看，大一学生占总样本的 56. 6%，大二占 31. 4%，

大三占10.2%，大四占1.8%。这主要与大三学生实习、大四学生忙于找工作等原因有关；从民族成分来看，维吾尔族占总样本的比例为62.7%，样本数最多，哈萨克族占27.7%，锡伯族占1.2%，回族占3.0%，蒙古族占2.4%，柯尔克孜族占1.9%，塔塔尔族、藏族、乌孜别克族、俄罗斯族、塔吉克族、满族、壮族共占1.1%。

表1-1-2　样本分布特征

类别		频率（人）	百分比（%）	类别		频率（人）	百分比（%）
性别	男	483	33.1	民族	维吾尔族	916	62.7
	女	977	66.9		哈萨克族	404	27.7
	合计	1460	100.0		锡伯族	17	1.2
生源地	北疆	703	48.2		回族	44	3.0
	南疆	757	51.8		蒙古族	35	2.4
	合计	1460	100.0		塔塔尔族	1	0.1
户口性质	农业户口	850	58.2		藏族	1	0.1
	非农业户口	610	41.8		乌孜别克族	1	0.1
	合计	1460	100.0		俄罗斯族	2	0.1
年级	大一	827	56.6		柯尔克孜族	28	1.9
	大二	458	31.4		塔吉克族	5	0.3
	大三	149	10.2		满族	3	0.2
	大四	26	1.8		壮族	3	0.2
	合计	1460	100.0		合计	1460	/

表1-1-3为调查样本就读专业的分布情况。本次调查样本就读学科涉及九大学科门类，共计43个专业。其中，经济学包括金融、经济学、国际贸易和电子商务；法学包括法学、法律和社会工作；教育学包括学前教育；文学包括广播电视新闻学、汉语言文学、俄语、文秘和表演；理学包括数学、化学、电子信息科学与技术、生物科学和小学教育；工学包括环境科学、农业机械化及自动化、计算机科学与技术、电气工程及其自动化、通信工程、建筑室内设计和汽车维修；农学包括林学、兽医、动物医学、动物科学、植物保护、园艺和动物防疫；管理学包括农林经济管理、

公共事业管理、会计学、旅游管理、物流管理、工商企业管理和人力资源管理；医学包括临床医学、医学检验、康复治疗和护理。

表 1-1-3 样本专业分布情况

学科	专业	频率（人）	百分比（%）	学科	专业	频率（人）	百分比（%）
经济学	金融	47	3.2	法学	法学	25	1.7
	经济学	103	7.1		法律	18	1.2
	国际贸易	32	2.2		社会工作	17	1.2
	电子商务	25	1.7	农学	动物医学	28	1.9
教育学	学前教育	70	4.8		动物科学	5	0.3
文学	广播电视新闻学	47	3.2		植物保护	124	8.5
	汉语言文学	40	2.7		园艺	47	3.2
	俄语	13	0.9		林学	27	1.8
	文秘	9	0.6		兽医	122	8.4
	表演	12	0.8		动物防疫	13	0.9
理学	数学	32	2.2	管理学	农林经济管理	10	0.7
	化学	1	0.1		公共事业管理	37	2.5
	电子信息科学与技术	15	1.0		会计学	80	5.5
	生物科学	43	2.9		旅游管理学	17	1.2
	小学教育	30	2.1		物流管理	53	3.6
工学	农业机械化及自动化	4	0.3		工商企业管理	51	3.5
	计算机科学与技术	3	0.2		人力资源管理	6	0.4
	电气工程及其自动化	21	1.4	医学	临床医学	46	3.2
	通信工程	24	1.6		医学检验	75	5.1
	建筑室内设计	12	0.8		康复治疗	15	1.0
	环境科学	1	0.1		护理	53	3.6
	汽车维修	7	0.5		合计	1460	/

（3）调查问卷样本选取原则

为使选取样本能够具有较高的代表性与可行性，保证研究的顺利进行，在样本抽取时课题组主要考虑了以下几点因素：

第一，学校层次上。由于本研究要探讨新疆少数民族接受不同层次高等教育的机会，因此在选取高校时要涵盖新疆所有高校类型，故最终决定在“211”重点院校、公办普通本科院校、公办高职院校、民办高职院校、独立学院5类高校分别选取两所进行调查研究。

第二，区域分布上。由于新疆南北疆之间经济发展水平、教育发展水平等存在显著性差异，造成新疆南北疆高校发展存在较大差距，因此本次调查高校既有北疆高校也有南疆高校。

第三，专业学科结构上。本次调查样本包含专业有经济学、法学、教育学、文学、理学、工学、农学、管理学、医学。力求做到更加全面地分析比较新疆少数民族学生就读不同专业类型的差异性。

第四，学校民族成分上。新疆自古以来就为多民族聚居区，因此民族成分较为复杂。此次调查对象的民族成分有13个，包括维吾尔族、哈萨克族、锡伯族、回族、蒙古族、塔塔尔族、藏族、乌孜别克族、俄罗斯族、柯尔克孜族、塔吉克族、满族、壮族。课题组希望通过对这13个少数民族成分学生的研究能够反映出新疆少数民族高等教育入学机会差异的整体情况。

2. 访谈调查

为获得新疆不同社会阶层少数民族的高等教育入学机会存在差异现象背后的深层次原因，更加全面地体现出研究的客观性、科学性，本研究在问卷调查的基础上，选取乌鲁木齐、伊犁、阿克苏等地的少数民族大学生及未接受高等教育的适龄少数民族青年进行访谈调查，并利用录音笔、访谈笔记等工具记录访谈过程。访谈于2014年3月7日，与问卷调查同步进行。最终选取的访谈样本涉及民族有维吾尔族、哈萨克族、蒙古族、锡伯族，见表1–1–4。访谈资料获取之后，课题组对录音资料进行了文字转录工作，并通过编码、归类等步骤整理分析访谈内容。

表 1-1-4　访谈对象基本信息

	代码	民族	性别	学历	年级	专业	考试类型	生源地
少数民族大学生	访谈 01	维吾尔族	女	本科	大二	金融	民考民	新疆图木舒克市
	访谈 02	维吾尔族	男	本科	大一	法律	民考民	新疆和田市玉田县
	访谈 03	维吾尔族	女	本科	大四	计算机科学与技术	民考汉	新疆伊宁市
	访谈 04	维吾尔族	女	本科	大三	计算机科学与技术	民考汉	新疆吐鲁番市
	访谈 05	维吾尔族	男	本科	大四	计算机科学与技术	双语班	新疆喀什地区伽师县
	访谈 06	维吾尔族	女	本科	大二	环境科学	双语班	新疆吐鲁番市
	访谈 07	维吾尔族	男	本科	大二	环境科学	双语班	新疆喀什市
	访谈 08	哈萨克族	男	本科	大一	电子信息工程	民考汉	新疆乌鲁木齐县
	代码	民族	性别	学历	年级	专业或工作	年龄	生源地
未接受高等教育的适龄少数民族	访谈 09	哈萨克族	男	中专	中一	汽车维修	16	新疆伊宁市英也尔乡
	访谈 10	哈萨克族	男	中专	中一	汽车维修	17	新疆伊犁巩留乡
	访谈 11	蒙古族	男	中专	中二	汽车维修	17	新疆伊犁特克斯县
	访谈 12	维吾尔族	男	中专	中一	汽车维修	18	新疆伊犁霍城县
	访谈 13	锡伯族	男	初中	/	厨师	22	新疆伊犁察布查尔县
	访谈 14	维吾尔族	女	初中	/	理发师	18	新疆伊犁察布查尔县
	访谈 15	锡伯族	男	高中	/	出租车司机	25	新疆伊犁察布查尔县
	访谈 16	维吾尔族	女	高中	/	导购员	25	新疆伊犁察布查尔县
追加访谈对象：教师 01，汉族，女，硕士学历，公办高职院校教师								

（三）变量选取

1. 社会阶层变量

长期以来，关于社会阶层划分标准或维度一直众说纷纭，没有得到统一的解释，分层标准依据职业或依据收入、文化水平等。目前，我国关于社会阶层的研究，具有代表性的有陆学艺教授的“十大阶层说”，李培林教授的“七阶层说”，李强、孙立平、沈原教授提出的“四大利益集团说”等。本研究借鉴陆学艺教授划分标准将父母职业作为划分阶层的主要依据，除此之外，本研究还结合了一些辅助变量作为划分阶层标准的依据，以弥补单一划分标准的不足。

（1）父母职业

本研究阶层划分标准采用的是陆学艺教授的“十大阶层说”，分别为国家与社会管理者阶层、经理人员阶层、私营企业主阶层、专业技术人员阶层、办事人员阶层、个体工商户阶层、商业服务业员工阶层、产业工人阶层、农业劳动者阶层、城乡无业失业半失业者阶层。

（2）家庭人均年收入

课题组根据2013年《新疆统计年鉴》城镇居民家庭基本情况、农村居民家庭基本情况、南疆三地州农民人均纯收入分组情况及新疆扶贫开发工作地区农民人均现金收支情况数据统计表中相关数据，将新疆家庭年人均纯收入划分为以下几个等级：①700元以下；②701—1500元；③1501—2500元；④2501—4000元；⑤4001—6000元；⑥6001—10000元；⑦10001—15000元；⑧15001—20000元；⑨20001—25000元；⑩25001元以上。

（3）父母受教育程度

按照我国现行学历划分层次及父母所接受的教育水平，将父母受教育程度划分为四个等级：研究生及以上；大专或本科；高中或中专；初中及以下。

2. 高等教育入学机会变量

瑞典著名教育学家托尔斯顿·胡森将教育机会均等分为起点均等、过程均等和结果均等。课题组认为，这里的起点均等包括两个方面：一为接受高等教育机会的均等；二为接受高等教育机会质量的均等。

第一，进入高校的机会。指所调查对象接受高等教育的整体机会。

第二，接受不同层次高等教育的机会。本研究将高等院校分为五种层次，分别为“211”重点院校、公办普通本科院校、公办高职院校、民办高职院校、独立学院。因此，接受不同层次高等教育的机会即指新疆不同社会阶层少数民族进入这五种高校的机会。

第三，接受不同学科类型教育的机会。本次调查涉及九大学科门类，故接受不同学科类型教育的机会即指新疆不同社会阶层少数民族接受这九大学科门类的机会。

（四）数据处理与分析

对调查数据运用 SPSS 19.0 统计软件和 Microsoft Office Excel 2003 进行编码、数据录入及相关统计处理与分析。本研究主要以高等教育阶层辈出率为分析视角，辅之以频数分布、列联表分析、均值比较和 t 检验等分析方法。

辈出率是指某一社会阶层子女在大学生中的比例与该阶层人口占整个社会人口比例之比。计算公式为：

$$\text{阶层}A\text{辈出率}=\frac{\text{大学生中阶层}A\text{的子女所占比例}}{\text{阶层}A\text{人口占整个社会人口的比例}} \qquad \text{公式（1-1-1）}$$

从公式 1-1-1 中可以看出：①辈出率为 1 时，该阶层子女接受高等教育的机会与整个社会阶层的平均水平相同；②辈出率超过 1 时，则表示该阶层子女接受高等教育的机会高于整体水平；③辈出率小于 1 时，则意味着这个阶层子女接受高等教育的机会低于整体水平。[①]

二、新疆不同社会阶层少数民族高等教育入学机会差异现状

随着国家对新疆各方面扶持力度的加大以及新疆经济的快速发展，新疆社会分层呈现出规模扩大、各阶层比例剧烈变动等独有的规律和特点。这使更多的人注意到新疆不同社会阶层的资源占有情况，其中教育资源的分配问题引起了人们的普遍关注。

那么，新疆不同社会阶层少数民族高等教育入学机会的整体差异情况如何？在高等教育内部各个阶层又有着怎样的区别？他们进入不同类型高校的机会均等吗？本部分将主要从新疆少数民族学生家庭经济收入、父母从事职业及受教育程度三个方面探讨。

---

① 董云川，张建新．高等教育与社会阶层：一项基于多民族边疆省份高效的实证研究[M]．北京：科学出版社，2008：76.

（一）新疆不同社会阶层少数民族高等教育入学机会差异总体情况

1. 新疆高校少数民族学生家庭所处社会阶层所占比例与辈出率

陆学艺教授以职业分类为基础划分出中国社会的“十大阶层”，并在《当代中国社会流动》中给出了选择职业作为划分标准的原因：首先，在当代社会，职业身份的分类是一种最基本的社会性区分，从事不同职业的人，在收入、声望、教育、权力等方面都存在差异，因而职业的分类与社会分化紧密相关。其次，在调查资料收集和分析方面，个人职业信息较易获得，也易于加以分类处理。①

《新疆维吾尔自治区 2010 年人口普查资料（中册）》中将全区各民族人口职业类别划分为 7 类：国家机关、党群组织、企事业单位负责人；专业技术人员；办事人员；商业、服务业人员；农、林、牧、副、渔、水利业生产人员；生产、运输设备操作人员；无业、失业人口。② 为便于本部分辈出率的计算，课题组将以上两种分层内容相结合，整理出新疆高校学生家庭所处社会阶层比例与辈出率，见表 1-1-5。

表 1-1-5　新疆高校民族学生家庭所处社会阶层比例与辈出率

阶层	国家机关、党群组织、企事业单位负责人	专业技术人员	办事人员	商业服务人员	产业工人	农业劳动者	无业、失业和半失业者
新疆社会阶层构成比例 X（%）	0.7	4.7	2.3	6.3	5.0	78.0	3.0
父亲所处社会阶层构成比例 Y1（%）	9.7	7.3	7.7	14.1	4.1	55.3	1.7
辈出率（Y1/X）	13.9	1.6	3.3	2.2	0.8	0.7	0.6
母亲所处社会阶层构成比例 Y2（%）	7.6	4.7	4.2	15.0	2.7	54.6	11.2
辈出率（Y2/X）	10.9	1.0	1.8	2.4	0.5	0.7	3.7

① 陆学艺. 当代中国社会流动［M］. 北京：社会科学文献出版社，2004：1.

② 新疆维吾尔自治区人民政府人口普查领导小组办公室. 新疆维吾尔自治区 2010 年人口普查资料（中册）［M］. 北京：中国统计出版社，2010：690-692.

续表

阶层	国家机关、党群组织、企事业单位负责人	专业技术人员	办事人员	商业服务人员	产业工人	农业劳动者	无业、失业和半失业者
样本家庭所处社会阶层构成比例 Y3（%）	8.7	6.0	6.0	14.6	3.4	54.9	6.4
辈出率（Y3/X）	12.4	1.3	2.6	2.3	0.7	0.7	2.1

根据表中数据可以清楚地看到各阶层子女的辈出率情况，课题组经过归纳，总结为以下几个特点：

第一，“国家机关、党群组织、企事业单位负责人”“专业技术人员”“办事人员”“商业服务人员”这四个阶层的辈出率均大于1，即这四个阶层少数民族大学生的高等教育入学机会显著高于新疆整体水平。不仅如此，若进行细致划分，则可以发现“国家机关、党群组织、企事业单位负责人”阶层的辈出率均远远高于其他阶层辈出率，说明就新疆整体社会而言，该阶层子女较之其他阶层拥有较大的入学机会。

第二，“产业工人”“农业劳动者”这两个阶层的辈出率均小于1，即这两个阶层少数民族大学生的高等教育入学机会均低于新疆整体水平。“农业劳动者”阶层在样本及新疆总体从业人口中所占比例分别为54.9%和78.0%，但其辈出率仅为0.7，也就是说来自农村家庭的少数民族大学生总量最多，但他们的入学机会却在所有阶层中最低。

第三，“无业、失业和半失业者”阶层以父亲职业作为划分标准的阶层辈出率小于1，而以母亲职业作为划分标准的阶层辈出率则大于1。这组数值说明在少数民族大学生中，若父亲无业或失业，则其进入高等教育的机会低于新疆整体水平，若母亲无业或失业，则其进入高等教育的机会高于新疆整体水平。

第四，辈出率最高的“国家机关、党群组织、企事业单位负责人”阶层与辈出率最低的“产业工人”“农业劳动者”阶层的辈出率之比高达17.7。由此可见，目前新疆不同社会阶层少数民族高等教育入学机会存在很大差异，父母职业阶层对少数民族高等教育入学机会有影响。

2. 新疆高校父母不同学历的少数民族学生所占比例与辈出率

《新疆维吾尔自治区2010年人口普查资料（上册）》中将全区各民族人口受教育程度划分为7类：研究生、大学本科、大学高职、高中、初中、小学、未上过学。① 为了既能反映出拥有不同文化资本学生入学机会间的差异，又利于课题组数据整合与计算，故在此将新疆少数民族大学生父母受教育程度分为研究生及以上、本科或大专、高中或中专、初中及以下四类。

根据《新疆维吾尔自治区2010年人口普查资料（上册）》中的全区各民族分性别、受教育程度的6岁及以上人口和全区分年龄、性别、受教育程度、婚姻状况的人口统计表格中的相关数据，结合调查样本中的父母受教育程度所占比例，最终计算出样本父母受教育程度的辈出率，见表1-1-6。

表1-1-6　新疆高校民族学生父母受教育程度比例及辈出率

父母受教育程度	研究生及以上	大专或本科	高中或中专	初中及以下
父母受教育程度构成比例A（%）	0.1	4.8	9.8	85.2
父亲受教育程度构成比例C2（%）	1.2	20.0	27.6	51.2
辈出率（C2/A）	12.0	4.2	2.8	0.6
母亲受教育程度构成比例C6（%）	1.3	15.5	25.9	57.3
辈出率（C6/A）	13.0	3.2	2.6	0.7

通过表1-1-6中数据可以看到以下几个特征：

第一，父母受教育程度构成比例随着学历的上升而下降。

在总调查样本中，父亲受教育程度为"研究生及以上、大专或本科、高中或中专、初中及以下"的比例分别为：1.2%、20.0%、27.6%和51.2%；母亲受教育程度为研究生及以上、大专或本科、高中或中专、初中及以下的比例分别为：1.3%、15.5%、25.9%和57.3%。这组数字说明在新疆少数民族大学生中，父母为低学历者的家庭仍然占大多数，而父母学历为"研究生及以上"的仅占总数的0.1%。将学生父母受教育程度比例与全疆少数民族学生父母受教育程度相比，样本的学历普遍偏高。

第二，辈出率随着父母受教育程度的上升而上升。

父亲受教育程度为"研究生及以上、大专或本科、高中或中专、初中及以下"的辈出率分别为：12.0、4.2、2.8、0.6；母亲受教育程度为研

---

① 新疆维吾尔自治区人民政府人口普查领导小组办公室. 新疆维吾尔自治区2010年人口普查资料（上册）［M］. 北京：中国统计出版社，2010：690-692.

究生及以上、大专或本科、高中或中专、初中及以下的辈出率分别为：13.0、3.2、2.6、0.7。父母受教育程度辈出率随着其学历的上升而上升，说明新疆少数民族大学生父母受教育程度与其高等教育入学机会成正比，即父母受教育程度越高，其高等教育入学机会就越大。

第三，父母受教育程度在“高中或中专以上”的辈出率均高于1。

通过分别观察父母不同学历的辈出率，可以发现父母学历为“研究生及以上、本科或大专、高中或中专”的辈出率均大于1，即其子女进入高等教育的机会高于新疆平均水平；而父母学历为“初中及以下”的辈出率分别仅为0.6和0.7，即父母受教育程度低于初中学历的少数民族学生的高等教育入学机会低于新疆整体水平，由此可见父母学历对其子女高等教育入学机会有着较大的影响。

第四，父亲受教育程度为“研究生及以上”的辈出率与父亲受教育程度为“初中及以下”的辈出率之比高达20.0，母亲的比值为18.6。由此可见，父母受教育程度不同的新疆少数民族大学生在入学机会上存在很大差异，并且父亲受教育程度不同导致的其子女入学机会上的差异要大于母亲导致的差异。

（二）阶层社会资本对新疆少数民族高等教育入学机会差异的影响

自“社会资本”概念提出以来，国内外许多不同领域的学者对其进行了不同角度的研究，其中不乏社会资本与职业两者之间关系的相关研究。社会资本对职业发展起了指导和支持的正面促进作用外，职业发展对社会资本的积累也起了反馈和增强的作用。① 鉴于此，课题组采用了职业作为阶层社会资本的主要表现，并希望通过这一指标分析阶层社会资本对少数民族学生进入不同类型高校、接受不同专业教育的影响。

1. 阶层社会资本对新疆少数民族学生进入高校类型差异的影响

课题组通过辈出率计算，将“211”高校、普通本科高校、公办高职院校、民办高职院校、独立学院中各阶层子女的分布情况进行了统计，见表1-1-7、表1-1-8。并将从横向和纵向两个角度进行深入的探讨。

---

① 荣凤杰，房宏君．社会资本与职业发展的作用关系研究［J］．商场现代化，2012（6）：134-135.

（1）不同社会资本少数民族学生进入同一类型高校的差异

表 1-1-7　父亲职业阶层与少数民族大学生高校分布辈出率

父亲工作	国家机关、党群组织、企事业单位负责人	专业技术人员	办事人员	商业服务人员	产业工人	农业劳动者	无业、失业和半失业者
新疆社会阶层构成比例 A（%）	0.7	4.7	2.3	6.3	5.0	78.0	3.0
“211”高校构成比例 B1（%）	22.9	7.3	9.6	31.4	1.7	26.2	1.0
辈出率（B1/A）	32.7	1.6	4.2	5.0	0.3	0.3	0.3
公办普通本科院校构成比例 B2（%）	4.9	6.4	4.9	2.4	3.7	75.8	1.8
辈出率（B2/A）	7.0	1.4	2.1	0.4	0.7	1.0	0.6
公办高职院校构成比例 B3（%）	4.4	7.0	7.0	4.1	3.7	71.0	2.9
辈出率（B3/A）	6.3	1.5	3.0	0.7	0.7	0.9	1.0
民办高职院校构成比例 B4（%）	2.6	5.0	6.3	18.4	5.0	62.0	0.7
辈出率（B4/A）	3.7	1.1	2.7	2.9	1.0	0.8	0.2
独立学院构成比例 B5（%）	14.3	11.2	11.2	14.7	6.9	39.4	2.3
辈出率（B5/A）	20.4	2.4	4.9	2.3	1.4	0.5	0.8

通过横向比较表 1-1-7 可以看出：在“211”高校中，“国家机关、党群组织、企事业单位负责人”“商业服务人员”“农业劳动者”阶层所占比例最高。若从该组数字进行比较，似乎这三个阶层子女进入“211”高校的机会更大，但将该组数据与新疆整体社会阶层构成情况进行辈出率计算后就会发现，以上所体现的只不过是表面现象。在“211”高校中辈出率居于首位的是“国家机关、党群组织、企事业单位负责人”阶层，其子女辈出率高达 32.7，远远高于其他阶层子女在“211”高校中的辈出率。由此可见，新疆少数民族子女进入重点院校的机会非常高。除此之外，“专业技术人员”“办事人员”“商业服务人员”阶层子女进入重点院校的机会也高于新疆整体水平，而“产业工人”“农业劳动者”“无业、失业和半失业者”阶层子女辈出率均为 0.3，他们的子女进入重点院校的机会

明显低于新疆整体水平。

公办普通本科院校和公办高职院校情况基本相同，这两类高校各阶层子女的辈出率大于1的均为“国家机关、党群组织、企事业单位负责人”“专业技术人员”“办事人员”。不同的是在公办普通本科院校中，“农业劳动者”阶层子女的辈出率等于1；而在公办高职院校中，辈出率等于1的则为“无业、失业和半失业者”阶层子女，即这两个阶层的子女分别在公办普通本科院校和公办高职院校中的入学机会达到新疆整体平均水平。另一个不同点是在公办普通本科院校中，“国家机关”阶层子女与“商业服务人员”阶层子女的入学机会差距正在缩小。与“211”重点院校相比，在这两类公办院校中，“国家机关、党群组织、企事业单位负责人”阶层子女辈出率由32.7下降到7.0、6.3，下降幅度最大。相反的是，“产业工人”“农业劳动者”“无业、失业和半失业者”阶层子女的辈出率均有所上升。

在民办高职院校中，“商业服务人员”子女辈出率相较于前两类高校上升明显，其子女在该类高校的入学机会仅次于“国家机关、党群组织、企事业单位负责人”阶层。除此之外，“产业工人”阶层子女辈出率为1，处在及格线上；“农业劳动者”阶层子女辈出率小于1；“无业、失业和半失业者”阶层子女的辈出率仅为0.2，远远低于其他几个阶层的辈出率。值得一提的是，在该类高校中各阶层子女辈出率的波动幅度最小，说明相比于其他几类高校，民办高职院校中能获得较为均等的入学机会。

在独立学院中，各阶层子女辈出率与“211”高校类似。“国家机关、党群组织、企事业单位负责人”阶层子女辈出率为20.4，辈出率最低的仍然是“无业、失业和半失业者”阶层，仅为0.8，与前者相距25.5倍。

通过表1-1-7，大致了解了父亲职业阶层对于其子女进入不同层次高校的机会产生了怎样的影响，而表1-1-8所表达的则是母亲职业阶层对其子女进入不同层次高校机会的影响。同样对表1-1-8进行横向观察，不难发现其与表1-1-7存在许多相似之处：“国家机关、党群组织、企事业单位负责人”阶层子女辈出率仍然是所有阶层中最高的。

表 1-1-8　母亲职业阶层与少数民族大学生高校分布辈出率

母亲工作	国家机关、党群组织、企事业单位负责人	专业技术人员	办事人员	商业服务人员	产业工人	农业劳动者	无业、失业和半失业者
新疆社会阶层构成比例 A（%）	0.7	4.7	2.3	6.3	5.0	78.0	3.0
“211 工程”高校构成比例 C1（%）	19.6	7.3	4.0	34.7	1.7	26.5	6.3
辈出率（C1/A）	28.0	1.6	1.7	5.5	0.3	0.3	2.1
公办普通本科院校构成比例 C2（%）	3.7	3.4	2.8	4.6	0.9	70.9	13.8
辈出率（C2/A）	5.3	0.7	1.2	0.7	0.2	0.9	4.6
公办高职院校构成比例 C3（%）	4.0	1.8	2.6	6.2	4.0	73.5	7.7
辈出率（C3/A）	5.7	0.4	1.1	1.0	0.8	0.9	2.6
民办高职院校构成比例 C4（%）	2.3	1.0	2.0	19.0	4.0	61.0	10.7
辈出率（C4/A）	3.3	0.2	0.9	3.0	0.8	0.8	3.6
独立学院构成比例 C5（%）	8.9	10.4	10.8	9.7	3.1	39.4	17.8
辈出率（C5/A）	12.7	2.2	4.7	1.5	0.6	0.5	5.9

然而，若仔细观察，仍可发现表 1-1-8 与表 1-1-7 的不同之处。首先，在“211”高校、公办普通本科院校、民办高职院校和独立学院中，除个别数据外，父亲职业阶层子女辈出率均显著高于母亲职业阶层子女辈出率，说明对于同一职业阶层来说，父亲职业对少数民族大学生就读以上四类高校机会的影响大于母亲职业的影响；其次，在公办高职院校中，母亲职业阶层为“国家机关、党群组织、企事业单位负责人”和“农业劳动者”的辈出率均高于父亲阶层辈出率，说明在该层次高校中，母亲职业阶层为以上两者的少数民族学生入学机会均高于父亲；最后，在各层次高校中，“无业、失业和半失业者”阶层子女的辈出率均大于 1，这与父亲为该阶层的辈出率有很大出入，造成这方面的原因可能与新疆少数民族的“男主外、女主内”的传统观念有着密不可分的联系。

（2）同一社会资本少数民族进入不同类型高校的差异

上文主要从横向的角度分析了同一类型高校中父母不同职业阶层子女的辈出率分布情况，也就是在同一类型高校中不同职业阶层子女的入学机会差异情况。接下来主要讨论同一社会阶层子女在不同类型高校中的分布状况。

通过纵向比较表1-1-7和表1-1-8可以发现：父母职业阶层为“国家机关、党群组织、企事业单位负责人”的少数民族大学生在“211”高校、公办普通本科院校、公办高职院校、民办高职院校和独立学院中的辈出率均为最高，其中父亲职业处在该阶层的辈出率分别为32.7、7.0、6.3、3.7、20.4。说明无论是在较高层次的高校中，还是在一般高校中，该阶层子女高等教育的入学机会均显著高于新疆整体水平，尤其是在“211”高校和独立学院这两类高校中的入学机会分别为新疆整体水平的32.7倍和20.4倍，是辈出率最高的阶层。也就是说相比其他阶层，该阶层子女更有可能进入较高层次的院校。

父亲职业阶层为“专业技术人员”的少数民族大学生在5类高校中的辈出率分别为1.6、1.4、1.5、1.1、2.4；母亲职业阶层为“专业技术人员”的少数民族大学生在5类高校中的辈出率分别为1.6、0.7、0.4、0.2、2.2。说明若父亲职业为“专业技术人员”，那么其子女的高等教育入学机会高于新疆整体水平；若母亲职业为“专业技术人员”，那么其子女更有可能进入较高层次的院校。父母职业阶层为“专业技术人员”“办事人员”“商业服务人员”的少数民族大学生进入5类高校的辈出率均大于1，即他们在这5类高校中的入学机会均高于新疆整体水平，但这种优势仍然存在些许差别。在5类高校中，父母职业为以上这三种阶层的少数民族大学生进入“211”高校和独立学院的机会最大，但相比于父母职业阶层为“国家机关、党群组织、企事业单位负责人”的少数民族大学生，他们进入这5类高校的机会差距正在逐渐缩小。父母职业阶层为“产业工人”“农业劳动者”“无业、失业和半失业者”的少数民族大学生在公办高职院校和民办高职院校中的辈出率普遍大于在“211”高校、公办普通本科院校和独立学院，这说明处在较低社会阶层的少数民族大学生较容易进入办学层次偏低的高校。

课题组对父亲职业阶层辈出率和母亲职业阶层辈出率的标准差进行计算发现，各阶层少数民族大学生进入公办本科院校、公办高职院校、民办高职院校这三类院校的机会差异最小，父母职业阶层辈出率标准差均没有超过3.0，而在独立学院和“211”高校中的父母职业阶层辈出率标准差则与其他三类高校有着明显的差别，尤其是在“211”高校中，标准差竟高达11.8和10.0，见图1-1-1、图1-1-2。也就是说在这5类高校中，高职院校更能体现出公平性，而“211工程”高校和独立学院中各阶层少数民族大学生的入学机会则存在很大差别。

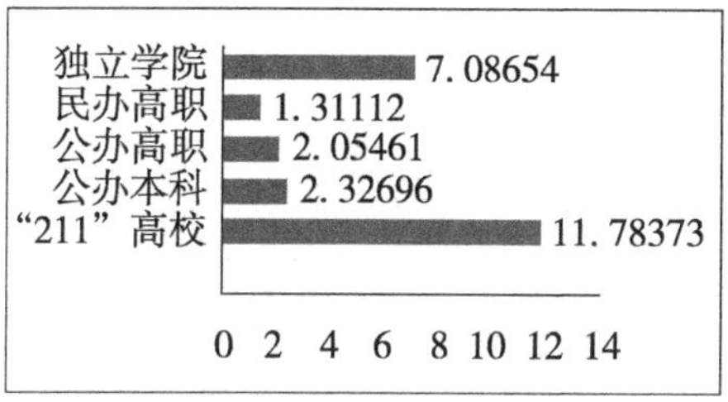

图1-1-1　父亲职业阶层辈出率标准差统计图

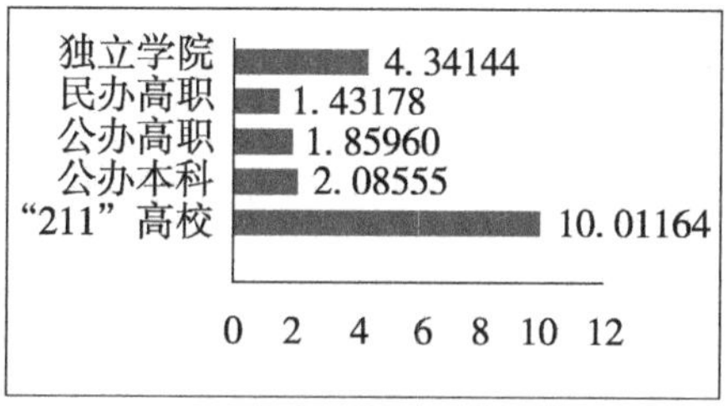

图1-1-2　母亲职业阶层辈出率标准差统计图

2. 阶层社会资本对新疆少数民族学生接受不同专业教育的影响

依据中华人民共和国国家质量监督检验检疫总局、中国国家标准化管理委员会2009年5月6日发布，于2009年11月1日实施的《中华人民共和国学科分类与代码国家标准GB/T13745—2009》以及教育部重新修订颁布的《普通高等学校本科专业目录（2012年）》中关于学科门类划分的标准，本研究将调查样本中的45门专业划分了九大学科门类，分别为经济学、法学、教育学、文学、理学、工学、农学、管理学、医学。

（1）父母职业阶层在九大学科门类中的辈出率情况

由于无法控制单个变量，因此分别从父亲职业和母亲职业两个角度探讨少数民族大学生就读不同学科机会的差异会对统计结果形成干扰，故课题组经过筛选，剔除了父亲职业与母亲职业不同的样本。最终符合条件的样本数为997，其中父母职业均为“国家与社会管理者”的样本数为38、为“经理人员”的样本数为10、为“私营企业主”的样本数为12、为“专业技术人员”的样本数为24、为“办事人员”的样本数为34、为“个体工商户”的样本数为111、为“商业服务人员”的样本数为11、为“产业工人”的样本数为17、为“农业劳动者”的样本数为736、为“无业、失业和半失业者”的样本数为4。

课题组从父母职业阶层入手分析新疆少数民族大学生在九大学科门类中就读的机会差异情况，见表 1–1–9。通过对表 1–1–9 中辈出率数据进行对比，可以清晰地发现：

表 1–1–9　父母职业阶层与少数民族大学生就读专业分布辈出率

学科门类＼职业	国家机关、党群组织、企事业单位负责人	专业技术人员	办事人员	商业服务人员	产业工人	农业劳动者	无业、失业和半失业者
新疆社会阶层构成比例 A（%）	0.7	4.7	2.3	6.3	5.0	78.0	3.0
经济学类构成比例 D1（%）	7.9	5.6	7.1	10.3	5.6	62.7	0.8
辈出率（D1/A）	11.3	1.2	3.1	1.6	1.1	0.8	0.3
法学类构成比例 D2（%）	17.2	3.4	6.9	17.2	0.0	55.2	0.0
辈出率（D2/A）	24.6	0.7	3.0	2.7	0.0	0.7	0.0
教育学类构成比例 D3（%）	6.3	8.3	2.1	2.1	2.1	79.2	0.0
辈出率（D3/A）	9.0	1.8	0.9	0.3	0.4	1.0	0.0
文学类构成比例 D4（%）	6.1	1.2	3.7	32.9	2.4	53.7	0.0
辈出率（D4/A）	8.7	0.3	1.6	5.2	0.5	0.7	0.0
理学类构成比例 D5（%）	2.4	1.2	0.0	1.2	2.4	92.8	0.0
辈出率（D5/A）	3.4	0.3	0.0	0.2	0.5	1.2	0.0
工学类构成比例 D6（%）	4.3	0.0	0.0	23.4	0.0	72.3	0.0
辈出率（D6/A）	6.1	0.0	0.0	3.7	0.0	0.9	0.0
农学类构成比例 D7（%）	1.3	1.4	2.1	12.4	0.0	82.8	0.0
辈出率（D7/A）	1.9	0.3	0.9	2.0	0.0	1.1	0.0
管理学类构成比例 D8（%）	7.2	3.6	6.5	7.7	1.2	72.0	1.8
辈出率（D8/A）	10.3	0.8	2.8	1.2	0.2	0.9	0.6

续表

学科门类＼职业	国家机关、党群组织、企事业单位负责人	专业技术人员	办事人员	商业服务人员	产业工人	农业劳动者	无业、失业和半失业者
医学类构成比例 D9（%）	13.8	0.0	1.6	12.2	2.4	69.9	0.0
辈出率（D9/A）	19.7	0.0	0.7	1.9	0.5	0.9	0.0

在经济学类中，除“农业劳动者”阶层与“无业、失业和半失业者”阶层外，其余阶层的辈出率均高于1，即父母职业为“国家机关、党群组织、企事业单位负责人”“专业技术人员”“办事人员”“商业服务人员”“产业工人”的少数民族大学生就读经济学类的机会高于新疆整体水平。其中“国家机关、党群组织、企事业单位负责人”阶层辈出率高达11.3，是新疆平均水平的11.3倍。可见，在经济学类中，新疆各阶层少数民族大学生的就读机会存在非常大的差距。

在法学类中，辈出率小于1的有“专业技术人员”“产业工人”“农业劳动者”“无业、失业和半失业者”四个阶层，说明这四个阶层子女在法学类专业就读的机会低于新疆平均水平。而“国家机关、党群组织、企事业单位负责人”阶层的辈出率为24.6，是所有学科门类中最高的。由此可以推断在法学类中，各阶层少数民族大学生的就读机会差异最为显著，是所有学科门类中阶层特征最为明显的一类。

在教育学类中，辈出率大于1的有“国家机关、党群组织、企事业单位负责人”和“专业技术人员”阶层；“农业劳动者”阶层在教育学类中的辈出率则上升为1，表示该阶层子女更倾向于选择教育学类专业；“办事人员”“商业服务人员”“产业工人”“无业、失业和半失业者”阶层辈出率均小于1。通过对比可以发现，各阶层子女在教育学类中的就读机会差异小于前两类学科。

在文学类中，“商业服务人员”阶层辈出率上升为5.2，且为该阶层在所有学科门类中辈出率最高的一类，不仅表示该阶层少数民族大学生就读于文学类专业的机会高于新疆整体水平，而且说明该阶层子女在九大学科门类中更加倾向于就读文学类专业。而“农业劳动者”的阶层辈出率仅为0.7，且为其在所有科类中最低的一类，这可能与农民家庭子女在选择专业时更多地考虑就业因素有关。

在理学类中，“国家机关、党群组织、企事业单位负责人”的阶层辈出率下降为3.4，但仍然高于新疆整体水平。“商业服务人员”的阶层辈出率仅为0.2，为其在所有科类中就读机会最低的一类。与其相反的是，“农业劳动者”在该学科门类中的阶层辈出率为1.2，意味着农民家庭子女在选择专业时，更加偏向于此类学科。

在工学类中，拥有较多就读机会的依然是“国家机关、党群组织、企事业单位”阶层子女，“商业服务人员”阶层子女次之，而另外几个阶层的辈出率均小于1，“专业技术人员”“办事人员”“产业工人”“无业、失业和半失业者”阶层就读该类专业的比例为0，这可能与样本筛选条件有关，在这些阶层中，父母双方职业相同的概率小于其他几个阶层。

在农学类中，“农业劳动者”阶层的辈出率为1.1，仅次于其在理学类中的辈出率。“商业服务人员”阶层的辈出率为2.0，为该科类中辈出率最高的阶层。而“国家机关、党群组织和企事业单位负责人”阶层辈出率则下降为1.9，是其在所有学科门类中辈出率最低的一类，也就是说该阶层少数民族大学生在9个学科门类中就读农学类专业的可能性最低。另外，不难看出，在该类专业中，各阶层子女的就读机会差异降到了最小，也就是说，在农学类专业中，各阶层子女的就读机会趋近于平均水平。

在管理学和医学类中，各阶层辈出率情况比较相似。“国家机关、党群组织、企事业单位负责人”阶层的辈出率在两类学科中均超出了10，代表该阶层在这两类学科中仍然占有更多的就读机会。除此之外，在两类学科中辈出率均高于1的还有“商业服务人员”阶层，各阶层在医学类中的辈出率均高于管理学类，即各阶层子女在两者中选择就读医学类专业的可能性更大。

(2) 九大学科门类在各职业阶层中的分布情况

上文对不同职业阶层在九大学科门类中的整体就读机会做了比较，下面课题组将从纵向的视角分析不同学科门类在同一社会阶层中的具体分布，见表1-1-10、表1-1-11。

将父亲职业阶层在各学科中的分布情况（表1-1-10）和母亲职业阶层在各学科中的分布情况（表1-1-11）进行对比可以发现：在“国家与社会管理者”阶层中，父亲职业处于该阶层的少数民族大学生较多地分布于经济学、管理学和医学，在这三大学科门类中的比例达到63.9%，也就是说样本中该阶层子女有过半的人数就读于这三大学科门类中；母亲职业处于该阶层的少数民族大学生与前者极其相似，在三大学科门类中所占比例同样高达65%，甚至超过了前者。由此可见，不论是父亲职业阶层还是母亲职业阶层为“国家与社会管理者”的，其子女都更加偏向于经济学、管理学和医学学科。

表 1–1–10　不同专业类别（父亲）在同一职业阶层中的分布情况(单位:%)

专业	国家与社会管理者	经理人员	私营企业主	专业技术人员	办事人员	个体工商户	商业服务人员	产业工人	农业劳动者	无业、失业和半失业者
经济学	22.1	17.9	7.1	19.8	16.1	16.4	20.0	25.0	10.9	24.0
法学	10.5	10.7	10.7	6.6	8.0	5.1	6.7	1.7	2.1	12.0
教育学	3.5	3.6	3.6	6.6	4.5	0.6	0.0	6.7	5.7	8.0
文学	11.6	17.9	3.6	7.5	8.0	19.2	6.7	10.0	5.7	0.0
理学	4.7	0.0	7.1	5.7	5.4	4.5	0.0	8.3	10.8	12.0
工学	3.5	0.0	0.0	5.7	4.5	7.9	10.0	8.3	4.5	0.0
农学	2.3	17.9	14.3	17.0	20.5	22.0	13.3	15.0	31.3	16.0
管理学	20.9	14.3	21.4	22.6	21.4	13.6	30.0	13.3	16.3	20.0
医学	20.9	17.9	32.1	8.5	11.6	10.7	13.3	11.7	12.7	8.0

在“经理人员”阶层中，父亲职业处于该阶层的少数民族大学生在经济学、文学、农学和医学四大学科门类中所占比例达71.6%，且在这些学科中的比例均为17.9%，说明父亲为该阶层的子女偏向于就读经济学、文学、农学和医学，并且在这四大学科中的就读比例均等；母亲职业处于该阶层的少数民族大学生在管理学和医学两大科类中所占比例为57.1%，说明母亲处于该阶层的少数民族大学生有超过一半的人数选择就读管理学和医学。综合两者，可以发现父母职业为“经理人员”阶层的子女均偏向于医学类学科。

在“私营企业主”阶层中，父亲职业处于该阶层的少数民族大学生在管理学和医学两类学科中所占比例高达53.5%，也就是超过一半的学生在九大学科门类中选择了管理学和医学类专业；而母亲职业阶层为“私营企业主”的少数民族大学生同样偏好于管理学和医学类专业，所占比例之和为51.7%，略低于前者。但若仅对比他们在医学类中的比例，则可发现相比于父亲职业阶层，母亲职业为“私营企业主”阶层的子女所占比例比前者高出0.2%，即更加喜好医学类专业。

在“专业技术人员”和“办事人员”阶层，无论是父亲还是母亲为该阶层的少数民族大学生在选择就读专业时，都偏好经济学、农学和管理学。若分开来看，父母职业为“专业技术人员”阶层的少数民族大学生在学科选择上的偏好较为相近，而父亲职业为“办事人员”阶层的少数民族大学生在经济学和农学类专业上所占比例为16.1%、20.5%，母亲为“办事人员”阶层的则为30.6%、11.3%，因此可见前者在经济学类专业中所占比例较大，而后者更倾向于农学类专业。

在“个体工商户”阶层中，其子女在文学和农学类专业中就读比例更大。与此同时，他们在教育学和理学类专业中所占比例之和却没有超过6%。在“商业服务人员”中，若依据父亲职业，那么其子女在经济学和管理学中占有很大的比例，并且仅在管理学中就占了三分之一；若依据母亲职业，则其子女较多地选择就读于农学和管理学类专业中。父亲职业为“产业工人”阶层的少数民族大学生在经济学和农学中所占比例分别为25.0%和15.0%，而母亲职业为“产业工人”阶层的学生也同样偏好在经济学类、管理学类中就读，不同的是也有15.4%的学生选择了医学类专业。

在“农业劳动者”阶层，父母职业为该阶层的子女均比较偏向于农学和管理学类专业，其中仅在农学类专业中所占比例就超过了30%。父亲处于“无业、失业和半失业者”阶层的少数民族大学生所占比例由高到低依次为经济学、管理学、农学、法学和理学；母亲处于“无业、失业和半失业者”阶层的少数民族大学生所占比例由高到低依次为经济学、医学、管理学、农学和理学。

表1-1-11　不同专业类别（母亲）在同一职业阶层中的分布情况（单位:%）

专业	国家与社会管理者	经理人员	私营企业主	专业技术人员	办事人员	个体工商户	商业服务人员	产业工人	农业劳动者	无业、失业和半失业者
经济学	23.3	9.5	3.2	19.1	30.6	13.1	9.1	25.6	10.9	22.7
法学	11.7	4.8	12.9	11.8	6.5	4.6	10.6	2.6	2.6	1.8
教育学	6.7	0.0	3.2	7.4	4.8	1.3	1.5	5.1	5.0	7.4
文学	5.0	14.3	16.1	4.4	11.3	22.2	10.6	5.1	6.1	4.9
理学	3.3	0.0	3.2	4.4	1.6	1.3	6.1	12.8	10.3	12.9

续表

专业	国家与社会管理者	经理人员	私营企业主	专业技术人员	办事人员	个体工商户	商业服务人员	产业工人	农业劳动者	无业、失业和半失业者
工学	5.0	0.0	0.0	1.5	3.2	9.8	4.5	7.7	5.4	1.2
农学	3.3	14.3	9.7	16.2	11.3	24.2	21.2	10.3	31.9	16.0
管理学	20.0	19.0	19.4	26.5	21.0	13.7	22.7	15.4	16.7	16.0
医学	21.7	38.1	32.3	8.8	9.7	9.8	13.6	15.4	11.0	17.2

3. 不同社会资本少数民族大学生高等教育入学机会的差异检验

将学生所读学校类型、专业作为因变量，其父母职业作为自变量进行多因素方差分析。统计结果显示，父母职业对学生就读学校类型及不同专业的选择有着显著的影响，见表 1-1-12。

从表 1-1-12 显示数据可以看到，父母职业所对应学校类型的 *Sig.* 值分别为 0.005 <0.05、0.000 <0.05，这说明父母职业对其子女所选高校层次有着显著影响，并且母亲职业的影响程度高于父亲职业；父母职业所对应专业的 *Sig.* 值分别为 0.127 >0.05、0.003 <0.05，这说明父亲职业对其子女就读专业的不同没有显著影响，而母亲职业对其子女选择就读专业有着显著的影响；父亲职业、母亲职业所对应学校类型和专业的 *Sig.* 值分别为 0.000 和 0.006，均小于 0.05，这说明父亲职业与母亲职业的交互作用对少数民族大学生选择高校和专业的影响是高度显著的。

表 1-1-12　学生学校、专业选择与父母职业的多因素方差分析

源	因变量	Ⅲ型平方和	*df*	均方	*F*	*Sig.*
校正模型	学校类型	421.368[a]	86	4.900	2.756	0.000
	专业 1	1063.183[b]	86	12.363	1.815	0.000
截距	学校类型	1749.570	1	1749.570	984.134	0.000
	专业 1	6601.905	1	6601.905	969.062	0.000
@15 父亲职业	学校类型	42.645	9	4.738	2.665	0.005
	专业 1	94.643	9	10.516	1.544	0.127
@16 母亲职业	学校类型	69.131	9	7.681	4.321	0.000
	专业 1	171.354	9	19.039	2.795	0.003

续表

源	因变量	Ⅲ型平方和	df	均方	F	Sig.
@15 父亲职业 * @16 母亲职业	学校类型	213.120	68	3.134	1.763	0.000
	专业 1	697.154	68	10.252	1.505	0.006
误差	学校类型	2440.886	1373	1.778		
	专业 1	9353.806	1373	6.813		
总计	学校类型	15333.000	1460			
	专业 1	57898.000	1460			
校正的总计	学校类型	2862.254	1459			
	专业 1	10416.989	1459			

注：a. R^2 = 0.147（调整 R^2 = 0.094）；b. R^2 = 0.102（调整 R^2 = 0.046）。

鉴于表 1-1-12 得出的结果：相对于父亲职业来讲，母亲职业对其子女接受不同层次高等教育机会的影响更为显著。因此下面将具体分析母亲职业阶层的不同对于新疆少数民族大学生就读高校与专业上产生的差异，见表 1-1-13。

表 1-1-13 是所调查学生母亲不同职业阶层间显著性差异两两比较的结果。从表中数据可以看出：从就读学校类型上看，在两两之间 *Sig.* 取值小于 0.05 的职业阶层中，与母亲职业为“经理人员”“私营企业主”“个体工商户”阶层子女在选择高校上存在显著性差异的阶层数最多，高达 8 个，分别为“国家与社会管理者”“专业技术人员”“办事人员”“个体工商户”“商业服务人员”“产业工人”“农业劳动者和失业人员”阶层；母亲职业为“个体工商户”阶层子女在就读高校上除与“商业服务人员”阶层无显著性差异外，与其他几个阶层均有差异。除此之外，与母亲职业为“商业服务人员”“农业劳动者”阶层的少数民族大学生存在显著性差异的阶层数均为 7，前者分别为：“经理人员”“私营企业主”“专业技术人员”“办事人员”“产业工人”“农业劳动者”“失业人员”阶层；后者分别为：“经理人员”“私营企业主”“办事人员”“个体工商户”“商业服务人员”“产业工人”“失业人员”阶层。与此同时，母亲职业为“国家与社会管理者”“专业技术人员”阶层的少数民族大学生与其他阶层的差异最小。

表 1-1-13　学生学校、专业选择与母亲职业的单因素方差分析

(I) 16 母亲职业	(J) 16 母亲职业	学校类型		专业	
		均值差 (I—J)	显著性	均值差 (I—J)	显著性
国家与社会管理者	经理人员	1.136*	0.001	-1.598*	0.018
	私营企业主	1.173*	0.000	-1.206*	0.040
	办事人员	-0.618*	0.012	0.472	0.326
	个体工商户	0.412*	0.047	-0.360	0.372
	农业劳动者	-0.144	0.430	-0.839*	0.018
经理人员	专业技术人员	-1.315*	0.000	1.538*	0.020
	办事人员	-1.753*	0.000	2.069*	0.002
	个体工商户	-0.724*	0.023	1.237*	0.045
	商业服务人员	-0.801*	0.019	0.835	0.208
	产业工人	-1.670*	0.000	1.612*	0.025
	农业劳动者	-1.279*	0.000	0.758	0.196
	无业、失业和半失业者	-1.537*	0.000	1.377*	0.025
私营企业主	专业技术人员	-1.352*	0.000	1.146*	0.046
	办事人员	-1.790*	0.000	1.677*	0.004
	个体工商户	-0.760*	0.005	0.845	0.105
	商业服务人员	-0.838*	0.005	0.444	0.442
	产业工人	-1.707*	0.000	1.220	0.056
	农业劳动者	-1.316*	0.000	0.366	0.450
	无业、失业和半失业者	-1.574*	0.000	0.985	0.058
专业技术人员	办事人员	-0.438	0.067	0.531	0.254
	个体工商户	0.592*	0.003	-0.301	0.436
	商业服务人员	0.514*	0.029	-0.702	0.125
	农业劳动者	0.036	0.836	-0.780*	0.020

续表

(I) 16 母亲职业	(J) 16 母亲职业	学校类型		专业	
		均值差（I—J）	显著性	均值差（I—J）	显著性
办事人员	个体工商户	1.030*	0.000	-0.832*	0.037
	商业服务人员	0.953*	0.000	-1.234*	0.009
	农业劳动者	0.474*	0.008	-1.311*	0.000
个体工商户	产业工人	-0.947*	0.000	0.375	0.431
	农业劳动者	-0.556*	0.000	-0.479*	0.041
	无业、失业和半失业者	-0.814*	0.000	0.140	0.640
商业服务人员	产业工人	-0.869*	0.002	0.776	0.147
	农业劳动者	-0.479*	0.006	-0.077	0.820
	无业、失业和半失业者	-0.736*	0.000	0.541	0.162
产业工人	农业劳动者	0.391	0.080	-0.854*	0.050
农业劳动者	无业、失业和半失业者	-0.258*	0.028	0.619*	0.007

注：由于篇幅有限，本表删除了统计结果中不显著及部分重复比较数据。

从专业选择上看，两两之间 *Sig.* 取值小于 0.05 的职业阶层中，与母亲职业为“农业劳动者”阶层子女在就读专业上存在显著性差异的阶层数为 6，分别为“国家与社会管理者”“专业技术人员”“办事人员”“个体工商户”“产业工人和失业人员”阶层；与母亲职业为“经理人员”阶层子女在就读专业上存在显著性差异的阶层数为 5，分别为“国家与社会管理者”“专业技术人员”“办事人员”“产业工人”和“失业人员”阶层；与母亲职业为“办事人员”阶层子女在就读专业上存在显著性差异的阶层数为 5，分别为“经理人员”“私营企业主”“个体工商户”“商业人员”和“农业劳动者”阶层；母亲职业为“商业服务人员”阶层子女在就读专业上存在显著性差异的阶层仅有“办事人员”阶层，即“商业服务人员”阶层与其他阶层并没有体现出显著的差异。

从整体差异性分析来看，学校类型一列中各阶层两两之间 *Sig.* 取值小于 0.05 的个数要明显大于专业一列，也就是说父母职业所处阶层的不同对其子女在就读高校类型上的影响要大于专业选择上的影响。

（三）阶层文化资本对新疆少数民族高等教育入学机会差异的影响

文化资本（Cultural Capital）概念系法国当代著名思想家和教育社会学家布尔迪厄（P. Bourdieu，1930）最早提出，意指社会各阶级和个体所拥有的知识、技术、气质及文化背景等的总和，是一种有别于经济资本和社会资本、基于对文化资源的占有的资本。文化资本在个人社会地位的确立和变更中的作用愈来愈大，并以教育资格的形式被制度化，通常表现为学历和文凭证书等形式。[①] 而父母受教育程度不同，其所代表的父母知识量、家庭中的文化氛围、信息技术能力等方面同样会产生较大的差异，故本研究将采用父母受教育程度作为衡量阶层文化资本的指标，并以此分析其对新疆少数民族大学生高等教育入学机会的影响。

1. 阶层文化资本对新疆少数民族进入高校类型差异的影响

课题组将调查样本中父母受教育程度分为：研究生及以上、大专或本科、高中或中专、初中及以下。并分别从父亲受教育程度、母亲受教育程度两个角度计算其在不同层次高校中的辈出率，最终计算结果如表 1-1-14、表 1-1-15。

表 1-1-14　不同层次高校中父亲受教育程度比例及辈出率

父亲受教育程度	研究生及以上	大专或本科	高中或中专	初中及以下
父亲受教育程度构成比例 A（%）	0.1	4.4	9.7	85.8
“211”高校学生父亲受教育程度构成比例 C2（%）	5.0	30.8	36.4	27.8
辈出率（C2/A）	50.0	7.0	3.7	0.3
公办普通本科院校学生父亲受教育程度构成比例 C3（%）	0.3	11.3	22.0	66.4
辈出率（C3/A）	3.0	2.6	2.3	0.8

① 刘生全．教育批评的教育基础刍议［J］．北京师范大学学报，2001（2）：42–49.

续表

父亲受教育程度	研究生及以上	大专或本科	高中或中专	初中及以下
公办高职院校学生父亲受教育程度构成比例 C4（%）	0.0	15.1	22.1	62.9
辈出率（C4/A）	0.0	3.4	2.3	0.7
民办高职院校学生父亲受教育程度构成比例 C5（%）	0.0	10.7	32.0	57.3
辈出率（C5/A）	0.0	2.4	3.3	0.7
独立学院学生父亲受教育程度构成比例 C6（%）	0.8	34.4	25.1	39.8
辈出率（C6/A）	8.0	7.8	2.6	0.5

表 1-1-15 不同层次高校中母亲受教育程度比例及辈出率

母亲受教育程度	研究生及以上	大专或本科	高中或中专	初中及以下
母亲受教育程度构成比例 A（%）	0.1	5.3	9.9	84.7
“211”高校学生母亲受教育程度构成比例 C2（%）	5.0	25.2	38.1	31.8
辈出率（C2/A）	50.0	4.8	3.8	0.4
公办普通本科院校学生母亲受教育程度构成比例 C3（%）	0.3	7.6	22.6	69.4
辈出率（C3/A）	3.0	1.4	2.3	0.8
公办高职院校学生母亲受教育程度构成比例 C4（%）	0.0	11.4	15.1	73.5
辈出率（C4/A）	0.0	2.2	1.5	0.9
民办高职院校学生母亲受教育程度构成比例 C5（%）	0.0	6.7	27.0	66.3
辈出率（C5/A）	0.0	1.3	2.7	0.8

续表

母亲受教育程度	研究生及以上	大专或本科	高中或中专	初中及以下
独立学院学生母亲受教育程度构成比例 C6（%）	1.2	28.6	26.3	44.0
辈出率（C6/A）	12.0	5.4	2.7	0.5

通过比较表 1-1-14 和表 1-1-15 可知：

第一，在“研究生及以上”学历中，父母受教育程度为“研究生及以上”的学生主要分布在“211 工程”高校、公办普通本科院校和独立学院中。并且父母受教育程度为“研究生及以上”的少数民族大学生在“211 工程”高校和公办普通本科院校中的辈出率相同，即他们拥有相同的入学机会。不同的是父亲为“研究生及以上”学历的少数民族大学生进入独立学院的机会大于母亲为“研究生及以上”学历的学生。

第二，在“大专或本科”学历中，父亲受教育程度为“大专或本科”学历的辈出率偏高的为“211 工程”高校的 7.0 和独立学院的 7.8；而母亲受教育程度为“大专或本科”学历的辈出率偏高的为“211 工程”高校的 4.8 和独立学院的 5.4。虽然从整体上来看，无论是父亲还是母亲受教育程度为“大专或本科”学历，其子女都倾向于进入“211 工程”高校和独立学院，然而通过对比便可发现，其中父亲为“大专或本科”学历的少数民族大学生进入这两类院校的机会明显高于母亲为“大专或本科”学历的少数民族学生。也就是说他们和父母受教育程度为“研究生及以上”的学生同样都是更多地进入“211 工程”高校和独立学院。不同的是前者进入独立学院的可能性大于进入“211 工程”高校，而后者则相反。

第三，在“高中或中专”学历中，父母受教育程度为“高中或中专”学历的辈出率均大于 1，从大到小依次为“211 工程”高校、民办高职院校、独立学院、公办普通本科院校、公办高职院校，也就是说父母受教育程度为“高中或中专”的少数民族大学生与父母受教育程度为“研究生及以上”和“大专或本科”的学生不同，他们更多地进入了“211 工程”高校和民办高职院校。

第四，在“初中及以下”学历中，父母受教育程度为“初中及以下”的少数民族大学生的辈出率均小于 1，即他们的高等教育入学机会低于新疆平均水平。其中父母受教育程度为“初中及以下”的少数民族学生进入

“211 工程”高校的辈出率分别仅为 0.3 和 0.4，意味着他们进入高层次院校的机会最小，更多的则是进入公办普通本科院校和民办高职院校。

第五，父母受教育程度为“研究生及以上”的少数民族大学生进入“211 工程”高校、公办普通本科院校和独立学院等本科性质高校的辈出率远远高于父母受教育程度为本科及本科以下的学生。也就是说父母为高学历者的少数民族学生就读于高层次院校的机会显著高于父母为低学历者的学生。

上文分析了不同学历少数民族大学生选择高校层次的不同，下面课题组将主要从横向的视角分析不同类型高校中少数民族大学生父母受教育程度的不同。

纵览表 1–1–14 和表 1–1–15，不难看出：

第一，在“211 工程”高校中，父母受教育程度辈出率由高到低依次为“研究生及以上”“大专或本科”“高中或中专”“初中及以下”。而父亲受教育程度为“研究生及以上”的辈出率是受教育程度为“初中及以下”的辈出率的 166.7 倍，同理可计算母亲的为 125.0 倍。这些数字告诉人们在新疆少数民族大学生中，父母受教育程度越高，其能够进入高层次院校的机会也就越大，并且父母受教育程度为“研究生及以上”的学生进入高层次院校的机会是父母受教育程度为“初中及以下”学生的 100 多倍，差距非常明显。

第二，在公办普通本科院校中，从父亲方面来说，同样出现了“211 工程”高校中父母受教育程度与子女入学机会成正比的现象，即父亲受教育程度越高，其子女进入公办普通本科院校的机会也就越大。相比之下，母亲受教育程度与子女入学机会似乎无规律可循，入学机会较高的分别为母亲受教育程度为“研究生及以上”和“高中或中专”的少数民族大学生。另外，父母高低学历下的辈出率之比为 3.75，也就是父母受教育程度为“研究生及以上”的学生进入公办普通本科院校的机会是父母受教育程度为“初中及以下”学生的 3.75 倍。相比“211 工程”高校中的 100 多倍，在该层次高校中，这种差距正在急速缩小，各阶层少数民族学生入学机会不平等现象有所改善。

第三，在公办高职院校中，几乎没有少数民族学生的父母学历达到“研究生及以上”，但除此之外，其余的还是遵循父母受教育程度越高，子女进入公办高职院校的机会也就越大的原则。也就是父母拥有中上阶层文化资本的学生进入该层次院校的机会要大于父母阶层文化资本较低的学生。若将父母辈出率分开来看，父亲高低辈出率之比为4.9，母亲高低辈出率之比为2.4。显然，父亲受教育程度对该层次高校的学生来说影响力要大于母亲，并且子女的入学机会差异也更加明显。

第四，在民办高职院校中，同样没有少数民族学生的父母学历达到“研究生及以上”，并且入学机会最大的是父母受教育程度为“高中或中专”的学生，其次为“大专或本科”，入学机会最小的是父母受教育程度为“初中及以下”的学生。从整体情况来讲，在民办高职院校中，少数民族大学生的入学机会越高，其父母受教育程度越低。意味着，父母拥有越少的文化资本，其子女越有可能进入一般高校。

第五，在独立学院中，辈出率情况与“211 工程”高校类似，即父母受教育程度越高，其子女进入独立学院的机会也就越大。不同的是通过父母不同学历辈出率比较，可以看出在该层次高校中，母亲对其子女入学机会的影响要高于父亲。也就是母亲受教育程度对其子女进入独立学院的机会影响更加明显，仅次于“211 工程”高校。

2. 阶层文化资本对新疆少数民族接受不同专业教育的影响

通过上文分析，知道了阶层文化资本对新疆少数民族进入不同层次高校的影响。下文课题组将探讨新疆少数民族大学生专业选择与其父母受教育程度之间存在怎样的联系，见表1-1-16。

表1-1-16　父母受教育程度与新疆少数民族大学生就读学科交叉列联表

（单位:%）

学科分类	父亲受教育程度				母亲受教育程度			
	研究生及以上	大专或本科	高中或中专	初中及以下	研究生及以上	大专或本科	高中或中专	初中及以下
经济学	0.0	24.0	12.4	11.9	0.0	22.6	16.9	11.2
法学	16.7	5.8	6.9	2.0	10.5	8.4	6.6	2.0
教育学	0.0	4.1	6.5	4.3	0.0	4.4	7.1	3.9
文学	5.6	9.9	11.2	6.2	10.5	9.3	11.1	6.7
理学	0.0	4.8	6.5	10.8	0.0	4.0	7.1	10.2
工学	0.0	5.1	6.9	3.9	0.0	3.1	6.9	4.7
农学	22.2	16.8	18.4	31.3	31.6	14.6	15.3	31.6

续表

学科分类	父亲受教育程度				母亲受教育程度			
	研究生及以上	大专或本科	高中或中专	初中及以下	研究生及以上	大专或本科	高中或中专	初中及以下
管理学	38.9	21.2	15.4	16.5	26.3	25.2	11.9	17.6
医学	16.7	8.2	15.9	13.1	21.1	8.4	17.2	12.1

纵向观察表1-1-16，能够发现以下规律：

第一，父亲受教育程度为“研究生及以上”的少数民族大学生，在就读学科分布上按比例大小依次为管理学、农学、医学、法学、文学；母亲受教育程度为“研究生及以上”的少数民族大学生，在就读学科分布上按比例大小依次为农学、管理学、医学、法学、文学。排序上的区别告诉人们，父母受教育程度为“研究生及以上”的少数民族大学生在学科选择上存在不同。从父亲方面来看，其子女更偏向于管理学；从母亲方面来看，其子女更偏向于农学。与此同时，在调查样本中，他们的子女在经济学、教育学、理学和工学类专业上所占比例为零，也就是说这几类学科在父母受教育程度为“研究生及以上”的少数民族大学生群体中吸引力极低。

第二，父亲受教育程度为“大专或本科”的少数民族大学生在九大类学科中所占比例超过了10%的分别为经济学、管理学、农学，所占比例较低的学科按从低到高的顺序分别为教育学、理学、工学、法学、医学和文学；母亲受教育程度为“大专或本科”的少数民族大学生就读科类中比例最高的为管理学25.2%，其次为经济学22.6%，所占比例较低的学科按从低到高的顺序分别为工学、理学、教育学、法学、医学、文学。由此可见，父亲受教育程度为“大专或本科”的少数民族学生更倾向于经济学类专业，而母亲受教育程度为“大专或本科”的少数民族学生更倾向于管理学类专业。从整体来看，他们在报考专业时最不偏爱教育学、理学和工学学科，在这三类学科中所占比例总和不超过15%。

第三，父亲受教育程度为“高中或中专”的少数民族大学生在农学、医学和管理学中占的比例最多，达到49.7%，约占九大学科门类的一半，其次在经济学和文学类专业中也各自占有10%以上的比例，而在其余的法学、教育学、理学和工学中所占比例均没能超过7%；母亲受教育程度为“高中或中专”的少数民族大学生在这些学科门类中所占比例最高的依次为医学17.2%、经济学16.9%和农学15.3%，并且所占比例在7%左右的仍然为法学、教育学、理学和工学。这表示父母受教育程度为“高中或中专”的少数民族大学生虽然在偏好的专业上选择不同，但在不喜爱专业上的选择却极为相似。

第四，父母受教育程度为“初中及以下”的少数民族大学生在各学科中的分布情况与前者有着较大的差异。首先，父亲为该学历的子女与母亲为该学历的子女在专业选择上几乎不存在差异，在各学科中所占比例几乎相同；其次，父母受教育程度为“初中及以下”的学生都是在农学和管理学中所占比例较大，而在法学、教育学和工学中所占比例较小；最后，他们在农学类专业中所占比例是在法学类专业中所占比例的 15 倍。由此可见，父母为该学历的子女在就读专业上存在明显的区别。

横向观察表 1-1-16，同时结合图 1-1-3，可以看到不同学科中少数民族大学生父母的受教育程度存在哪些不同：

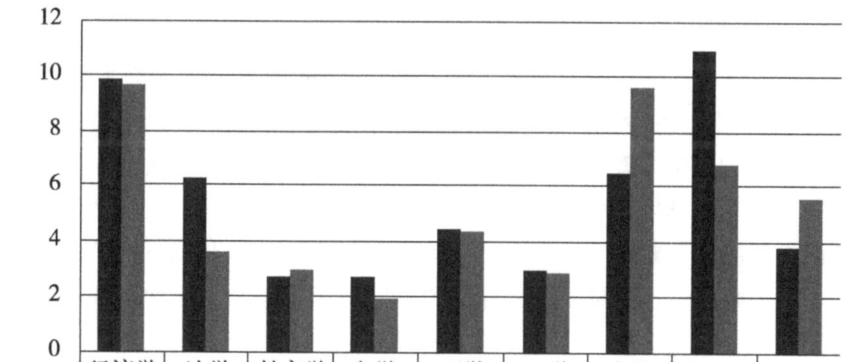

	经济学	法学	教育学	文学	理学	工学	农学	管理学	医学
■父亲	9. 8004	6. 2623	2. 7109	2. 7475	4. 4657	2. 9227	6. 4912	10. 894	3. 8404
■母亲	9. 6468	3. 6197	2. 9263	1. 9493	4. 3599	2. 9033	9. 6171	6. 7786	5. 5874

图 1-1-3　父母受教育程度在不同学科中标准差比较

第一，在经济学类中，父母受教育程度为“大专或本科”的少数民族大学生所占比例超过了 20%，而父母受教育程度为“初中及以下”的所占比例超过了 11%，表明前者就读经济学类专业的机会是后者的 2 倍。而母亲受教育程度为“高中或中专”的学生在经济学中所占比例为 16. 9%，父亲受教育程度为“高中或中专”的学生在经济学中所占比例为 12. 4%，即前者在该类学科中的就读机会大于后者。图 1-1-3 中，可以直观地看到在该学科中，父亲不同学历下少数民族大学生就读机会标准差为9.8004，母亲为9.6468。由此可见，虽然从整体来看，父亲和母亲方面对子女在经济学中的就读机会没有造成太大差异，但是从内部来看，无论是父亲，还是母亲，他们受教育程度的不同对其子女在经济学类专业的就读机会产生了非常大的差异。

第二，在法学类中，通过比较父亲与母亲文化资本下的学生就读机会比例，发现在相同文化资本下，前者较后者拥有更多的就读机会。整体来说，在该科类中，父母受教育程度越高，其子女的就读机会也就越大。若从内部来看，在法学类中的就读机会最大的是父亲受教育程度为“研究生及以上”的学生，所占比例为16.7%；就读机会最小的是父亲受教育程度为“初中及以下”的学生，所占比例为2.0%，前者是后者的8.35倍。此外，父亲在该学科中的就读机会标准差为6.2623，母亲为3.6197，说明父亲文化资本的不同相较于母亲而言，对子女在法学类专业中的就读机会造成的差异更大。

第三，在教育学和工学类中，就读机会最大的父母受教育程度同为“高中或中专”的少数民族大学生。除此之外，父亲受教育程度为“大专或本科”的学生在教育学和工学中的就读机会大于父亲受教育程度为“初中及以下”的学生。而母亲受教育程度为“大专或本科”的少数民族大学生的就读机会在教育学类中高于受教育程度为“初中及以下”的学生，在工学类中则相反。父母受教育程度的不同在教育学和工学中造成的就读机会差异较小，且父母之间没有较大的差别。纵览图1-1-3，还可以发现父亲学历不同的少数民族大学生在教育学类专业中就读机会差异为所有科类中最小的；而在工学类专业中，父母对其子女造成的就读机会上的差异是所有科类中最为相似的。

第四，在文学类中，与所有科类不同的是，父母间受教育程度不同对其子女在该学科中造成的就读机会差异较大。在父亲方面，就读机会最大的是受教育程度为“高中或中专”的学生，其次为“大专或本科”，并且就读机会最小的是受教育程度为“研究生及以上”的学生；而在母亲方面，就读机会最大的是受教育程度为“高中或中专”的学生，其次为“研究生及以上”的学生，就读机会最小的是受教育程度为“初中及以下”的学生。另外，母亲学历不同对其子女在文学类专业中造成的就读机会的标准差为1.9493，是所有科类中差异最小的，也就是说在文学类中，母亲受教育程度的不同对其子女选择专业的影响最小。

第五，在理学类中，父母受教育程度对其子女造成的就读机会比例由大到小依次为“初中及以下”“高中或中专”“大专或本科”“研究生及以上”。这意味着在理学类专业中，父母受教育程度与少数民族大学生就读机会成反比，即父母受教育程度越高，其就读机会越小，也就是理学类专业在父母学历较高的少数民族大学生中的吸引力不足。在理学类专业中父母不同学历就读机会的标准差分别为4.4657和4.3599，即不同学历对其子女造成的就读机会差异中父亲和母亲基本相同。

第六，在农学类中，从整体就读机会来看，母亲受教育程度为“研究生及以上”和“初中及以下”>父亲受教育程度为“初中及以下”的学生>父亲受教育程度为“研究生及以上”的学生>父亲受教育程度为“高中或中专”的学生>父亲受教育程度为“大专或本科”的学生>母亲受教育程度为“高中或中专”的学生>母亲受教育程度为“大专或本科”的学生，即父母受教育程度为“初中及以下”和“研究生及以上”的少数民族大学生选择农学类专业就读的可能性要大于父母受教育程度为“大专或本科”和“高中或中专”的学生。父母不同学历的学生在农学类专业就读机会的标准差都较大，其中母亲学历不同对子女就读机会的影响要明显大于父亲。

第七，在管理学类中，就读机会最大的是父母受教育程度为“研究生及以上”和“大专或本科”的学生，就读机会最小的是父母受教育程度为“高中或中专”的学生。并且父母受教育程度为“研究生及以上”的学生在管理类专业中就读机会比例为38.9%，是各阶层子女在所有科类中就读机会最大的一类。通过图1-1-3还可以看出，父亲受教育程度不同对其子女在管理学类中的就读机会标准差为10.894，这无论是在父亲还是母亲的阶层文化资本对其子女在管理学专业中就读机会标准差中都是最大的，也就是说在管理学类中，父亲学历的不同对其子女产生的就读机会差异最大，并且是子女选择该学科的主要因素。相比之下，母亲的学历对其子女选择管理类专业的影响就要小很多。

第八，在医学类中，父母学历为“研究生及以上”和“高中或中专”的少数民族大学生就读机会大于父亲学历为“大专或本科”及“初中及以下”的学生。即从整体来看，父母受教育程度偏高的子女更乐于选择医学类专业就读。父亲学历对其子女在医学类专业中的就读机会标准差为

3.8404，母亲的为5.5874。由此可见虽然父亲和母亲这两者学历的不同对其子女就读机会造成的差异几近相同，但标准差的区别告诉人们医学类专业中，母亲学历造成的就读机会差异大于父亲学历造成的就读机会差异。

3. 不同文化资本少数民族大学生高等教育入学机会差异检验

在上文数据分析的基础上，大致了解了父母拥有的文化资本的不同会给学生选择高校及专业带来不小的影响，那么这种影响究竟存不存在差异呢？若存在，差异是否显著呢？下面将运用单因素及多因素方差分析探讨拥有不同文化资本少数民族大学生在选择就读高校和专业时的差异表现。

将学生所读学校类型、专业作为因变量，其父母学历作为自变量进行多因素方差分析。整体结果显示，父母学历对学生就读学校类型及不同专业的选择有着显著的影响，见表1-1-17。

从表1-1-17显示数据可以看到，父母学历所对应学校类型的*Sig.*值分别为0.001 <0.05、0.031 <0.05，这说明父母学历对其子女所选高校层次有着显著影响，并且父亲学历的影响程度高于母亲学历；父母学历所对应专业的*Sig.*值分别为0.139 >0.05、0.045 <0.05，这说明父亲学历的不同对其子女就读专业没有显著影响，而母亲学历对其子女选择就读专业有着显著影响；父亲学历和母亲学历的交互作用所对应学校类型的*Sig.*值为0.008 <0.05，专业*Sig.*值为0.353 >0.05，这说明父母学历的区别对少数民族大学生选择高校有着显著的影响，而对选择专业则影响不大。

表1-1-17　学生学校、专业选择与父母职业的多因素方差分析

源	因变量	Ⅲ型平方和	df	均方	*F*	*Sig.*
校正模型	学校类型	95.939[a]	13	7.380	3.858	0.000
	专业1	361.893[b]	13	27.838	4.003	0.000
截距	学校类型	814.629	1	814.629	425.820	0.000
	专业1	4371.685	1	4371.685	628.682	0.000
@11父亲学历	学校类型	33.622	3	11.207	5.858	0.001
	专业1	38.293	3	12.764	1.836	0.139
@12母亲学历	学校类型	17.024	3	5.675	2.966	0.031
	专业1	56.009	3	18.670	2.685	0.045

续表

源	因变量	Ⅲ型平方和	df	均方	F	Sig.
@11 父亲学历 * @12 母亲学历	学校类型	36.924	7	5.275	2.757	0.008
	专业 1	54.109	7	7.730	1.112	0.353
误差	学校类型	2766.316	1446	1.913		
	专业 1	10055.096	1446	6.954		
总计	学校类型	15333.000	1460			
	专业 1	57898.000	1460			
校正的总计	学校类型	2862.254	1459			
	专业 1	10416.989	1459			

注：a. $R^2=0.034$（调整 $R^2=0.025$）；b. $R^2=0.035$（调整 $R^2=0.026$）。

根据表 1-1-17 的分析结果：在就读高校类型上，父亲学历对其子女的影响要显著高于母亲学历的影响；在就读专业上，母亲学历对其子女的影响要显著高于父亲学历的影响。下文将分别从父亲受教育程度的不同给少数民族大学生就读高校类型带来的差异以及母亲受教育程度不同给少数民族大学生就读专业带来的差异进行分析。

表 1-1-18 是所调查学生父亲不同学历间两两差异比较的结果。从表中数据可以看出：从就读高校类型上看，父亲学历为“研究生及以上”的少数民族大学生与父亲学历为其他阶层的少数民族大学生在就读高校类型上的差异非常显著，*Sig.* 值均为 0.000。从均值差均为负数还可以看出，父亲学历为“研究生及以上”子女的就读高校层次高于父亲为其他学历子女；父亲学历为“大专或本科、高中或中专、初中及以下”的少数民族大学生在就读学校类型上两两之间并没有显著的差异。通过图 1-1-4，也可以更加直观地看到父亲学历为“研究生及以上”的子女就读学校类型的均值显著低于父亲为其他学历的子女。也就是说父亲学历只有达到较高的水平，才会对子女就读学校的类型产生较大的影响。

表 1-1-18　父亲学历与子女就读高校的单因素方差分析

(I) 11 父亲学历	(J) 11 父亲学历	均值差 (I—J)	标准误差	显著性	95% 置信区间	
					下限	上限
研究生及以上	大专或本科	-1.455*	0.338	0.000	-2.12	-0.79
	高中或中专	-1.336*	0.335	0.000	-1.99	-0.68
	初中及以下	-1.491*	0.332	0.000	-2.14	-0.84
大专或本科	研究生及以上	1.455*	0.338	0.000	0.79	2.12
	高中或中专	0.119	0.107	0.265	-0.09	0.33
	初中及以下	-0.035	0.096	0.714	-0.22	0.15
高中或中专	研究生及以上	1.336*	0.335	0.000	0.68	1.99
	大专或本科	-0.119	0.107	0.265	-0.33	0.09
	初中及以下	-0.154	0.086	0.073	-0.32	0.01
初中及以下	研究生及以上	1.491*	0.332	0.000	0.84	2.14
	大专或本科	0.035	0.096	0.714	-0.15	0.22
	高中或中专	0.154	0.086	0.073	-0.01	0.32

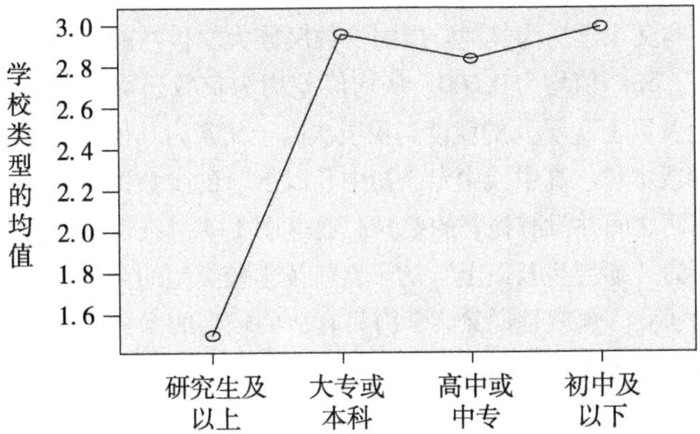

图 1-1-4　父亲学历对其子女就读高校的影响均值图

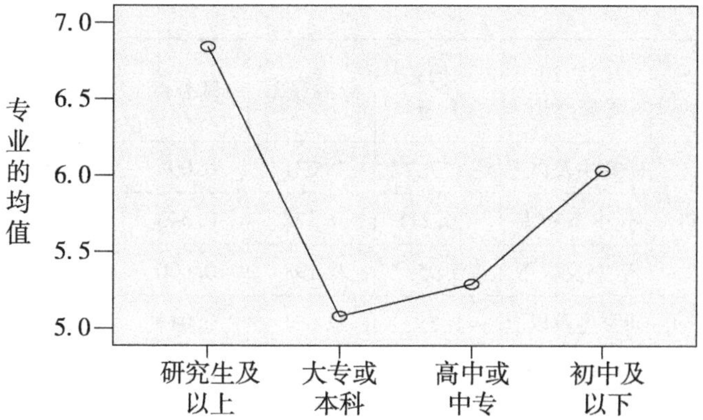

图 1-1-5　母亲学历对其子女就读专业的影响均值图

从专业选择上看，两两之间 *Sig.* 值小于 0.05 的，即母亲学历不同导致子女就读专业产生显著性差异的有：母亲学历为“研究生及以上”与母亲学历为“大专或本科”的子女、母亲学历为“研究生及以上”与母亲学历为“高中或中专”的子女、母亲学历为“大专或本科”与母亲学历为“初中及以下”的子女、母亲学历为“高中或中专”与母亲学历为“初中及以下”的子女。结合图1-1-5，可以清晰地看到母亲学历为“研究生及以上”与母亲学历为“初中及以下”的少数民族大学生在选择所学专业时与母亲学历为其他阶层的少数民族大学生存在显著性差异。

从整体差异性分析来看，父母学历对子女就读专业上的影响要大于对子女在就读学校类型上的影响，父母学历的不同更能够使子女所学专业产生显著的差异。

表 1-1-19　母亲学历与子女就读专业的单因素方差分析

(I) 12 母亲学历	(J) 12 母亲学历	均值差 (I—J)	标准误差	显著性	95%置信区间	
					下限	上限
研究生及以上	大专或本科	1.762*	0.631	0.005	0.53	3.00
	高中或中专	1.552*	0.621	0.013	0.33	2.77
	初中及以下	0.810	0.613	0.186	-0.39	2.01

续表

(I) 12 母亲学历	(J) 12 母亲学历	均值差 (I—J)	标准误差	显著性	95%置信区间	
					下限	上限
大专或本科	研究生及以上	-1.762*	0.631	0.005	-3.00	-0.53
	高中或中专	-0.211	0.222	0.343	-0.65	0.22
	初中及以下	-0.953*	0.198	0.000	-1.34	-0.56
高中或中专	研究生及以上	-1.552*	0.621	0.013	-2.77	-0.33
	大专或本科	0.211	0.222	0.343	-0.22	0.65
	初中及以下	-0.742*	0.163	0.000	-1.06	-0.42
初中及以下	研究生及以上	-0.810	0.613	0.186	-2.01	0.39
	大专或本科	0.953*	0.198	0.000	0.56	1.34
	高中或中专	0.742*	0.163	0.000	0.42	1.06

注：* 均值差的显著性水平为0.05。

（四）阶层经济资本对新疆少数民族高等教育入学机会差异的影响

根据科尔曼的理论，经济资本通过家庭财富或收入近似地测量，它提供了帮助取得教育成就的物质资源：家庭内学习的固定场所；辅助学习的资料；平时各种家庭问题的财政来源。[①] 父母拥有较多的经济资本，意味着他们有较为雄厚的经济支付能力，能够为其子女的教育投入更多的资金，从而能够为其子女提供充足、优质的教育，使其子女在各级教育机会获得的竞争中均能抢占先机。[②] 经济基础决定上层建筑，一个家庭的经济条件对其子女所拥有的教育环境、教育资源及学习时间等有着重要的影响，继而间接造成他们的高等教育入学机会差异。根据以上学者的分析，本研究将调查学生的家庭人均纯收入作为衡量学生阶层经济资本的指标。

课题组根据2013年《新疆统计年鉴》中城镇居民家庭基本情况、农村居民家庭人均年总收入、纯收入和构成及《新疆调查年鉴2013》中南疆

① 蒋国河，阎广芬．城乡家庭资本与子女的学业成就［J］．教育科学，2006（4）：27-30.

② 郭丛斌，闵维方．家庭经济和文化资本对子女教育机会获得的影响［J］．高等教育研究，2006（11）：24-31.

三地州农民人均纯收入分组情况（2012 年）、扶贫开发工作地区农民人均纯收入及构成（2012 年）等统计表中的相关数据，将研究对象家庭人均年纯收入划分为 7 个等级：最低收入户（1500 元以下）、低收入户（1501—2500 元）、中等偏下收入户（2501—4000 元）、中等收入户（4001—6000 元）、中等偏上收入户（6001—15000 元）、高收入户（15001—20000 元）、最高收入户（20001 元以上）。

从总体调查样本来看，家庭人均年纯收入为最低收入户、低收入户、中等偏下户、中等收入户、中等偏上户、高收入户、最高收入户所占比例依次为 9.5%、22.3%、24.2%、21.3%、13.0%、7.1%、2.6%。若将前三个等级划分为低收入户，后三个等级划分为高收入户，则他们所占比例分别为 56%和 22.7%，见表 1-1-20。

表 1-1-20　不同收入家庭子女在各类高校中的分布

家庭人均纯收入等级		最低收入户	低收入户	中等偏下户	中等收入户	中等偏上户	高收入户	最高收入户
"211"高校	计数（人）	10	42	122	38	37	39	14
	学校类型中的（%）	3.3	13.9	40.4	12.6	12.3	12.9	4.6
	人均收入中的（%）	7.2	12.9	34.6	12.2	19.5	37.5	36.8
公办本科高校	计数（人）	68	108	53	61	24	8	5
	学校类型中的（%）	20.8	33.0	16.2	18.7	7.3	2.4	1.5
	人均收入中的（%）	49.3	33.1	15.0	19.6	12.6	7.7	13.2
公办高职院校	计数（人）	38	87	50	53	30	9	5
	学校类型中的（%）	14.0	32.0	18.4	19.5	11.0	3.3	1.8
	人均收入中的（%）	27.5	26.7	14.2	17.0	15.8	8.7	13.2
民办高职院校	计数（人）	12	48	72	94	58	14	2
	学校类型中的（%）	4.0	16.0	24.0	31.3	19.3	4.7	0.7
	人均收入中的（%）	8.7	14.7	20.4	30.2	30.5	13.5	5.3

续表

家庭人均纯收入等级		最低收入户	低收入户	中等偏下户	中等收入户	中等偏上户	高收入户	最高收入户
独立学院	计数（人）	10	41	56	65	41	34	12
	学校类型中的（%）	3.9	15.8	21.6	25.1	15.8	13.1	4.6
	人均收入中的（%）	7.2	12.6	15.9	20.9	21.6	32.7	31.6
合计	计数（人）	138	326	353	311	190	104	38
	学校类型中的（%）	9.5	22.3	24.2	21.3	13.0	7.1	2.6

1. 阶层经济资本对新疆少数民族学生进入高校类型差异的影响

首先通过横向观察表1-1-20，对不同层次高校中家庭收入等级的分布进行分析：

第一，在“211工程”高校中，不同收入家庭所占比例高于整体样本比例的有：中等偏下户（超出16.2%）、高收入户（超出5.8%）、最高收入户（超出2.0%）；低于整体样本比例的有：最低收入户（下降6.2%）、低收入户（下降8.4%）、中等收入户（下降8.7%）、中等偏上户（下降0.7%）。除此之外，最高收入户中“211工程”高校所占比例为36.8%，而最低收入户中“211工程”高校仅占了7.2%，前者是后者的5.1倍。故从整体来看，经济收入较高的家庭在“211工程”高校中所占的比例要大于整体样本比例，即高收入家庭在高层次学校拥有较高的入学机会，并且高收入家庭子女的入学机会最高可为低收入家庭子女的5倍。

第二，在公办普通本科高校中，不同收入家庭所占比例高于整体样本比例的有：最低收入户（超出11.3%）、低收入户（超出10.7%）；低于整体样本比例的有：中等偏下户（下降8.0%）、中等收入户（下降2.6%）、中等偏上户（下降5.7%）、高收入户（下降4.7%）、最高收入户（1.1%）。所以在该层次高校中，家庭经济收入较低的子女所占的比例要大于整体样本比例，也就是低收入家庭在公办较高层次学校拥有较多的入学机会。除此之外，最低收入户中公办普通本科高校所占比例为49.3%，而高收入户中公办普通本科高校仅占了7.7%，前者是后者的6.4倍，即低收入家庭子女的入学机会最高可为高收入家庭子女的6.4倍，这意味着在公办普通本科高校中不同阶层的入学机会差异非常大，甚至超过了“211 工程”高校中的入学机会差异。

第三，在公办高职院校中，不同收入家庭所占比例情况与公办本科高校中相似。不同收入家庭所占比例高于整体样本比例的有：最低收入户（超出4.5%）、低收入户（超出9.7%）；低于整体样本比例的有：中等偏下户（下降5.8%）、中等收入户（下降1.8%）、中等偏上户（下降2.0%）、高收入户（下降3.8%）、最高收入户（0.8%）。与此同时，低收入户中公办高职院校所占比例为27.5%，而高收入户中公办高职院校占了8.7%，前者是后者的3.2倍，也就是说低收入家庭子女的入学机会最高可为高收入家庭子女的3.2倍。若仅从表面来看，在该层次学校中，经济收入较低的家庭所占的比例要大于整体样本比例，即低收入家庭在普通学校拥有较高的入学机会。但通过家庭不同收入等级所占比例与整体样本比例的比较以及高低比例之比可以看出，在该类高校中的各阶层子女入学机会差异要小于公办普通本科高校，说明在该层次高校中，各阶层子女的入学机会比较公平。

第四，在民办高职院校中，不同收入家庭所占比例高于整体样本比例的有：中等收入户（超出10.0%）、中等偏上户（超出6.3%）；低于整体样本比例的有：最低收入户（相差5.5%）、低收入户（相差6.3%）、中等偏下户（相差0.2%）、高收入户（相差2.4%）、最高收入户（相差1.9%）。除此之外，中等偏上户中民办高职院校所占比例为30.5%，而最高收入户中民办高职院校仅占了5.3%，前者是后者的5.8倍。这也就说明在民办高职院校中，中等收入家庭的子女入学机会要大于低收入及高收入家庭的子女，并且中等收入家庭子女的入学机会最高可为低收入或高收入家庭子女的5.8倍。

第五，在独立学院中，不同收入家庭所占比例高于整体样本比例的有：中等收入户（超出3.8%）、中等偏上户（超出2.8%）、高收入户（超出6.0%）、最高收入户（超出2.0%）；低于整体样本比例的有：最低收入户（相差5.6%）、低收入户（相差6.5%）、中等偏下户（相差2.6%）。可以发现，在独立学院中，家庭收入与子女入学机会的规律性尤为明显，它们之间呈线性关系，也就是家庭经济收入越高，其子女进入独立学院的机会越大。此外，高收入户中独立学院所占比例为32.7%，最低收入户中独立学院仅占7.2%，前者是后者的4.5倍，即高收入家庭子女的入学机会最高可为低收入家庭子女的4.5倍。

由于在选取样本时，通过控制各层次高校问卷数这一变量，使在分析不同家庭经济收入等级在各层次高校中分布情况时，可以通过表中百分比直接进行比较。纵向观察表1-1-20，能够得出以下几个特征：

第一，在“最低收入户”与“低收入户”家庭中，其子女在公办普通院校和公办高职院校中所占比例之和分别为76.8%和59.8%。也就是低收入家庭的子女在这两类高校中所占比例超过了在其他三类高校中所占比例之和，即低收入家庭子女进入公办普通高校的机会大于进入民办院校和高层次院校的机会。另外，在公办本科高校中，“最低收入户”和“低收入户”家庭子女所占比例分别为20.8%、33.0%，而在“211工程”高校中“最低收入户”和“低收入户”家庭子女所占比例仅为3.3%和13.9%，前者分别为后者的6.3倍和2.8倍，即在低收入家庭中，他们的子女进入公办普通院校的机会最高可为进入其他层次院校机会的6.3倍。这也同时说明虽然“最低收入户”与“低收入户”家庭子女在各层次高校中的整体分布相似，但前者子女的入学机会差异明显要大于后者。

第二，在“中等偏下户”家庭中，其子女在“211工程”高校和民办高职院校中所占比例之和为55.0%。表明家庭经济收入为该等级的子女在这两类高校中所占比例过半，即经济收入为“中等偏下户”家庭的子女进入“211工程”高校和民办高职院校的机会大于公办普通高校和独立学院的机会。并且在“211工程”高校中，“中等偏下户”家庭的子女所占比例为40.4%，在公办普通本科高校中仅占16.2%，前者为后者的2.5倍，即在“中等偏下户”中，他们的子女进入“211工程”高校和民办高职院校的机会最高可为进入其他层次院校机会的2.5倍。说明经济收入为该等级家庭的子女的入学机会差异要小于前两个等级的家庭。

第三，在“中等收入户”与“中等偏上户”家庭中，其子女在民办高职院校和独立学院中所占比例之和分别为50.9%和52.1%。即中等收入家庭的子女在这两类高校中所占比例超过了在其他三类高校中所占比例之和，意味着中等收入家庭子女进入民办普通高校和独立学院的机会大于进入公办院校的机会。另外，在民办高职院校中“中等收入户”子女所占比例为31.3%，在“211工程”高校中“中等收入户”子女所占比例为12.6%；在民办高职院校中“中等偏上户”子女所占比例为19.3%，在公办普通本科高校中“中等偏上户”子女所占比例为7.3%，前者分别为后两者的2.5倍和2.6倍，即在中等收入家庭中，他们的子女进入民办普通高校和独立学院的机会最高可为进入公办院校的机会的2.6倍。也就是说中等收入家庭子女的高等教育入学机会差异要大于较低收入家庭的子女。

第四，在“高收入户”和“最高收入户”家庭中，其子女在“211工程”高校和独立学院中所占比例之和分别为70.2%和68.4%。显然，高收入家庭子女进入这两类高校中的机会要远远大于进入其他几类高校的机会，并且他们进入这两类高校的机会基本相同。除此之外，在独立学院中“高收入户”子女所占比例为13.1%，在公办普通本科高校中“高收入户”子女所占比例为2.4%；在独立学院和“211工程”高校中“最高收入户”子女所占比例均为4.6%，而在民办高职院校中“最高收入户”子女所占比例仅为0.7%，前者分别为后两者的5.5倍和6.6倍，即在高收入家庭中，他们的子女进入高层次院校机会最高，是进入一般高校的6.6倍。由此可见在所有家庭经济收入等级中，“最高收入户”子女在各层次高校中的入学机会差异最大。

2. 阶层经济资本对新疆少数民族接受不同专业教育的影响

在上文中，已经就阶层社会资本和阶层文化资本对不同社会阶层少数民族大学生接受不同专业教育的影响做了阐述。因此在本部分，课题组将分析阶层经济资本对新疆少数民族大学生选读专业带来的影响。

（1）同一学科中学生家庭收入间的差异

由于在总体样本中，来自不同家庭收入等级的子女所占比例相差较大，不能单纯地通过比较其在不同学科中的比例分析他们的入学机会差异，故课题组采用比例差这一指标解释同一学科中学生家庭收入间的差异，见表1-1-21。它的表达公式为：

不同经济收入家庭子女在同一学科中的就读机会X%=同一学科中不同经济收入家庭子女所占比例-所有调查样本中不同经济收入家庭子女所占比例

表1-1-21　不同收入家庭子女在各学科中的分布情况

家庭人均纯收入等级		最低收入户	低收入户	中等偏下户	中等收入户	中等偏上户	高收入户	最高收入户
经济学	X%	-4.7	-7.9	1.2	2.6	4.7	2.9	1.2
	Y%	-7.1	-5.1	0.7	1.8	5.2	5.9	6.8

续表

家庭人均纯收入等级		最低收入户	低收入户	中等偏下户	中等收入户	中等偏上户	高收入户	最高收入户
法学	X%	-7.9	-6.4	4.4	-7.0	-1.9	10.4	8.5
	Y%	-3.6	-1.2	0.8	-1.4	-0.6	6.3	14.1
教育学	X%	4.8	3.4	-1.3	-4.2	-0.1	0.0	-2.6
	Y%	2.4	0.7	-0.3	-0.9	-0.1	0.0	-4.8
文学	X%	-7.8	-18.2	20.4	4.3	1.0	0.3	-0.1
	Y%	-6.9	-6.8	7.0	1.7	0.6	0.4	-0.4
理学	X%	2.1	21.5	-8.5	-8.9	1.0	-6.3	-0.9
	Y%	1.8	8.0	-2.9	-3.5	0.6	-7.3	-3.0
工学	X%	-9.5	-4.2	3.6	10.6	3.7	-2.9	-1.2
	Y%	-4.9	-0.9	0.8	2.5	1.4	-2.0	-2.3
农学	X%	11.6	11.2	-2.6	-5.2	-8.3	-4.9	-1.8
	Y%	30.4	12.4	-2.6	-6.1	-15.8	-17.0	-16.8
管理学	X%	-4.4	-8.9	-3.7	6.7	7.5	2.7	0.2
	Y%	-8.0	-7.0	-2.7	5.4	10.0	6.6	1.0
医学	X%	-3.2	-0.1	-1.4	0.9	-1.4	4.0	1.1
	Y%	-4.2	0.0	-0.7	0.6	-1.3	7.3	5.5

通过横向观察表1-1-21，可以看到在经济学类中，来自中等收入和高收入家庭的子女拥有较高的就读机会，其中家庭收入为“中等偏上户”的子女就读机会最大；在法学类中，来自高收入家庭的子女拥有较高的就读机会，而来自其他阶层经济资本的学生就读机会均小于整体样本，其中来自“最低收入户”家庭的子女就读法学类专业的机会最小；在教育学类中，比例差为正数的均为低收入家庭，也就是说低收入家庭子女更多地选择就读教育学专业，而来自中等收入和高收入家庭的子女就读教育学的可能性最小；在文学类中，来自中等收入及较高收入家庭的子女就读的机会较大，其中“中等偏下户”子女更倾向于选择此类专业；在理学类和农学类中，拥有更多就读机会的为低收入家庭子女，且相比于农学类，较低收入比最低收入家庭子女的入学机会更高；在工学类中，较高收入家庭子女拥有的就读机会最大，而低收入及高收入家庭子女的就读机会均较低；在

管理学类和医学类中，就读机会较大的均为来自高收入家庭的子女，并且高收入家庭在管理学类中的就读机会要大于医学类。

（2）相同经济收入家庭子女在不同学科中的就读机会差异

同理，由于在总体样本中，不同学科所占比例不尽相同，不能仅通过比较其在不同经济收入家庭中所占比例来分析他们的就读机会差异，故同样用比例差这一指标解释相同经济收入家庭子女在不同学科中的就读机会差异，见表1-1-21。它的表达公式为：

相同经济收入家庭子女在不同学科中的就读机会Y% = 相同家庭收入等级子女在不同学科中所占比例-所有调查样本中不同学科所占比例

通过纵向观察表1-1-21，发现“最低收入户”与“低收入户”家庭子女在不同学科中的就读机会大小非常相近，在经济学、法学、文学、工学、管理学和医学中的就读机会都远远低于整体样本比例，在教育学、理学和农学中的就读机会大于总体样本，稍显不同的是，“低收入户”在经济学、法学、文学、工学、管理学和医学类学科中的比例差要小于“最低收入户”家庭子女，也就是说他们在以上学科中的就读机会要大于后者；“中等偏下户”家庭子女在经济学、法学、文学、工学中的就读机会大于总体样本比例，在教育学、理学、农学、管理学和医学中的就读机会低于总体样本比例，并且从比例差的大小可以看出，其在文学中所占比例超出总体样本比例的7%，这意味着“中等偏下户”家庭子女在文学类专业中就读的机会非常大；“中等收入户”和“中等偏下户”的相同点为其在经济学、文学、工学、管理学中的比例差均为正数，在法学、教育学和农学中的比例差均为负数，不同点为在理学类比例差中，前者为负数，后者为正数，在医学类比例差中，前者为正数，后者为负数；在“高收入户”和“最高收入户”中，就读机会大于总体样本的为经济学、法学、管理学和医学，而教育学、文学、理学、工学和农学的就读机会都较小。从整体来看，低收入家庭子女在教育学、理学和农学类中的就读机会相对来说较大；较低收入家庭子女在文学、工学类中的就读机会较大；较高收入家庭子女在经济学、文学、工学、管理学中的就读机会较大；高收入家庭子女在经济学、法学、管理学和医学类中的就读机会较大。

3. 不同经济资本少数民族大学生高等教育入学机会差异检验

在分析了家庭经济资本的不同会给学生选择高校及专业带来的影响之后，同样运用单因素及多因素方差分析探讨拥有不同经济资本少数民族大学生在选择就读高校和专业时的差异表现。将学生所读学校类型、专业作为因变量，其家庭人均年纯收入作为自变量进行多因素方差分析。整体结果显示，家庭人均年收入对学生就读学校类型及不同专业的选择有着显著的影响，见表 1–1–22。

表 1–1–22　学生学校、专业选择与家庭收入的多因素方差分析

源	因变量	Ⅲ型平方和	*df*	均方	*F*	*Sig.*
校正模型	学校类型	97.008[a]	6	16.168	8.495	0.000
	专业 1	144.050[b]	6	24.008	3.396	0.002
截距	学校类型	7203.570	1	7203.570	3785.120	0.000
	专业 1	26885.917	1	26885.917	3802.732	0.000
人均收入	学校类型	97.008	6	16.168	8.495	0.000
	专业 1	144.050	6	24.008	3.396	0.002
误差	学校类型	2765.246	1453	1.903		
	专业 1	10272.939	1453	7.070		
总计	学校类型	15333.000	1460			
	专业 1	57898.000	1460			
校正的总计	学校类型	2862.254	1459			
	专业 1	10416.989	1459			

注：a. $R^2=0.034$（调整 $R^2=0.030$）；b. $R^2=0.014$（调整 $R^2=0.010$）。

从表 1–1–22 显示数据可以看到，家庭人均年收入所对应学校类型和专业的 *Sig.* 值分别为 $0.000<0.05$、$0.002<0.05$，这说明不同家庭经济资本的少数民族大学生无论是在就读学校类型上，还是在就读专业上都存在显著的差异。并且 $0.000<0.002$，说明相比于少数民族大学生在就读专业上形成的差异，家庭经济资本对其子女在学校类型上形成的差异更加明显。从图 1–1–6 和图 1–1–7 可以看到：在学校类型分布上，“低收入户”“中等偏下户”与“中等收入户”“中等偏上户”的差异最大；在专业分布上，“最低收入户”“低收入户”与“最高收入户”的差异最大。

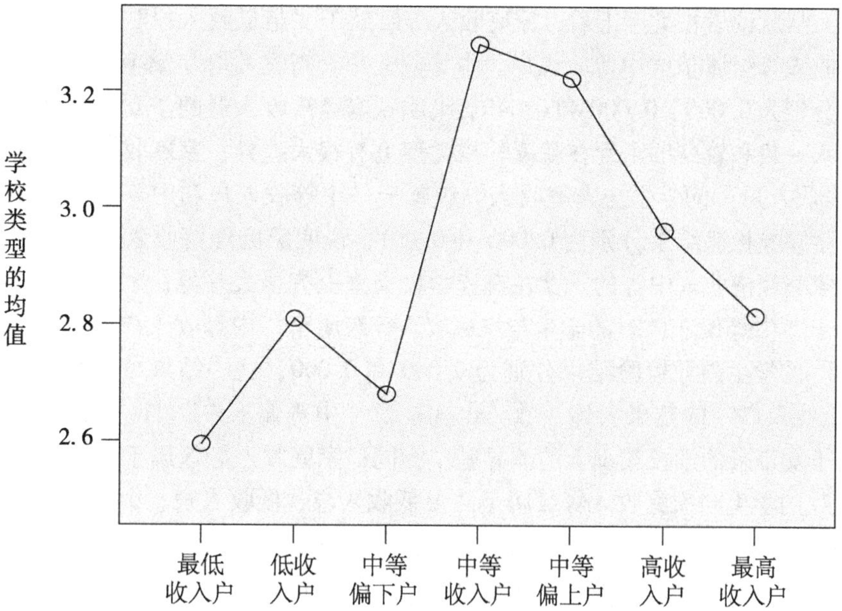

图 1-1-6　父亲学历对其子女就读高校的影响均值图

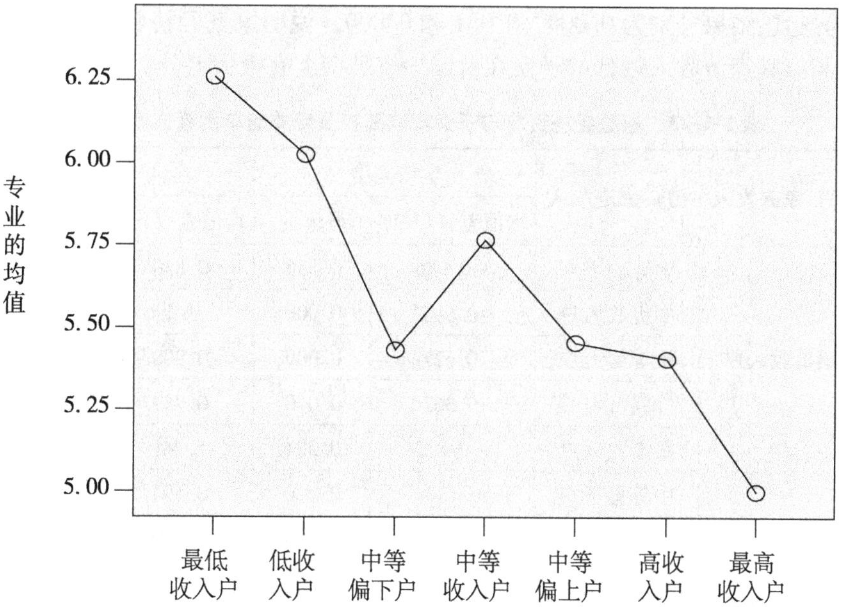

图 1-1-7　母亲学历对其子女就读专业的影响均值图

从就读学校类型上看，家庭收入等级属于“最低收入户”的学生与家庭收入等级属于“中等收入户、中等偏上户、高收入户”学生差异检验结果分别为0.000、0.000和0.040，说明家庭经济收入低的子女与家庭经济收入一般和较高的子女在就读学校类型上有很大差异；家庭收入等级属于“低收入户”的学生与家庭收入等级属于“中等收入户和中等偏上户”的学生差异检验结果分别为0.000和0.001，说明家庭经济收入较低的子女与家庭经济收入中等的子女在就读学校类型上有很大差异；家庭收入等级属于“中等偏下户”的学生与家庭收入等级属于“中等收入户和中等偏上户”的学生差异检验结果分别为0.000和0.000，这一结果与家庭收入为“低收入户”的结果大体一致，也就是说“中等偏下户”与“低收入户”给子女带来的学校类型上的差异基本相同；家庭收入等级属于“中等收入户”的学生与家庭收入等级属于“最低收入户、低收入户、中等偏下户和高收入户”的学生差异检验结果分别为0.000、0.000、0.000和0.042，说明家庭经济收入中等的子女与家庭经济收入较低和家庭经济收入较高的子女在就读学校类型上有很大差异；家庭收入等级属于“中等偏上户”的学生与家庭收入等级属于“最低收入户、低收入户、中等偏下户”的学生差异检验结果分别为0.000、0.001和0.000，说明家庭经济收入较高的子女与家庭经济收入较低的子女在就读学校类型上有很大差异。

表1-1-23 家庭经济资本与子女就读高校及专业的单因素方差分析

(I) 家庭收入	(J) 家庭收入	学校类型		专业	
		均值差（I—J）	显著性	均值差（I—J）	显著性
最低收入户	中等偏下户	−0.086	0.536	0.830*	0.002
	中等收入户	−0.686*	0.000	0.496	0.069
	中等偏上户	−0.627*	0.000	0.808*	0.007
	高收入户	−0.367*	0.040	0.857*	0.013
	最高收入户	−0.222	0.381	1.261*	0.010
低收入户	中等偏下户	0.130	0.220	0.594*	0.004
	中等收入户	−0.470*	0.000	0.259	0.219
	中等偏上户	−0.411*	0.001	0.572*	0.019
	高收入户	−0.152	0.329	0.621*	0.038
	最高收入户	−0.006	0.980	1.025*	0.025

续表

(I) 家庭收入	(J) 家庭收入	学校类型		专业	
		均值差 (I—J)	显著性	均值差 (I—J)	显著性
中等偏下户	最低收入户	0.086	0.536	-0.830*	0.002
	低收入户	-0.130	0.220	-0.594*	0.004
	中等收入户	-0.600*	0.000	-0.335	0.106
	中等偏上户	-0.541*	0.000	-0.022	0.927
中等收入户	最低收入户	0.686*	0.000	-0.496	0.069
	低收入户	0.470*	0.000	-0.259	0.219
	中等偏下户	0.600*	0.000	0.335	0.106
	高收入户	0.318*	0.042	0.361	0.230
中等偏上户	最低收入户	0.627*	0.000	-0.808*	0.007
	低收入户	0.411*	0.001	-0.572*	0.019
	中等偏下户	0.541*	0.000	0.022	0.927
高收入户	最低收入户	0.367*	0.040	-0.857*	0.013
	低收入户	0.152	0.329	-0.621*	0.038
	中等收入户	-0.318*	0.042	-0.361	0.230
最高收入户	最低收入户	0.222	0.381	-1.261*	0.010
	低收入户	0.006	0.980	-1.025*	0.025

注:* 均值差的显著性水平为 0.05。

从专业选择上看，家庭收入等级属于“最低收入户和低收入户”的学生与家庭收入等级属于“中等偏下户、中等偏上户、高收入户和最高收入户”的学生差异检验中 Sig. 值均小于 0.05，即家庭经济收入较低的子女与家庭经济收入中等和较高的子女在就读专业上有很大差异，并且“低收入户”与“最低收入户”相比，前者的 Sig. 值要大于后者，说明家庭收入为“最低收入户”的学生与其他收入学生在专业选择上的差异更加明显；家庭收入为“中等偏下户、中等偏上户、高收入户和最高收入户”的子女除与低收入家庭子女有显著性差异外，相互之间几乎没有差异；而家庭收入为“中等收入户”的少数民族学生与其他学生在专业选择上均没有差异。也就是说低收入家庭与较低收入家庭和其余家庭子女在专业的选择上最有可能存在较大差异。

第二节 新疆少数民族高等教育入学机会阶层差异表现及原因分析

即便进入大众化阶段，高等教育仍然表现为一种需通过竞争才能够获得的稀缺性资源。在这一阶段，能否获得这一资源，在理论上取决于参与竞争的个人的能力，但在现实中，往往与其能力背后的社会背景有关。[①]而在少数民族地区也呈现出同样的现象，即少数民族高等教育入学机会与其所属社会阶层有着极其显著的关系。本节通过上文对新疆1600名少数民族大学生调查数据的实证分析，分别从父母职业、父母受教育程度、家庭人均年收入等维度得出了三点结论。同时结合访谈、文献等资料探讨结论产生的深层次原因。

一、新疆少数民族高等教育入学机会阶层差异表现

（一）不同社会阶层少数民族高等教育入学机会存在显著性差异

通过分析样本数据中少数民族大学生所处社会阶层比例与辈出率情况，发现新疆不同社会阶层少数民族子女在高等教育入学机会上存在显著性差异。在所有阶层中，“国家机关、党群组织、企事业单位负责人”阶层子女的高等教育入学机会最大，远远高于其他阶层子女的入学机会。相比之下，“专业技术人员、办事人员、商业服务人员”等中间阶层子女的高等教育入学机会虽然低于上述阶层，但均普遍高于新疆少数民族整体水平。而“产业工人、农业劳动者”等阶层子女的高等教育入学机会却明显低于新疆整体平均水平，为所有阶层中少数民族大学生入学机会最低的阶层。在“无业、失业和半失业者”阶层，若依据父亲职业作为划分阶层的标准，则处在该阶层的少数民族大学生的高等教育入学机会要低于新疆平均水平；若依据母亲职业作为划分阶层的标准，则处在该阶层的少数民族大学生的高等教育入学机会要高于新疆平均水平，甚至要高于处在中间阶

---

① 赵叶珠，陈海燕．大众化背景下我国高等教育入学机会的多维度分析［J］．现代大学教育，2011（4）：57-62.

层的少数民族大学生，这与已有研究成果有着明显的区别。

（二）不同社会阶层少数民族大学生进入学校类型存在显著性差异

分别从阶层社会资本、阶层文化资本和阶层经济资本三个维度讨论新疆少数民族大学生进入不同类型高校的差异情况。最终发现无论从哪个维度进行分析，其对新疆少数民族大学生进入何种类型的高校都有着显著的影响，且在内部存在明显的差异。

1. 不同阶层社会资本少数民族大学生进入高校类型存在显著性差异

父母职业属于“国家机关、党群组织、企事业单位负责人”等阶层的少数民族大学生在所有类型高校中均有着非常高的入学机会，尤其在“211 工程”高校和独立学院两类院校中最为突出；父母职业属于“专业技术人员、办事人员”等阶层的子女在各类高校中的入学机会也都高于新疆平均水平，不同的是，处在该阶层子女的入学机会要明显低于前者；父母职业属于“商业服务人员、产业工人”等阶层的少数民族大学生则更倾向于选择民办类高职院校及独立学院；父母职业属于“农业劳动者、无业和失业者”等阶层的少数民族大学生在公办普通高校中的入学机会要大于在其他几类高校中的入学机会。

2. 不同阶层文化资本少数民族大学生进入高校类型存在显著性差异

父母为高学历者的少数民族大学生更多地进入“211 工程”院校、独立学院等较高层次的院校中，其中父母受教育程度为“研究生及以上”的学生进入高层次院校的机会要远远大于其他学生；父母为中等学历者的学生在“211 工程”院校中的入学机会最大，在公办高职中的入学机会最小；父母为低学历者的少数民族学生整体入学机会最小，低于新疆平均水平，普遍进入民办高职院校及公办普通本科院校。

3. 不同阶层经济资本少数民族大学生进入高校类型存在显著性差异

家庭经济水平属于“最高收入户、高收入户”的少数民族大学生同样更多地进入“211 工程”院校、独立学院等较高层次或收费较高的院校中，而选择民办高职院校的可能性最低；家庭经济水平属于“中等偏上户、中等收入户、中等偏下户”等中等收入家庭的学生普遍分布在民办高职院校和独立学院中；低收入家庭子女进入公办本科高校的机会最大，其次为公办高职，而进入“211 工程”高校和独立学院的机会最小。

（三）不同社会阶层少数民族大学生就读专业存在显著性差异

同样从社会资本、文化资本和经济资本三个维度讨论新疆少数民族大学生就读不同专业的差异情况。最终发现这些因素对新疆少数民族大学生就读何种专业都有着显著的影响，且在内部存在明显的差异。

1. 不同阶层社会资本少数民族大学生就读专业存在显著性差异

父母职业属于“国家机关、党群组织、企事业单位负责人”等阶层的少数民族大学生在所有学科中的就读机会均大大高于新疆平均水平，尤其在管理学、医学、经济学、法学等学科门类中的就读机会最高；父母职业属于“经理人员、专业技术人员、办事人员”等阶层的子女更加倾向于工学、农学、管理学、医学等学科；父母职业属于“个体工商户、商业服务人员、产业工人”等阶层的少数民族大学生青睐于经济学、工学；父母职业属于“农业劳动者、无业和失业者”等阶层的少数民族大学生大多选择了教育学、理学、农学等学科门类。

2. 不同阶层文化资本少数民族大学生就读专业存在显著性差异

父母为高学历者的少数民族大学生比较偏好法学、管理学和医学类专业；父母为中等学历者的学生选择经济学、教育学、文学和工学等学科的可能性更大；父母为低学历者的少数民族学生则普遍倾向于选择理学及农学专业。也就是说父母学历越高，其子女选择热门专业的可能性越大，而低学历者的子女则较多地就读于文、理、农等冷门专业。

3. 不同阶层经济资本少数民族大学生就读专业存在显著性差异

家庭经济水平属于高收入的少数民族大学生在法学类和医学类学科中的就读机会最大；家庭经济水平属于中等收入家庭的学生在经济学、文学、工学和管理学等学科中的就读机会最大；而低收入家庭子女则在教育学、理学、农学等学科中有较高的就读机会。

二、新疆少数民族高等教育入学机会阶层差异原因分析

综上所述，少数民族阶层背景对于其高等教育入学机会有着显著的影响。拥有较多政治、文化、经济资本的少数民族家庭子女在基础教育阶段占据更大的优势，能够获得更大的高等教育入学机会。但对于各方面资源较匮乏的弱势阶层子女来说，通过教育实现个人向上流动的目的却很难达到。教育是一种社会性存在。学校教育的问题既是学校自身的问题，也是

教育系统的问题，更是社会的问题。[①] 因此，针对高等教育入学机会的阶层差异，不仅要从学生家庭所属阶层差异分析，还应更深层次地探寻制度层面的原因，准确把握社会阶层对教育机会获得的作用机制。

（一）制度因素

1. 教育资源配置不均衡

统一高考制度是我国现行的人才选拔制度，在高考面前可以说人人平等，考生的考试成绩成为决定学生是否被录取的主要标准，甚至是唯一标准，极大地促进了我国教育公平的实现。但是高等教育起点平等只是教育平等中的一部分，并不能从真正意义上解决教育平等问题，只有从源头上，也就是中小学教育上寻求公平合理，才能够从根本上解决问题。然而，目前我国中小学教育资源在区域间、城乡间、学校间的配置还存在不均衡问题，无论是在教育环境及条件、校际管理制度的差异还是在师资队伍和教学质量方面都有着明显的区别。从对新疆少数民族大学生的访谈资料来看，可以发现几乎所有访谈对象都提到了相关内容。

（1）学校环境及硬件设施

随着国家和地方对城乡教育资源均衡发展重视程度的加深，新疆南北疆、城乡间中小学在学校环境及硬件设施等方面的差距也在逐步缩小。《新疆维吾尔自治区中长期教育改革和发展规划纲要（2010—2020 年）》中就提到要建立以县为主的义务教育均衡发展目标责任制和保障机制，推动区域内义务教育均衡发展，实施义务教育学校标准化建设工程，均衡配置教师、设备、图书、校舍等资源。

> “我实习的时候是在乡里嘛，比起我们上学的时候条件特别好，里面什么都有。现在县里、乡里的条件、环境都挺好的，新楼房，什么条件都有。”（学生 04）

随着相关政策的出台，南北疆、城乡间基础教育在硬件设施上的差距正在逐步缩小。然而通过其他访谈对象的描述，不难发现在一些偏远地区仍然有很多中小学存在教学设备陈旧、资源匮乏的现象。

---

① 周作宇．教育、社会分层与社会流动［J］．北京师范大学学报，2001（5）：85-91.

“我们学校在市里属于比较好的学校，教室环境特别好，我们吐鲁番夏天特别热，电风扇、空调都有呢，教学方法、环境、设施都比县里好。”（学生03）

“我是在市里上的，但是与市里的高级中学相比，我们缺少实验室，实验器材他们那边好一点，比较齐全。”（学生01）

“我上学期支教过，就在伊宁市特克斯县的偏远的一个乡里，我去的是一个初中，学的是计算机，但是我去那儿了以后，一节计算机课都没有上，上的是数学，因为他们那没有设备，我拿那个笔记本到他们那儿去，他们觉得是特别新鲜的东西，没有见过，他们那些方面没有那个条件，我觉得他们的经济条件和人才方面都和市里差很多，他们的教室啊，多媒体啊，好多方面都比较欠缺，学校规模、篮球场、足球场都不大，而且不好。”（访谈07）

以上同学提到的高中分别属于市重点中学、市普通中学和乡镇中学，从中不难看出这些中学在学校环境和硬件设施方面存在较大的差距。实验室、空调等资源更多地集中于市重点中学，而在部分偏远乡镇中学里，作为现代社会必不可少的计算机都成为稀缺资源。所以从整体来看，新疆区域、城乡中小学间的硬件资源差距较大的现象依然存在。

（2）师资队伍和教学质量

除以上所讲硬件资源方面，区域、城乡间中小学在师资队伍上也存在较大的差距。

“我去支教的那个学校的教师都不愿意在那儿待，交通及教师的生活方面都有困难，所以教师不够。我去的时候教的七年级的数学，还有一二年级的体育，然后跟我一块儿去的那个哈萨克族男生，他教了三门课，还有一个女学生，她也上了两门课，也就是的确缺老师，比如说那个学校应该有的编制是42（个），实际在那儿待的老师是23个，19个编制是空的。他们干一学期，或者一年以后就走掉。我上的高中，我在的时候基本上老的教师就是退休掉，或者是淘汰掉那样子，所以就年轻化了嘛，但是我支教的那个学校，去了以后，23个老师里面，估计10来个老师都是比较老的老师。比如说，他们1994年的时候上初三的课，他

们的知识不够教，然后逐渐初二初一六年级五年级，他们的知识不够嘛，就那样子一直往下掉。”（学生07）

通过该生的叙述可以看到，在部分贫困、偏远地区的中小学里，存在师资严重匮乏的现象，交通、生活、娱乐等条件的艰苦使这类学校成为他们向城镇，甚至是市中小学流动的“跳板”。除此之外，这类学校师资队伍还存在严重的“老龄化”现象，并且由于知识更新速度的加快、课改政策的实施，使老教师难以胜任原有工作，这对于原本教师数量就短缺的农村中小学来讲无疑是雪上加霜。而农村中小学师资队伍除了数量上的问题之外，还存在教学质量不够理想、教师学历偏低等问题。

“我读的高中学校没有汉族老师，都是用维吾尔语上课的。我们的老师没有一个研究生毕业的，本科毕业的都很少，而且都是一些老教师，新来的老师也没有什么工作经验，就那样子吧。”（学生01）

“我们家是县里的，但是我在市里上的高中，老师的水平确实很高，特别高，他们的普通话特别标准。但是我们那个县里、乡里的那些老师从小都是说维吾尔语，所以用汉语上课特别吃力，而且自己都没学好，怎么给学生讲？实验室条件是有的，但是老师没有那个能力，能够像市里的老师一样讲得清清楚楚，比如说现在我们是学计算机专业的，但是初中、高中都不要我们，不要计算机老师，没有一个专业性的计算机老师，再比如对英语老师也不重视，一点儿都不重视。”（学生04）

从以上两位同学的访谈内容可以看出，新疆区域、城乡间中小学师资队伍水平存在较大的差距，农村地区教师学历普遍偏低，且汉语水平较低。与前者所讲硬件资源相比，优质教师资源显然更加重要。由于新疆中小学双语教育的实施，对新疆少数民族学生而言，教师的汉语教学能力直接影响着他们的学习成绩和汉语水平。

（3）校际管理制度的差异

由于过去实施的重点学校政策，加之地方政府为了提升教育政绩而在分配资源时存在明显的倾斜现象，使学校间在资源拥有量上及质上都呈现较大的差距。也正因如此，优势中小学生源充足，并且能够从中择优录取，而薄弱学校只能面临成绩优异的学生频繁地流动到重点中学的现状。长此以往，逐渐形成了好学校越来越好、差学校越来越差的恶性循环，陷入“马太效应”的漩涡中。而在新疆中小学中，除在资源方面的差异外，学校管理制度的差异也是影响学生学习成绩的重要因素。

“与市里的高级中学相比，他们做的习题啊，上的课啊，比我们多，反正我们是比较自由的。反正给我们上课也比较放松，我们想听就听，不想听就睡觉呀、聊天呀。”（学生01）

“和重点中学比，我经常看到我们已经放学回家的时候，他们还在上晚自习，我在初中上的是3中，高中是6中，初中时候我们那个学校的管理制度松得很，高中的时候严得很，6中比3中好多了，市里面民语学校里面最好的，就是觉得两个学校比起来，6中管得严一点，比如说穿校服、头发，学习方面交作业这些都抓得特别严。3中的话，有些老师特别负责。大多数情况下，老师严不严，反映了学校对老师要求严不严。我觉得6中对学生的学习抓得更严，比如说6中迟到几次，旷课几次，就开除掉，三好学生、优秀学生等评不了了，但是3中就没有这样。”（学生07）

“重点中学主要是学习方面比我们好一点，我们放假的时候他们还在上学呢，暑假我们放一个月的话，他们就放一个星期，我们那个学校学生较少，我们学校比起他们学校松。”（学生08）

从以上访谈内容可以看到，薄弱学校的管理被他们称为“松”，而重点中学则被称为“严”。一松一严不仅体现在学习效率上，还体现在学习态度及学习氛围上。校际管理制度的差异，间接导致学生学习成绩的差异，从而使他们在高等教育入学机会上产生差异。

2. 贫困生资助体系不够完善

解决家庭经济困难学生就学问题，提高入学机会，维护教育公平，促进教育健康持续发展等是我国建立健全家庭经济困难学生资助政策体系的主要目标和基本原则。目前，新疆贫困生资助制度可以简单地概括为奖、贷、助、补、免资助体系。被高校录取的贫困生可以通过“绿色通道”直接办理入学手续，之后学校再依据学生具体情况，采取不同形式的资助方案。这一系列的资助措施，不仅切实保障了贫困家庭学生顺利入学，获得继续教育的机会，而且极大地促进了边疆和谐稳定发展。然而由于新疆经济发展水平较为落后，少数民族贫困生数量较多等原因，使新疆学生资助体系仍然存在资助面过窄、宣传力度过小、贷款程序复杂等问题。从而导致新疆少数民族贫困生因为经济原因而放弃高等教育入学机会的现象继续存在，成为影响新疆高等教育公平的重要因素。

（1）助学贷款管理体制有待完善，宣传力度过小

国家助学贷款是由政府主导，金融机构向高校家庭经济困难学生提供的信用助学贷款，帮助解决学生在校期间的学习和生活费用问题。学生不需要办理贷款担保或抵押，但需要承诺按期还款，并承担相关法律责任。按照学生申办地点及工作流程，国家助学贷款分为校园地国家助学贷款与生源地信用助学贷款两种模式。① 然而尽管助学贷款模式多样，且越来越趋于完善，但是新疆贫困生助学贷款仍存在以下几点问题。

①贷款程序复杂。目前来讲，新疆校园地国家助学贷款申请流程如图1-2-1所示。新疆生源地信用贷款则主要由学生生源地教育局资助管理部门负责，且还款与“家庭”绑定，贴息和风险补偿金全部由国家或地方财政承担。

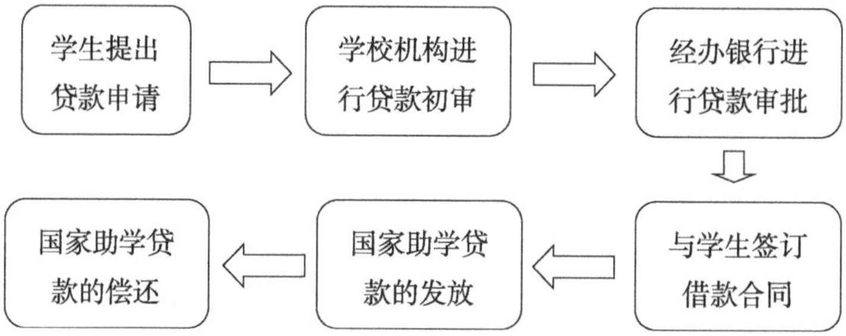

图1-2-1　新疆校园地国家助学贷款申请流程图

由图1-2-1可知，若学生申请校园地国家助学贷款则需要在入学前准备好相关材料，经过家庭所在地、准备就读高校、银行等多个部门把关，最终才能申请成功。而这些复杂的程序对许多来自乡镇农牧民家庭的少数

---

① 教育部．介绍国家学生资助政策及成效的有关情况介绍［EB/OL］．新闻通气会，教育部门户网站，（2012－12－13）［2014－12－23］．http：//www. moe. gov. cn/business/htmlfiles/moe/s6686/201208/140367. html.

民族学生来讲无疑是一道道难关。

“我有一个同学本来要贷款，还问了老师，说好像要去农村信用社，后面老是嫌麻烦，还有别的，就没有贷款，他父母到处借，最后没贷。”（学生07）

由此可见，一些具有贷款需求的少数民族贫困生因为助学贷款程序过于复杂而选择了另外的筹钱途径。这一现象不仅极大地阻碍了新疆学生资助政策的顺利实施，另外也不利于培养新疆少数民族高素质人才。

②高校配合银行发放助学贷款积极性较低。2004年国务院办公厅转发给教育部、财政部、人民银行、银监会等部门文件《关于进一步完善国家助学贷款工作的若干意见》说明：按照“风险分担”原则，建立国家助学贷款风险补偿机制。国家助学贷款风险补偿专项资金由财政和普通高校各承担50%；每所普通高校承担的部分与该校毕业学生的还款情况挂钩。[①] 从中可以发现，高校在帮助学生获得银行助学贷款的同时也承担着一定的风险，若学生未能按协议偿还贷款，则学校不仅要支付国家助学贷款风险补偿金，而且还会影响到学校未来的借款额度。

“我们学校现在一般不给学生贷款，因为如果学生到时候不还贷款，那么学校就要负责偿还部分贷款，学校肯定不想承担风险，所以不会主动去揽这个事情，学生咨询贷款事宜的也很少。”（老师01）

“我本来是想贷款的，但是学校没给，让我们回家乡贷款，我班里有几个学生也想贷款，但是老师说没有（助学贷款政策）了，一个同学给别人打工，挣生活费，但是学习就受到了影响，奖助学金都拿不上了。”（学生01）

由于助学贷款风险的存在，一些学校为了规避风险，而采取不鼓励甚至是拒绝贷款的应对方式，使这一政策成为摆设，由此导致学校在配合银

---

① 教育部．关于进一步完善国家助学贷款工作若干意见的通知［EB/OL］．政策法规．教育部门户网站，（2004-06-12）［2014-12-23］．http：//www. moe. gov. cn/publicfiles/business/htmlfiles/moe/moe_ 1201/200703/20058. html.

行发放助学贷款的积极性越来越低。与此同时，因为国家助学贷款无须任何抵押或担保便可获得，所以当学生不偿还贷款时，银行也只能通过追讨、催还、起诉等方式挽回损失，然而追讨成本甚至有可能大于追讨金额。长此以往，若不及时解决国家助学贷款政策在具体实施中的困难与问题，那么会极大削弱高校、银行、学生资助管理中心等对贫困生助学贷款政策的积极性，从而使学费问题成为影响贫困家庭子女入学机会的一大难题。

③宣传力度过小。由于新疆维吾尔族、哈萨克族、柯尔克孜族等民族均拥有属于本民族的语言和文字，使得他们中的大部分人汉语水平十分有限，加之他们生活习惯、兴趣爱好等方面的不同，导致普通的宣传方式不能起到应有的作用。

> “好像是听过助学贷款，但是我也不知道学校到底有没有。”（学生04）
>
> “我不知道什么是助学贷款，也没听老师说过，周围的同学朋友也没听到过……录取通知里面的资料没有仔细看。”（学生06）

当在访谈中问及助学贷款相关问题时，多数访谈对象表示“虽然听过，但是具体情况不了解”，更甚者表示“不知道”。目前的宣传方式多为宣传手册、网络宣传、政府宣讲等。而少数民族由于文字、语言等的限制，对这类宣传方式的敏感度及接受度均较低。因此，在宣传过程中，应积极拓展适合新疆少数民族学生及家庭的宣传方式，扩大宣传范围，加大宣传力度。

（2）资助覆盖面小，评定体系不健全

①资助力度不足，覆盖范围小。由于多种原因，中国西部少数民族地区的社会经济发展非常滞后，贫困人口分布众多，而且贫困程度深，治理难度较大，给新疆乃至中国全面建设小康社会带来了严峻的挑战，新疆少数民族贫困人口比重大，占新疆贫困人口的96%，贫困发生率达22%，贫困强度大，贫困人口分布呈现极强的民族特征。[①]

也正因为此，新疆需要资助的贫困生数量非常大，尤以少数民族贫困生

---

① 敬莉．少数民族人口贫困问题的多角度分析［J］．生产力研究，2008（3）：61.

为主。然而通过观察表1-2-1，可以清楚地看到，相对来说国家奖学金和国家励志奖学金资助额度较大，但资助名额则相当有限；国家助学金虽然在资助人数上增加了许多，但资助标准则仅为每生每年3000元。除此之外，新疆由于经济发展水平相对落后，无论是政府还是企业、社会，对教育方面的支持都显得心有余而力不足。尤其在社会捐资方面，新疆并没有针对少数民族贫困生而建立的专门资助渠道，规范性不足，导致社会捐资辐射范围小，在少数民族贫困生资助体系中的力量薄弱。

表1-2-1 国家学生资助体系具体内容一览表①

资助分类	资助标准	资助人数
国家奖学金	8000元/人·年	每年5万名
国家励志奖学金	5000元/人·年	每年51万名
国家助学金	3000元/人·年	每年340万名
国家助学贷款	6000元/人·年	原则上不超过各校在校生总数的20%，生源地贷款没有限制
勤工助学	原则上不低于每小时8元人民币	学校统筹安排
师范生免费教育	免除学费，住宿费，补助生活费	六所部属师范大学免费师范专业的1.2万名学生

在调查的少数民族大学生中，有29%的被调查对象表示身边存在因学费问题而中途辍学的同学，并且其中多为维吾尔族和哈萨克族学生。这一数据充分说明我国贫困生资助体系仍然存在覆盖范围小，资助力度不足等问题。

②助学金资格认定体系不健全。国家助学金是为了资助高校全日制本高职（含高职、第二学士学位）在校生中的家庭经济困难学生，以帮助他们顺利完成学业。然而对家庭经济困难这一指标的认定成为影响国家助学金发挥真正效用的难题。一方面，没有系统的贫困资格认定机制。目前判断学生是否具有获取国家助学金资格的唯一标准便是学生出具的由居住地盖章的贫困证明，而正如学生04所说："助学金我觉得就是个形式，虽然叫助学金，但是我觉得变了，我看我们班大部分人都有贫困证明，那个到

① 数据来源：教育部．国家助学贷款标准［EB/OL］．资助体系介绍，全国高校资助信息平台．［2014-12-01］．http：//xszz. chsi. com. cn/.

社区就可以弄。”家庭贫困证明非常容易获得。如此一来，学生为了能够申请学费减免或经济资助，多数会选择谎报家庭经济情况、低报家庭收入等方式欺瞒学校。而由于新疆地域辽阔，地区与地区之间相隔甚远，学生多来自不同州市县，加之申报学生过多，因此学校也无法做到一一核实学生真实情况，从而使得贫困生资格认定工作难上加难。另一方面，贫困标准无法统一。由于少数民族学生来自新疆不同地区，而地区间经济发展不平衡造成各地区的消费标准也不尽相同，因此也就无法形成统一的贫困生标准。基于以上两点原因，新疆高校在确定国家助学金获得者时，通常将学生学习成绩作为主要参考标准，而这一做法使得部分家庭经济真正困难的学生无法获得资助。

> “助学金应该是给贫困的学生嘛，但是现在都是按照成绩来给，一个班里肯定是民族学生相对贫困，但是他们的成绩肯定不如汉族同学，因为毕竟不是用自己的母语，学起来比较吃力，个人的原因也有呢，但是奖学金肯定是给学习好的同学，这个没啥好说的。助学金应该是给家里贫困的同学嘛，好多同学家里比较贫困，但是就是因为成绩不好拿不到助学金，虽然也要交贫困证明，但是那个东西去哪个地方都可以要呢，有啥认识的人，肯定给呀，学校也不会去他们家里去看，只看那个证明而已，一看成绩也挺高，就给他了，我觉得不太合理。所以我觉得这个应该先看贫困，然后学校好好商量，让他拿这个钱鼓励他好好学习，成绩可以看，但不应该是主要的，比例要调整。”（学生03）

将学习成绩作为助学金参评的主要因素对少数民族学生来说有失公平。而家庭经济困难学生为了减轻家庭经济负担选择利用业余时间打工，这也会影响他们的学习成绩，使得他们无缘助学金，如此迫使他们继续依靠打工赚取生活费、住宿费等。这样的恶性循环不仅有悖于助学金政策的初衷，而且不利于提高少数民族贫困大学生的培养质量。

（3）资助体系发展不协调

①社会捐赠助学、勤工助学等资助方式有待完善。目前，国家和自治区对全区高等学校家庭经济困难学生的资助政策和方式主要有国家奖学

金、国家励志奖学金、国家助学金、国家助学贷款、学校内部的助学项目、勤工助学、社会捐赠助学共七种。然而相比于前几项，新疆勤工助学、社会捐赠助学等资助方式在贫困生群体中发挥的作用比较微弱。勤工助学帮助学生利用课余时间，通过完成相应工作获取一定报酬，从而改善学生学习、生活条件。虽然新疆各高校均为贫困生设置了一些勤工助学岗位，然而却存在岗位过少、宣传不到位、薪酬未能按时发放等问题，使得一些贫困生不得不选择到各个小区张贴求职广告等方式寻求校外兼职。除此之外，社会捐赠助学力量有待提高，新疆目前有“国开新疆爱心教育基金”“彩虹慈善助学会”“宝钢教学金”等社会助学项目，然而这些助学活动均针对学习成绩优异的学生，这就使得大部分少数民族贫困生无法获得这一资助。

②心理资助与经济资助不协调。高校资助体系目前存在严重的轻心理资助重经济资助问题。少数民族贫困学生多来自经济发展落后、信息闭塞、交通不便的偏远地区。另外，少数民族贫困生大多生长环境不如其他学生，长期的家庭经济困难使他们形成缺乏安全感、内向，甚至自闭的性格。少数民族贫困生的心理健康问题并没有引起高校的足够重视，心理资助与经济资助没能协调统一，仅仅依靠单纯的经济救助对少数民族贫困生来说显然是不够的。

目前，我国各大高校实行的资助制度都采用统一的标准，而奖学金、助学金等资助措施难以满足所有贫困家庭学生的需求，会导致一些经济条件差的学生放弃高等教育。

（二）家庭背景因素

1. 家庭经济资本因素

（1）家庭经济收入差异影响子女高等教育机会获得的成因分析

西方冲突理论派代表之一的鲍尔斯通过研究发现，家庭收入与中学生高等教育入学机会之间的关系有规律可循，即随着家庭收入的提高，学生拥有的入学机会也在提高。另外，鲍尔斯进一步认为，入学机会差异在中等教育阶段便已产生，并且这种差异会延伸到高等教育阶段，甚至会有所加剧。①

由此看来，家庭经济收入与子女的入学机会存在密切的关系。首先，新疆少数民族基础教育水平在城乡间、学校间都有着明显的差距，而只有拥有较高教育支付能力的家庭才有可能让子女就读于教育水平较高、师资力量有保障的中小学。正如访谈提到的："家里有钱的，不管学习好不好，都去了市里面的学校，我当时学习还可以，但是家里的钱拿去给姐姐看病了，所以没钱去好学校。"其次，经济条件优越的家庭能够给子女创造较好的学习条件和环境，例如辅导班、家教、复习资料等。最后，家庭经济收入较低的少数民族学生普遍需要帮忙做家务，干农活等，相比之下，较高收入家庭子女在学习上的时间则更加充足与完整。这在访谈的对话内容中得到了验证。"我当时在家根本没时间学习，家里弟弟妹妹太小了，我要帮忙照顾，还要帮忙放羊，作业不写，老师也不管。"基于以上原因，可以发现低收入家庭子女无论是在学习资源、学习环境，还是在学习时间上都不能得到较好的保障，这些因素不可否认地影响了他们的学习成绩，从而间接导致其与高收入家庭子女在高等教育入学机会上差异的形成。

除此之外，新疆少数民族传统生育观中"多子多福"思想的存在，使他们家庭中子女数量较多。这一现象也间接成为导致其子女入学机会较小的原因。如表 1-2-2 所示，新疆少数民族育龄妇女中生育一孩的人数为 9951 人，占总育龄妇女人数的 47.5%；生育二孩的占总育龄妇女人数的 34.6%；生育三孩的占总育龄妇女人数的 14.6%；生育四孩的占总育龄妇女人数的 2.5%；生育五孩及以上的占总育龄妇女人数的 0.8%。而在汉族育龄妇女中，生育三孩及以上的仅占其总育龄妇女人数的 3.2%。

表 1-2-2　全区按民族、生育孩次分的育龄妇女人数②　（单位：人）

民族	合计	一孩		二孩		三孩		四孩		五孩及以上	
		小计	占比（%）	小计	占比（%）	小计	占比（%）	小计	占比（%）	小计	占比（%）
总计	27016	14489		8587		3226		554		160	

① ［美］塞缪尔·鲍尔斯．不平等的教育和社会分工的再生产［A］//张人杰．国外教育社会学基本文选［C］．上海：华东师范大学出版社，1989：226.

② 数据来源：新疆维吾尔自治区人民政府人口普查领导小组办公室．新疆维吾尔自治区 2010 年人口普查资料［M］．北京：中国统计出版社，2010：699-700.

续表

民族	合计	一孩		二孩		三孩		四孩		五孩及以上	
		小计	占比（%）	小计	占比（%）	小计	占比（%）	小计	占比（%）	小计	占比（%）
汉族	6072	4538	74.7	1340	22.1	163	2.7	25	0.4	6	0.1
少数民族	20944	9951	47.5	7247	34.6	3063	14.6	529	2.5	154	0.8

在他们看来，添加人口是家里的头等大事。衡量一个家庭幸福程度的首要标志，就是看孩子的多寡，所以女性生育率较高。① 另外，新疆人口与计划生育条例规定，城镇少数民族居民一对夫妻可生育两个子女，少数民族农牧民一对夫妻可生育三个子女。这些因素促使新疆少数民族家庭，尤其是少数民族农牧民家庭人口数众多，从而间接导致贫困家庭经济负担过重，无法为子女支付高等教育费用及其他相关教育投入。

（2）家庭经济收入差异影响子女就读高校、学科类型的成因分析

自20世纪90年代全面实行高等教育收费制度以来，除部分师范类高校和艰苦专业外，我国所有高校均完成了招生并轨和学生缴费上学的改革。这一政策的实施对教育资源的公平分配产生了积极的影响，但也对教育公平、平等带来了巨大的挑战。高等教育学费支出成为每个家庭不得不考虑的问题。另外，国家政策与地方法规对于公办高校和民办高校的“区别对待”，也成为学生在选择就读高校时的困扰因素。

就政府财政拨款方面来说，不论是中央所属公办高校还是地方所属公办高校，其办学经费均以财政预算内教育拨款和学杂费为主。而民办高校的经费来源主要包括举办者投资、学费收入、校办产业收入、银行贷款、社会捐赠等，但在多种收入来源中，对民办高等教育的资产形成起到关键作用的是学费收入和举办者投资。② 这种政策导向最终导致新疆公办高校与民办高校收费标准的巨大差异。通过对调查高校收费标准统计，发现新疆公办高校收费标准中，除艺术类专业收费较高外，其他科类专业收费普遍较低：外语类专业平均为3800元/生·学年，文科类专业平均为3100元/生·学年，理工类专业平均为3500元/生·学年；民办高职院校收费标准平均为：外语类专业5200元/生·学年，理工类专业5200元/生·学年，

① 高卉．新疆维吾尔族与汉族生育文化比较研究［D］．石河子：石河子大学，2008：32.

② 毛勇．中国公办、民办高校公平竞争研究［M］．厦门：厦门大学出版社，2009：163-164.

财经类专业5200元/生·学年，文科类专业5000元/生·学年；独立学院收费标准平均为：理工类专业11000元/生·学年，文科类专业10000元/生·学年，财经类专业10000元/生·学年（如表1–2–3所示）。经过对比发现，民办高职类院校收费标准普遍高出公办类高校1500—3000元，而独立学院收费标准约为公办高校收费标准的3倍、民办高职院校收费标准的2倍。

表1–2–3　调查高校收费标准一览表①

院校性质	院校	不同科类收费标准
公办院校	新疆大学	法学、俄语、英语、广告学、广播电视新闻学、新闻学、对外汉语等专业3800元/生·学年；艺术类专业6000元/生·学年；软件工程专业学费9000元/生·学年；文史类专业为3100元/生·学年；现代纺织技术专业为3300元/生·学年；理工类专业为3500元/生·学年
	石河子大学	医学类专业4000元/生·学年；艺术类专业6000元/生·学年；财经类专业3200元/生·学年；外语类专业3800元/生·学年；体育类专业3300元/生·学年（运动训练专业4500元/生·学年）；理工类农科专业3000元/生·学年；理工类其他专业3500元/生·学年；文科类专业3100元/生·学年
公办院校	塔里木大学	财经类专业3200元/生·学年；理工类农科专业3000元/生·学年；理工类其他专业3500元/生·学年；艺术类4500元/生·学年；文科类专业3100元/生·学年（预科阶段按同等学力文科类收费标准执行）
	伊犁师范学院	体育类专业3300元/生·学年；英语、俄语等专业3800元/生·学年；文史类专业为3100元/生·学年；理工类专业为3500元/生·学年；艺术类专业6000元/生·学年
	新疆职业大学	学费按新疆维吾尔自治区物价局规定的标准收取。理工类专业3960元/生·学年；外语类专业4200元/生·学年；文科类专业3480元/生·学年；财经类专业5000元/生·学年
	伊犁职业技术学院	高职各专业：学费3300元/生·学年

① 数据来源：根据各高校官网数据整理所得。

续表

院校性质	院校	不同科类收费标准
民办院校	新疆天山职业技术学院	学费按新疆维吾尔自治区物价局规定的标准收取。外语类专业5000元/生·学年；文科类专业4500元/生·学年；财经类专业5000元/生·学年；理工类专业5000元/生·学年
	新疆现代职业技术学院	学费按新疆维吾尔自治区物价局规定的标准收取。不同专业学费为统一标准5500元/生·学年
独立学院	新疆农业大学科学技术学院	学费按新疆维吾尔自治区物价局规定的标准收取。理工科11000元/生·学年；财经类10000元/生·学年；文史类10000元/生·学年
	新疆财经大学商务学院	学院严格按照物价部门核定的标准收费。理工科11000元/生·学年；财经类9000元/生·学年

家庭经济收入与教育支付能力成为影响学生进入何种类型高校的重要因素之一。高收入家庭少数民族学生在选择就读高校时较少考虑收费标准，而低收入家庭少数民族学生则主要考虑收费标准，因此公办性质的高校成为他们的首选。除此之外，不同科类收费标准虽然并没有非常大的差距，但是免费师范专业及部分“冷门”专业减免学费的政策对于低收入家庭来说仍然具有不小的专业导向作用。因此，在文科类及农学类等学费较低的专业中，来自低收入家庭的少数民族学生占绝大多数。尤其对于南疆的少数民族低收入家庭子女来说，他们在考虑学费标准的同时，还要考虑路费、生活费、住宿费等其他开支费用。因此来自南疆的少数民族学生选择农学类等收费较低专业的占29.9%，而来自北疆的少数民族学生仅占19.2%。

然而随着“限涨令”的到期，我国多个省区已经出现普通高校学费上涨情况，部分省区平均涨幅甚至达到50%。尽管新疆普通高校目前并没有出现学费调整情况，但随着学费“上涨潮”的来临，新疆高校提高收费标准必然会成为新的发展趋势，那么家庭经济收入对新疆少数民族学生选择就读何种类型高校及专业的影响也会随之加剧。

2. 家庭文化资本因素

出生在不同家庭的行动者所继承的文化资本总量不同，致使个体在社会空间中行动轨迹的起点不同。家学渊源的子女，必定比来自文化资本积累有限的家庭的子女更有学习潜能，或者说更容易得到学校教育和社会的认可，从而能够积累更多的文化资本。①

（1）家庭文化氛围差异影响子女的学业成绩

家庭文化资本占有量可以从父母受教育程度这一指标间接说明。父母受教育程度的高低直接影响着家庭的文化氛围的好坏，从而对少数民族学生的学业成绩产生一定的作用。首先，学历较高、具有一定文化水平的少数民族学生父母不仅普通话水平普遍高于学历较低的少数民族学生父母，而且在工作生活当中与汉族群众接触的机会更多。因此，他们的子女拥有更多的机会学习汉语，在日常生活的沟通交流中逐渐提升汉语水平，从而提高他们在双语教学中的理解能力，促进学习成绩的提高。其次，受教育程度较高的少数民族学生家长具备一定的学习辅导能力。正如学生 07 所说："我妈妈是高中毕业，没有去工作，就在家里照顾我和弟弟妹妹。妈妈对我的学习影响特别大，我到初一、初二的时候，她还帮我辅导数学、物理那些，我当时不懂的地方就问我妈妈，但是后面到高中的时候，她就带不动了。"而那些初等文化程度的父母由于自身文化知识水平的局限性，在指导子女学习上常常心有余而力不足。可见，父母受教育程度越高，其子女获得单独辅导的机会也就越大，也就越有可能获得较好的学习成绩。最后，受教育程度不同的家长在子女的教养方式上也存在较大的差异。高等文化程度的父母大多具有良好的文化素养，在子女教养方式上更加注重科学性，比较讲究教育方式及子女兴趣爱好的引导、培养。而受教育程度较低的家长在日常生活中更偏重于利用简单粗暴的教养方式，访谈 09 表示："我爸妈都是小学毕业，学习上面管不了我，只有开家长会回来的时候会跟我说，学不好就不要上了，跟他们一样干活。"这类家长对待子女的学习无力指导，更多地寄希望于老师的身上，自身对待子女则听之任之。这种教养方式的差异最终极易导致其子女在学习成绩上的差异，从而影响他们的高等教育入学机会。

（2）文化资本差异导致家庭掌握信息程度不同

家长文化程度的不同导致其获取信息、掌握信息的能力也存在很大的差距。文化程度较高的家长大多具有良好的信息素养和信息意识，能够利

---

① 张意．文化与符号权利：布尔迪厄的文化社会学导论［M］．北京：中国社会科学出版社，2005：134.

用网络、工作条件、报纸期刊等不同介质搜索需要的相关信息，并且能够对信息进行初步的加工处理。而文化程度较低的家长由于自身知识文化水平有限及信息意识不足等，往往不重视新信息的搜集，信息素养、信息技能等普遍较低。

课题组将调查中学生了解报考学校及专业的途径分为八种，分别为父母兄弟姐妹、网络、中学教师、亲朋好友、电视、报考指南等资料、同学、其他。并且根据上文分析，母亲对于子女就读何种学校及专业的影响程度要大于父亲，因此主要将母亲受教育程度不同的子女了解学校、专业信息的途径进行统计，绘制出表1-2-4。

表1-2-4 母亲学历不同子女了解报考学校及专业途径差异情况

途径		父母	网络	中学教师	亲朋好友	电视	报考指南等资料	同学	其他
研究生及以上	计数（人）	10	4	4	1	0	0	0	0
	学历中的%	52.63	21.05	21.05	5.26	0.00	0.00	0.00	0.00
大专或本科	计数（人）	99	65	24	10	1	17	8	2
	学历中的%	43.81	28.76	10.62	4.42	0.44	7.52	3.54	0.88
高中或中专	计数（人）	104	115	63	36	0	43	18	0
	学历中的%	27.44	30.34	16.62	9.50	0.00	11.35	4.75	0.00
初中及以下	计数（人）	223	176	167	91	5	115	55	1
	学历中的%	26.77	21.13	20.05	10.92	0.60	13.81	6.60	0.12
合计	计数（人）	436	360	258	138	6	175	81	3
	学历中的%	29.51	25.12	17.71	9.47	0.41	12.01	5.56	0.21

根据表中数据可以知道，母亲受教育程度为研究生及以上的少数民族学生中，通过父母了解报考学校及专业的占52.63%；母亲受教育程度为大专或本科的少数民族学生中，通过父母了解报考学校及专业的占43.81%；母亲受教育程度为高中或中专的少数民族学生中，通过父母了解报考学校及专业的占27.44%；母亲受教育程度为初中及以下的少数民族学生中，通过父母了解报考学校及专业的占26.77%。也就是说，随着母亲受教育程度的下降，其子女通过父母了解报考学校及专业的比例也呈明显下降的趋势。由此可见，父母受教育程度不同所导致的掌握信息量的差

异对其子女报考学校及专业有着非常大的影响。

（3）文化资本差异导致父母对子女期望值的差异

在国外一些调查中，参加全国水平学习竞赛的中学生，被问及他们受教育的志向时，明显呈现出一种趋势，即其母亲文化水平与子女求学期望之间有相应关系。其中受过高等教育的母亲，其子女具有读研究生抱负的，比只受过初等教育的母亲的子女要高出 4 倍；反之，那些其母亲只受过初等教育的子女，只想读到中学毕业的想法，比有高等教育水平母亲的子女也高出 4 倍。① 从该调查可以看出，家庭文化资本差异对子女进入何种类型的高校、接受何种层次的教育具有重要影响。此外，课题组通过对访谈对象父母期望进行归纳发现，在 8 名正在接受高等教育的少数民族大学生中，他们的父母期望均为考取大学，而在 8 名未接受高等教育适龄少数民族中，仅有 1 人提到父母希望自己接受高等教育，但由于自身学习成绩及兴趣等原因而未能如父母所愿，其余 7 人均表示父母没有让自己上大学的强烈愿望，甚至其中 1 人说道："当时学习成绩挺好的，但是弟弟妹妹都在上学，家里负担重，爸妈就不想让我上了，最后就读了这个技术学校。"从这种强烈的对比结果来看，课题组有理由认为父母期望值的差异，同样会使其子女高等教育入学机会产生较大的差异。在少数民族农牧民家庭中认为女性的任务就是照顾孩子、做家务等，所以不重视女童教育，而男孩只要会一门技术，能养家糊口就足够了。正是这种观念的存在，使新疆少数民族学生高等教育入学机会差距愈加明显。

3. 家庭社会资本因素

父母职业作为衡量其社会经济地位的主要指标，对其子女高等教育入学机会以及接受何种质量的高等教育有着重要的影响。

（1）父母职业阶层影响子女高等教育机会获得的成因分析

从上文数据分析得知，少数民族学生父母职业所处阶层对其子女高等教育入学机会有着重要的影响。

家庭社会网络作为社会资本的载体，在一定程度上反映了拥有不同社会资本家庭在社会资源占有量上的差距。社会关系网络的特性包含三个方面：第一，社会关系网络规模的大小。主要指关系网络所涉及的人数。第二，关系网络顶端的高低。指在社会关系网络中地位、身份和资源最多的

---

① 鲁洁. 教育社会学［M］. 北京：人民教育出版社，2001：477.

那个人的状况。第三，关系网络位差的大小。指关系网络顶端与底部落差的大小，落差大的网络要比落差小的网络蕴含的资源更大。[①] 根据社会关系网络特性的描述，不难归纳出职业为国家机关、党群组织、企事业单位负责人等阶层的父母必然拥有较大的社会网络规模，关系网络顶端触及的高度最高以及关系网络的位差也最大等结论。因此，处于优势阶层的少数民族学生能够更多、更快地获取优势资源，从而自起点上便具有较强的竞争优势。处于中间阶层的家庭，父母更多为专业技术人员，他们的社会关系网络较之优势阶层，规模要略小，并且关系网络质量上也较低。但相对于弱势阶层来说，他们仍然占据一定的优势。职业为专业技术人员、办事人员等的父母大多具有丰富的学习经验，他们深知个人努力及学习的重要性，从事教育行业的父母也能够为子女提供较好的学习环境、学习资源。因此，处于中间阶层的少数民族学生在高等教育入学机会上同样具有一定的竞争力。而处于弱势阶层的家庭，父母职业多为服务人员、农牧业者、无业失业人员等体力劳动者。相比于前者，他们的社会关系网络存在规模小、质量偏低等缺点，很难获得对其有利的社会资源。也由此导致其子女在高等教育起点上处于劣势地位，从而影响他们的高等教育入学机会。对于依据母亲职业作为划分阶层标准，处在“无业、失业和半失业者”阶层的少数民族大学生的高等教育入学机会要高于新疆平均水平，甚至要高于处在中间阶层的少数民族大学生的研究结果。对于所调查的新疆少数民族学生来说，母亲的失业率为11.2%，远远高于父亲的失业率1.7%。在新疆传统习惯中，仍存在“男主外、女主内”的观念，尤其在南疆更为突出。存在此种观念的家庭，一般来讲多为母亲在家照顾家庭及孩子，父亲在外工作，因此对于母亲失业在家的少数民族学生而言，他们的高等教育入学机会并不低。

(2) 父母职业阶层影响子女就读学科类型的成因分析

布尔迪厄对法国20世纪60年代不同社会出身的人接受高等教育的机会进行了详细的研究，发现“出身于处在不利地位的阶级的大学生主要进文学院和理学院，出身于富裕阶级的大学生主要进法学院和医学院。越到社会底层，进入高等教育就越必须以一种对选择的限制为代价。对处于最不利地位的属类来说，可以一直发展到几乎强制性地把他们放逐到文理专

---

① 蔡文伯．中国西部地区受援高校发展研究［M］．北京：北京大学出版社，2011：82.

业当中”。①

通信工程、金融、国际贸易、外语、电气自动化、临床等“热门”专业由于市场需求旺盛、工作待遇较高等因素，一直是莘莘学子普遍追捧的专业，也由此导致了这些专业竞争压力大、录取分数高等特点。相反地，公共事业管理、历史、采矿工程、教育学等“冷门”专业则由于就业难度较大而几乎每年都存在报名人数不足的现象，继而导致了就读“冷门”专业的学生大多都是调剂生的现象。父母职业处于弱势阶层的少数民族学生在选择报考专业时，会较多地考虑如何降低风险等因素。一些偏冷门的专业竞争较小，并且相对于热门专业来说，这些专业的收费往往要稍低于后者，因此为了增加自身的高等教育入学机会，他们比较偏向于农学、教育学、理学等更加保险的专业。除此之外，一些免收学费和减免学费的专业对弱势阶层子女也具有较高的吸引力。对于父母职业处于优势阶层的学生来说，优越的社会地位及家庭条件使得他们在报考专业时无须过多地考虑学费、风险等因素，而是会优先考虑专业的就业前景及个人兴趣，因此他们会偏向于选择热门专业或感兴趣的专业，几乎不会考虑冷门专业或免收学费的师范类专业。正因为以上差异的存在，最终导致了父母职业阶层不同的子女在选择就读专业时的差异。

第三节　控制和缩小新疆少数民族高等教育入学机会阶层差异的对策建议

通过对调研资料的全面分析，发现新疆少数民族的高等教育入学机会存在较大的阶层差异，而导致这种差异最直接的原因便是学生家庭背景的差异，但在这一差异背后却是更深层次的制度因素。因此，只有从多个不同的角度提出合理的对策建议，才能够真正从根源上控制和缩小新疆少数民族高等教育入学机会的阶层差异，促进新疆高等教育的公平发展。

---

① ［法］布尔迪厄，帕斯隆．再生产：一种教育系统理论的要点［M］．邢克超，译．北京：商务印书馆，2002：242-243.

一、政府层面：统筹规划，缩小阶层差距

（一）加大助学贷款宣传力度、完善资助政策

根据实证调查分析结果，发现家庭经济收入高低是影响新疆少数民族学生高等教育入学机会的重要因素之一。这是由于新疆高校少数民族贫困生资助体系存在资助力度过小、缺乏针对性等问题。基于此，政府应采取积极有效的措施，建立健全少数民族贫困生资助体系，以促进新疆教育平等，解决新疆少数民族贫困生上学难问题。具体建议为以下几点：第一，完善助学贷款机制、加大宣传力度。首先，针对少数民族学生对助学贷款政策知之甚少以及贷款程序复杂等现状，政府应采用印发宣传册、横幅、广播新闻等多种途径将助学贷款政策及贷款流程信息及时普及到县镇、乡村等偏远闭塞地区，确保此优惠政策能够真正惠及有需求的少数民族群众；其次，政府还应与高校、银行等相关单位及时沟通，优化项目程序、提高办事效率，确保助学贷款程序方便、快捷、简单，解决以往助学贷款手续繁杂、耗时长等问题；最后，政府应建立贷款人信用制度，明确责任，对未能按时缴纳贷款的除追究学生责任外，还要追究家庭连带责任，以此降低银行及高校风险，提高其发放助学贷款的积极性。第二，建立少数民族贫困生专项资助体系。少数民族学生的汉语基础较差，因此在评选奖学金、助学金等过程中，应将少数民族名额单独划分，确保少数民族贫困生能够在较为公平的层面上与汉族学生享受同等权益。第三，鼓励企业及个人等社会力量捐资助学，加大对少数民族贫困生的资助力度。由于新疆少数民族贫困家庭较多，且其中特困家庭比例较大。因此，政府应积极寻求社会力量关注少数民族贫困生现状，并利用政府影响力大力宣传典型助学基金，形成社会助学氛围。

（二）制定倾斜政策，努力缩小社会阶层差异

长期以来，由于新疆少数民族学生受到历史、语言、文化、经济等因素的影响，在全国统一实行的高考中处于不利地位。为此，政府制定了许多少数民族优惠政策以促进教育机会平等。然而，在制定政策过程中，却忽视了少数民族内部存在的阶层差异现象，从而使新疆少数民族学生阶层之间在社会资本、文化资本、经济资本上的差距越来越大。为此，政府应

针对现有情况，制定相应补偿政策，以达到缩小少数民族学生社会阶层差异的目的。第一，高考优惠政策应在考虑民族成分因素的同时，着重考虑社会阶层因素。在新疆少数民族群体内部，存在明显的阶层划分现象，有些阶层少数民族学生在高等教育优质资源的分配及获得上处于弱势地位。因此，在原有高考加分政策的基础之上，不仅要依据民族成分，还要重视同一民族不同区域、不同阶层的因素，即民族内部划分出不同程度的优惠标准。第二，扩大新疆区内初中班规模。内初班是自治区政府于2004年为缩小少数民族贫困地区与新疆较发达地区间的教育差距，提高少数民族教育质量而制定的教育政策，采取全日制、寄宿制教学模式。内初班招生计划中规定少数民族农牧民子女比例不得低于90%，且被录取学生仅需缴纳少量的生活费即可。由此可见，内初班政策在缩小阶层差距、促进教育公平方面具有重要的意义。政府应高度重视内初班建设，完善不足之处，扩大招生规模，从而使少数民族贫困家庭子女获得更大、更优的入学机会。

（三）增加新疆贫困地区基础教育投入，促进基础教育的均衡发展

由于高等教育入学机会的不均等在很大程度上是前大学阶段教育机会不均等的延伸，因此要提高大学入学机会的均等程度就应当从源头抓起，制定措施保证前大学阶段教育机会的均等。① 而新疆由于特殊的地理环境、人文环境等因素的影响，使南北疆、城乡、校际存在严重的基础教育发展不均衡问题，成为阻碍前大学阶段教育机会均等的重要原因。为此，针对基础教育资源配置不均衡、教育经费分配不合理现象，课题组提出以下几点建议：第一，提高农村、南疆四地州等地区的教师福利待遇。近年来，教师基本工资有了很大提高，城乡教师待遇差别也在逐渐缩小。然而，福利待遇、培训机会、生活环境等方面存在的城乡差异仍然影响着农村教师的工作满意度，成为农村教师流失的主要原因。对此政府应统筹管理，缩小城乡教师福利待遇差异，增加农村教师个人提升空间，从而吸引优秀教师扎根农村教育、均衡城乡教师资源配置。第二，加大新疆基础教育投入，促进农村中小学硬件设施建设。尽管农村中小学办学条件近年来已有很大改善，但在部分贫困地区仍存在室外体育场简陋、室内设施老化、维

---

① 亓学太．现阶段我国高等教育入学机会均等研究［D］．南京：南京师范大学，2006：45.

修维护经费不足等问题。对此，政府应调整各级教育投入比例，加大基础教育，尤其是农村基础教育的经费投入力度，确保农村中小学能够顺利开展教育教学活动。第三，面对优秀教师资源短缺、教师提升机会不足等问题，应采用一对一或一对多等形式，实行中小学间的互助。农村中小学通过参观、调研、实习等方式学习名校管理模式、教师教学方法及教学态度等方面，以此提升农村中小学教师整体水平。除此之外，名校应支援中小学建立空中课堂，实现优质资源及时共享，这种做法不仅可以减少农村中小学外出学习开支，而且能够增加受众面，使更多的教师有机会学习先进教学方法，提高教学水平。

（四）加大对南疆高等教育的扶持力度

截止到 2013 年，新疆众多少数民族人口中南疆人数为 895.26 万人，北疆人数为 467.17 万人，也就是说南疆少数民族人口数约为北疆少数民族人口数的 2 倍。然而在新疆 44 所高等学校中，北疆分布有 38 所，南疆仅有 6 所。由此可见，新疆南北疆地区高等学校数与少数民族人数呈反比，高校分布存在严重失衡的状况。除此之外，新疆南北疆高等教育无论在院校规模、办学条件还是师资力量等方面都存在很大的差距，全疆仅有的两所“211 工程”高校均在北疆。这些因素导致南疆高校的生源无论是在数量，还是在质量上都差强人意，这一情况又反过来制约着南疆高等教育规模的扩张及水平的提升，从而更加不利于新疆高等教育入学机会公平发展。因此，促使南疆高等教育快速健康发展刻不容缓。第一，加大对南疆已有高校的扶持力度。南疆普通高等院校仅 6 所，其中本科院校 2 所，高职院校 4 所。要想增加南疆高校的竞争力，吸引更多优秀的人才报考，就需要加强高校的硬件设施，例如实验设备、教学机房、图书馆、学生宿舍条件等。只有在硬件设施上达到一定的标准，才具备吸引人才的先决条件。第二，加大对南疆高校的经费投入。政府应充分利用对口援疆契机，加大对南疆高校各类建设的扶持力度，多渠道创建经费来源，解决南疆部分高校经费短缺问题。第三，以南疆经济发展带动南疆高等教育发展。2010 年，在中央新疆工作座谈会上决定举全国之力建设新疆，设立喀什经济特区，面向中亚、南亚、西亚广阔市场，加快超常规发展步伐，使喀什 5 年后人均 GDP 达全国平均水平，2020 年和全国一并达到小康水平。这对南疆来说是一个非常好的机遇。把握好这个机会，努力发展喀什经济，带动喀什高校的发展，最终为南疆地区的快速发展提供智力支持和人才保障。

二、学校层面：立足长远，完善校内软硬件资源建设

（一）针对少数民族学生及家长创建信息资源获取平台

根据所得结论可知，新疆少数民族家庭若为优势阶层，其子女在报考高校及专业时，所获资源较多；家庭若为弱势阶层的，其子女所获资源较少。也就是说，提高少数民族弱势家庭信息获取能力、拓宽信息来源渠道，成为亟须解决的问题。教育部于2005年5月在中国高等教育学生信息网上正式开通了“阳光高考”信息平台，该平台向社会公布了全国各高校分省分专业招生来源计划、招生政策、具有招生资格院校名单及各类考生资格名单。广大考生和家长通过这一平台，不仅可以了解各类招生信息，还可以了解各高校院系设置、往年录取情况等各方面的详细信息。①

该信息平台的建立，无疑解决了学生及其家长信息源匮乏的难题。然而，由于该平台为全国性质的网站，因此其采用文字为全国通用文字——汉字。新疆少数民族群众汉语掌握情况并不是很理想。因此，此平台的建立虽然惠及了新疆部分少数民族家庭，但对于大部分家庭来说并没有产生非常大的效用。对此，新疆各高校应利用自身资源，联合各高校精通双语的人才，共同创建适用于新疆少数民族学生使用的“阳光高考”平台，并组建专门团队提供信息更新、网站维护及政策咨询等服务，以帮助解决新疆少数民族学生在专业报考上的问题。除此之外，每年高考后，各中小学应举办信息咨询日，家长及学生可以在这一日咨询不同学科专业信息、就业去向、发展前景等，以此来弥补其信息资源过少等问题。

（二）提高新疆少数民族教师专业水平

鉴于新疆少数民族教师教育教学能力不足、汉语水平欠佳、学历层次偏低等问题，新疆各级各类学校应充分重视基础教育双语教师培训工作，以提高他们的专业化水平。为此，新疆高校应加大对中小学民族教师的培

① 教育部新闻办公室．教育部“阳光高考”今天开通，900多所高校参加［EB/OL］．中华人民共和国教育部．(2005-05-09)［2014-11-26］. http：//www. moe. gov. cn/publicfiles/business/htmlfiles/moe/moe_ . html.

训力度，尤其是提高对其汉语教学能力的重视。在原有培训项目及培训方法的基础之上，积极学习其他各省教师先进的培训经验，并针对新疆少数民族教师实际情况进行适当调整，以期满足民族教师在专业提升上的需求。具体做法应包括以下几点：第一，汉语培训班的建立，在已有培训项目的基础之上，专门建立汉语培训班，有针对性地组织民族教师学习汉语，并进行汉语教学模拟演练，培训教师共同监督指导，以提高民族教师的汉语教学能力。第二，建立互助小组，采取“一对一”辅导模式，为每一名民族教师提供一名汉语水平较高的教师，辅导教师不仅要提高民族教师的汉语水平，还要在民族教师教学过程中起到督促的作用。第三，严把双语教师聘用标准。针对新进双语教师，严格考核其双语教学水平及汉语能力，保证中小学双语教师合格率，从源头上确保双语教师质量。第四，更新双语教师教育观念。无论是高校还是中小学都应定期针对双语教师开展座谈会，宣传双语教育已取得的成果及其实施目的、意义。使双语教师充分认识到双语教学的重要性及迫切性，从根本上提升他们开展双语教学的积极性。

（三）完善高校民族贫困生资助体系

为了解决收费制度带来的负面影响，我国高等学校逐渐建立起了“奖、贷、助、补、减”五位一体的助学体系。然而，由于新疆地区经济发展落后于全国、少数民族学生家长传统观念等因素的制约，使新疆地区由于学费问题而没有接受高等教育的学生仍然存在。这一情况使新疆部分偏远地区的少数民族青少年无法走出自己的村庄，无法学有所成后建设家乡，也就造成了新疆区域、阶层差距拉大，陷入“马太效应”这一恶性循环当中。因此，政府及相关部门应重视高校学生资助体系的完善，杜绝少数民族学生因为学费问题被阻挡在校门之外情况的发生。第一，增加奖学金项目。在原有奖学金项目的基础上，积极倡导政府组织、社会力量等设置民族专项奖学金项目，鼓励贫困生积极参加各项活动，使学生全面发展的同时，获得奖学金，以达到减轻贫困生学费及生活费负担的目的。第二，拓宽学生勤工助学渠道。依据新疆实际情况，组建维吾尔语学习班，鼓励维吾尔族或擅长维吾尔语的学生进行教学辅助工作。这不仅有利于他们利用自身特长获得相应劳动报酬，而且同时增加了他们学习汉语的积极性，培养学生自强不息、自尊自立的品格，在接触社会生活的同时，增加对社会的了解，适时调整个人学习目标，锻炼个人能力，提高综合素质。第三，对少数民族贫困生提供心理援助。针对少数民族贫困生可能存在的敏感、内向、自卑等性格特征，定期进行心理疏导，举办课外活动、野外训练等，增加他们的自信心，促进不同民族学生间的交流，确保他们身心健康。第四，完善助学金资格认定体系。新疆高校现行助学金资格认定主要由学生本人提供的贫困证明及学生学习成绩两个指标进行确定。其中贫困证明极易获得，所以高校普遍加大了学习成绩指标所占比例，这种做法使得真正贫困的少数民族学生无法获得助学金。因此高校应在原有认定标准的基础之上，加强对学生家庭实际情况的调查，并适当调整助学金中学习成绩指标所占比例，以使助学金发挥其应有价值。

（四）调整高校专业设置

近年来，新疆少数民族高校毕业生就业率从 2009 年的 78.9% 提高到 2012 年的 80.5%，首次突破 80%，但一次就业率仍低于全区平均值，且在全疆往届未就业的大学毕业生中，少数民族毕业生仍占相当大的比例，少数民族大学生面临严峻的就业现实。[①] 然而在少数民族群体内部同样存在就业差异。调查结果显示，新疆少数民族优势阶层多就读于“热门”专业，弱势阶层则多就读于“冷门”专业，而前者的就业状况比后者要乐观许多。因此，如何合理调整专业设置、提高新疆少数民族就业率、缩小其内部就业差距成为高校首要任务之一。第一，新疆高校应进行市场需求评估。借助社会力量、中介机构等对市场需求进行科学预测，在此基础上，高校应根据自身教学、实验设备、师资水平、办学实力及少数民族学生特点，调整和优化专业结构。第二，定期对已开设专业进行评估。由于市场环境的不断转变，导致所需专业人才也会改变，因此高校要依据每年少数民族毕业生实际就业率以及就业形式等反馈信息，定期对相应专业做出科学评估，及时调整招生人数及专业课程设置，加大对就业形势良好专业的支持力度。第三，淡化专业界限，完善辅修机制。市场环境的多变性与专业结构的稳定性的矛盾，对高校专业调整是一个挑战。因此，高校应采取灵活措施，在少数民族学生入学前一年或两年内，主要进行公共课及汉语

---

① 柏杨，樊家军等．新疆少数民族大学生就业现状分析及对策研究［J］．教育教学论坛，2014（26）：88-89.

教学的内容，缩短学校与市场的时间差，与此同时，完善高校辅修系统，使学生能够根据个人兴趣及所获就业信息，加强自身竞争力。

三、家庭层面：着眼未来，提高家庭阶层资源占有量

（一）积极提高家长自身信息意识

随着信息化时代的到来，信息素养的重要性逐渐显现。能否快速有效获取信息、精确判断评价信息，可以说决定着一个人适应现代社会的能力。然而新疆少数民族大学生多数来自农牧民家庭，其父母不论是文化水平还是个人经验都不具备为子女提供有效建议的能力，信息素养整体偏低。因此，这些阶层的少数民族学生只能通过教师、书籍、亲友等途径获取报考高校及专业相关信息。解决这一问题不能仅仅依靠政府、学校层面的举措，少数民族家庭也应积极采取相应对策，以增加子女向上流动的机会。处于这些层面的家庭应高度重视专业选择对子女未来发展的重要性，对学校、政府、社区等机构组织的信息普及活动要积极参与，充分认识和了解国家针对少数民族群体实施的优惠政策，以解决自身信息获取能力不足、信息意识欠缺等问题。此外，少数民族学生家长应与时俱进，学习先进的信息技术，掌握一定的信息检索技能，以及时获取所需信息资源。

（二）努力提升家长自身文化素养

众所周知，一个完整的教育体系包括学校教育、社会教育和家庭教育，三者相互作用、相互影响、相互依托。由此可见，家庭教育对学生来说是不可或缺的，其重要性等同于学校教育、社会教育。换言之，学生在学习成绩、学习能力、个性养成等方面的区别不仅是由于学校及社会教育促成的，家庭教育也是非常重要的影响因素。然而，在新疆少数民族家庭中普遍存在忽视家庭教育的现象。对此，新疆少数民族学生家长应充分认识到家庭教育以及言传身教的重要性，努力提高自身文化素养，以此间接对子女产生积极影响。主要做法包括以下几点：第一，少数民族学生家长应与时俱进，提高自身对汉语学习的认识，积极通过社区宣传栏、新闻报纸、广播电视或参加免费汉语学习点等途径主动学习汉语、汉字。这种做法一方面能够影响子女学习汉语的积极性，另一方面能够提高自身辅导子女学业的能力。第二，家长自身应持有终生学习观念，通过业余时间报考

成人学校、电大等学习新技术、新观念、新知识。这样不仅可以为子女营造一种共同学习、共同进步的氛围，而且能够通过自身行为对子女产生潜移默化的影响，从而促使子女产生学习动力。第三，家长应在闲暇时间养成阅读的习惯，在提升自身文化素养的同时能够学习到教育子女的方式方法，改变其对子女的教育期望、教育态度等，除此之外，还能为子女提供良好的阅读环境及家庭学习氛围。

（三）转变传统教育思想观念

“皮格马利翁效应”告诉人们期望对学生个人发展的重要性。根据该效应的内涵，教师应给予学生更多的鼓励和符合学生实际情况的期望，并在日常教学中不断强调这种期望。相应地，在家庭教育中，父母对子女的期望同样具有非常重要的作用，根据上文关于家庭教育期望的研究，课题组认为父母文化素养较低的家庭对子女接受高等教育的期望值明显低于父母文化素养较高的家庭，也就是说期望越大其子女接受高等教育的机会就越大。部分少数民族学生家长往往不重视子女的教育，导致了农村少数民族家庭学生辍学率较高，进而不断拉大了少数民族学生高等教育入学机会的差距。因此，转变新疆少数民族学生家长陈旧的思想观念迫在眉睫，只有在根源上改变部分少数民族学生家长忽视教育作用的现状，才有可能真正做到降低义务教育辍学率的目标，并逐渐缩小少数民族高等教育入学机会阶层差异。少数民族学生家长应通过与子女沟通、交流等方式向子女表达较高的教育期望，从而提高少数民族学生的学习动力。

（四）提高家庭教育中父亲参与度

通过以上访谈资料不难发现，在新疆少数民族，尤其是维吾尔族传统文化中，父亲一般承担着养家赚钱的责任，对于子女的教育几乎不闻不问，而母亲一般在结婚后便成为家庭妇女，承担起教育子女、照顾家庭的责任。对于新疆传统少数民族家庭来说，父亲在子女教育中的参与度极低，尤其是在基础教育阶段“缺席”现象尤为突出，而父亲对于其子女的教育又有着不可替代的作用。对此，父亲应积极主动参与到子女的家庭教育中，和母亲共同承担起教养子女的责任，促使少数民族学生身心健康发展。首先，父亲要认识到其对子女实施家庭教育的重要性，转变传统“男主外，女主内”的陈旧观念。通过阅读书籍、与教师沟通、查阅相关资料等学习如何在家庭教育中发挥作为“父亲”的作用，学会运用科学合理的家庭教育方式。其次，父亲应在更新观念的基础之上，将所学付诸实际行动。主动与子女沟通、交流，增加相处时间，提高其在家庭教育中的参与度，改变以往教育“缺失”现象。最后，父亲在关心子女学习的同时，还应拓展与子女的互动内容，通过言传身教的方式促进子女的全面发展。

第二章　新疆不同家庭背景大学生高等教育入学机会研究

随着新疆高等教育事业的不断发展，高校招生规模不断扩大，如何保障高等教育大众化时代新疆大学生高等教育入学机会公平成为社会各界广泛关注的重要议题。新疆地处民族聚居区，要实现社会稳定和长治久安在很大程度上有赖于社会公平问题，特别是高等教育公平问题的解决。

本章基于对新疆 8 所高校 1611 名大学生的问卷调查，从家庭所处社会阶层、父母受教育程度、家庭收入、家庭所在地和民族等方面分析家庭背景对新疆大学生高等教育入学机会的影响。通过分析得出如下结论：不同家庭背景的新疆大学生在高等教育入学机会获得方面存在显著差异，父母的职业阶层、父母受教育状况、家庭收入、家庭所在地和民族等因素对新疆大学生进入何种层次和类型的高校就读产生重要影响。社会阶层因素影响新疆大学生在不同类型高校的入学机会，高职高专院校为基础阶层新疆大学生提供了相对多的入学机会，"211 工程"院校中新疆大学生的社会阶层差异最大；父母学历越高，新疆大学生的入学机会越大，当父母为小学及以下学历时，新疆大学生的高等教育辈出率最低；公办院校为来自各收入层次的新疆大学生均提供了相对多的高等教育机会，特别是为来自低收入基础阶层新疆大学生提供更多的入学机会，独立学院则为更多中高收入家庭子女提供更多就读机会；少数民族子女高等教育入学机会存在显著的族群内部差异，而汉族子女族群内部差异不明显；家庭所在地为城市的新疆大学生比家庭所在地为非城市的拥有相对多的高等教育入学机会。在此基础上，本研究立足于新疆高等教育的现状和实际，提出了保障新疆不同家庭背景大学生高等教育入学机会均等的对策建议：大力发展新疆经济，缩小社会阶层差距和收入差距；大力发展新疆教育事业，合理配置教育资源；协调新疆城乡和区域均衡发展；不断完善相关政策，保障高等教育入学机会公平；加强对低收入家庭大学生的经济资助，建立多元化的奖助体系。

本研究拓展了新疆高等教育公平研究的范畴、深度和广度，同时丰富民族聚居地区高等教育公平方面的理论，了解新疆不同家庭背景大学生高等教育入学机会的现状，对促进新疆地区高等教育公平与长远发展，促进新疆地区经济社会全面和谐发展具有重要意义。

第一节　新疆不同家庭背景大学生高等教育入学机会调查

一、研究设计

（一）研究工具

1. 调查问卷的设计

本研究的主体为问卷调查。课题组根据新疆高等教育的现状，结合相关文献资料，征得厦门大学高等教育发展研究中心“高等教育大众化与少数民族高等教育机会变化的调查研究”课题组谢作栩教授的同意，在该课题组的2007级大一新生调查问卷以及厦门大学杨倩博士的云南省普通高校少数民族大学生调查问卷①的基础上进行了修订，并编制新疆普通高校大学生高等教育入学机会调查问卷用于本研究的问卷调查。该问卷由两部分组成：第一部分为被调查者的个人基本信息，包括当前就读的院校、专业和性别；第二部分为被调查者的家庭背景，包括民族、家庭所在地、父母受教育程度、家庭经济收入和父母工作类型等五个影响因素，其中父母工作类型选项设计主要借鉴中国社会科学院陆学艺教授的《当代中国社会阶层研究报告》中对当前中国职业阶层的划分方法，并依据新疆的实际情况进行细微调整，最终问卷全部以封闭式选择题的形式呈现。问卷的发放与回收完全由课题组亲自进行，共选择8所新疆高校发放调查问卷2000份。问卷完全回收后，使用SPSS 17.0软件进行分析处理，得出相关分析结果。

---

① 杨倩．中国不同少数民族高等教育入学机会研究——基于多民族边疆省份云南的调查分析［D］．厦门：厦门大学，2013.

2. 问卷的信度分析

由于本研究所使用的新疆普通高校大学生高等教育入学机会调查问卷，对2007级大一新生调查问卷和云南省普通高校少数民族大学生调查问卷进行了部分修订，因此在初始问卷编制完成后，选取了180名被试者进行预测以对问卷进行信度分析。运用SPSS 17.0软件对问卷的所有题项进行信度检验，结果显示Cronbach's Alpha值为0.862。根据学者Bryman和Cramer的观点，信度系数在0.80以上，表示问卷有较高的信度。因此，本研究使用的调查问卷拥有较高的信度，可以用于实际问卷调查。

（二）研究对象

本研究的研究对象为就读于新疆维吾尔自治区内高等学校的新疆户籍大学生的高等教育入学机会。之所以选择就读于新疆维吾尔自治区内高等学校的新疆户籍大学生作为研究的样本，首先是因为课题组所在的高等学校位于新疆，因此可以较容易获得样本的相关家庭背景数据，对于调查问卷的发放与回收均相对便利；其次是因为就读于新疆维吾尔自治区内高等学校的大学生绝大多数为新疆本地户籍学生。新疆共有普通高等学校44所，其中分布在北疆地区的有38所，南疆地区有6所。考虑到在全疆44所普通高等学校进行一次完全覆盖的问卷调查很有难度，同时为了使调查结果尽可能具有较强的代表性和可操作性，能比较全面客观地反映新疆不同家庭背景大学生的高等教育入学现状，因此对所调查的高等学校和对象的选择进行了全面的考虑，最终选取石河子大学、昌吉学院、伊犁师范学院、塔里木大学、喀什师范学院、石河子职业技术学院、新疆应用职业技术学院和新疆财经大学商务学院等8所高校的新疆户籍大学生作为调查对象。在院校性质上，既有公立院校，也有私立院校；在院校层次上，既有本科层次院校，也有专科层次院校；在学校类型上，有国家“211工程”重点建设院校、普通高等院校、独立学院和高职高专院校；在学校所在地方面，既有地处北疆的高校，也有地处南疆的高校；在被调查者的专业学科结构分布上，经济学、法学、文学、历史学、教育学、理学、工学、农学、医学、管理学专业的大学生均占有一定比例。此外，在进行实际的问卷调查的过程中，由于是以班级为单位进行的，其中不可避免地出现非新疆户籍的学生样本，因此在问卷全部收回后的数据整理过程中，排除了样本中所有非新疆户籍的调查对象。

除问卷调查外，为深入研究新疆不同家庭背景大学生高等教育入学机会的影响因素，在问卷调查进行的同时选取了适当数量的大学生、教师和学校管理者进行针对本研究的访谈，获取翔实的相关资料和数据，对问卷调查的分析结果提供支持。

（三）调查实施具体情况

1. 问卷调查

本研究的问卷调查历时两个月，2014 年 4 月 3 日开始进行第一所高校问卷调查，2014 年 6 月 6 日完成对最后一所高校问卷调查。问卷调查采用随机抽样方式对选取的 8 所高校的新疆户籍 2013 级大一新生进行问卷调查。

根据院校的性质、规模和专业设置情况决定所需抽取的样本数量，然后根据院校的专业设置，随机抽取被调查班级。在发放问卷之前，调查员首先向被试者简单介绍本次问卷调查的内容和目的，再发放问卷，之后朗读指导语，在被试者全部完成问卷后统一收回。共发放问卷 2000 份，排除户籍为非新疆维吾尔自治区的样本和无效样本后，有效样本数为 1611。其中，伊犁师范学院样本所涉及专业为小学教育、广播电视新闻学、汉语言文学和历史学等四个专业共计 180 人，昌吉学院样本所涉及专业为小学教育、汉语言文学、数学与应用数学、体育教育和社会体育等五个专业共计 217 人，石河子大学样本所涉及专业为广播电视新闻学、医学影像学、学前教育、地理科学、法学、临床医学等六个专业共计 225 人，塔里木大学样本涉及动物医学、动植物检疫、动物科学和农业机械化及其自动化等四个专业共计 196 人，喀什师范学院样本所涉及专业为法学、生物技术、思想政治教育、俄语和英语等五个专业共计 205 人，石河子职业技术学院样本所涉及专业为应用化工技术、工业分析与检验、现代纺织技术、食品营养与检测和食品加工技术五个专业共计 156 人，新疆应用职业技术学院样本所涉及专业为语文教育、汉语、数学教育、艺术教育、旅游管理、法律文秘和思想政治教育等七个专业共计 165 人，新疆财经大学商务学院样本所涉及专业为会计学、财务管理、国际经济与贸易和法学等四个专业共计 267 人。

2. 访谈调查

为获得有关新疆不同家庭背景大学生高等教育入学机会的更为鲜活的第一手资料，课题组专门对以上 8 所高校的大学生、教师和学校管理者进行了访谈，并记录了访谈过程。访谈于 2014 年 4 月至 6 月期间与问卷调查同步进行，所选取的访谈样本为学院院长（或副院长）1 人、系主任（或系副主任）1 人、学生辅导员 2 人以及不同专业的在校大学生 12 人。访谈资料获取之后，首先是对录音资料进行文字转录整理工作，经整理得到原始访谈记录材料 28000 余字，随后进行归类、整理、分析。

（四）调查对象的基本情况

第一，从性别分布来看，所有有效问卷中男生 427 名，女生 1184 名。男生占总样本的有效百分比为 26.51%，女生占总样本的有效百分比为 73.49%。

第二，从专业分布来看，经济学类 62 名，占 3.85%；法学类 124 名，占 7.70%；文学类 188 名，占 11.67%；历史学类 39 名，占 2.42%；教育学类 306 名，占 18.99%；理学 293 名，占 18.19%，工学 73 名，占 4.53%；农学 145 名，占 9.00%；医学 167 名，占 10.37%；管理学 214 名，占 13.28%。问卷涵盖了被调查院校的所有 10 大类专业，能够有效反映样本高等教育入学机会的客观情况。

第三，从族别分布来看，问卷涉及汉族、维吾尔族、哈萨克族、回族、柯尔克孜族、蒙古族、达斡尔族、锡伯族、满族、土族、乌孜别克族、塔吉克族、藏族、撒拉族、东乡族、俄罗斯族 16 个民族。被调查者中汉族占大多数，共 814 人，占总数的 50.53%；其次是维吾尔族，有 539 人，占总数的 33.46%；再次是哈萨克族和回族，分别有 116 人（7.20%）和 78 人（4.84%）；其他民族学生所占比例较少。其中，柯尔克孜族 26 人，蒙古族 16 人，锡伯族 5 人，土族 4 人，满族 3 人，俄罗斯族 3 人，塔吉克族 2 人，乌孜别克族、达斡尔族、藏族、撒拉族、东乡族各 1 人。

（五）数据处理与分析

在进行完上述 8 所高校的所有问卷调查后，将所有问卷进行回收并统一整理分析。检查样本问卷作答的完整性和有效性，剔除不符合要求的问卷后，获得 1611 份有效问卷。将有效问卷的相关数据全部输入 SPSS 17.0

统计软件，进行统计分析，以考察新疆大学生家庭背景的各因素对于其高等教育入学机会的综合影响。

二、新疆不同家庭背景大学生高等教育入学机会的现状扫描

教育公平问题一直以来都为学界所关注。西方对“教育公平”的实证研究开始于20世纪五六十年代，其最有影响力的成果是科尔曼的《教育机会均等》（*Equality of Educational Opportunity*），提出学生家庭社会经济状况与学生成绩相关的观点。此后越来越多的研究者开始关注家庭背景因素与学生学业成就和受教育机会之间关系，特别是家庭背景对子女高等教育机会的影响。我国的研究者也得出相似结论，在我国进入高等教育大众化阶段后，高等教育入学机会的主要问题集中在阶层差异上。[①] 虽然学界对社会分层现象的理论解释各异，但总体而言这些理论解释均与家庭背景有关。

改革开放以来，随着新疆经济社会的高速发展，社会阶层结构发生了重要的变化，产生了一些新兴的社会阶层。不同阶层的子女具有不同的家庭背景，拥有不同背景的家庭由于先赋地位和所占有的各种资源的不同，在社会中所获得的资源也不尽相同，其子女接受高等教育的机会也就存在很大不同，从而进一步影响新疆社会分层流动。新疆高等教育总体规模的迅速增长是否造成了不公平的问题？在当前情况下，新疆不同家庭背景子女的高等教育入学机会现状如何？是否存在入学机会不平等？原因是什么？如何解决？本研究拟将家庭背景的主要影响因素——“父母职业所处社会阶层”“父母受教育状况”“家庭收入”分别作为家庭社会阶层背景、文化背景和经济背景的主要指标，将“家庭所在地”和“民族”作为家庭背景的重要影响指标，分析其对新疆大学生高等教育入学机会的影响。

（一）样本基本情况分析

截至2013年，新疆具有普通高等学历教育招生资格的高等学校共44所，问卷调查选取了其中8所进行，共发放问卷2000份，回收1908份，回收率达95.4%。剔除无效问卷和生源地为新疆以外省份的样本后，新疆生源有效样本数为1611，问卷有效率为84.43%。

---

① 赵叶珠，陈海燕．大众化背景下我国高等教育入学机会的多维度分析［J］．现代大学教育，2011（4）：57-62.

该调查问卷内容涉及受访者除姓名外的个人基本信息（包括性别、民族、学校、专业）和学生家庭背景资料（包括父母受教育程度、家庭人均年收入、父母职业状况、家庭所在地等内容）。本研究参照陆学艺《当代中国社会阶层研究报告》对职业进行划分的方法，将样本父母职业划分为十个层次。[①] 为便于分析，本研究将此十个层次合并为三大阶层类型——基础阶层、中间阶层和优势阶层。

本研究主要采用“辈出率”这一指标分析新疆不同家庭背景大学生高等教育入学机会的差异。在数据分析中使用“辈出率”这一指标，可以直观地了解新疆不同家庭背景大学生高等教育机会的获得情况。

表2-1-1是对样本总体特征的描述。从性别比例来看，男性学生比例为26.51%，女性学生比例为73.49%，造成样本男女比例差异过大的原因可能是问卷调查中随机抽取的班级专业中文科专业较多，因此样本中女性人数较多；从民族比例来看，汉族样本比例为50.53%，少数民族样本比例为49.47%，少数民族样本比例略低于新疆维吾尔自治区少数民族人口比例；从样本家庭所在地来看，家庭所在地为农村的比例为39.98%，乡镇比例为14.84%，县城比例为21.66%，地级市17.01%，省会为6.52%，由此可知调查样本中家庭所在地为农村和乡镇的人数之和高于家庭所在地为城市的人数之和，超过一半的样本家庭所在地为村镇；从家庭人均年收入来看，家庭人均年收入为10000元以下的样本比例占72.63%，10001—40000元的样本比例为24.27%，家庭人均年收入为40001元以上的样本比例为3.10%，由此可见，低收入家庭在样本中的比例远高于中等收入和高收入家庭比例；从样本父亲学历来看，小学及以下比例为20.30%，初中为39.23%，高中或中专为20.67%，专科或高职比例为9.75%，本科及以上为8.94%；从样本母亲学历来看，小学及以下比例为30.11%，初中为36.44%，高中或中专为17.50%，专科或高职比例为8.19%，本科及以上为7.39%。由此可知，样本父、母的学历为初中及以下的占绝大多数，而接受过高等教育的父母的比例较低；从就读学校类型看，“211工程”院校样本比例为13.97%，一般公办本科院校样本比例为49.53%，高职高专院校样本比例为19.93%，独立学院样本比例为16.57%。

① 陆学艺. 当代中国社会阶层研究报告［M］. 北京：社会科学文献出版社，2002：8.

表 2–1–1　样本总体情况描述

项目	类别	百分比	项目	类别	百分比
性别	男	26. 51	家庭人均年收入	10000 元以下	72. 63
	女	73. 49		10001—40000 元	24. 27
民族	汉族	50. 53		40001 元以上	3. 10
	维吾尔族	33. 46	家庭所在地	农村	39. 98
	哈萨克族	7. 20		乡镇	14. 84
	回族	4. 84		县城	21. 66
	其他民族	3. 97		地级市及省会	23. 53
父亲受教育程度	小学及以下	20. 30	母亲受教育程度	小学及以下	30. 11
	初中	39. 23		初中	36. 44
	高中或中专	20. 67		高中或中专	17. 50
	专科或高职	9. 75		专科或高职	8. 19
	本科及以上	8. 94		本科及以上	7. 39
父亲工作类型	无固定职业	13. 41	母亲工作类型	无固定职业	26. 07
	农林牧渔业	38. 98		农林牧渔业	38. 24
	生产工人	13. 22		生产工人	7. 39
	商业服务业	10. 86		商业服务业	10. 49
	小雇主	2. 17		小雇主	1. 92
	政府和企业基层办事人员	4. 03		政府和企业基层办事人员	2. 92
	专业性工作人员	7. 70		专业性工作人员	8. 32
	大中型私营企业主	1. 18		大中型私营企业主	0. 50
	企业高管	1. 43		企业高管	0. 87
	党政机关、企事业单位负责人	3. 17		党政机关、企事业单位负责人	1. 80
	其他	0. 99		其他	0. 99
就读高校类型	“211 工程”院校	13. 97			
	一般公办本科院校	49. 53			
	高职高专院校	19. 93			
	独立学院	16. 57			

本研究使用辈出率的大小判断不同阶层子女高等教育入学机会是否达到各阶层的平均水平。辈出率是根据代际教育流动的结果计算出来的，是测量高等教育机会公平程度的重要指标。其实质上仅仅是反映接受高等教育机会差异的一个标志，但不是唯一的重要标志。高等教育辈出率只有在与反映结构、质量和效益的其他指标联系起来分析才有意义。由此，本研究也加入了阶层分析法、单变量描述统计和二元 logistic 回归统计分析。

（二）新疆不同家庭背景大学生高等教育入学机会的总体差异分析

1. 不同社会阶层新疆大学生高等教育入学机会的差异

本研究使用新疆普通高校大学生高等教育入学机会调查问卷所获得的数据，研究家庭背景中的社会阶层因素对新疆大学生高等教育入学机会的影响。

父母所从事的职业不同，其所拥有的各类资源的质与量均会有显著差异。表 2-1-2 为新疆 2010 年就业人口的职业结构，可以看出：新疆就业人口中“农林牧渔水利生产人员”比例最高，达到 61.00%，可见当前新疆整体就业结构还是以第一产业为主。汉族人口中优势阶层的“国家机关、党群机关、企业、事业单位负责人”的比例为 3.37%，高于新疆总体水平，而少数民族人口中这一比例为 0.65%；“专业技术人员”及“办事人员和有关人员”占新疆总体就业人口的比例分别为 8.10% 和 4.11%，汉族人口在这两类从业人口中的比例分别达到 13.02% 和 6.81%，而少数民族在这两类从业人口中的比例为 4.86% 和 2.33%；少数民族人口在“农林牧渔水利生产人员”中的比例达到 80.16%，超过新疆总体水平和汉族在该类从业人口中的比例，说明绝大多数的少数民族的就业人口依然分布在基础阶层。

表 2-1-2　新疆就业人口的职业结构（2010）①　　　　（单位:%）

职业	总体	汉族	少数民族
国家机关、党群机关、企业、事业单位负责人	1.73	3.37	0.65
专业技术人员	8.10	13.02	4.86
办事人员和有关人员	4.11	6.81	2.33
商业、服务业人员	13.27	23.17	6.75
农林牧渔水利生产人员	61.00	31.94	80.16
生产、运输设备操作人员及有关人员	11.64	21.48	5.15
不便分类的其他劳动者	0.15	0.21	0.10
合计	100	100	100

表2-1-3为新疆大学生样本社会阶层分布，可以看出新疆大学生样本的三大社会阶层结构中，基础阶层比例最高，中间阶层其次，优势阶层比例最低。表2-1-4为新疆汉族大学生和少数民族大学生社会阶层分布，汉族和少数民族大学生在三大社会阶层中的比例呈现类似的分布，与新疆大学生样本总体的三大阶层结构相似，没有显著差异。因此，在新疆大学生中，基础阶层的子女比例最高，其次为中间阶层，再次为优势阶层。

表 2-1-3　新疆大学生样本社会阶层分布

阶层	样本比例	总体
基础阶层	样本数	1042
	百分比	64.68%
中间阶层	样本数	459
	百分比	28.49%
优势阶层	样本数	110
	百分比	6.83%
合计	样本数	1611
	百分比	100%

① 数据来源：新疆维吾尔自治区人民政府人口普查领导小组办公室．新疆维吾尔自治区人口普查资料2010（中册）[Z]．北京：中国统计出版社，2012：690-692.

表 2-1-4　新疆汉族大学生和少数民族大学生社会阶层分布

阶层	样本比例	汉族	少数民族
基础阶层	样本数	530	512
	百分比	65.11%	64.24%
中间阶层	样本数	233	226
	百分比	28.62%	28.36%
优势阶层	样本数	51	59
	百分比	6.27%	7.40%
合计	样本数	814	797
	百分比	100%	100%

新疆在校大学生的阶层分布情况如表 2-1-5 所示。从表中数据可知，不同社会阶层新疆大学生的高等教育入学机会随其所处的社会阶层的提升而大幅上升。基础阶层子女的辈出率最低，为 0.88，中间阶层为 1.12，但优势阶层的辈出率达 3.95，是基础阶层的 4.49 倍，即家庭社会阶层为优势阶层的新疆大学生所拥有的高等教育入学机会是基础阶层新疆大学生的 4.49 倍。三大阶层辈出率的标准差为 1.71，差异显著。由此可见，新疆大学生的高等教育入学机会由于其所处社会阶层的不同而存在显著差异。高等教育入学机会的辈出率随社会阶层的上升而增加，优势阶层新疆大学生拥有远高于基础阶层和中间阶层新疆大学生的高等教育入学机会。

表 2-1-5　新疆大学生的社会阶层分布及辈出率

样本比例	基础阶层	中间阶层	优势阶层	标准差
样本在校生数	1042	459	110	/
样本在校生比例 B（%）	64.68	28.49	6.83	/
各阶层人口比例 A（%）	72.64	25.48	1.73	/
辈出率（B/A）	0.89	1.12	3.95	1.71

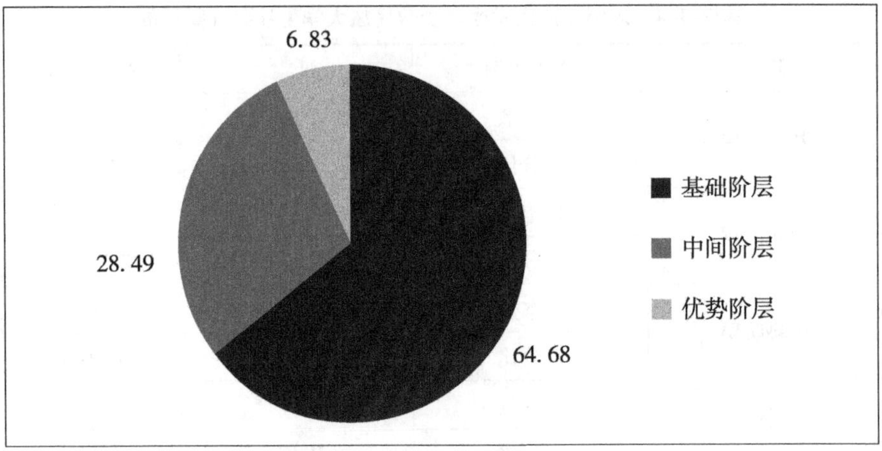

图 2-1-1　新疆大学生家庭阶层比例分布（单位:%）

由上述图表可知，当前新疆不同社会阶层子女接受高等教育机会差异显著。从图 2-1-1 可以看出，父母为基础阶层的样本大学生占 64.68%，超过了样本的半数。但这并不能说明高等教育扩大了弱势家庭子女的高等教育入学机会，因为基础阶层人口比例占新疆总人口的比例为 72.64%。农村学生在高职高专中比例偏高，在重点大学和独立学院中偏低。形成农村和城市学生在学校类型上的差异，即城市学生接受高等教育的层次高于农村及其他地区的学生，而农村学生却相反，这种差异或不平衡与城乡教育水平有着直接的关系。从总体上看学校类型可以反映学校水平的高低，实际上也反映学生以高考成绩入学的水平，学生入学水平的高低与中学教育有着直接的关系。农村和城市学生在不同类型学校的比例状况，说明农村的中学教育水平普遍低于城市。弱势群体占用高等教育资源的比例有所增加。

图 2-1-2 直观地展示了不同阶层新疆大学生在不同类型高校的分布："211 工程" 院校中，优势阶层新疆大学生中就读该类院校的比例为 32.73%，中间阶层和基础阶层就读 "211 工程" 院校的比例分别为 26.14% 和 6.62%。可见，新疆大学生中优势阶层在该类院校中的比例最高，其次为中间阶层，基础阶层比例最低；在一般本科院校中，优势阶层、中间阶层和基础阶层新疆大学生的比例分别为 37.27%、28.24% 和 51.92%，可见在一般公办本科院校中，基础阶层所占比例最高，其次是中间阶层和优势阶层；在高职高专中，优势阶层、中间阶层和基础阶层所占比例分别为 8.18%、17.43% 和 26.10%，可见基础阶层占该阶层样本总数

比例最高，其次是中间阶层，优势阶层学生比例最低；在独立学院中，优势阶层的比例为21.82%，中间阶层为18.02%，基础阶层为15.36%，优势阶层学生占该阶层总样本比例高于中间阶层和基础阶层。

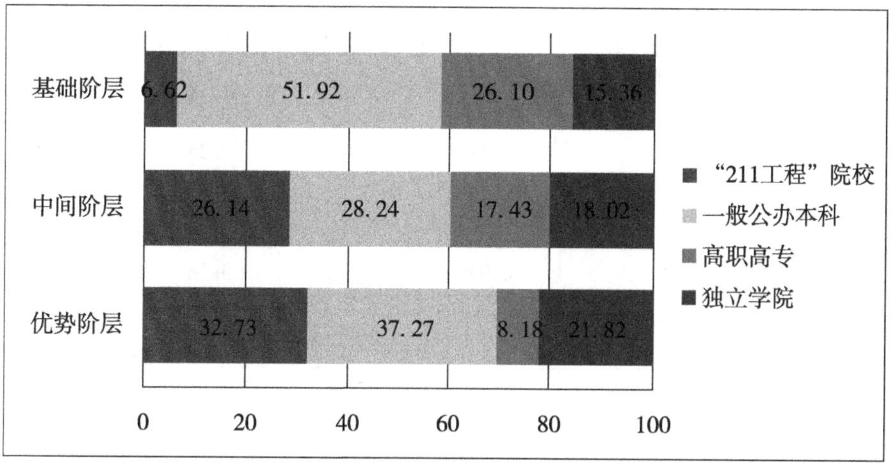

图2-1-2　新疆不同类型高校大学生样本的社会阶层分布（单位:%）

就不同类型高校而言，样本的社会阶层分布及高等教育入学辈出率如表2-1-6所示。家庭所处阶层对子女所进入的高等学校类型具有重大影响。首先，在同类型的高校中，大学生高等教育入学机会总体上随其所处的社会阶层的提升而上升。例如，"211工程"院校中基础阶层、中间阶层、优势阶层的辈出率分别为0.42、2.09、9.25（表2-1-6），表明优势阶层和中间阶层新疆大学生拥有更多"211工程"院校的入学机会，而基础阶层新疆大学生在该类院校中入学机会不足。其次，在不同类型高校中，不同阶层的新疆大学生就读高校的类型存在一定差异。基础阶层新疆大学生在"211工程"院校、一般公办本科院校和独立学院中的辈出率均最低，分别为0.42、0.94、0.83，但其在高职高专院校中的辈出率为最高，达到1.12，说明高职高专院校为更多基础阶层新疆大学生提供入学机会。与基础阶层相比，中间阶层新疆大学生就读"211工程"院校和独立学院的机会相对较高。除高职高专院校外，优势阶层在各类型高校中辈出率均达到最高，其子女就读"211工程"院校的辈出率为基础阶层的22.02倍。最后，从标准差可以看出，进入"211工程"院校就读的新疆大学生阶层差异最大，其次为独立学院和一般公办本科院校，阶层差异最小的为高职高专院校。

表 2–1–6　新疆不同类型高校大学生的阶层分布及辈出率

阶层	基础阶层	中间阶层	优势阶层	标准差
各阶层人口比例 A（%）	72.64	25.48	1.73	/
"211 工程"院校学生的阶层分布 B1（%）	30.67	53.33	16.00	/
辈出率 B1/A	0.42	2.09	9.25	4.69
一般公办本科院校学生的阶层分布 B2（%）	68.05	25.31	5.51	/
辈出率 B2/A	0.94	0.99	3.18	1.28
高职高专院校学生的阶层分布 B3（%）	81.31	16.82	1.87	/
辈出率 B3/A	1.12	0.66	1.08	0.28
独立学院学生的阶层分布 B4（%）	59.93	31.09	8.99	/
辈出率 B4/A	0.83	1.22	5.20	2.42

通过标准差的测定，可以进一步了解不同社会阶层新疆大学生的高等教育入学机会差异的程度。图 2–1–3，"211 工程"院校中，不同阶层新疆大学生的辈出率的标准差为 4.69，说明在该类院校中不同阶层子女的辈出率离散程度最大；在独立学院和一般公办本科院校中，不同阶层新疆大学生的辈出率的标准差分别为 2.42 和 1.28，说明在该类院校中不同阶层新疆大学生的辈出率有一定的离散程度；在高职高专类院校中，辈出率的标准差最低，为 0.28，说明在上述四类院校中，不同阶层新疆大学生的高等教育入学机会在高职高专院校中差异最小。

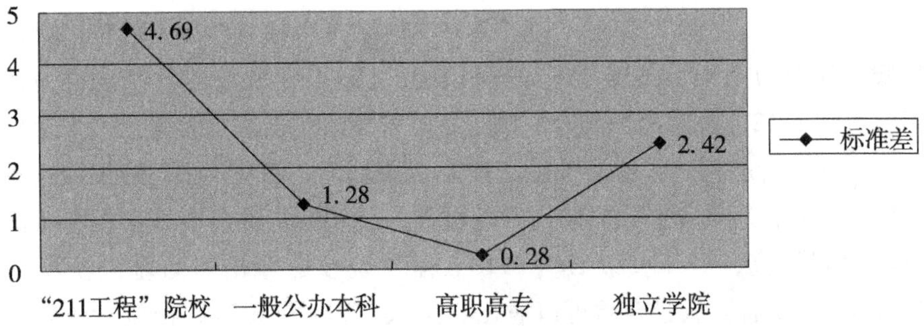

图 2–1–3　新疆不同阶层子女就读高校类型辈出率标准差

2. 不同受教育程度父母的新疆大学生高等教育入学机会的差异

家庭背景对子女教育状况的影响，除了社会阶层、经济条件等因素的直接作用外，很大程度上是通过隐形的文化性代际传递实现的。[①] 本研究以新疆大学生“父母受教育程度”作为衡量家庭文化背景的主要指标，分析其与子女高等教育入学机会获得之间的关系。新疆普通高校大学生高等教育入学机会调查问卷将父母的受教育程度分为“小学及以下”“初中”“高中或中专”“高职高专”和“本科及以上”五个层次，在本研究中“父母受教育程度”以父母双方受教育程度较高的一方为准。

我国在21世纪初才开始进入高等教育大众化时代，在此之前很长的一段时间里，精英化的教育模式导致很大一部分人口无法接受高层次和高质量的教育，因此我国在很长的一段时间里人口的受教育状况呈现不均等。一些相对落后地区由于经济、社会和文化等因素的影响，教育事业发展缓慢，造成当地人口的素质受到影响。新中国成立以来，我国教育事业的发展取得了很大的进展，然而还是存在教育发展不均的问题。表2-1-7为2010年新疆人口的受教育水平结构分布，总体而言，接受过初中水平教育的人口比例最高，为39.60%，其次为小学水平人口，为32.87%，自初中水平开始，学历层次越高，人口所占比例越小；汉族人口中高中及以上层次受教育人口比例均高于总体水平，而少数民族人口中高中及以上人口比例远远低于新疆总体水平和汉族水平。由于家庭所占有的文化资本与父母的受教育程度息息相关，因此父母的受教育程度通过代际传递可能会对子女的受教育机会产生一定影响。由于父母的受教育程度不同，在子女成长的过程中所能提供的各种指引和支持会存在差异，主要表现在对子女接受更高层次教育的方面和对子女的教养方式方面，从而对子女的高等教育入学机会产生影响。

---

① 谢作栩，谭敏．我国不同社会阶层少数民族的高等教育入学机会差异分析［J］．高等教育研究，2009（10）：32-35.

表 2–1–7　新疆人口的受教育水平结构（2010）①　　（单位:%）

教育水平	未上过学	小学	初中	高中	大学专科	大学本科	研究生	合计
总体	3. 18	32. 87	39. 60	12. 75	7. 64	3. 77	0. 19	100
汉族	2. 87	22. 04	37. 53	19. 55	11. 54	6. 09	0. 38	100
少数民族	3. 41	40. 79	41. 11	7. 78	4. 79	2. 07	0. 05	100

在本研究的调查问卷中，设置了父母受教育程度的题项，经整理得出新疆大学生父母受教育程度分布图，见图 2–1–4。总体而言，新疆大学生父母的受教育程度所占比例由高到低分别为初中（39. 54%）、高中和中专（23. 28%）、小学及以下（14. 96%）、本科及以上（11. 30%）和高职高专（10. 92%）。汉族和少数民族相比，汉族大学生父母受教育程度中初中比例最高（46. 48%），本科及以上比例最低（8. 23%）；而少数民族大学生父母受教育程度中初中比例最高（32. 25%），高职高专比例最低（12. 42%），而且小学及以下水平和本科及以上水平的比例均高于这两者在汉族和总体水平中的比例，说明新疆少数民族的受教育状况呈现一定程度的两极分化，少数民族族群内部的受教育状况存在差异。

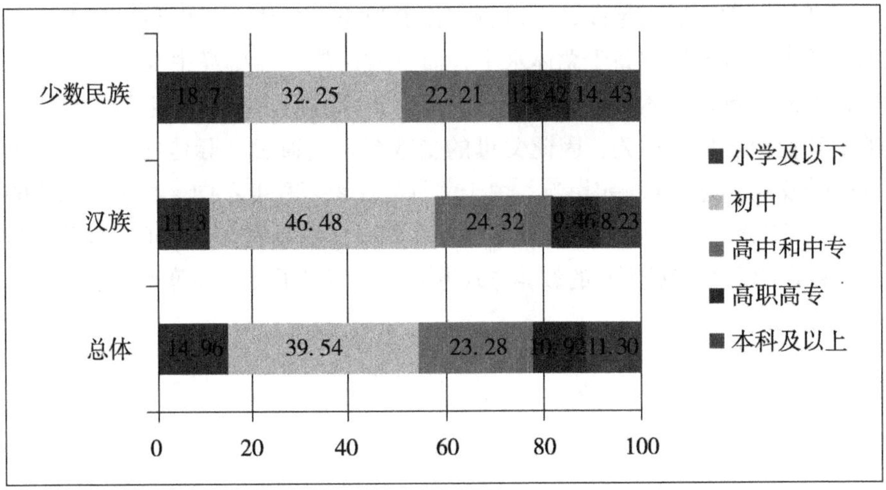

图 2–1–4　新疆大学生样本父母受教育程度分布图（单位:%）

① 数据来源：新疆维吾尔自治区人民政府人口普查领导小组办公室．新疆维吾尔自治区人口普查资料 2010（上册）［Z］．北京：中国统计出版社，2012：251–253.

表2-1-8对样本父母亲受教育程度进行统计，可以看出，当父母拥有小学及以下学历时，辈出率为0.51；当父母拥有初中学历时，辈出率上升至0.97；当父母拥有大专学历时，辈出率达到1.09；当父母拥有本科及以上学历时，辈出率达到最高，为2.53，是父母为小学及以下学历的4.96倍。可见，父母学历水平越高，新疆大学生的高等教育辈出率也越高。由此而知，家庭文化背景对子女高等教育入学机会具有较大影响，特别是父母学历为本科及以上时，其子女的高等教育入学机会远高于其他社会阶层子女。父母所拥有的文化知识尽管不能直接传递给子女，但通过其在日常生活中所表现出的教养方式和培养观念会对子女产生正面影响，从而提升其获得优质高等教育的机会。为进一步比较不同父母受教育程度对新疆大学生高等教育入学机会的影响，进行了标准差测定，结果显示标准差为0.76，可见不同父母受教育程度对新疆大学生高等教育辈出率存在影响。

表2-1-8　父母受教育程度与新疆大学生高等教育机会的分布及辈出率

样本比例		小学及以下	初中	高中或中专	高职专科	大学本科及以上	标准差
子女为大学生	样本数	241	637	375	176	182	/
	比例D（%）	14.96	39.54	23.28	10.92	11.30	/
父母受教育程度人数比例C（%）		29.51	40.74	15.24	10.05	4.47	/
辈出率（D/C）		0.51	0.97	1.53	1.09	2.53	0.76

父母受教育状况对其子女进入何种类型的高校具有影响作用，如表2-1-9所示。首先，除高职高专院校外，在同一类型高校中，父母的学历水平越高，辈出率越高，其子女进入该类型高校的机会就越多。以“211工程”院校为例，当父母为小学及以下学历时，其子女的辈出率仅为0.17，但当父母学历为本科及以上时，辈出率上升为7.46，是前者的43.88倍。另外，父母受教育程度影响子女所就读高校的类型。除高职高专院校外，当父母拥有本科及以上学历时，其子女在各类型高校中的辈出率均为最高，尤其是进入“211工程”高校、独立学院的辈出率分别高达7.46、2.85，相比于其他教育水平的子女拥有更多的入学机会；当父母只具备小学及以下学历时，其子女在各类型高校中的辈出率均处于较低水平。

表 2-1-9　不同父母受教育程度的新疆大学生就读各类高校的辈出率

教育程度	小学及以下	初中	高中或中专	大学专科	大学本科及以上	标准差
父母受教育程度比例 C(%)	29.51	40.74	15.24	10.05	4.47	/
“211 工程”院校学生父母受教育程度人数比例 D1(%)	4.89	18.22	25.33	18.22	33.33	/
辈出率（D1/C)	0.17	0.45	1.66	1.20	7.46	3.01
一般公办本科院校学生父母受教育程度比例 D2（%）	16.92	42.11	22.06	10.90	8.02	/
辈出率（D2/C)	0.57	1.03	1.45	1.08	1.79	0.46
高职高专院校学生父母受教育程度比例 D3（%）	19.94	53.27	19.63	4.36	2.80	/
辈出率（D3/C)	0.68	1.31	1.29	0.43	0.63	0.41
独立学院学生父母受教育程度比例 D4（%）	11.61	33.33	29.59	12.73	12.73	/
辈出率（D4/C)	0.39	0.82	1.94	1.27	2.85	0.97

从标准差可知（图 2-1-5)，“211 工程”高校中不同父母受教育程度新疆大学生的辈出率的标准差为 3.01，说明在该类院校中不同父母受教育程度对新疆大学生高等教育入学机会影响最大，其次为独立学院（0.97)，高职高专院校中新疆大学生的高等教育辈出率受不同父母受教育程度的影响最小(0.41)。以上分析表明，父母受教育程度对新疆大学生高等教育入学机会的获得具有一定影响。

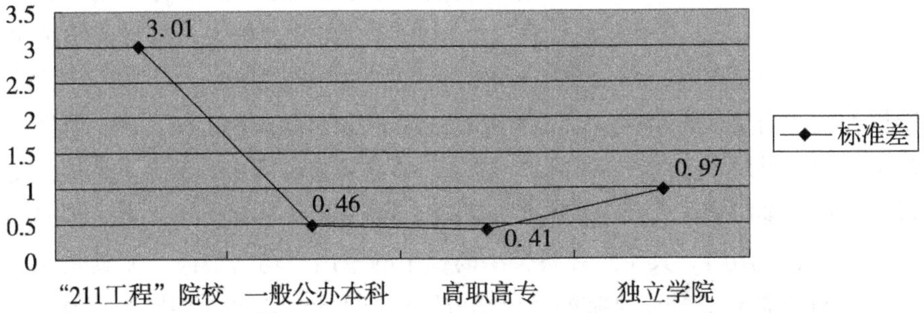

图 2-1-5　不同父母受教育程度新疆大学生就读各类型高校辈出率的标准差

3. 不同家庭收入层次新疆大学生高等教育入学机会的差异

新疆城乡之间、南北疆地区之间经济发达程度存在差异，由于自然条件、交通、社会文化等因素的影响，城市比农村经济相对更发达，南疆地区经济发展相对于北疆而言较滞后，经济的发达程度决定了当地居民的收入水平，收入水平在一定程度上影响家庭的教育支出。2013 年《新疆统计年鉴》的相关数据显示，2012 年新疆城镇居民家庭人均可支配收入为 17921 元，而农村居民家庭人均纯收入为 6394 元，前者为后者的 2.8 倍；2012 年新疆农村全年家庭人均纯收入为 6393.7 元，地处北疆地区的乌鲁木齐的农村全年家庭人均纯收入为 10031.55 元，而地处南疆地区的喀什地区和和田地区的该项指标分别为 4708.23 元和 4260.03 元，南北疆存在很大的差距。由于当前我国高等教育实行收费制，使得家庭教育支出大幅增加，教育支出成为我国居民在满足基本生活需求之后首要考虑的问题①，因此家庭收入必将对子女的高等教育机会产生重要影响。本研究以“家庭人均年收入”为指标分析家庭经济背景对新疆大学生高等教育入学机会的影响。在统计分析过程中，将“家庭人均年收入”的调查结果进行合并，并设定家庭人均年收入低于 10000 元的为低收入家庭，超过 40000 元的为高收入家庭，介于两者之间的为中等收入家庭。

图 2-1-6 为新疆大学生样本家庭人均年收入状况，可以看出低收入家庭比重最高（72.63%），中等收入家庭其次（24.27%），高收入家庭比重最低（3.10%），可见在新疆大学生中来自低收入家庭的占绝大多数。

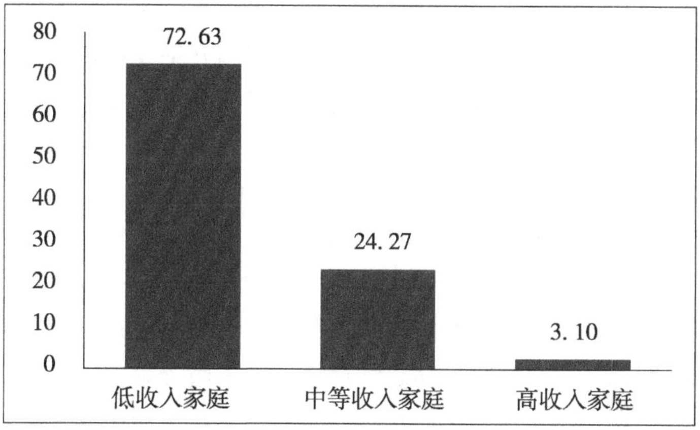

图 2-1-6 新疆大学生家庭人均年收入状况（单位:%）

---

① 杨汝岱，陈斌开．高等教育改革、预防性储蓄与居民消费行为［J］．经济研究，2009（8）：113-124.

从表 2-1-10 可以看出，总体上，85.30% 的低收入家庭子女进入了收费相对低的公办院校，其中超过一半（51.37%）的低收入家庭子女进入收费较低的一般公办本科院校就读；仅有 14.70% 的低收入家庭子女进入了收费相对高的独立学院。而 22.25% 的中等收入家庭子女和 16.00% 的高收入家庭子女进入了独立学院。高收入家庭的子女中 38.00% 均就读于“211 工程”院校，中等收入家庭子女就读该类院校的比例为 23.02%，而低收入家庭比例仅为 9.91%；中等收入家庭就读于一般公办本科院校的比例最高（45.78%）；低收入家庭子女就读“211 工程”院校和独立学院的比例均低于高收入家庭和中等收入家庭。可见，家庭经济背景对子女高等入学机会具有重要影响：低收入家庭子女拥有更多公办院校的入学机会；相对于公办院校而言，民办性质的院校为中等收入和高收入家庭子女提供了更多的高等教育入学机会。

表 2-1-10　新疆不同收入水平家庭大学生在各类型高校中的分布（单位：%）

收入水平	“211 工程”院校	一般公办本科院校	高职高专院校	独立学院	合计
低收入家庭	9.91	51.37	24.02	14.70	100
中等收入家庭	23.02	45.78	8.95	22.25	100
高收入家庭	38.00	36.00	10.00	16.00	100

学费和生活费因素对于低收入家庭而言影响其子女就读高校类型的选择。公办院校的收费比民办性质的院校低，因此低收入家庭子女在独立学院中所占比例最低，相反，中高收入家庭子女因为拥有更优越的家庭经济背景，能够更少的受学费因素影响而选择理想的高校就读。

4. 不同家庭所在地新疆大学生高等教育入学机会差异

由于新疆地区地域辽阔，地区发展不均的情况客观存在。城乡和地区之间发展不均体现在社会、经济和文化等方面，最终对社会均衡和谐发展造成影响。因此在研究新疆不同家庭背景大学生高等教育入学机会的差异时，将家庭所在地因素作为家庭背景的因素之一，了解不同家庭所在地的新疆大学生的高等教育入学机会的差异。本研究所使用的新疆普通高校大学生高等教育入学机会调查问卷将家庭所在地的题项分为五大类，分别为农村、乡镇、县城、地级市和省会，在数据分析阶段将农村和乡镇合并为“乡村”，将县城、地级市和省会合并为“城市”。

2012 年新疆城镇居民家庭人均可支配收入为 17921 元，而农村居民家庭人均纯收入为 6394 元，城乡经济收入差距显著，来自农村地区的新疆大学生相对于来自城市的新疆大学生在教育资源的获得方面处于劣势地位。此外，新疆的南疆地区聚居了人口众多的少数民族，然而由于南疆地区地处遍布沙漠和荒漠的边疆地区，自然条件十分恶劣，交通十分不便，经济发展相对落后，文化和教育事业的发展虽有成就但是依然发展缓慢，尤其是南疆的农村地区，与北疆地区存在很大的差距。截至 2015 年，新疆拥有各类高等院校 44 所，南北疆高等教育发展不均衡，这也对家庭所在地为南疆的新疆大学生的高等教育入学机会造成一定影响。

表 2-1-11 为 2010 年新疆人口的城乡分布结构，总体而言，居住在乡村的人口占新疆总人口的 72. 17%，城市人口比例为 27. 83%，说明当前新疆绝大多数的人口还是居住在乡村地区。汉族人口居住在城市的比例为 50. 20%，高于居住在乡村的人口比例（49. 80%）；而少数民族人口居住在城市的比例仅为 12. 62%，远远低于居住在乡村的人口比例（87. 38%），且大多数少数民族都分布在偏远且相对落后的荒漠和边疆地区，其子女在高等教育入学机会方面处于相对劣势地位。

表 2-1-11　新疆人口的城乡分布结构（2010）①　（单位：%）

城乡分布	乡村	城市	合计
总体	72. 17	27. 83	100
汉族	49. 80	50. 20	100
少数民族	87. 38	12. 62	100

图 2-1-7 为不同家庭所在地新疆大学生就读于各类高校的比例，可以看出家庭所在地为“城市”的新疆大学生就读于“211 工程”院校的比例为 22. 66%，而家庭所在地为“乡村”的新疆大学生就读于“211 工程”院校的比例仅为 6. 80%；家庭所在地为南疆的新疆大学生就读于“211 工程”院校的比例（13. 42%）低于家庭所在地为北疆的新疆大学生的比例（14. 38%）。不同家庭所在地的新疆大学生所就读的高校类型存在差异。

① 数据来源：新疆维吾尔自治区人民政府人口普查领导小组办公室．新疆维吾尔自治区人口普查资料 2010（上册）［Z］．北京：中国统计出版社，2012：257-266，34-94.

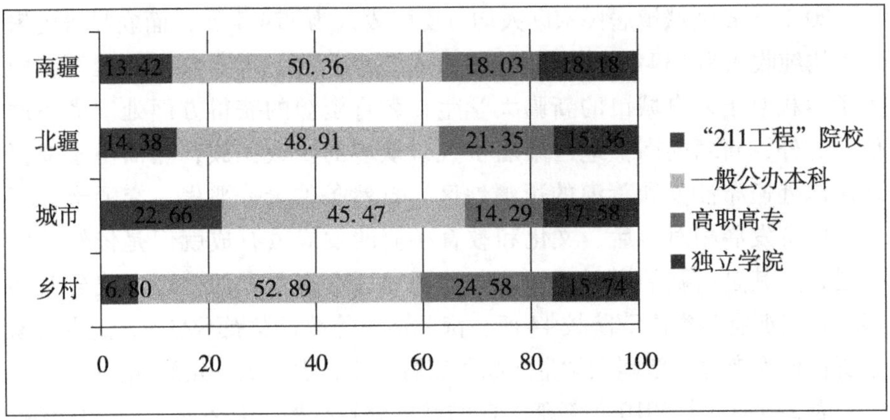

图 2-1-7　新疆不同类型高校大学生样本的家庭所在地分布（单位:%）

表2-1-12 对新疆大学生样本的家庭所在地[①]进行统计，可以看出，当样本家庭所在地为“乡村、镇”时，其高等教育辈出率为0.83；而当样本家庭所在地为“城市”时，其辈出率达到1.33，即家庭所在地为城市的子女所拥有的高等教育入学机会是家庭所在地为非城市子女的1.60倍。由此可见，家庭所在地的城乡差异对子女的高等教育入学机会具有影响，城市家庭子女比乡村家庭子女拥有更多的高等教育入学机会。由于城乡之间经济社会发达程度存在差异，城市中的物质环境和文化环境相对于乡村均较优越，因此吸引了相对优质的师资力量，政府对城市的教育经费投入也远远高于乡村地区，城市中的信息基础设施建设也远远发达于非城市地区，因此生活在城市中的子女有更多的机会享受相对优质的教育资源和信息技术资源。相对优质的师资条件，优质的教育基础设施，加上信息技术的普及，使得城市子女先天就获得了相对于乡村子女更加优越的学习条件和生活条件，因此造成城乡子女间高等教育入学机会的差异。

---

① 家庭所在地比例根据《新疆维吾尔自治区2010年人口普查资料》各地区户数人口数和性别比、各地区户数人口数和性别比（乡村）、各地区户数人口数和性别比（镇）及各地区户数人口数和性别比（城市）的数据合并整理得出。由于问卷中设计的家庭所在地的一个选项为“乡镇”，因此此处将“乡村”与“镇”的相关数据合并，表示家庭所在地为非城市的家庭；“城市”包括县城、地级市和省会城市。

表 2-1-12　新疆大学生城乡分布及高等教育辈出率

家庭所在地		乡村、镇	城市	标准差
子女为大学生	样本数	883	728	/
	比例 D（%）	54.81	45.19	/
全区家庭分布比例 C（%）		66.12	33.88	/
辈出率（D/C）		0.83	1.33	0.35

新疆大学生高等教育入学机会的家庭所在地差异不仅体现在城乡不均方面，还体现在南北疆地区不均方面。如表 2-1-13 所示，新疆大学生样本来自南疆地区的比例为 43.02%，来自北疆地区的比例为 56.98%。而新疆以南北疆划分的人口比重中，南疆地区户籍人口为 10102252 人，占新疆总户籍人口的 49.87%，北疆地区户籍人口为 10153398 人，占新疆总户籍人口的 50.12%。[①] 家庭所在地为南疆地区的新疆大学生在高校中的比例（43.02%）低于其户籍人口占新疆总户籍人口的比例（49.87%）；而家庭所在地为北疆地区的新疆大学生在高校中的比例（56.98%）高于其户籍人口占新疆总户籍人口的比例（50.12%）。由此可见，家庭所在地为南疆的新疆大学生的高等教育入学机会处于相对弱势水平。由第三部分可知，不同经济收入层次家庭的新疆大学生高等教育入学机会存在差异，低收入水平家庭的子女就读一般公办本科院校的比例最高（表 2-1-10），家庭所在地为南疆的新疆大学生就读一般本科院校的比例在四种院校类型中比例也为最高（50.36%），而就读于“211 工程”院校的家庭所在地为南疆的新疆大学生比例仅为 13.42%，低于家庭所在地为北疆的新疆大学生比例，这也说明新疆大学生的家庭所在地的南北疆差异对其总体高等教育入学机会和进入高质量的高等院校就读的机会均有一定影响。

---

① 新疆维吾尔自治区人民政府人口普查领导小组办公室．新疆维吾尔自治区人口普查资料 2010（上册）［Z］．北京：中国统计出版社，2012：18-19.

表 2-1-13　就读不同院校层次和院校种类的新疆大学生家庭所在地的南北疆分布

（单位:%）

院校	指标	南疆	北疆
院校	总体	43.02	56.98
院校层次	本科	81.96	78.65
	专科	18.04	21.35
院校种类	“211 工程”院校	13.42	14.38
	一般本科院校	50.36	48.91
	大专或高职	18.04	15.36
	独立学院	18.18	21.35

5. 不同民族新疆大学生高等教育入学机会差异

由于新疆多民族的社会背景，对少数民族子女和汉族子女的高等教育入学机会进行对比，有助于体现新疆不同家庭背景子女的高等教育入学机会受民族因素影响的情况。1978 年，新疆高等学校少数民族在校生为 7890 人，到 2000 年达到 31989 人，21 世纪我国进入高等教育大众化阶段后，少数民族在校生迅速增加到 2011 年的 102358 人，占当年新疆普通高校在校生总人数（272818 人）的 37.52%。可见，自 1978 年以来，新疆少数民族高等教育规模增长迅速，少数民族子女获得了更多的高等教育入学机会。然而，少数民族在校生总量的增加仅仅是少数民族子女获得更大高等教育入学机会的一个方面，同时，少数民族子女获得高考优惠政策的支持而使自身的高等教育入学机会获得一定程度的补偿；另一方面仍不清楚少数民族群体内部所有家庭子女的高等教育入学机会公平是否能够得到保障。

如表 2-1-14 所示，少数民族子女的辈出率由于家庭所处社会阶层的不同存在显著差异（标准差为 5.81），汉族子女高等教育辈出率的阶层差异与少数民族对比而言不甚明显（标准差为 0.60）。少数民族子女的辈出率随家庭所处社会阶层的上升而显著上升，基础阶层为 0.74，中间阶层为 2.03，优势阶层达到 11.38，说明少数民族子女辈出率存在族群内部差异，优势阶层子女的高等教育入学机会为基础阶层子女的 15.38 倍。中间阶层汉族子女的辈出率最低，为 0.67，低于基础阶层和优势阶层汉族子女。

表 2-1-14　新疆各阶层汉族和少数民族子女分布及辈出率

阶层	基础阶层		中间阶层		优势阶层		标准差	
民族	少数民族	汉族	少数民族	汉族	少数民族	汉族	少数民族	汉族
样本在校生数	505	528	226	233	59	51	/	/
样本在校生比例 B（%）	63.49	68.86	28.36	28.62	7.40	6.27	/	/
各阶层人口比例 A（%）	85.31	53.43	13.94	43	0.65	3.37	/	/
辈出率（B/A）	0.74	1.29	2.03	0.67	11.38	1.86	5.81	0.60

研究发现，不同民族的新疆大学生所就读的高校类型存在差异，如图 2-1-8所示。本研究的问卷调查所搜集的新疆大学生样本来自 16 个民族，由于其中部分民族样本数过少，因此选取超过总样本数 5% 的 5 个民族进行比较。与其他民族相比，维吾尔族新疆大学生就读“211 工程”院校的比例最高（21.75%），而柯尔克孜族新疆大学生就读该类院校的比例为 0；汉族新疆大学生就读一般公办本科院校的比例最高（55.16%），而哈萨克族新疆大学生就读该类高校的比例最低（32.76%）；哈萨克族新疆大学生就读高职高专院校的比例最高（39.66%），而维吾尔族新疆大学生就读该类院校的比例最低（10.97%）；维吾尔族新疆大学生就读独立学院的比例最高（23.98%），而柯尔克孜族新疆大学生就读该类院校的比例最低（11.54%）。

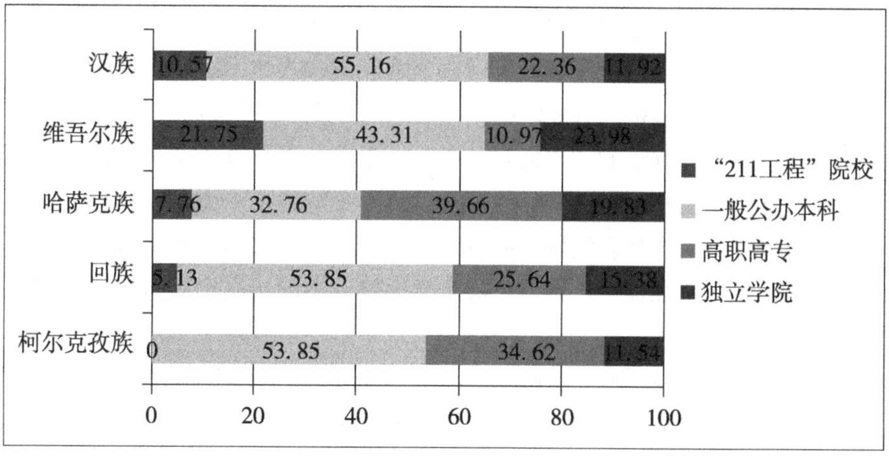

图 2-1-8　不同民族新疆大学生就读高校类型分布（单位:%）

新疆少数民族族群内部的社会阶层分化导致了不同阶层子女高校选择的不公平。由于父母职业层次较低、受教育程度较低及收入水平较低，导致在进行高校选择时相比于其他阶层子女得到父母指导意见的机会更少，而担心家庭经济承受能力的考虑更多。由于基础阶层父母大多数受教育程度较低，在家庭文化背景的代际传递方面可能存在障碍，体现在日常生活中：父母自身文化素质有限导致缺乏对子女文化知识方面的辅导；父母受教育程度的限制导致对子女的教养观念和教养目标发生偏差；家庭经济收入的限制导致更多的消费项目被用于维持家庭生计而用于子女教育的消费投入不足；需要考虑家庭经济承受能力因而选择收费较低廉的高校等；这些因素都会对少数民族子女高等教育入学机会产生影响。

家庭社会阶层因素导致的汉族子女辈出率水平差异远远小于少数民族，这表明少数民族子女入学机会受其族群内部社会阶层分化的影响更大。虽然普遍性的加分政策和高等院校少数民族预科班政策能够增加新疆整个少数民族群体子女的高等教育入学机会，但这项政策为少数民族子女所带来的高等教育入学机会的提升是相对于未享受加分的汉族子女而言的，而在少数民族族群内部，普遍性的加分政策对不同家庭背景子女的高等教育入学机会产生不了实质性的影响。

（三）家庭背景对新疆大学生高等教育入学机会影响的二元logistic分析

以上分析得出，家庭背景对新疆大学生高等教育入学机会产生影响，家庭所处的社会阶层、父母受教育程度、家庭经济收入、家庭所在地等对新疆大学生高等教育入学机会有一定的影响。本部分运用二元 logistic 回归法，进一步分析上述家庭背景的构成因素对新疆大学生高等教育入学机会产生何种影响。本部分将新疆大学生高等教育入学机会分解为两个方面：高等院校的层次和高等院校的质量。假设家庭所处的社会阶层、父母受教育程度、家庭经济收入、家庭所在地和民族对新疆大学生就读不同层次和质量的高校的影响力各不相同。

1. 家庭背景对新疆大学生获得不同层次高等教育入学机会的影响

本研究将高等教育入学机会的层次（新疆大学生所就读的高校层次）划分为两类，本科层次和高职高专层次。以新疆普通高校大学生高等教育入学机会调查问卷的数据构建二元 logistic 回归模型，将新疆大学生样本中进入本科院校（包括“211 工程”院校、一般公办本科院校和独立学院）定义为 $y=1$，进入高职高专院校定义为 $y=0$。自变量为新疆大学生家庭背景，包括家庭所处的社会阶层、父母受教育程度、家庭经济收入、家庭所在地和民族。主要标量定义及说明见表 2-1-15。①

表 2-1-15　主要标量定义及说明

变量	赋值	含义
高校层次	0	高职高专院校
	1	本科院校
高校质量	0	一般公办本科院校
	1	“211 工程”院校
家庭所处社会阶层	1	优势阶层
	2	中间阶层
	3	基础阶层
父母受教育程度	1	高等教育程度
	2	高中教育程度
	3	初中及以下教育程度
家庭人均年收入	1	高收入家庭
	2	中等收入家庭
	3	低收入家庭
家庭所在地	1	城市
	2	乡村、镇
民族	1	汉族
	0	少数民族

如表 2-1-16 所示，新疆大学生家庭背景对其接受本科教育机会产生影响。

第一，家庭所处的社会阶层对新疆大学生接受本科教育的机会产生了显著影响。来自优势阶层的新疆大学生接受本科教育的机会为来自基础阶层的新疆大学生接受本科教育机会的 1.768 倍，而来自中间阶层的新疆大学生接受本科教育的机会为基础阶层的 1.236 倍，说明家庭所处的社会阶

① 谭敏，谢作栩．家庭背景、族群身份与我国少数民族的高等教育获得［J］．高等教育研究，2011（10）：50-58.

层对于新疆大学生能否进入本科高校就读产生显著影响。

第二，父母受教育程度对新疆大学生能否进入本科院校就读也具有显著影响。如表 2-1-16 所示，在控制其他家庭背景因素的情况下，父母的受教育水平越高，其子女的本科教育机会就越高。当父母的受教育水平为高等教育程度时，新疆大学生的本科教育机会是父母受教育水平为初中及以下的新疆大学生的 2.991 倍；父母为接受过高中教育的新疆大学生的本科教育机会是父母仅接受过初中及以下教育的新疆大学生的 1.542 倍。因此，可以看出，新疆大学生的本科教育机会受父母的受教育程度影响显著。

第三，家庭收入水平对新疆大学生的本科教育机会具有一定影响。如表 2-1-16 所示，中等收入家庭的新疆大学生的本科教育机会为低收入家庭的 2.310 倍。即与低收入家庭相比，中等收入家庭的新疆大学生更有可能进入本科院校就读。

第四，在控制其他家庭背景因素的情况下，汉族大学生的本科教育机会仅为少数民族大学生的 0.704 倍，低于少数民族大学生的本科教育机会。

表 2-1-16　家庭背景对新疆大学生本科教育机会的影响（以高职高专为参照）

模型一		
系数、概率比	B（系数）	Exp（B）（概率比）
常数项	1.178*** （0.166）	3.248
父母职业阶层（参照组：基础阶层）		
优势阶层	0.570* （0.489）	1.768
中间阶层	0.212* （0.321）	1.236
父母受教育程度（参照组：初中及以下教育程度）		
高等教育程度	1.096*** （0.265）	2.991
高中教育程度	0.433*** （0.164）	1.542
家庭收入水平（参照组：低收入家庭）		
高收入家庭	0.115（0.336）	1.122
中等收入家庭	0.837*** （0.235）	2.310

续表

家庭所在地（参照组：农村和镇）		
城市	-0.172（0.151）	0.842
民族（参照组：少数民族）		
汉族	-0.351***（0.132）	0.704
Chi - square	17.219	
-2 Log likelihood	1497.672	
样本数	1611	

注：显著水平*** ≤0.001；** ≤0.01；* ≤0.05；表中括号内数据为标准误差。

通过上述分析，可以得出如下结论：家庭背景中的家庭所处社会阶层、父母受教育程度、家庭收入水平等因素对新疆大学生的本科教育机会具有显著影响。值得注意的是，汉族新疆大学生的本科教育机会低于少数民族新疆大学生。

2. 家庭背景对新疆大学生获得不同质量高等教育入学机会的影响

本小节将讨论新疆大学生家庭背景对其所接受的高等教育质量的影响。假设家庭所处的社会阶层、父母受教育程度、家庭经济收入、家庭所在地和民族对新疆大学生就读不同质量高校的影响力各不相同。本研究将高等教育入学机会的质量（新疆大学生所就读的高校是否为“211 工程”院校）划分为两类：就读于“211 工程”院校和就读于一般公办本科院校。以新疆普通高校大学生高等教育入学机会调查问卷的数据构建二元 logistic 回归模型，将新疆大学生样本中获得“211 工程”院校入学机会定义为 $y=1$，获得一般公办本科院校入学机会定义为 $y=0$。自变量为新疆大学生家庭背景，包括家庭所处的社会阶层、父母受教育程度、家庭经济收入、家庭所在地和民族。主要变量定义及说明见表 2-1-17。

如表 2-1-17 所示，新疆大学生家庭背景对其接受高等教育的质量产生影响。

第一，家庭所处的社会阶层对新疆大学生接受高质量的“211 工程”院校高等教育入学机会产生了显著影响。来自优势阶层的新疆大学生接受“211 工程”院校高等教育入学机会为来自基础阶层的新疆大学生的 2.431 倍，而来自中间阶层的新疆大学生接受“211 工程”院校高等教育入学机会为基础阶层的 2.417 倍，说明家庭所处的社会阶层对于新疆大学生能否进入“211 工程”院校就读产生显著影响。

第二，父母受教育程度对新疆大学生能否进入“211 工程”院校就读也具有显著影响。如表 2-1-17 所示，在控制其他家庭背景因素的情况下，父母的受教育水平越高，其子女进入“211 工程”院校就读的机会越大。当父母的受教育水平为高等教育程度时，新疆大学生的“211 工程”院校就读机会是父母受教育水平为初中及以下的新疆大学生的 2.669 倍；父母为接受过高中教育的新疆大学生的“211 工程”院校就读机会是父母仅接受过初中及以下教育的新疆大学生的 1.973 倍。因此，可以看出，新疆大学生的“211 工程”院校就读机会受父母的受教育程度影响显著。

第三，家庭所在地对新疆大学生的“211 工程”院校入学机会具有一定影响。如表 2-1-17 所示，来自城市的新疆大学生的“211 工程”院校就读机会为来自乡村和镇的新疆大学生的 0.583 倍。与来自城市的新疆大学生相比，来自乡村和镇的新疆大学生更有可能进入“211 工程”院校就读。

第四，在控制其他家庭背景因素的情况下，汉族大学生的“211 工程”院校入学机会仅为少数民族大学生的 0.578 倍，低于少数民族大学生的“211 工程”院校入学机会。

表 2-1-17　家庭背景对新疆大学生“211 工程”院校教育机会的影响
（以一般公办本科为参照）

模型二		
系数、概率比	B（系数）	Exp（B）（概率比）
常数项	-1.703（0.235）	0.248
父母职业阶层（参照组：基础阶层）		
优势阶层	0.888*（0.361）	2.431
中间阶层	0.883***（0.328）	2.417
父母受教育程度（参照组：初中及以下教育程度）		
高等教育程度	0.982***（0.247）	2.669
高中教育程度	0.679***（0.227）	1.973
家庭收入水平（参照组：低收入家庭）		
高收入家庭	-0.228（0.327）	0.796
中等收入家庭	0.095（0.275）	1.100

续表

家庭所在地（参照组：乡村和镇）		
城市	-0.540*** （0.206）	0.583
民族（参照组：少数民族）		
汉族	-0.548*** （0.170）	0.578
Chi - square	29.897	
-2 Log likelihood	918.920	
样本数	1023	

注：显著水平*** ≤0.001；** ≤0.01；* ≤0.05；表中括号内数据为标准误差。

通过本节的分析，得出如下结论：新疆不同家庭背景大学生在高等教育入学机会获得方面存在显著差异。父母的职业阶层、父母受教育状况、家庭收入、家庭所在地等家庭背景因素对新疆大学生进入何种层次和类型的高校就读产生重要影响。

社会阶层因素影响新疆大学生在不同类型高校的入学机会。高职高专院校为基础阶层新疆大学生提供了相对更多的入学机会，而“211 工程”院校、一般公办本科院校和独立学院为基础阶层新疆大学生提供的入学机会均少于优势阶层和中间阶层子女；“211 工程”院校中新疆大学生的社会阶层差异最大，而高职高专院校阶层差异最小。除高职高专院校外，优势阶层新疆大学生在其他所有类型高校中的辈出率均达到最高水平，中间阶层子女其次，而基础阶层子女仅在高职高专院校中辈出率最高。

父母学历越高，新疆大学生的高等教育入学机会越多。当父母为小学及以下学历时，新疆大学生的高等教育辈出率最低；而当父母为大学本科及以上学历时，辈出率达到最高。父母学历为大学本科及以上的新疆大学生，在除高职高专院校外的各类院校中辈出率均为最高；“211 工程”院校辈出率受父母学历的影响最大。

公办院校作为新疆高等院校的主要组成部分，为新疆各收入层次家庭子女均提供了相对多的高等教育机会，特别是为来自低收入基础阶层子女提供更多的入学机会；独立学院则为更多中高收入家庭子女提供更多就读机会。由于新疆发展存在南、北疆地区差异，同时地区内又存在城乡差异，因而不同地区家庭收入存在差异。地区发展不平衡造成的家庭收入差距对不同收入水平家庭子女的高等教育入学产生影响。虽然各收入阶层子女中的绝大多数进入的是公办院校（“211 工程”院校和一般本科院校），这是由于公办院校在新疆现有高校类型中占绝对数量优势所造成的。从传统的观念来看，公办高校一直都是我国高等教育机构的主流力量，绝大多数父母及子女在选择就读高校时都会优先选择公办本科院校，这就造成三大收入层次家庭子女在公办高校中分布差异不甚明显。而独立学院由于其“本科”的属性和较高的收费，在家庭经济状况允许的情况下，其被考生及家长选择的可能性高于“非本科”性质的高职高专院校；而低收入家庭子女由于家庭经济状况所限，往往在高考分数既定时缺乏选择的余地，从而进入高职高专院校就读。家庭收入对子女入学机会在很大程度上通过院校的收费水平产生影响。

新疆高等教育入学机会同时存在民族差异和城乡及地区差异。少数民族新疆大学生高等教育入学机会存在显著的族群内部差异，而汉族新疆大学生族群内部差异不明显；家庭所在地为城市的新疆大学生比家庭所在地为乡村的新疆大学生拥有相对更多的高等教育入学机会。

上述分析仅限于对本次调查所涉及的新疆 8 所高校 1611 名新疆大学生的调查结果。新疆高等教育入学机会的家庭背景差异，既受家庭所处社会阶层、家庭文化背景与家庭经济背景等因素的影响，情况比较复杂。第二次中央新疆工作座谈会指出：“要坚持教育优先，培养优秀人才，全面提高入学率，让适龄的孩子们学习在学校、生活在学校、成长在学校。要吸引更多优秀人才投身教育，国家的教育经费要多往新疆投。”① 随着高等教育从“精英教育”到“大众化教育”的转变，高等教育公平逐步成了社会关注的焦点。本研究试图还原新疆不同家庭背景大学生高等教育入学机会的现状，为促进新疆高等教育发展提供参考。保障高等教育公平，不断提高公民受教育水平和收入是根本措施。保障高等教育入学公平，促进高等教育和谐发展，对于促进地区社会安定团结、科学文化繁荣进步和经济社会协调发展具有重要意义。②

---

① 习近平在第二次新疆工作座谈会上发表重要讲话［EB/OL］.（2014-5-30）［2015-9-27］. http：//www. xj. xinhuanet. com/zt/2014-05/30/c_ 1110932196. htm.

② 蔡文伯，伍开文. 家庭背景对高等教育入学机会的影响［J］. 教育科学，2014（4）：55-61.

第二节 家庭背景对新疆大学生高等教育入学机会影响的原因分析

通过第一节的分析，发现家庭背景对新疆大学生高等教育入学机会的影响较大。学生的民族、家庭所在地、父母亲受教育程度、家庭经济收入、父母的工作类型等因素综合影响子女的高等教育入学机会。随着高等教育大众化时代在中国的到来，学生的高等教育机会已经不仅表现在能否顺利进入高等教育机构就读，而更加体现在学生能够进入的高等教育机构的质量方面。拥有不同家庭背景的学生由于进入高等教育机构前所生活的家庭经济环境、人文环境和接受的父母教养方式、接受高等教育前的教育状况的不同，因此获得的高等教育入学机会也不同。然而，在当代社会，社会阶层的存在是无法避免的现实，其代际流动甚至会影响其后辈的社会地位。一部分学生由于家庭背景不佳，导致其在接受高等教育之前的所有阶段教育所获得的教育资源是匮乏的和低质的，从而影响其高等教育入学机会的获得；而家庭背景占优势的学生，由于其家庭背景所提供的便利，在物质生活、教育资源获得和父母辅导等方面均不同程度地优于家庭背景不佳的学生，因此在高等教育入学机会的获得方面相对于家庭背景不佳的学生更加优越。

上文通过对新疆地区 8 所高校 1611 名新疆籍的大学在校生样本的问卷调查数据进行整理分析，发现家庭背景对新疆大学生的高等教育入学机会具有重要的影响。学生的民族、父母受教育程度、家庭经济收入状况、父母的工作类型及家庭所在地等因素综合影响新疆大学生的高等教育入学机会。学生的民族不同，影响其能否享受新疆地区的少数民族高考优惠政策及能够享受何种类型的少数民族优惠政策；父母的受教育程度在一定程度上影响其对子女的教养方式和学习辅导，在潜移默化的长时间的家庭生活中对子女的人生观和价值观产生影响；家庭经济收入状况关乎家庭的物质生活水平和家庭对子女的教育经费投入水平，不同经济收入水平家庭的子女的高等教育入学机会存在差异；父母的工作类型决定了家庭社会关系及社会资源的拥有度，影响父母对子女成长的规划，如对子女未来职业规划及对子女教育的规划安排，从而影响子女的高等教育入学机会；家庭所在地对子女高等教育入学机会的影响主要体现在家庭所在地的经济发达程度，由于新疆地域广阔，地区发展不甚均衡，因此南、北疆地区和城市、农村的经济社会发展程度存在差异，导致来自新疆不同地区的学生由于家庭所在地因素的影响所获得的教育资源和经济资源存在差异，从而影响其高等教育入学机会。

一、家庭社会资本影响子女升学的学习环境

本研究将父母的职业阶层作为家庭所占有社会资本的主要指标，以分析家庭占有的社会资本对新疆大学生高等教育入学机会的影响。本研究将父母的职业划分为十大类别三大层次，通过数据统计和分析父母处于不同职业层次的子女的高等教育入学机会，得出父母所处的职业层次越高，其子女拥有更多和更高质量的高等教育入学机会；而父母所处的职业层次越低，其子女所拥有的高等教育入学机会越少。父母属于优势阶层的子女的高等教育机会辈出率最高，其次为中间阶层，基础阶层子女的高等教育辈出率最低。而在不同类别的高等院校中，优势阶层子女的辈出率在除高职高专院校外的其他所有类型本科院校中均达到最高，而基础阶层的辈出率仅在专科层次的高职高专院校中最高。因此，可以看出子女的高等教育入学机会受父母工作所处阶层的影响。

本研究中用于区分新疆大学生家庭社会资本的指标为其父母的职业阶层。父母所处的职业阶层对其所占有的社会资源的广度和层次具有重要影响。父母所处的职业阶层越高，其所占有的社会资源就越丰富，如“国家与社会管理者和企事业单位负责人”，他们往往处于社会职业阶层的顶端，拥有极度丰富的社会资源。通过丰富的社会资源，处于优势阶层的父母能够为子女接受优质的教育准备相应的条件，如帮助子女进入优质的中小学就读。由于该类父母的职业处于社会阶层的顶端，因此在很大程度上期望子女能够获得优异的学业成绩和在未来获得优势的社会地位。运用其自身的社会资源优势，该类父母有能力为子女的教育提供最优的条件，不仅仅体现在学习条件的提供方面，而且体现在对子女物质生活条件的满足方面，从而促使子女的学业水平获得提升，以在参加竞争激烈的高考时可以获得更多的高等教育入学机会。职业阶层较低的父母，由于所从事的职业不同，因而能够使用的社会资源极其有限，如基础阶层中从事农林牧渔业人员、工人等第一产业的人员和无业失业人员，加上从事该类职业的父母收入相对较低，因而不能通过自身拥有的社会资源为子女的教育提供优质

的条件，从而在一定程度上造成子女的高等教育机会不足。因此，处于较高职业阶层的父母所拥有的社会资源对子女的学业成绩的影响高于职业阶层较低的父母，子女的高等教育入学机会受到家庭的社会资本影响。

“我在我们那儿最好的学校上的小学和初中，因为爸爸也是一名校长，但是他觉得他所在的民族学校的教学质量不好，所以坚持送我去汉族小学和中学上学。刚去的时候跟不上，因为汉语很差。那个时候很灰心，爸爸就开导我说，你想去外面发展就必须学好汉语，学好了汉语你才能有更好的发展。我一开始很不理解，为什么我一个维吾尔族人一定要学习汉语呢。后来长大了我才明白，因为中国绝大多数人都是说汉语的，你要跟他们交流就必须学好汉语。我非常感谢我的爸爸，如果不是他的坚持，我也考不上这么好的大学，也可能一辈子就在喀什度过了。”（石河子大学学生）

“我爸爸是畜牧局的局长，妈妈在医院工作，中考的时候我没考好，差几分才能进地区重点高中，爸爸只好到处求人才进了重点高中学习。重点高中跟普通高中有很大差距，有很多在普通高中念书的以前的同学都说自己的学校老师不行，条件也不好，学生也不怎么爱学习。但是我在重点高中就觉得我们的老师很专业，教室条件也很好，绝大多数同学们都拼命学，当然也有少数不学习的。我们学校每年都有很多人考上重点大学和一般大学。要是当年我没进重点高中，估计我也考不上大学了。”（伊犁医范学院学生）

“我觉得家里的各方面条件对孩子能不能上大学肯定或多或少有影响。比方说，爸爸是公务员和爸爸是农民的家庭给孩子提供的条件肯定不一样，我不是贬低农民，只是举个例子，而且也是事实。公务员认识的人多，见过的世面肯定比农民多。比方说现在城市里孩子择校的这个问题，我们这儿的新公务员小区直接配套了一所小学，据说条件还不错，楼都是新修的，子女都可以就近上学。但是农村家庭的孩子就可怜了，现在搞“撤点并校”，有的孩子要走十几公里路才能去学校，学校条件普遍也不怎么好，都是乡下的学校，很多孩子还寄宿，一个星期甚至一个月才有机会回一次家。对比一下，是不是存在很大差距?”（大学老师）

“我爸爸和妈妈都是在政府部门工作，从小对我的学习十分关心，经常教育我要好好学习，以后才能有出息。小时候给我买了很多课外辅导书，还给我报课外补习班，所以我的成绩一直很好。后来考大学，父母希望我以后能进政府部门或者医院工作，建议我学医。我也觉得上大学对自己有好处，毕业以后可以找到稳定的工作。”（石河子大学学生）

从上述的访谈资料可以看出，家庭所处的社会阶层对新疆大学生高等教育机会的影响从小学阶段就已经开始，优势阶层的家庭所能够为子女提供的各方面的条件都是基础阶层所无法或很难提供的。优势阶层所能够动用的各类资源时常隐性地存在，能够对其子女的升学、就业及个人发展等方面产生重要的影响。此外，由于优势阶层位于社会阶层的顶层，其经济收入相比于中间阶层和基础阶层而言也是相对高的，这也在客观上使优势阶层的子女能够获得更优越的家庭环境，从而对其高等教育入学机会产生良性影响。

从2010年新疆人口普查数据可以看出，根据该统计资料对全区职业人口的分类，将所有从业人员划分为农林牧渔业及水利业生产人员，生产设备操作人员，专业技术人员，办事人员和有关人员，商业服务业人员，国家机关、党群组织、企业、事业单位负责人等六大类（不便分类的职业人口除外）。其中由农林牧渔业及水利业生产人员和生产设备操作人员组成的基础阶层从业人员比例占总从业人员比例的72.58%；由专业技术人员、办事人员和有关人员、商业服务业人员组成的中间阶层占总从业人口比例的25.54%，由国家机关、党群组织、企业、事业单位负责人组成的优势阶层人员比例占总从业人口比例的1.73%（不便分类的职业人口比例为0.15%）。新疆地区人口职业构成比例自基础阶层、中间阶层到优势阶层为一个正金字塔形：基础阶层占据了超过总数2/3的比例，中间阶层占据超过总数1/4的比例，优势阶层占据金字塔顶端1.73%的比例。阶层的层次越高，从业人员越少；阶层的层次越低，从业人员越多。由于家庭社会资本具有代际传递性，因此子女所处的社会阶层与其父母的职业阶层具有一定程度的联系。

占据社会顶层的优势阶层人数少而占有的社会资源多，成为事实上的精英阶层；另外，由于优质教育资源的稀缺性，因此只有少数占有优质社会资本的人才能够获得，从而导致精英阶层能够运用自身所拥有的社会资本为其子女争取接受更优质教育的机会，为其子女的高等教育入学机会获得准备了客观条件。而基础阶层父母，由于所从事的职业大多为农业、工业等基础性职业，事实上所拥有的社会资本极其有限；同时由于其职业的原因导致其经济收入方面也不如中间阶层和优势阶层父母的收入，从而通过经济收入改善其子女所接受教育的质量能力极其有限。这两个原因共同导致了处于基础阶层的子女在接受教育时受到家庭社会资本和经济资本缺乏的双重制约，在现实生活中很难获得最优质的教育机会，从而影响其学业成绩，并最终表现在高考成绩方面，制约其高等教育入学机会。中间阶层子女所能够获得的社会资本介于优势阶层和基础阶层之间，中间阶层的父母既不像基础阶层父母一样缺乏所有的社会资本和经济资本，又没有优势阶层所拥有的丰富社会资本，其能够为子女接受教育所提供的社会资本有限，其子女通过社会资本所获得的教育资源也有限。家庭社会资本通过影响子女教育资源的提供从而影响子女的学业，最终影响子女的高等教育入学机会。

由于人们对职业教育存在一定的偏见，在高考志愿填报选择高校时，绝大多数的家长和考生都会优先填报重点本科院校、一般本科院校和民办本科院校，而高职高专院校在很多情况下是作为不得已的选择或者考生分数仅够填报时的选择。观念的扭曲使得社会将职业教育视为层次上低于本科教育的教育形式，使得绝大多数家庭尽量避免自己的子女进入高职高专院校就读，而寻求一切办法进入重点本科、一般本科院校和民办院校，这也在一定程度上加剧了高中择校现象和课外补课现象，助长了高等教育不公平。优势阶层和中间阶层家庭的父母在社会上拥有相对优势的地位，也就迫切希望子女继承相对优势的地位以有利于今后的发展，因此特别注重子女就读高校的层次和类型；而基础阶层家庭父母虽然也希望子女能够通过接受高等教育的途径进入社会中上层，但客观条件的限制，绝大多数基础阶层子女更多地就读于普通小学、普通中学，所享受到的教育资源远不如中间阶层和优势阶层子女，这在根本上造成了基础阶层子女高等教育入学机会受到侵蚀，在我国现行高考制度的激烈竞争下，高职高专院校成为接收基础阶层子女的主要力量。①

二、家庭文化资本影响子女学习氛围

国内外的众多研究表明，家庭所拥有的文化资本对其子女的受教育状况有一定影响②，这种影响可能体现在子女的学业成绩方面、子女所能够达到的教育程度方面及父母对子女的教养方式方面等。家庭的文化资本具有很大程度的代际传递性③，父母所拥有的文化资本在很大程度上能够传递给子女。然而家庭文化资本在教育方面表现最为明显，大学生父母的受教育程度可以作为家庭文化资本的一项重要指标。本研究将父母的受教育程度作为衡量新疆大学生家庭背景的一项重要指标，通过问卷调查和数据的整理分析，得出父母的学历对其子女的高等教育入学机会具有影响作用。正如上述分析所得出的结论，父母的学历越高，其子女的高等教育入学机会就越大。父母的学历越高，其子女所就读院校的层次越高；在同一层次的高等院校中，父母的学历越高，子女所能就读的院校的质量越好。总而言之，父母的学历在很大程度上能够决定子女所就读高校的类型和层次，新疆大学生高等教育入学机会与其父母的受教育程度息息相关。

> “我爸是大专学历，他们那个年代的大专和现在的大专可不一样，他经常说当年他也是费了很大劲才考上的。妈妈是高中学历。平时家里各类重大问题都是爸爸说的算。可能是因为爸爸上过大学，所以从小就很关注我的学习成绩，还给我补课和课外辅导，因为他当年数、理、化学得非常好，到现在都可以拿来给我讲题目，我很佩服他。家里氛围还是很好的，他们不像别人家的爸妈总是对子女这不满意那不满意的，我学习成绩一般，但是他们从来没有因为这个为难我，只是会时不时提醒我要加油，给我鼓励。我觉得我爸爸应该是民主型的吧，跟我有关的事情都会问我的意见。我觉得家里很温暖，不存在像有的同学说得很压抑的

① 蔡文伯，伍开文．家庭背景对高等教育入学机会的影响［J］．教育科学，2014（4）：55-61.

② 郭丛斌，闵维方．家庭经济和文化资本对子女教育机会获得的影响［J］．高等教育研究，2006（11）：24-31.

③ 金久仁．家庭背景与教育获得的代际传递公平性研究［J］．教育学术月刊，2009（2）：17-20.

情况。”（昌吉学院学生）

“他们（父母）都是在乌鲁木齐上的大学，毕业回到石河子进了国企，现在都算是小领导吧。从小他们就鼓励我做自己喜欢的事，培养我感兴趣的活动作为爱好。他们总说我要有理想，并且还要有为了理想奋斗的勇气，在为人处世方面我觉得在他们身上学了很多。大学之前只要他们有空都会时常过问我的学习，我的合理要求也会尽量满足。所以我无忧无虑地度过了青少年时期，也如他们所愿考上了一所不错的大学。”（石河子大学学生）

“我家在村里，父亲上过初中，母亲上了小学就没上了，现在他们在家里包了地，收入除了供我和弟弟上学也剩不了多少。村里小学和中学也不怎么好，加上我也不是很聪明，所以成绩一直不好，他们也是盼我好，所以有时候我考得不好他们会很生气，爸爸会打我骂我。可是我真的是用功了，我也想念大学。但是他们就是觉得我是因为不用功所以才考不好，对我发火。遇上不会写的作业，也没人问，他们又不会。一直到初中都是这么过来的。后来高考没有考好，他们不怎么想让我继续上，但是我坚持要上大学，所以来了这里（新疆应用职业技术学院）学旅游管理。他们也不容易，盼着尽快毕业挣钱吧。”（新疆应用职业技术学院学生）

通过对上述访谈资料的分析，可以发现父母的受教育程度从以下三个方面对子女的高等教育入学机会产生影响。

（一）父母教养方式影响子女高等教育入学机会

父母的受教育程度通过影响其对子女的教养方式而对高等教育入学机会产生影响。大量研究表明，家庭的社会化过程，尤其是父母的教养方式，将对个体成就动机的形成和发展产生重大影响。[①] 通过本章第一节的分析可以看出，父母的学历越高，子女的高等教育辈出率也越高。由于学

① 郭淑琴. 普通心理学［M］. 北京：中国科学技术出版社，1999：99.

历较高的父母所接受的教育年限较长，教育层次也较高，因此在长年限和高层次的教育经历中所获得的显性知识和隐性知识对于改善其子女的教养方式具有深远的影响。教育是提升人素质的有效手段，人各方面素质在很大程度上与其所接受的教育层次有关。Steinberg 将父母教养方式分为权威、专制、放任和溺爱四种类型。[①] 一般而言，父母所接受的教育程度越高，其对子女的教养方式越趋向于科学，较多采用权威型的方式教养子女。通过权威型的教养方式培养出来的子女，具有较强的自信心和自主性，在学习方面具有更强的内驱力。而通过专制型、放任型和忽视型教养方式培养出来的子女要么存在学习兴趣缺乏问题，要么存在长期被忽视而造成的学习抵触心理，对学业成绩的影响十分明显。国内外的相关实证研究已经证实了父母的学历影响子女教养方式，从而影响子女的自身素质，进而对子女的教育机会乃至高等教育入学机会产生影响。

（二）父母文化素质影响子女学业成绩

父母的文化素质高低对子女的学业成绩有一定影响，进而影响子女的高等教育入学机会。众所周知，父母所接受的教育层次越高，其所获得的科学知识相对于接受教育层次低的父母就越多，因此其在子女从幼儿园、小学、初中到高中阶段的整个大学之前的教育阶段所能够提供的文化知识方面的辅导远远多于接受教育层次较低的父母。在大学之前的所有教育阶段，子女除了在学校中接受正规的教育外，其余的大多数时间是在家庭中度过的。面对每天必须完成的家庭作业，家长的文化水平高低在一定程度上影响孩子家庭作业的完成情况，如对子女的家庭作业进行检查，辅导子女完成仅凭其自身无法完成的学习任务，对子女的学习效果进行检查等，这些都有助于其子女学业成绩的提高，从而在高等教育入学机会的获得方面更具优势。同时，父母的文化素质对其子女的学业成绩期望具有一定影响。学历较高的父母，在其自身接受各阶段教育的时期学业成绩均能达到进入上一层次教育阶段的平均水平，因此对其子女学业成绩水平方面的期望较高，从而导致大多数高学历父母对其子女的学业水平要求相对较严格，这也在一定程度上促使其在子女的学习方面加大投入。反观学历水平

---

① Steinberg, L., Lamborn, S. D., Darling, N., Mounts, N. S., & Dornbush, S. M. Overtime changes in adjustment and competence among adolescents from authoritative, authoritarian, indulgent, and neglectful families. Child Development, 1994, 65: 754–770.

较低的父母，仅能够在子女接受较低层次教育阶段时能够给予相应的学业方面的辅导，而一旦子女进入初中阶段和高中阶段，由于所学习的各学科的知识难度较大，学历较低的父母由于缺少该类学科的知识与训练，在指导初中和高中阶段子女的学业时颇显力不从心。

（三）父母受教育程度影响子女人生观和价值观

父母的受教育程度通过对子女的人生观和价值观产生作用而影响其高等教育入学机会。教育能够对人的思想产生影响，人所接受的教育程度对其人生观、价值观具有一定影响。受教育程度较高的父母，由于其对子女的教养方式相对科学，因此在家庭日常生活中表现出来的人生观和价值导向相对积极和正面，这在潜移默化中易于促成其子女养成相对积极和正面的人生观和价值观，从而对今后的人生规划具有一个相对正面的引导，而这一相对正面和积极的规划有助于促使子女树立远大的理想和志向，并促使其为实现理想和志向而努力。如今，接受高等教育在很大程度上仍然是获得事业、生活成功的先决条件，父母受教育程度较高的子女在家庭文化氛围的熏陶中，对于学业成绩的重要性具有一定的认识，从而促使其争取更多的高等教育入学机会；而父母受教育程度较低的子女，由于其父母受教育程度较低，导致父母对接受教育的未来潜在收益和价值没有一个比较清晰的认识，在长期的家庭教育中对子女是否需要接受高等教育和接受什么层次的高等教育持有一个模糊的态度。由于自身文化素质和所处社会阶层的局限性，在子女的学习方面不能够起到指引和辅导的作用；同时由于学历较低的父母多处于社会底层，生存的压力也可能导致其对子女接受高等教育产生畏惧，从而对子女继续深造漠不关心，这也在一定程度上影响子女的高等教育入学机会。体现在对子女人生观和价值观方面，即子女没有或者缺乏相对固定的人生目标，从而在接受高等教育之前所有教育阶段的教育方面缺乏目的性，进而对高等教育入学机会产生不利影响。

家庭文化资本主要通过影响子女的内在家庭环境而对子女的高等教育入学机会产生潜移默化的影响。父母受教育程度较高的子女具有相对较大的高等教育入学机会，而父母受教育程度较低子女的高等教育入学机会相对欠缺。

三、家庭经济资本影响子女接受教育的物质基础

家庭经济因素是影响新疆大学生高等教育入学机会的又一重要因素。

家庭收入不仅影响家庭的物质生活条件，同时对子女的教育经费投入具有显著影响。[①] 家庭经济因素对新疆大学生高等教育入学机会的影响主要是通过家庭对子女物质生活条件的满足程度和对子女教育投入方面体现出来的。之所以将家庭经济背景因素对子女物质生活条件的满足程度考虑进来，是由于各阶层家庭收入水平存在差异，导致家庭整体的物质生活水平存在差异，子女所能获得的物质条件也就存在差异，从而影响其高等教育入学机会。将家庭教育投入方面的因素考虑进来的主要原因是家庭经济收入水平的不同，对子女教育经费的投入也不同，通过影响子女所就读的中学类型、是否复读及课外补习等因素对子女的学业产生影响，最终影响其高等教育入学机会。本研究拟将家庭经济收入水平作为衡量新疆大学生家庭经济资本的指标，分析家庭经济收入对子女高等教育入学机会所造成的影响。

（一）家庭物质生活水平影响子女高等教育入学机会

家庭经济收入通过影响家庭物质生活水平，进而影响其高等教育入学机会。子女先天生理方面的条件主要是由其父母的遗传因素所决定的。家庭物质生活水平对其父母的生活条件具有影响，间接影响子女的生理和智力的发育，同时也不可忽视子女出生后的家庭物质生活水平对其生理和心理的发展的影响。

研究者一般用恩格尔系数衡量家庭消费中用于食品的支出比例，由此来判断家庭的物质生活水平：家庭的收入越低，家庭总支出中用于食品的支出比例越高；随着家庭收入水平的提高，家庭总支出中用于食物的支出比例会下降。家庭收入处于中、高层的家庭，由于家庭经济收入较高，因此在家庭物质生活的保障方面具有优势。中、高收入层次家庭的父母可以通过花费更多的支出保障和改善家庭的物质生活水平，为子女的身体和智力的发展提供客观的物质条件，如父母可以为子女的学习和生活提供舒适和安静的学习环境等。家庭收入较低的家庭，由于其收入来源和数量均十分有限，容易造成家庭经济入不敷出；另外，由于该类家庭用于家庭固定支出的费用占家庭总收入的比重过高，家庭的收入往往大部分用于支付基

---

① 李雅南．家庭收入是否影响子女教育水平——基于 CHNS 数据的实证研究［J］．南方人口，2012（4）：46-53.

本食品、住房、保险等费用，因此能够用于改善家庭物质生活条件的支出十分有限。

新疆地区由于南、北疆和城乡经济发展存在不均衡现象，经济收入水平存在差距，物质生活条件也存在差距。因此，家庭经济收入不同的子女所能够享受到的物质水平存在差距。改革开放以来，由于经济的快速发展，新疆居民的消费结构也从生存型转变为小康型。城市居民家庭的恩格尔系数已经由 1980 年的 57.3% 下降到 2011 年的 38.3%①，达到了相对富裕水平；农村居民家庭恩格尔系数由 60.8% 下降到 36.1%，也进入了相对富裕的水平。虽然当前新疆城乡居民家庭还没有达到极其富裕的水平，但近三十多年来恩格尔系数均呈现下降的趋势。这表明近年来新疆城乡居民家庭食品消费支出的比例稳步下降，科教文卫等消费支出比例正逐步提高，消费结构正在不断升级。人的发展需要物质条件的支撑，相对良好的物质生活条件对于促进子女的生理、心理和智力的发展具有保障作用，进而影响其高等教育入学机会。

> “我们家的（物质生活）条件相对较好，爸爸妈妈都有正式的工作，我想吃什么，只要跟爸妈说，他们一般都能够满足我。家里我有自己的房间，有暖气和空调，学习环境很好。初中开始他们还给我报了课外补习班，有的时候整个周末都要去上家教课。我数学和物理不好，他们就托人找当地很牛的老师，去他们家上家教。电视上播学习机的广告，他们就给我买了一个，像电子词典、计算器之类的学习用品我都有。爸妈一直相信知识能改变命运，所以鼓励我一定好好念书。”（昌吉学院学生）

> “爸妈收入有限，家里还有弟弟妹妹需要抚养，我也不能对家里的条件要求太多。种地的收入很低，还很累人。家里卖了粮钱还没有在口袋里捂热乎就要拿去还债。我记得这种状况在家里持续了好多年，从我有记忆开始一直到我上初中。家里人多，钱大部分都是拿去还债，周而复始，一直恶性循环。我还是希望能

① 张吉庆，喻科，何伦志．新疆城乡居民收入水平变化及其影响因素分析［J］．安徽农业科学，2013（4）：65.

够通过上大学改变现状，工作后帮助家里分担一部分，虽然家里条件不好，但是也不能怪父母，我们靠自己努力。”（石河子职业技术学院学生）

通过前述部分的分析已经得出结论，家庭收入高的子女具有相对更多的高等教育入学机会，而低收入家庭子女的高等教育入学机会相对不足。通过上述访谈内容可以看出，新疆地区家庭经济收入水平存在差距，家庭收入水平对家庭物质生活条件和水平具有直接的影响，物质生活条件影响子女的高等教育入学机会。

（二）家庭教育经费投入影响子女高等教育入学机会

家庭经济收入水平对父母在子女教育方面的投入有显著影响。由于家庭经济收入较高，因此用于维持生计的花费比例相对较低，拥有更多的可支配财产可以用于储蓄或其他方面的投资和消费。在当今中国，子女的教育已经越来越被家长所重视，在条件允许的情况下，家庭均会尽一切可能为子女提供最优的教育环境。新疆地区教育资源的相对稀缺性和地区发展的不平衡性，使得优质的教育资源变得更加宝贵。由于新疆地域广阔，地区发展不平衡，各地区的经济发达程度不同，教育事业发展水平也不同；在同一地区内，城乡差异因素的影响，城市地区和农村地区的教育事业发展水平也不甚平衡。这就造成了优质教育资源的极度稀缺，进而造成父母对该类优质资源的竞争。获得优质的教育资源需要家庭的社会资本和经济资本的支撑，因此家庭的经济资本和社会资本在为子女争取优质教育资源的过程中具有十分重要的作用。家庭经济收入对子女教育投入的影响通过下列方式实现。

1. 通过影响子女就读学校间接影响其高等教育入学机会

优质教育资源特别是中学阶段优质教育资源的相对稀缺性，进入“重点小学”“重点中学”的机会相对稀缺，由此引发家长对于该类资源的竞争。当前我国在政策层面鼓励民办教育的发展，民办教育的相对营利性迫使其不得不吸引优质师资资源和准备良好的硬件条件。此外，在子女学业成绩既定的情况下，家庭能否为其提供进入该类优质学校就读的经费也在一定程度上决定了子女能否享受优质的教育资源。因此，家庭的经济收入水平在一定程度上会影响子女所就读的幼儿园、小学和中学的质量和层次，从而在客观条件方面影响子女的学业成绩，通过影响子女进入大学之前所有教育阶段的质量和层次最终影响其高等教育入学机会。在子女智力水平大致相当的情况下，从小接受优质教育的子女比从小接受普通教育的子女在学业水平方面更具优势。

家庭的经济收入水平还通过影响对子女的高等教育费用支付能力影响其接受高等教育的机会。① 当前我国高等教育体制中，公办高等教育机构占绝大部分，民办高等教育机构也正迅速发展。公办高校在新疆地区高等教育事业中占主要地位。由于民办高等教育的相对营利性，其收费相对于公办高校较高，在子女高考分数既定的前提下，若其分数仅达到进入民办本科院校的标准，能否接受本科层次的高等教育就取决于其家庭能否支付相对高的民办本科学校费用，家庭经济收入水平决定该类子女的高等教育入学机会。若其家庭经济收入能够支付该项学费，则子女能够接受本科层次的高等教育；若其家庭经济收入无力支付此项费用，则子女除申请国家助学贷款和通过借贷支付学费外，只能选择接受公办专科层次的教育或放弃接受高等教育。由于新疆南北疆地区和城乡发展程度差异较大，家庭收入水平也存在差距，特别是南疆地区由于自然条件恶劣和区位偏远等因素，经济发展相对缓慢，从而影响整个南疆地区居民的收入水平。同时，新疆地区城乡区域发展不平衡，农村地区的居民收入远低于城市平均水平。新疆家庭经济收入水平通过影响子女接受高等教育前所接受的教育质量和对高校类型的选择从而影响其高等教育入学机会

2. 通过影响子女的课外补习机会间接影响其高等教育入学机会

正规的学校教育是人接受教育、学习科学文化知识的主要途径，而家长对子女学业成绩的要求促使课外补习（家教、课外辅导班等形式的教育）蓬勃发展。② 子女除了在各级学校中接受正规的学校教育学习科学文化知识外，课外补习等手段也成为父母期望子女提高和改善其学业成绩的手段。由于课外补习往往需要花费不菲的补习费用，需要家庭经济实力的支持。家庭收入水平越高，父母可用于支付子女课外补习费用的能力越强，相比于不能接受课外补习的子女，参加课外补习的子女拥有了正规学校教育以外的额外教育机会，在一定程度上有助于其获得更好的学业成

---

① 黄照旭．我国不同收入家庭高等教育支付能力及经济负担分析［J］．教育科学，2012（6）：24-29.

② 李丹．小学课外补习问题研究［J］．教学与管理，2013（1）：26-28.

绩，从而帮助其获得更优的高等教育入学机会。对于无力支付课外补习费用的家庭，其子女不能享受到除正规学校教育外的额外教育机会。我国高等教育实行计划招生，在高等教育招生规模既定的前提下，参与竞争的子女能否接受课外补习对其高等教育入学机会有一定影响。此外，由于课外补习机会存在一定程度的地区差异，当地课外补习机会的数量和质量与当地经济发达程度具有密切关系。北疆地区由于自然条件较好，经济发达程度较高，课外补习机会较多，学生高中阶段参与课外补习的人数远远多于南疆地区学生，因而拥有更多的高等教育入学机会。南疆地区由于交通、自然等因素的影响，经济发展程度较低，教育事业发展也受到影响，课外补习机会较少。子女能否通过课外补习获得更多的高等教育入学机会在一定程度上受到家庭经济收入水平的影响。

3. 通过影响子女的复读机会间接影响其高等教育入学机会

复读在当代中国教育中扮演着十分重要的角色。不同地区、不同人对其称呼有所不同，有的称为“复读”“重读”，有的称为“补习”，虽然称谓不同，但其意义大致相同，即学生参加当年高考后由于各种原因未能进入大学学习而重新回到高中复习以准备参加下一年高考的行为。未能进入大学的原因诸如没有达到进入大学的分数线，志愿填报失误，对被录取的院校或专业不满意等。高考是高中生能否进入更高一层教育阶段——高等教育阶段就读的筛选机制，其固有的竞争十分激烈。由于能否接受高等教育和接受何种类型的高等教育对于学生今后的各方面发展有深远影响，因此高考成为每一个中国高中生人生中的一个重要转折点。虽然中国在21世纪初进入高等教育大众化阶段，随着高校规模的扩张，招生人数迅速增长，越来越多的高中毕业生能够通过高考进入心仪的高等院校和专业就读。未能通过高考进入高校就读的学生，部分选择参加工作，部分会选择重新回到高中复习准备下一年的高考，以争取进入高等院校接受高等教育的机会。由于参加复读的学生大多没有经济来源，不菲的学习费用和生活费用大多由家庭承担。家庭能否承担复读费用首先取决于父母对于子女复读的态度。另外，学生能否参加复读还取决于家庭是否有足够的经济收入支付其复读费用。本研究通过问卷调查，发现被调查的1611名新疆籍在校生样本中，有470名是参加复读而获得的高等教育机会，占总样本的29.17%。这些学生如愿以偿地通过复读，获得了进入高校接受高等教育的机会。因此，家庭收入水平能够通过影响子女的复读机会在一定程度上影响其高等教育入学机会。

综上所述，子女接受教育需要家庭提供一定的经济基础，家庭经济资本在这一过程中起着非常重要的作用。子女所受教育受家庭经济资本的影响，而且这一影响伴随着子女教育过程的始终，家庭经济资本对子女的高等教育入学机会造成一定程度的影响。一方面，家庭经济资本通过影响家庭所能为子女成长提供的物质生活条件影响子女的综合素质发展，进而影响其高等教育入学机会；另一方面，家庭经济资本通过影响家庭在子女教育方面的投入，影响子女所就读学校的质量和层次，影响子女能否复读，影响子女的课外补习，最终对子女的高等教育入学机会产生直接影响。由于南、北疆地区和城乡地区发展程度不一，由此各地家庭的经济收入水平不同，从而在一定程度上造成子女高等教育入学机会的差异，家庭经济资本的差异在这一过程中起主要作用。

四、城乡和区域教育资源配置不均影响高等教育入学公平

每个国家或区域在不同的历史发展阶段有着不同的特征，但是国家的发展历程有着其普遍规律。往往在发展的初期，由于生产力低下，满足人们基本的物质需要是社会发展的主要任务，因此这一阶段主要以发展经济为主要任务，经济发展优先于社会发展。在此阶段社会发展滞后于经济发展有其合理的一面。但是，当经济发展到一定阶段之后，生产力得到发展，人们的基本物质需要得到满足，人们对精神需要和全面发展的需要越来越迫切，这就使经济社会发展不协调的矛盾日益尖锐。改革开放以来，新疆经济建设取得了巨大的成就，多项经济指标表明当前新疆已经进入工业化的中期阶段。① 在进入新的发展阶段以后，新疆经济社会发展出现了诸多的变化和新的问题。从社会学理论的视角来看这些问题，正是现代化进程中经济结构与社会结构不切合，经济社会发展不协调的表现。

改革开放以来，新疆国内生产总值以 16.82% 的年平均增长率迅速增长，地区经济实力迈上新台阶。城镇居民人均可支配收入由 1978 年的 319 元增加到 2011 年的 15514 元，农村居民家庭人均纯收入由 119 元增加到

① 热扎克·铁木尔. 新中国成立 50 多年来新疆经济社会发展所取得的巨大成就［J］. 新疆社会科学，2003（4）：33-37.

5442 元，分别增加了 47.63 和 44.73 倍。[1] 然而近年来，教育、医疗、养老等民生问题日益突出，居民收入差距、城乡差距、南北疆区域差距持续扩大，在一定程度上对子女的高等教育入学机会产生影响。

（一）家庭所在地的城乡差异影响子女高等教育入学机会

在城乡结构方面，新疆城乡结构变动首先表现为城市化，即伴随着工业化的进程，大量农村人口转变为城市人口，传统农村社会逐步转变为城市社会。1978 年，全疆总人口 1233.01 万人，其中农村人口 911.61 万人，城镇人口 321.40 万人，城市化率为 26.07%。1978 年以后，由于新疆社会经济的迅速发展，2011 年新疆的城市化率达到 43.54%，正在逐步接近公认的 50% 的城市化水平。新疆城乡结构变动其次表现为城乡二元体制的转型，1978 年以后农民非农就业政策的逐步松动，农民大规模向非农经济部门和城市流动。由于城市原本就拥有比乡村更加优越的经济基础和社会文化事业基础，各级各类教育事业的发展十分迅速，加上城市地区相对优越的生活环境和人文环境，对于各类优秀人才具有极大的吸引力。此外，伴随着城市化进程的加速，越来越多的人力资源、经济资源自乡村向城市汇集，使得城市地区各方面的发展均呈现强劲的势头。乡村地区由于本身经济基础较为薄弱，各项事业均不太发达，加上新疆地域广阔，乡村地区由于区位因素远离城市，越来越多的资源向城市汇集，导致乡村地区的发展存在动力不足的局面。由于新疆地区的教育事业在很大程度上依靠地方财政的支持，因此各地区教育事业的发展受到当地经济发展程度的制约。城市地区拥有优势基础和资源，教育事业发展迅速，城市地区教育事业的规模和质量均能够达到较高水平；而乡村地区本身区位方面的劣势，教育事业发展乏力，师资匮乏，教育硬件条件简陋，教育质量不能得到很好的保证。

> “我们城里学校的条件比乡下的学校好太多了，所以从升学率来看城里高于乡下。城里不管是硬件还是师资都比乡下强。可是关键是乡下的孩子基本上没有机会来城里的学校念书。乡下条件不好，乡下学校的经费估计也不怎么充足，所以硬件条件肯定

---

[1] 数据来源：由《新疆统计年鉴 2012》相关数据整理而来.

跟不上，再加上乡下离城市很远，交通也不是很方便，所以很多学校的师资也存在问题。这么下来，乡下的教育质量就可想而知了。如果政府要管，硬件的问题很好解决，拨款就行。但是师资的问题是个老大难问题，因为乡下学校没有老师想去。根本上还是师资的问题，所以还是需要政府来协调这个关系。”（大学老师）

城乡教育事业发展程度存在的差距，造成在城市和乡村地区不同学校就读的学生所享受到的教育资源的质量存在较大差距。城市地区各级各类学校的硬件条件和质量都在一定程度上优于乡村地区的学校，在城市地区学校就读的子女能够享受到相对优质的教育资源，从而对于其学业成绩的提升具有促进作用，为其获得高等教育入学机会准备条件；在乡村地区学校就读的子女所能够享受到的教育资源极其有限，不仅硬件条件不足，师资质量也差强人意，这在一定程度上影响该类学生的高考前学业准备，进而对其高等教育入学机会造成不利影响。

（二）家庭所在地的差异影响子女高等教育入学机会

在区域结构方面，改革开放以来，新疆南、北疆社会经济发展规模和速度差距明显。从总体上看，在发展水平上北疆较高，南疆较低。2011 年北疆地区以占全疆 45.71% 的土地面积和占全疆 53.74% 的人口，创造了占全疆 71.91% 的国内生产总值，南疆地区则以占全疆 54.29% 的土地面积和占全疆 46.26% 的人口，仅创造了占全疆 28.09% 的国内生产总值。区域结构不平衡是当前新疆的基本区情，协调南北疆区域发展是当前调整社会结构的重要方面。南、北疆地区发展的不平衡也会对当地的教育事业产生影响。由于高考的竞争主要在省域范围内的所有参加高考的学生之间展开，因此教育事业发展的南、北疆差距足以对新疆户籍考生的高等教育入学机会产生重要影响。北疆地区由于经济相对较发达，教育事业发展较为迅速，人民的平均收入水平相对较高，因此子女能够拥有相对优质的教育资源，从而为其学业成就的提升准备条件，有助于其获得高等教育入学机会；南疆地区由于自然条件和经济条件的局限，教育事业发展不足，从而导致南疆地区子女所享受到的教育资源在质量方面与北疆地区子女相比存在较大差距，最终通过影响子女的学业成绩而影响其高等教育入学机会。

五、少数民族高考优惠政策有利于增加新疆少数民族子女高等教育入学机会

少数民族高考优惠政策是我国现行的对少数民族子女的高等教育机会补偿政策。① 新疆2010年全国人口普查时其常住人口为21815815人，其中少数民族人口为12985821人②，占全区总人口的59.52%。在少数民族人口占绝大多数的新疆地区，实行少数民族高考优惠政策对历史原因造成的少数民族子女的教育相对弱势地位具有相当程度的补偿作用。

新中国成立以后，党和政府实行民族平等的方针政策，在政策和具体措施上给予了少数民族更多的优惠。这在很大程度上有利于维护少数民族的切身利益，有助于少数民族地区的社会经济发展。在民族教育方面，一直实行少数民族优惠政策。如在高等教育阶段，实行的少数民族高考优惠政策就是其中重要的一项。

新疆地区现行的少数民族高考优惠政策有：少数民族学生参加高考根据其民族的不同享受不同档次的高考成绩加分；少数民族学生报考新疆地区高等院校降分投档，降低录取分数线；在疆内院校开设少数民族预科班，对汉语水平不高的少数民族学生进行为期一年的汉语训练；在某些专业开设少数民族班，使用民族语言授课以帮助少数民族学生顺利完成学业；在高考志愿录取时对少数民族考生实行同等条件优先录取的优惠政策。③ 此外，新疆各级政府和高等院校大多设立了专门面向少数民族学生的奖、助学金，为帮助少数民族学生顺利完成学业创造条件。多种类大范围的少数民族高考优惠政策使新疆地区每一个参加高等院校入学考试的少数民族学生都能够在高等教育入学机会方面获得不同层次和类型的补偿，这有利于增加新疆少数民族子女的高等教育入学机会。

在对新疆在校大学生的访谈中，少数民族大学生对于自身民族对其高等教育入学机会的影响表达了自己的看法。

---

① 旦智多杰．略论我国高校招生中的少数民族优惠政策［J］．教育界，2011（6）：13-14.

② 新疆维吾尔自治区人民政府人口普查领导小组办公室．新疆维吾尔自治区人口普查资料2010（上册）［Z］．北京：中国统计出版社，2012：191.

③ 李晓霞．新疆高校招生中的少数民族考生优惠政策分析［J］．新疆大学学报：哲学・人文社会科学版，2005（1）：77-88.

“我以前就读的是民族班，因为汉语不好，所以我觉得上大学肯定没希望。但是因为有高考加分政策，所以最后我通过加分才上了分数线。如果不是通过加分，我可能上不了大学……加分政策使我们（少数民族学生）在高考时获得了实在的优惠，使我们少数民族学生更加容易进入大学，更加容易选择想就读的专业。而且我知道有的学校还给汉语不好的民族生开了预科班，多学一年汉语然后再学专业课，我觉得这个政策非常好。”（喀什师范学院学生）

“虽然我的家乡在南疆，来伊犁上学需要坐40多个小时的火车，但是能够上大学我很高兴。因为我们柯尔克孜族学生能考上大学的人很少，很多都是上完初中和高中就不上了。虽然我们家没有人上过大学，但是我觉得还是上大学比较好，能学到东西，将来我想去乌鲁木齐发展，那里是大城市，竞争激烈，如果有一个大学文凭应该能够更加容易找一份工作。我们家那边很穷，还很偏远。我读大学的目的就是将来能在乌鲁木齐安定下来，把家人都接过来。少数民族的加分政策我也享受了，是政府对我们的照顾。”（伊犁师范学院学生）

“我就读的是医学专业少数民族班，班上的同学都是来自新疆各地的少数民族，少数民族学生在一个班上课，汉语水平都差不多，老师很有耐心。就是因为很多班上的同学都享受了加分政策，所以我们才能够进入大学学习。其实据我所知很多中学在汉族学校就读的同学不用加分也可以考上大学的，他们靠自己就可以考很高分，再加上可以加分，所以他们的总分就可以去北京、上海还有武汉的特别好的学校，但是我们由于基础不行，就算加了分也没有这个机会。”（石河子大学学生）

少数民族新疆大学生普遍认为民族高考优惠政策能够增加自身的高等教育入学机会，对于通过接受高等教育提升自己的知识和能力，为自己的职业规划准备充分的条件，并对改变自身家庭的不利处境具有促进作用。从少数民族高考优惠政策实行的历史来看，该项政策由于对少数民族学生的特殊照顾，在历史上为少数民族地区培养了许多优秀的人才，为民族地区的经济社会发展提供了强大的动力。[①]

民族因素是家庭背景的组成部分，在新疆维吾尔自治区，少数民族人口超过全区人口的一半，民族因素在家庭背景中所起的作用显得更加重要，少数民族高考优惠政策对少数民族子女的高等教育入学机会具有正面的补偿作用。

六、家庭对高等教育回报率的期望影响新疆大学生高等教育入学机会

教育回报率的相关理论认为人接受教育能够提升其未来的收入水平，每多接受一年的教育能够增加一定比例的收入。该理论认为人所接受的教育层次和类型对其收入具有显著影响。[②] 高等教育回报率对子女接受高等教育机会的影响由父母的受教育程度、父母的职业阶层和家庭收入状况、民族等因素综合决定。

新疆大学生的高等教育入学机会除了受到上述家庭背景因素的影响外，还在一定程度上受家庭对教育投资的回报率影响，子女能否接受高等教育和接受何种层次的高等教育在一定程度上与其家庭对其的高等教育回报预期有关系。大多数情况下，父母希望子女能够通过接受高等教育取得更高的素质，从而为今后的职业生涯准备相应的条件。由于大多数的大学毕业生在毕业之后面临工作岗位的选择，能否争取到一份高收入的工作又取决于子女所接受的教育层次和自身能力。由于家庭的社会资本、文化资本、经济资本、家庭所在地和民族成分等方面的背景存在差异，因此不同家庭对于子女接受高等教育后的预期回报率不同，从而造成不同家庭对子女接受高等教育的态度存在差异，从而影响子女的高等教育入学机会。

新疆地广人稀，由于自然条件和人文条件的差异，地区之间和城乡之间发展极不均衡。北疆地区由于自然条件相对优越，交通相对便利，因此经济发展相对较快，居民的收入水平相对较高，地区教育资源较优质。相比之下，南疆地区自然条件较为恶劣，多为沙漠和戈壁，交通较为不便，因此经济发展缓慢，收入水平相对较低，地区的教育资源较匮乏。城市地

① 闫文军．少数民族地区高考招生优惠政策与教育公平问题探讨［J］．理工高教研究，2014（3）：35-36.

② 岳昌君．教育对个人收入差异的影响［J］．经济学（季刊），2004（3）：137-139.

区经济较发达，而乡村地区经济较落后。由于家庭背景受社会资本、文化资本、经济资本、家庭所在地和民族等方面因素的共同影响，新疆不同家庭对子女高等教育预期回报率也不甚相同。

“我家在农村，家里务农为生，种些葡萄和大枣……高考的时候父母就跟我说考不上没关系，留在家里帮忙……他们觉得我一个女孩子就算读了大学最后毕业还是要回来，同没读（大学）没什么两样……但是我还是觉得应该进大学学习，看看外面的世界。”（喀什师范学院学生）

“我爸爸妈妈都是老师，他们从小就教育我要好好学习……将来找一份好工作也是为了我自己过得更好……虽然我高考没考好，只能上独立学院，但是家里还是很支持我来大学学习。”（新疆财经大学学生）

“因为我不上大学的话家里什么都帮不上，爸妈都是普通工人，他们总是跟我说现在时代不一样了，从前他们是顶的上一辈的班，现在（工作）什么都要考了，只能靠自己上大学努力了。”（塔里木大学学生）

“我学医学是家里的主意……因为他们觉得医生收入稳定，家里人看病也方便……而且我是家里（子女里的）老大，可能父母也期望我工作以后能够帮助供弟弟们读书。”（石河子大学学生）

“其实爸妈想让我学习会计然后毕业回家帮忙，他们总是担心家里的厂子后继无人……所以很焦虑。”（昌吉学院学生）

“虽然我上的是大专，但是家里还是很支持……因为家里条件不好，希望能够学到真本事养活自己……虽然现在是念大专，但是如果不念，想考专升本连机会都没有……会继续考本科，继续学习……我觉得高中时候家里条件好的同学都能够上本科，而我只能上专科，跟家里的条件有一定关系……我高中就没有（在

课外）补过课，家里条件好的同学一周补三四门的不在少数。”（新疆应用职业技术学院学生）

从上述访谈资料中可以看出，不同背景的家庭对其子女的期望不同，对子女接受高等教育的预期收益也不同。家庭所在地为农村的子女，由于其父母受教育水平一般不高，且拥有的社会资本较少，收入水平偏低，该类父母中的大多数从来没有接受过高等教育，因此也就从来没有享受到接受完高等教育后所能获得的收益，如经济收入方面的收益、社会地位方面的收益；加上该类家庭多处于农村，拥有一定的土地或果园，因此在一定程度上对于满足家庭的需要方面能够自给自足，子女即使不接受高等教育留在家中也能够继承家中的事业，因此该类家庭中有部分家长对于子女接受高等教育不是很热衷。另外一个原因是，由于该类家庭主要从事农业生产，经济收入相对偏低，对于子女接受高等教育所需费用的支付能力极其有限，这也在一定程度上阻碍了该类家庭子女高等教育入学机会的获得。当然，这类家长中也有部分希望子女通过接受高等教育获得更多知识和技能，为改变务农的处境而准备条件。

家庭所在地为城市的子女，由于父母多为专业技术人员、产业工人、基层办事人员和商业服务业人员等，他们虽然占有一定的社会资本，经济收入也尚可，对于子女接受高等教育的期望较高。因为该类家长期望自己的子女能够通过接受正规的高等教育学习文化知识和技能，为今后的工作和生活准备条件，该类家庭子女的高等教育较易获得家庭的支持。即使子女所就读的高等院校或专业收费较高，家庭在经济方面都能够尽可能予以支持，因此该类家庭背景的子女能够获得相对多的高等教育机会。

还有部分家庭由于经济资本雄厚，对子女接受高等教育的预期收益很明确，接受高等教育后回家继承家业。由于该类家庭对子女的高等教育回报要求主要体现在期望子女能够回家继续家族事业，因此对子女的专业会有一定的要求，如会计、工商管理等专业受到该类父母和子女的青睐。

由本章第一节的分析已经得出结论，基础阶层子女仅在专科高职院校中拥有高于各阶层平均水平的高等教育辈出率，而在“211 工程”院校、一般公办本科院校和独立学院中的高等教育辈出率均最低。从而可以得知，在中国高等教育大众化的进程中，越来越多的人得以获得高等教育入学机会。但是，由于各级各类高等教育机构的层次不同，质量也存在差异，因此进入各类高等教育机构就读的子女的高等教育入学机会实际上也存在差异。由于高考是选拔性的考试，是国家选拔接受高等教育人才的重要手段，因此不可能保证每个人都能接受同等质量和等级的高等教育。那么，子女能够进入何种类型和层次的高等教育机构学习，除了直接与其高考成绩相关外，还在很大程度上受其家庭背景的影响。家庭背景相对优势的家庭都希望子女能够进入本科层次院校就读，而家庭背景一般的家庭子女则占就读于专科层次院校学生中的绝大多数。家庭背景不足的家庭，对于其子女接受高等教育的预期收益大多是希望子女能够在专科和高职院校中学习技术，从而养活自己，并在力所能及的情况下为家庭分担一定的经济负担。就读于专业院校的子女对于接受高等教育的预期收益大多是希望能够通过接受教育获得学历和技术，进而获得一份工作或继续进行本科阶段的学习。就读于专科院校的子女的家庭绝大多数都属于基础阶层，家庭背景对子女所就读的院校层次也有一定影响。

在深度访谈中，还发现有的受访者对于其他社会阶层子女具有一些类似的认知。如一位就读于某专科院校的女生认为，其只能够进入专科院校就读跟自己家庭背景具有一定的关系，因为家庭所在地为农村，父母的文化程度也不高，家中经济条件也不好，加上农村相对闭塞，自己的小学、中学阶段的学习受到一定的影响，因此才没能考上本科，而进入了专科院校就读。一位家庭所在地为城市，就读于某一般公办本科院校的普通工人子女则认为，高考的竞争本来就很激烈，由于家庭背景不如班里其他家庭条件好的同学，在课外补习、物质生活方面都得不到满足，仅凭自己的努力也只能就读于一所普通的二本院校，父母一直期望自己能够进入重点院校就读，而自己没能满足父母的期望，一直非常遗憾和愧疚。一位家庭背景属于优势阶层就读于某重点本科院校的学生认为，自己能够进入重点本科院校中最好的专业就读，一是靠自己的努力，二是跟家中的经济条件和父母的支持密切相关。由于家中经济条件较好，物质生活方面无忧，在课外补习方面的机会也十分丰富，因此对于提升成绩具有十分重要的作用；班级里家庭条件不好的同学认为，他们中的大多数其实都非常努力，可能由于经济条件不好，没法参加课外补习，家里对他们上大学也没有太大的热情，因此他们的成绩也不是很理想。

通过对数据分析和访谈资料的整理可以看出，由于各方面的背景不同，家庭对其子女接受高等教育的预期收益也不同，进而影响子女的高等教育入学机会。家庭对子女接受高等教育的预期收益首先体现在子女接受高等教育后的经济收益方面，此外还体现在对家庭事业的支持方面、对子女未来的职业和生活规划等方面。家庭背景的组成因素——父母的职业阶层、父母的受教育水平、家庭经济收入水平、家庭所在地和民族等因素对新疆大学生的高等教育入学机会产生综合影响。

通过上述分析可以看出，家庭背景差异对新疆大学生的高等教育入学机会产生重要影响。子女能否接受高等教育和接受何种层次的高等教育，在很大程度上与其家庭背景息息相关。在接受完高等教育后，其所获得的社会资本、经济资本和文化资本等方面的背景在很大程度上会进行潜移默化的代际传递，由此造成了社会阶层的相对稳定性和代际传递性。本研究考虑新疆地区的现实状况，将家庭社会背景、家庭文化背景、家庭经济背景、家庭所在地的城乡和区域差异、家庭民族背景及家庭对子女接受高等教育回报率的不同预期等作为影响新疆大学生高等教育入学机会差异的因素，分析了这些因素对新疆大学生的高等教育入学机会所造成的影响。

家庭社会资本对子女高等教育入学机会的影响，主要体现在对子女接受高等教育前的所有或部分教育阶段的院校进行的选择方面，拥有丰富社会资本的家庭能够运用家庭所有的社会资本为子女选择优质的学校，进而通过影响子女的学业成绩影响其高等教育入学机会。家庭文化资本对子女高等教育入学机会的影响主要体现在对子女教养方式、学业辅导、人生观和价值观培养方面，受教育程度较高的父母通过文化资本的影响有利于增加子女的高等教育入学机会。家庭经济资本主要通过对子女物质生活的满足和教育条件的提供影响其高等教育入学机会，诸如饮食保障、就读学校的选择、课外补习和复读等。城乡、南北疆因素对子女高等教育入学机会的影响主要通过地区、城乡经济发展程度对当地教育事业发展的影响体现出来，家庭所在地为北疆地区、城市地区的子女相对拥有优于南疆地区、乡村地区子女的高等教育入学机会。民族因素对新疆大学生的高等教育入学机会的影响主要体现在对少数民族的高考优惠政策方面，这一政策能够对少数民族子女的高等教育入学机会进行适当的补偿，但同时又对部分汉族子女的高等教育入学机会造成一定程度的削弱。总之，家庭背景中各方面因素综合影响新疆大学生高等教育入学机会，并且这种影响非常显著。

第三节　新疆不同家庭背景大学生高等教育入学机会保障对策

通过本章第一节和第二节的分析，发现家庭背景对新疆大学生的高等教育入学机会有显著影响。父母职业阶层、父母受教育程度、家庭经济收入、家庭所在地等家庭背景因素对于其子女能够接受何种层次与何种类型的高等教育有很大的影响。

由于当代高考的竞争性和高等教育资源的相对稀缺性，能否接受高等教育和接受何种层次与类型的高等教育直接取决于求学者的高考分数，高考分数则直接取决于考生的智力水平和家庭背景。想要通过改造智力水平而提升子女的高等教育入学机会存在困难；本研究通过大范围的问卷调查和深度访谈，发现当前新疆大学生的高等教育入学机会受其家庭背景的影响，家庭社会资本、文化资本、经济资本、家庭所在地等因素对子女的高等教育入学机会产生错综复杂的影响。

在排除智力因素的前提下，只能够从外在客观因素方面寻求保障新疆不同家庭背景大学生高等教育入学机会公平的手段和措施。因此，在综合分析统计数据和访谈素材的基础上，从经济发展、教育发展与教育资源配置、区域均衡发展、政策法规保障和学生资助等方面提出改善当前新疆高等教育入学机会的对策和建议。

一、大力发展新疆经济，缩小社会阶层差距和收入差距

经济发展是社会进步的推动器。教育经济学的一般理论认为，教育与经济相互促进发展。[①] 经济的发展能够为教育事业的发展提供经济基础和客观条件，是教育事业发展的前提条件；而教育事业的发展为经济发展提供人才支持和智力保障。然而，经济的发展程度与当地居民的收入水平和生活水平具有密切关系。经济发展程度高，当地居民的平均收入水平高，而经济发展程度相对较低，则当地居民的平均收入水平也较低。家庭背景中的家庭收入因素与子女的高等教育入学机会息息相关。家庭的经济背景

---

① 张健．教育与经济相互促进共同发展——谈谈建国以来教育与经济的相互关系［J］．教育与经济，1989（3）：1-6.

并不仅是一个单纯的经济方面的问题，由于家庭的经济收入一方面与父母所从事的职业具有紧密联系，职业层次决定了其父母的收入水平，另一方面父母的受教育程度又在很大程度上决定了父母在职业方面所能达到的层次和高度，影响家庭在整体社会阶层中所处的层次，并间接对家庭的经济收入水平产生影响。家庭的经济资本通过影响子女的物质条件和院校选择、课外补习、复读等条件进而影响子女的高等教育入学机会。因此，为了确保新疆不同家庭背景子女的高等教育入学机会都能够得到保障，在经济发展方面，应该通过一系列手段促进新疆经济的发展，不仅要提升新疆经济发展的总量，而且还应不断提升经济发展的质量，在经济发展的过程中将科学发展观落到实处，从而为保证新疆不同家庭背景子女的高等教育入学机会创造条件。

（一）树立科学发展观，促进新疆区域经济发展，提高居民收入水平

由于新疆处于我国西北边陲，一方面自然条件相对恶劣，民族构成相对复杂；另一方面由于地处边疆，交通不甚便利，与内地交流不甚密切。由于历史和客观条件的限制，新疆的经济在很长一段时间内处于缓慢发展之中。新中国成立以后，特别是改革开放以来，新疆地区的经济取得了较大的成就。依靠边境线的独特优势积极增开边贸口岸，扩建连接内地与国外的铁路和公路，利用得天独厚的自然条件积极发展绿洲农业，发展旅游业等第三产业，居民平均收入水平显著提高。但是，在新疆经济的发展过程中，存在经济发展方式粗放、区域经济发展失衡等问题，对于居民收入水平的提高造成不利影响。因此，建议政府在新疆经济发展的过程中，制定科学可行的整体发展规划和各行业、各地区的宏观规划，注重经济发展与自然、人文环境的同步协调发展，通过对经济发展的科学规划和引导，促进新疆地区经济的长足稳步发展，提高居民的收入水平，为实现新疆不同家庭背景大学生的高等教育入学机会公平创造宏观环境。

（二）采取合理手段合理控制社会阶层分化

随着新疆地区经济社会的发展，新疆地区的社会阶层出现分化，出现了一些新兴的社会阶层。1978 年中国拉开了改革开放的大幕，改革从经济领域迅速波及社会、政治、文化等领域。在改革开放的推动下，新疆的工

业化、市场化、城市化快速推进，这无疑加快了新疆从传统的计划经济体制向现代市场经济体制的转型，这种转型极大地推动着经济社会的发展。改革影响着社会阶层的分化，由于市场经济的引入，人们经济地位的分化变得十分突出，贫富差距迅速拉大。随着改革的进行，市场经济的发展还催生了一些新兴的社会阶层，例如私营企业主、个体工商户等，社会体制的变革使社会成员有了流动的空间。所有这些变化，导致当代的中国处于一种产业结构演变和职业结构演变最为剧烈的时期，社会分化和阶级结构的重塑变得十分凸显。

经济的发展促进了社会的发展，同时导致了社会阶层的分化，社会分层流动影响明显。经济的发展促使新的社会阶层的出现，不同阶层由于所占有的组织资源、经济资源、文化资源的不同，在社会结构中的位置就不同。反过来，由于所处社会阶层的不同，人们所能得到的组织资源、经济资源、文化资源数量就不一致，这样就导致了弱势阶层的人们向上层流动十分困难，如此往复，导致阶层结构保持相对的稳定性。

本研究主要通过接受问卷调查大学生父母的职业来划分社会阶层，将社会职业划分为若干大类后，按照一定的标准将父母的职业划分为基础阶层、中间阶层和优势阶层三大阶层。通过上文的分析可以看出，新疆大学生父母的职业阶层对其高等教育入学机会具有重要影响。然而，社会阶层的分化是社会发展的必然，由于社会分工的不同，人在社会中所从事的职业也不相同。父母所从属的职业阶层既在一定程度上取决于父母的受教育程度，又在一定程度上决定了父母所拥有的社会资本和收入水平，对子女的高等教育入学机会产生极其重要的影响。随着新疆地区经济的不断发展，社会阶层也不断分化，从而造成子女的家庭背景差异，对子女的高等教育入学机会产生影响。因此，从父母的社会阶层分化角度对其进行适当控制，能够在一定程度上改善基础阶层和中间阶层子女的高等教育入学机会的不足。控制的手段，可以探索从宏观上合理控制区域内各行业从业人员比例，对处于基础阶层父母进行经济收入或子女教育方面的补偿等。

（三）合理控制居民收入差距

改革开放以来，我国逐渐由计划经济转变为市场经济，除政府部门、一些垄断行业和涉及国家安全的行业外，绝大多数的行业都进行了市场化改制，计划经济时代收入分配的“大锅饭”现象逐渐消失，而“多劳多得，少劳少得”的市场经济分配方式渐成主流，造成了居民收入水平出现差距，进而影响对子女的教育投入。因此，不断提升新疆地区经济发展水平，从总体上提升新疆不同阶层家庭的平均收入水平，对于从总体上提升子女的高等教育入学机会具有积极的作用。在收入分配方面，应该建立统筹协调机制，把落实收入分配政策、增加城乡居民收入、缩小收入分配差距、规范收入分配秩序作为重要目标，使得收入分配更加公平合理。控制和缩小子女由于家庭收入差异而导致的教育机会不均，为子女的高等教育入学机会创造条件。

经济的发展能够为教育公平的实现创造条件，特别是对尚处于经济不甚发达地区行列的新疆而言，由于经济的发展已有一定的基础，存在巨大潜力，可以通过大力发展地区的经济改善当地社会发展状况和提高居民的平均收入水平，增大子女从家庭经济收入方面所获得的教育机会，从而使其享有更加公平的高等教育入学机会。

二、大力发展新疆教育事业，合理配置教育资源

虽然我国的高等教育已经进入大众化阶段，高等教育机构的规模不断扩大，高等教育毛入学率也不断提高，但总体而言，相对于我国的人口基数，高等教育入学机会仍显不足。另外，仅仅单纯发展高等教育事业而对其他层次的教育事业不予关注也会对教育机会公平造成一定的问题。近年来，新疆的高等教育事业获得了长足的发展，高等教育机构的数量逐渐增加，在校生人数和毕业生人数都呈现上升趋势，研究生教育的规模也逐年增加，高等教育机构的质量稳步提升。虽然新疆的高等教育事业获得了不少的成就，但仅凭高等教育事业的发展并不能解决所有家庭子女高等教育入学机会的公平问题。为确保所有新疆家庭的子女都公平获得高等教育入学机会，从教育的角度可以在四方面采取措施。

（一）大力发展新疆教育事业

虽然当前新疆的教育事业发展迅速，但是与发达地区相比，新疆地区的教育事业发展投入仍明显不足。由于新疆地区地广人稀，且自然条件相对恶劣，地区经济和社会发展相比于发达地区存在差距，加上地区经济相对欠发达，导致当地政府对于教育的财政投入极其有限。虽然国家十分重视新疆地区教育事业的发展，为新疆的发展提供各种各样的条件与政策，

但是由于在总量上的投入不足，导致当地教育事业发展乏力，进而导致教育资源的相对稀缺，造成各级各类教育资源的相对不足，在一定程度上影响教育机会，特别是高等教育机会。因此，从国家层面上和地方层面上加大对教育事业及高等教育事业的财政投入，积极探寻多元化的高等教育经费投入机制，对于新疆教育事业的发展和居民高等教育入学机会的保障具有重要作用。

（二）合理配置高等教育资源

由于新疆特殊的地理位置，疆内和疆外的交通不甚便利，加之疆外高等院校每年在新疆的招生名额相对较少，导致在一定程度上绝大多数的新疆本地考生偏向于在疆内院校中进行选择。然而，新疆现有的44 所高等教育机构中，地处南疆地区的有喀什大学、塔里木大学、和田师范专科学校等屈指可数的几所，绝大多数的高等院校地处相对发达的北疆地区。由于新疆南北疆之间的距离遥远，除了现有几条疆内航线和一条铁路连接之外，交通十分不便。部分学生为了节省往返家庭与学校之间的交通费用，因而放弃就读更加优质院校或专业的高等教育机会，而选择离家较近的高等院校就读。此外，南疆地区和农村地区由于经济相对落后，教育事业远不及北疆地区和城市地区发达，因此，给予疆内经济、社会、教育等方面欠发达的区域以更多的关注，加大对其教育事业的经费投入，在一定程度上能够改善该区域子女的高等教育入学机会。

（三）大力发展民族教育

政府和社会应考虑改进现行的民族教育体制。由于少数民族人口占新疆总人口的大多数，且数量巨大、民族成分复杂，当前在少数民族地区的高考优惠政策等在一定程度上有助于提高其高等教育入学机会，但由于民族成分复杂，现行的对于少数民族考生均采取加分投档、降分录取、预科班、少数民族班等优惠措施在总体上能够对少数民族考生的高等教育入学机会进行适当的补偿。而在少数民族群体内部，由于其子女也存在家庭背景的差异，因此高等教育入学几乎在少数民族群体内部客观上也已经受到子女家庭背景的影响。少数民族子女高考优惠政策对于少数民族子女的高等教育入学机会具有积极的意义。

（四）提高父母教育水平

由于子女的高等教育入学机会在一定程度上受父母的受教育经历影响，加强对父母的再教育对保障子女的高等教育入学机会产生积极的影响。由于父母的受教育经历对子女的教养方式、学业辅导、人生观和价值观教育具有重要影响，因此对父母的继续教育能够为提升子女的高等教育入学机会准备条件。对于继续教育的方式和对象，可以根据不同家庭父母的现有受教育程度的实际情况决定。例如，若父母学历为本科及以上，则对其的继续教育可以人生观、价值观等方面的价值教育为主；而对于小学及以下文化程度的父母，可以根据其子女的就读年级而为其准备相应的文化课程，使得父母能够为子女的文化课提供一定程度上的指导。将该项制度试行并在经过实践检验后细化为规范性的制度和手段，将在很大程度上为子女的高等教育入学机会公平创造条件。

高等教育入学机会公平问题从教育学的角度看又是一个地区教育发展问题，处理好这个问题能够为地区的高等教育入学机会创造一个公平、公正的大环境，为子女的高等教育入学机会提供保障。通过加大对新疆地区高等教育事业的投入，科学和合理配置教育资源，制定父母教育水平提升计划，为新疆大学生的高等教育入学机会提供保障。

三、协调新疆城乡和区域均衡发展

大力发展新疆的经济对于促进当地全面发展具有巨大的推动作用，教育事业的发展状况也在很大程度上取决于地方和国家经济的发展状况。由于新疆特殊的地理环境，区域内差距十分显著。一般的划分方法是以天山为界，将新疆划分为北疆地区与南疆地区两部分。由于自然和历史的原因，北疆地区与南疆地区在各方面都存在巨大的差异。北疆地区自然条件优越，人口众多，经济社会发展迅速；南疆地区自然条件恶劣和少数民族人口众多，经济社会发展相对缓慢。

改革开放以来，新疆南北疆社会经济发展规模和速度差异明显。从总体上看，在发展水平上北疆较高，南疆较低，南北疆地区发展差异明显。2011 年北疆地区以占全疆 45.71% 的土地面积和占全疆 53.74% 的人口，创造了占全疆 71.91% 的国内生产总值，南疆地区则以占全疆 54.29% 的土地面积和占全疆 46.26% 的人口，仅创造了占全疆 28.09% 的国内生产总值。新疆2011年各地、州、市、县（市）地区生产总值统计表中，人均地区生产总值最高的地区为北疆地区的克拉玛依市，2011年人均地区生产总值超过乌鲁木齐市达到129105元，同期人均地区生产总值最低的和田地区为6172元。① 人均地区生产总值的巨大差异表明新疆南北疆地区经济发展的速度和规模存在巨大的不平衡，经济发展的不平衡必然导致地区之间贫富差距悬殊，影响整个新疆地区的和谐发展。

通过上述北疆地区与南疆地区的划分标准和2011年新疆分地区农村居民家庭人均总收入和纯收入（抽样调查），可以计算出，2011年北疆地区农村居民家庭人均总收入为19281.96元，同时期南疆地区农村居民家庭人均总收入为8798.20元，北疆地区为南疆地区的2.19倍。自治区农村居民家庭人均总收入为11590.94元，南疆地区的平均水平低于自治区平均水平，南北疆地区农民收入区域差距明显。同时，2011年北疆地区农村居民全年家庭人均纯收入为7613.92元，同期南疆地区4972.84元，自治区平均为5442.15元，南疆地区仍然低于自治区平均水平。由此可见，新疆地区内北疆地区与南疆地区居民收入区域差距明显，这容易产生贫富差距拉大等问题，对经济社会的稳定发展十分不利。区域结构不平衡是当前新疆的基本区情，协调南北疆区域发展是当前调整社会结构的重要方面。

本研究通过调查问卷和深度访谈发现，南、北疆地区发展不均衡和城乡发展不均衡，受地区和城乡发展不均衡的影响，家庭所在地为南疆地区和乡村地区的大学生由于所能够享受到的教育资源极其有限，物质条件相对不足，因此对其高等教育入学机会产生不利的影响。在家庭收入方面，南疆地区和乡村地区家庭平均收入在整体上低于北疆地区和城市地区，因而对其子女的教育投资受到影响，子女的高等教育入学机会相对不足。因此，为了促进新疆大学生高等教育入学机会的公平，采取一系列措施协调区域和城乡的相对均衡发展具有紧迫的现实意义。

（一）缩小南北疆地区差距

自治区政府部门应该加强区域统筹规划，地方政府部门应大力促进当地各项事业的全面发展。对于当前经济基础较好，教育文化社会事业较发达的地区，应该继续保持投入，并根据发展的需要和地区的实际适时进行

① 新疆统计年鉴2012［M］．北京：中国统计出版社，2012：273.

调整，以保持当地社会正常的发展态势，为新疆不同家庭背景大学生的高等教育入学机会提供保障和支持。而对于当前经济发展较滞后，各项事业均不甚发达的地区，则应在资源分配时给予一定程度的重视，以帮助落后地区振兴经济，促使地区各项事业的发展。北疆地区应充分发挥经济基础较好的优势，在不断维持和保证当前经济社会发展速度和规模的前提下，根据地区的客观实际，制定切实可行的经济社会发展规划，促进当地各项事业尤其是教育事业的发展，加大对教育事业的投入，保障校舍等教育配套设施的规模和质量，提高教师的待遇水平。加大对南疆地区发展的投入，在发展政策方面给予大力支持，在经费投入方面予以适当偏重，加大地区基础设施建设力度，改善南疆地区的交通、教育事业条件，加大对教育事业的经费投入，输送更多更优质的师资，加强南疆地区教育基础设施的建设。对新疆维吾尔自治区总体而言，只有保证疆内区域经济、社会、教育、文化等事业的平衡发展，才能够为不同家庭背景子女的高等教育入学机会创造一个更好的客观环境。

（二）缩小城乡差距

加强城乡发展规划，大力促进新疆乡村地区各项事业的全面发展，以促使新疆高等教育公平。城市地区由于经济基础较好，在发展的过程中有着优于乡村地区的得天独厚的条件，家庭所在地为城市的子女的高等教育入学机会在一定程度上优于家庭所在地为乡村的子女。新疆地区也同样面临着城乡发展失衡的问题，这同样对家庭所在地存在城乡差异的新疆子女的高等教育入学机会造成影响。因此，应该加强新疆城乡发展的统筹规划，加大对新疆乡村地区的发展规划，加强乡村地区的基础设施建设，大力发展乡村教育事业，引进优质师资，让乡村教师“进得来，留得住”，可以尝试城乡师资轮换机制，为教师提供更多的选择和机会；继续开展欠发达地区教师的“国培计划”培训，提升乡村教师的素质和水平，从而为乡村教育事业的发展创造条件，为家庭所在地为乡村的子女的高等教育入学机会及教育机会提供条件。

区域和城乡的协调发展关乎新疆的稳定和繁荣，为了保证不同地区和城乡的子女享受相对公平的高等教育入学机会，必须重视南北疆地区之间和城乡之间的协调发展。

四、不断完善相关政策，保障高等教育入学机会

如前所述，新疆不同家庭背景大学生的高等教育入学机会受其家庭背景因素中的父母职业阶层、父母学历、家庭经济收入、家庭所在地及家庭对子女接受高等教育回报率的预期等因素的综合影响。其中，父母职业阶层、父母学历、家庭经济收入、家庭所在地和民族等因素为客观因素，而家庭对子女接受高等教育回报率的预期则为主观因素。不同背景家庭对子女高等教育预期回报率的不同导致不同家庭对子女能否接受高等教育和接受何种层次的高等教育持不同态度。由于家庭高等教育预期回报率的不同，家庭对于子女的教育经费投入因此存在差异，进而影响到子女的高等教育入学机会。法律和道德在调整社会关系方面各有分工，但是在使用道德手段已经很难取得调整成效时，实时和适度地引入法律手段可以取得更好的效果。虽然近年来，国家出台了一系列法律、法规和政策维护公民的受教育权利，有法可依是维护合法权利的必要前提，当前专门保障大学生权利的法律、法规有《中华人民共和国教育法》《普通高等学校学生管理规定》等，这些法律法规明确了大学生的权利和义务，规定了学生权益受到侵害时的救济途径。从这些法律、法规中可以看出，存在原则性内容较多、程序性规则较少等问题，多数只限于纸面上的法。权利受到侵害后，让大学生感到无所适从。① 因此，为了维护新疆不同家庭背景大学生的高等教育入学机会，应该从法律和政策两方面为其提供支持。

（一）完善高等教育入学机会保护的法律法规

法律对于调整社会中客观存在的各种不公平现象具有十分重要的作用。只有不断完善新疆乃至全国范围内的高等教育入学权利保护机制和教育权利保护机制，并为其建立完善可行的法律框架，才能从法律的层面上做到对于维护不同家庭背景大学生高等教育入学机会公平有法可依，有法必依，从而在一定程度上减少甚至杜绝不同家庭背景大学生高等教育入学机会不均现象的出现。维护新疆不同家庭背景大学生的高等教育入学机会，不仅要完善和制定维护大学生高等教育入学机会权利的相关法律法

---

① 吴江梅．中国高等教育立法中存在的若干问题及思考［J］．昆明师范高等专科学校学报，2007（1）：46–51.

规，同时也应该完善和制定贯穿所有教育阶段的教育权利保护体系。然而，仅维护新疆不同家庭背景子女的高等教育入学机会并不能扫除子女高等教育机会的所有障碍，本研究的结果表明，家庭背景对子女的教育机会具有十分重要的影响作用，不仅单独影响子女的高等教育入学机会，而是从子女出生那一刻起，便已开始影响其幼儿园、学前班、小学、中学直至大学的各阶段的教育机会公平。因此，建立贯穿所有教育阶段的法律体系，关注不同家庭背景子女的教育机会公平，对于维护新疆不同家庭背景子女的高等教育入学机会具有重要的促进作用。

（二）加强对现行新疆高等教育入学机会保障政策的完善和修订

除完善和制定相关法律和法规外，还应在政策方面对于新疆不同家庭背景大学生的教育公平予以支持。法律的作用主要在于规范，而政策的作用主要在于补偿。在子女高等教育入学机会公平的维护过程中，法律所调整的是行为主体是否违法，是否侵犯子女的合法教育权利和权益，并对于侵犯子女高等教育入学机会的行为予以处罚和制裁；而政策在调整新疆不同家庭背景子女的高等教育入学机会的过程中主要起到宏观统筹和补偿作用。由于法律所能够调整的范围有限，因此制定和完善新疆大学生高等教育入学机会的相关政策具有重要意义。建立全疆范围内的教育公平监督机制，出台详尽可行的维护子女高等教育入学机会公平的政策文本，组织保障新疆高等教育入学机会公平乃至贯穿各教育阶段公平的协调机制，为保障新疆高等教育入学机会公平提供政策支持。

新疆不同家庭背景子女的高等教育入学机会公平需要法律的维护和政策的支持，法律法规和政策相辅相成，它对于维护新疆高等教育入学机会公平及教育公平具有十分重要的作用。

五、加强对低收入家庭大学生的经济资助，建立多元化的奖助体系

本研究通过问卷调查和深度访谈发现，学费因素对于不同家庭背景特别是家庭经济收入水平不同的子女的高等教育入学机会具有显著影响。正如前文所得出的结论，家庭经济收入影响新疆大学生的高等教育入学机会：由于家庭经济收入在一定程度上决定新疆不同家庭经济背景子女从家

庭中所能够得到的经济支持，决定子女的高等教育费用支出、物质生活条件、课外补习、复读等关乎其高等教育入学机会的因素，特别是家庭的高等教育费用支付能力对新疆不同家庭背景子女的高等教育入学机会具有重要影响。此外，由于新疆多民族聚居的特点，少数民族家庭占绝大多数，在家庭经济收入既定的前提下，由于所需要抚养的子女的数量多而导致对每个子女的教育经费投入出现不足。在子女高考分数既定的前提下，不同类型高等院校的收费水平并不完全一致，由于家庭经济收入水平高的家庭比家庭经济收入水平低的家庭拥有更强的学费支付能力，造成家庭经济收入为高水平的家庭子女相比于经济收入水平较低的家庭子女具有更多的高等教育入学机会。因此，为了克服家庭经济收入对新疆不同家庭背景子女高等教育入学机会所造成的不利影响，除了大力发展新疆经济和缩小贫富差距外，还应完善新疆高等教育资助体系，加大对低收入家庭子女的资助力度，从而对家庭经济背景所造成的高等教育入学机会不均进行一定程度的补偿。

（一）加大对低收入家庭大学生的资助力度和广度

政府主管部门和相关教育部门应重视家庭经济收入对新疆不同家庭背景子女的高等教育入学机会的影响，通过实地调研、专题研讨等方式，了解当前新疆不同家庭背景子女的高等教育资助情况，在实地调研的基础上，根据新疆的经济发展水平和家庭平均收入水平，确立对低收入家庭子女的高等教育资助标准；根据地区、城乡和民族差异，确立具体的资助数额和年限；根据所就读院校的层次和类型，确定资助的水平等。在客观考虑新疆实际的情况下，加大对低收入家庭子女的经济资助力度，从而使其在高考分数既定的前提下，能够补偿其高等教育入学机会，减轻其对于给家庭所造成经济压力的心理负担，从而将更多的时间和精力投入学业准备条件。

（二）探索多元化的奖助体系

通过科学的调查确立新疆不同家庭背景子女高等教育资助标准，探索多元化的奖助体系。当前新疆的高等教育资助的主要方式为助学贷款和各类奖学金，然而由于助学贷款的申请程序烦琐，申请条件限制严格且名额有限，而需求者数量众多，往往并不能满足所有低收入家庭子女的贷款需求；在助学金的发放方面，也往往由于名额有限，额度较低，无法满足所有低收入家庭子女的受助需求。因此，建立科学合理的新疆低收入家庭子女高等教育资助机制，完善当前的资助体系，对于促进新疆高等教育公平具有重要的作用。在当前的形势下，应该改革学生助学贷款的运作机制，适当放宽助学贷款的申请条件，适当提高助学贷款的额度以保证能够支付学生的学费和生活费等费用，建立助学贷款分级体系，对于不同层次需求的申请者给予不同额度的贷款。此外，建立贷款使用的监管机制，避免助学贷款被用于学生学业和生活之外的无关事项，在贷款归还的管理方面，避免管理过于严格而造成的负面影响，银行系统可以尝试建立连接社保系统、税务系统的关联机制，以了解受助者的收入水平，并规定适度的归还额度和期限；在奖助学金的设置和发放方面，应改革当前的限额制，根据低收入水平学生的具体实际确定适当的资助额度和数量，在申请受理方面杜绝弄虚作假，将奖助学金给予最适合的受助者，在奖学金方面应将学业成绩作为评判的主要指标，而在助学金方面则应以学生的家庭经济收入状况为主要指标；尝试建立多元化的低收入家庭子女的资助机制，寻找多元化的资助手段。由于当前的奖助手段主要以政府部门和高等院校为主导，可以尝试吸引社会机构参与提供学生的奖助学金，鼓励校友捐赠，通过多元化的机制，不断优化当前新疆高等教育奖助机制，从而促进新疆高等教育入学机会的公平。

根据新疆不同家庭背景子女的实际，确立不同家庭背景子女的资助水平和额度，能够在一定程度上补偿低收入家庭子女由于家庭背景因素而造成的高等教育入学机会不足；尝试建立多元化的高等教育奖助体系，促进子女的受教育水平和学业水平。

党的十八大报告指出，加强社会建设，是社会和谐稳定的重要保证。加强社会建设，必须以保障和改善民生为重点。党和政府在社会主义建设的新时期在坚持以经济建设为中心的同时，越来越注重把社会建设摆在更加突出的位置。新疆正处于社会经济转型的关键时期，在以经济建设为中心不动摇的同时，必须注重社会建设，协调各方面的关系，使经济结构与社会结构相协调，实现地区和城乡的均衡发展，为各地区教育事业的均衡发展提供条件，保证各地区、各种家庭背景的子女获得相对公平的教育资源，为其获得相对公平的高等教育入学机会准备条件，实现新疆社会稳定、和谐和快速发展。

第三章　文化资本对新疆高等教育机会获得的影响研究

随着新疆高等教育大众化进程加快，处于弱势社会阶层的子女有更多机会进入大学深造，然而他们很难进入较高层次的大学，高等教育机会不均等越来越受到社会各界的高度关注。究其原因，文化资本对高等教育机会获得的影响在逐渐提升，本章以文化资本的视角作为研究切入点，通过大规模抽样调研数据对高等教育机会获得的影响进行实证研究，从而分析文化资本影响高等教育机会获得的原因，并在此基础上提出政策建议。

本研究采用问卷调查法，对新疆9所高校的在校大学生随机抽样调查，采用卡方检验、方差分析和相关性分析等方法对数据进行分析，探究其原因，搜集国内外文献资料，并在此基础上形成研究结论。研究主要发现：从性别的比较来看，女生比男生能够获得更多高等教育机会；从高等教育入学机会城乡比较发现，居住在农村和城镇的学生，他们之间的差距更多体现在大学层次和类型上，进入什么样的大学这个问题越来越成为研究的焦点；从户籍的比较来看，高等教育数量正在倾向于公平，但是高等教育质量的不均并没有得到改善；体制形态文化资本越丰富的家庭，子女越能获得更多高等教育机会，反之，子女很难获得更多高等教育机会；家庭藏书量较为丰富，家庭为子女提供的学习设备较多，对子女获得更多高等教育机会有利，反之，不利于子女获得更多高等教育机会；具体形态文化资本越丰富的家庭，子女越能获得更多高等教育机会，反之，子女很难获得更多高等教育机会。

对研究结果进行分析，原因包括教育体制的累积效应、城乡经济差距、高考试卷以城市为中心的价值取向、教育抱负的差异、显性和隐性资源排斥。这些原因造成不同文化资本阶层的子女获得的高等教育机会不均等。对此，提出几点建议：改变“唯分数论”的应试教育模式，开展男女生分班实验；缩小城乡收入差距，应大力发展农村教育，建立现代农村金融制度，发挥就业政策牵引机制，加大就业培训力度；提高弱势文化资本阶层的资本存量，改革学校教育制度；减少高考试卷城市倾向，为农村学生和城镇学生营造一个公平的竞争环境。

第一节　问卷设计与数据收集

一、问卷设计及信度检验

（一）问卷设计过程及信度检验

本研究使用的“关于文化资本对高等教育机会获得影响的问卷调查表”其设计过程主要包括以下一些步骤：

1. 参照他人的问卷形式，形成最初的调查问卷

问卷设计是一项相当复杂的工作，在问卷设计的初始阶段，作者对涉及“文化资本”和“高等教育机会”的相关资料进行整理和阅读，掌握了它们的相关概念。在设计问卷时，参考了硕士学位论文、博士学位论文、著作、期刊文献和课题组中与本研究相近的问卷设计形式。在综合已有问卷的基础上，完成了问卷的最初编制。

2. 试测问卷，并进行访谈

将编制好的测试版问卷印发30余份，在石河子大学完成试测。随后进行了访谈，访谈对象主要是石河子大学的本科生，通过电话、E-Mail、QQ、微信等多种渠道完成访谈工作，将访谈资料进行整理，对问卷进行补充、修改和完善。经过访谈，获得了许多有价值的信息，使编制的问卷更符合新疆的实际情况，提高了问卷的信度和效度。

3. 形成正式问卷

在对测试版问卷反复推敲和修改的基础上，形成正式问卷，之后将问卷投放到各个高校，完成数据收集。

本研究采用的调查问卷是在前人问卷的基础上进行少量修改，但是为了鉴定测量结果的一致性和稳定性，对问卷的信度进行检验。本书采用内部一致性系数，即科隆巴赫 Cronbachα，该系数是对答卷者在答卷上显示

的态度的一致性（即不出现矛盾）的考查。[①] 系数如果低于 0.7，量表需要重新设计；0.7 以上，该量表应该进行大量修订，但仍然不失其价值；0.8 以上，则可以接受；0.9 以上，则信度甚佳。通过检验，问卷信度为 0.872，表示问卷可以接受。

（二）问卷基本结构

本研究的调查问卷包括三个部分：第一部分是个人基本情况，包括民族、性别、大学层次、学校类型和专业学科门类等问题；第二部分是家庭基本情况；第三部分是主体部分，包括父母职业、父母受教育年限、家庭藏书量、父母对子女的教育期望及学习设备数量等问题。

二、数据收集

（一）样本选择与数据回收

本章的调研对象是高校本科生和专科生，按照不同层次和类型高校的比例，确定出 9 所被调研的大学，具体情况见表 3-1-1。从表 3-1-1 可以看到，9 所被调研的大学分别为石河子大学、新疆大学、新疆师范大学、新疆医科大学、新疆财经大学、新疆农业大学、新疆工程学院、乌鲁木齐职业大学和新疆职业大学。从高校层次来看，石河子大学和新疆大学属于“211 工程”大学，即相对于新疆其他院校，属于高水平大学，定义为高质量。新疆师范大学、新疆医科大学、新疆财经大学、新疆农业大学相较于前面两所高校，属于普通高校，定义为一般质量。新疆工程学院、乌鲁木齐职业大学和新疆职业大学属于高职高专。就新疆工程学院而言，它成立于 1958 年，建校之初为新疆煤矿学校，1994 年更名为新疆工业高等专科学校，2012 年升格为本科院校——新疆工程学院。该校虽然升格为本科院校，但是学校主要以专科专业为主，从在该校发放的问卷情况看，也以专科学生为主。因此，仍然将新疆工程学院定义为高职高专。从高校类型看，有综合类高校、师范类高校、财经类高校、农林地矿类高校、理工类高校和医科类高校。样本兼顾各个层次和不同类型，具有很好的典型性和代表性。

---

① 张红霞. 教育科学研究方法［M］. 北京：教育科学出版社，2009：223.

本次调研总共印发 2000 份问卷，调研集中在 2014 年 4 月、5 月和 6 月，考虑时间、精力、财力和人力等因素，发放问卷 1810 份。从各个高校发放问卷数量来看，石河子大学发放 350 份问卷，新疆大学发放 250 份问卷，新疆师范大学发放 200 份问卷，新疆农业大学发放 150 份问卷，新疆医科大学发放 200 份问卷，新疆财经大学发放 200 份问卷，新疆工程学院发放 156 份问卷，新疆职业大学发放 150 份问卷，乌鲁木齐职业大学发放 154 份问卷（表 3-1-1）。总计发放 1810 份问卷，回收 1503 份问卷，回收率为 83.04%，剔除无效问卷 291 份，得到有效问卷 1212 份，有效率为 80.64%。

表 3-1-1　被调研高校名单及发放问卷数

调研高校	石河子大学	新疆大学	新疆师范大学	新疆农业大学	新疆医科大学	新疆财经大学	新疆工程学院	新疆职业大学	乌鲁木齐职业大学
发放问卷数（份）	350	250	200	150	200	200	156	150	154

（二）有效样本的基本情况

1. 有效样本的性别分布

对有效样本进行描述性统计，男性学生人数为 410 人，女性学生人数为 802 人，男性学生在 1212 份有效样本中占的百分比为 33.8%，女性学生在 1212 份有效样本中占的百分比为 66.2%。表 3-1-2 是新疆高校从 1990 年到 2012 年在校学生数及女大学生人数。由表可见，从 1990 年到 2012 年，新疆高校在校学生人数不断增多。从 1990 年的 31015 人到 2000 年的 72867 人，10 年的时间，新疆高校在校学生人数增加了 41852 人，年均增长率为 8.92%。2000 年大规模扩招以来，从 2000 年 72867 人，扩张到 2012 年的 268716 人，12 年的时间，新疆高校在校学生人数增加了 195849 人，年均增长率为 11.49%，比 2000 年以前高出 2.57 个百分点。女大学生人数也在不断增长，从 1990 年到 1995 年，女大学生人数在高校在校学生人数中的比重低于 50%，2000 年，新疆高校处于大规模扩招的第二年，女大学生人数在高校在校学生人数中的比重为 52.72%，2000 年到 2008 年，女大学生人数在高校在校学生人数中的比重维持在 52% 左右，2009 年到 2012 年，女大学生人数在高校在校学生人数中的比重维持在

54%左右。对女大学生的比重进行分析可知，女学生人数在2000年超过男学生人数，而且随着年份的增长，女学生人数在高校在校生人数中的比重呈递增趋势。由此可知，扩招为新疆越来越多的女学生进入高校提供了良好的机遇，有利于缩小男女性别在高等教育入学机会方面的差距，为女学生接受良好教育和妇女解放奠定了基础。同时，新疆高校女大学生的实际情况与样本所得情况相似，因而抽样是合理的，可以根据有效样本推断总体。

表3-1-2　新疆高校1990—2012年在校学生数及女大学生人数①

年份	高校在校学生数（人）	女生	
		人数（人）	比重（%）
1990	31015	14038	45.26
1995	44409	21268	47.89
2000	72867	38419	52.72
2001	108066	56849	52.61
2002	132336	69894	52.82
2003	147627	76126	51.57
2004	163127	85100	52.17
2005	181814	94791	52.14
2006	199251	102845	51.62
2007	216389	113793	52.59
2008	230971	123593	53.51
2009	241637	132112	54.67
2010	251160	136071	54.18
2011	258719	142360	55.02
2012	268716	149116	55.49

2. 有效样本的民族分布

表3-1-3是有效样本的民族分布情况。如表所示，1212个样本中汉族学生数最多，占总样本数的64.7%；维吾尔族学生占20.7%；哈萨克族学

① 数据来源：《新疆统计年鉴2013》。新疆高校在校学生数不包括研究生人数。

生占5.5%；回族学生占4.1%；柯尔克孜族学生占1.3%；蒙古族学生占1.2%；其他民族学生数较少，占总样本数的比例都少于1%。

表3-1-3　有效样本民族分布情况

民族	学生数（人）	百分比（%）	累计百分比（%）
维吾尔族	251	20.7	20.7
哈萨克族	67	5.5	26.2
汉族	784	64.7	90.9
回族	50	4.1	95.0
乌孜别克族	1	0.1	95.1
柯尔克孜族	16	1.3	96.5
锡伯族	2	0.2	96.6
满族	7	0.6	97.2
蒙古族	15	1.2	98.4
达斡尔族	2	0.2	98.6
塔吉克族	1	0.1	98.7
俄罗斯族	2	0.2	98.8
其他	14	1.1	100.0
合计	1212	100.0	

图3-1-1是新疆高等学校少数民族在校学生数，其数据来源于《新疆统计年鉴2013》。从图中可以看出，从1978年到2012年，新疆高校少数民族在校学生数总体呈现增长趋势，少数民族学生在所有学生中的比例不断提高。34年间，少数民族在校学生数增加了99003人，年均增长率为7.97%。结合表3-1-2中新疆高校在校学生人数，可以计算出2012年少数民族学生在高校学生中的比例为39.78%。根据表3-1-3，汉族学生数在有效样本中的比例为64.7%，少数民族学生在有效样本中的比例为35.3%，与新疆高校在校大学生中的少数民族学生比例相近，代表性较好，故而能够很好地推测总体。

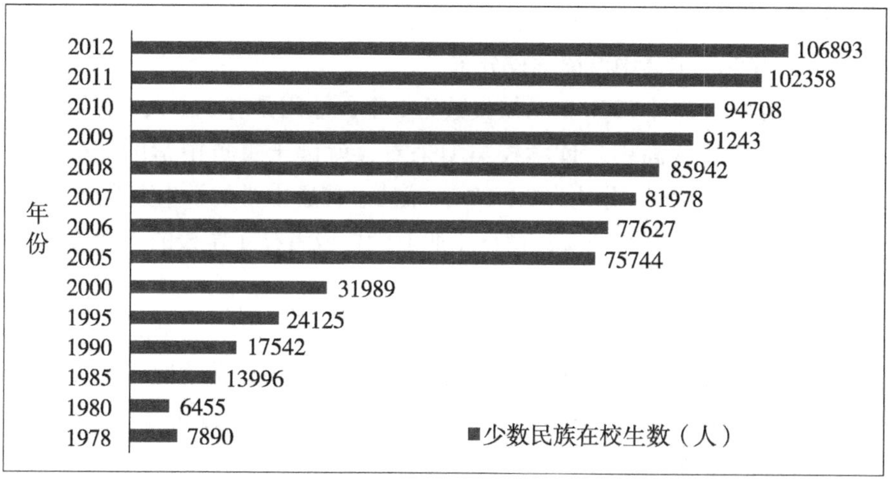

图 3-1-1　新疆高等学校 1978—2012 年少数民族在校学生数

3. 有效样本家庭居住地分布

图 3-1-2 是样本家庭居住地分布情况。如图所示，总样本中家庭居住地位于农村的学生数最多，为 468 人，占总样本的百分比为 38.6%；其次为居住地位于县城或县级市的学生，占 24.6%，居住地位于镇或乡的学生占 18.2%，居住地位于地级市的学生占 11.3%，居住地位于省会城市或直辖市的学生占总样本的百分比为 7.3%。

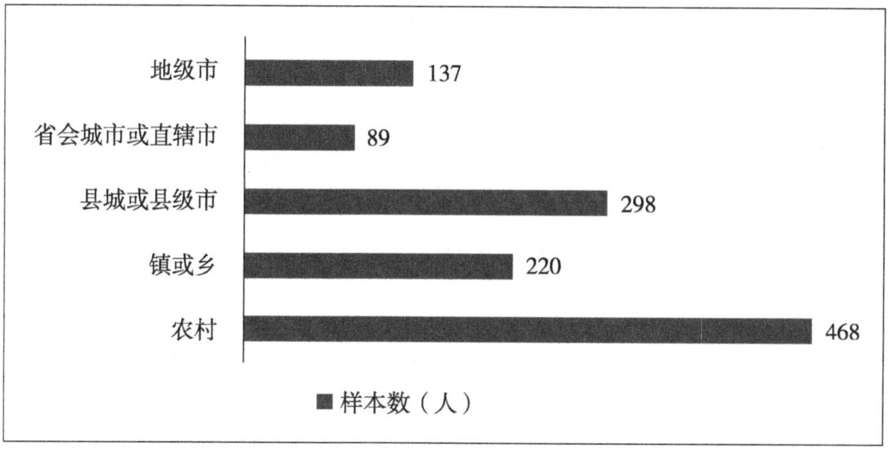

图 3-1-2　有效样本家庭居住地分布

4. 有效样本高中就读学校、户口分布

（1）有效样本高中就读学校分布

有效样本数合计1206个，缺失数为6个，原因是有6个人未填写高中就读学校类型。从高中就读学校类型来看，就读于重点中学的学生数为480人，占总样本的百分比为39.6%；就读于普通中学的学生数为713人，占总样本的百分比为58.8%；就读于职业学校或者技工学校的学生数为13人，占总样本的百分比为1.1%。

（2）有效样本户口情况

城镇户口的高校学生为594人，占总样本的百分比为49.0%；农村户口的高校学生为618人，占总样本的百分比为51.0%。由此可知，农村户口学生人数多于城镇户口学生人数。

第二节　文化资本对新疆高等教育机会获得影响的实证检验

文化资本对新疆高等教育机会获得影响的研究结果分析，主要包括四个部分：个人和家庭背景分析；具体形态文化资本对新疆高等教育机会获得影响的研究；体制形态文化资本对新疆高等教育机会获得影响的研究；客观形态文化资本对新疆高等教育机会获得影响的研究。本文将从这四个方面实证检验文化资本对新疆高等教育机会获得的影响。

一、个人和家庭背景分析

个人和家庭背景分析包括：性别在不同大学层次的分布，家庭居住地、户口在不同大学层次的分布，民族在不同大学层次的分布。

（一）性别在不同大学层次的分布

运用SPSS软件进行描述性统计分析，发现男性学生人数为410人，女性学生人数为802人，男性学生在1212份有效样本中占的百分比为33.8%，女性学生在1212份有效样本中占的百分比为66.2%（表3-2-1），女学生人数是男学生人数的1.96倍。可见，女生比男生获得更多高等教育入学机会，原因是新疆高校扩招，大学中女学生人数逐年增长并超过男学生人数。

在“211工程”高校中，男生所占的比例为47.5%，女生所占的比例为52.5%；在普通本科学校中，男生的比例为29.3%，女生的比例为70.7%；在高职高专中，男生所占的比例为24.5%，女生所占的比例为75.5%（表3-2-1）。在“211工程”高校中，女生比例高出男生比例5个百分点；在普通本科学校中，女生比例高出男生比例41.4个百分点；在高职高专中，女生比例高出男生比例51个百分点。可见，女生比男生获得更多的高等教育机会。在高职高专中，女生获得的高等教育机会是男生高等教育机会的3.08倍；在普通本科中，女生获得的高等教育机会是男生高等教育机会的2.41倍；在“211工程”大学中，女生获得的高等教育机会是男生高等教育机会的1.1倍。随着大学层次的不断提升，男生与女生高等教育入学机会之间的差异逐渐减少。根据Spearman相关性检验，性别与大学层次的相关系数为0.191，在置信度（双侧）0.01水平上，相关性极其显著（$P=0.000<0.01$）。根据卡方检验，卡方值为49.422，性别与大学层次之间有极其显著的差异（$P=0.000<0.001$），也就是说女生在就读更高层次大学的机会上比男生更有优势。

表3-2-1　性别在不同大学层次的分布情况

性别	大学层次						总计	
	“211工程”大学		普通本科		高职高专			
	人数（人）	百分比（%）	人数（人）	百分比（%）	人数（人）	百分比（%）	人数（人）	百分比（%）
男生	183	47.5	149	29.3	78	24.5	410	33.8
女生	202	52.5	359	70.7	241	75.5	802	66.2
统计检验	Spearman相关系数$=0.191$，$P=0.000<0.001$ $\chi^2=49.422$，$df=2$，$P=0.000<0.001$							

1999年，教育部出台《面向21世纪教育振兴行动计划》，提出到2010年，高等教育毛入学率将达到适龄青年的15%。在此背景下，新疆高校也开始不断扩张，高考的录取率一直呈现上升趋势，有机会上大学的学生越来越多。新疆高校扩招的直接影响就是大学中女性学生人数不断增加，她们不仅在数量上占据优势，而且比男性学生更能进入质量和声誉更高的高等院校。对新疆9所不同层次高校的随机抽样调研表明，新疆高校扩招扭转了性别不平等的局面，有利于提高女性的文化修养和学历层次，为女性顺利就业和获得更好的生活奠定了良好的基础。

（二）家庭居住地、户口在不同大学层次的分布

1. 家庭居住地在不同大学层次的分布

如表3-2-2所示，来自农村的学生获得的高等教育机会最多，其次是来自县城或县级市的学生，再次是来自乡镇的学生和地级市的学生，最后是来自首府、省会城市或直辖市的学生。农村学生进入高校的比例最高，但是如果将家庭居住地分成农村地区和非农村地区，发现非农村地区的学生所占比例高达61.4%，是农村学生入学机会的1.59倍，也就是说基于家庭居住地的高等教育不公平状况有所改善，但是来自非农村地区的学生仍然在高等教育入学机会方面占据优势。

表3-2-2为家庭居住地、户口在不同大学层次的分布情况。家庭居住地在农村的学生，进入“211工程”大学的比例为27.8%，进入普通本科大学的比例为37.0%，进入高职高专的比例为35.3%；家庭居住地在镇或乡的学生，进入“211工程”大学的比例为36.8%，进入普通本科大学的比例为40.0%，进入高职高专的比例为23.2%；家庭居住地位于县城或县级市的学生，进入“211工程”大学的比例为27.2%，进入普通本科大学的比例为53.4%，进入高职高专的比例为19.5%；家庭居住地在省会城市、首府或直辖市的学生，进入“211工程”大学的比例为42.7%，进入普通本科大学的比例为34.8%，进入高职高专的比例为22.5%；家庭居住地处于地级市的学生，进入“211工程”大学的比例为40.1%，进入普通本科大学的比例为41.6%，进入高职高专的比例为18.2%。

从横向比较来看，农村学生进入普通本科的比例最高，其次是高职高专，最后是“211工程”大学；镇、县城和地级市的学生，进入普通本科的比例最高，其次是“211工程”大学，最后是高职高专；省会城市的学生，进入“211工程”大学的比例最高，其次是普通本科，最后是高职高专。从纵向比较来看，家庭居住地越是位于大城市，学生越容易进入本科高校甚至是“211工程”重点建设高校，而对于那些家庭居住地位于农村的学生，很难进入高质量的大学，他们更多被专科学校录取。根据Spearman相关性检验，家庭居住地与大学层次的相关系数为0.132，在置信度（双侧）0.01水平上，相关性极其显著（$P=0.000<0.01$）。另外，对家庭居住地与大学层次进行卡方检验，为了使理论频数小于5的单元格比例不超过20%，对家庭居住地进行重新调整，将县城或者县

级市、地级市和省会、首府或者直辖市归并为城市，于是家庭居住地就分为三类：农村、乡镇、城市。通过卡方检验，符合理论频数要求，卡方值等于34.653，家庭居住地与大学层次之间有极其显著的差异（$P=0.000<0.001$），即家庭居住地越是位于城镇，子女越容易进入更高层次的学校；家庭居住地越是位于农村，子女辍学、被高考淘汰抑或进入普通学校的比例就会上升。

表 3-2-2　家庭居住地、户口在不同大学层次的分布情况

家庭居住地、户口		大学层次			总计		统计检验
		"211 工程"高校（%）	普通本科（%）	高职高专（%）	人数（人）	百分比（%）	
家庭居住地	农村	27.8	37.0	35.3	468	38.6	Spearman 相关系数 = 0.132，$P=0.000<0.01$ $\chi^2=34.653$，$df=4$，$P=0.000<0.001$
	镇或乡	36.8	40.0	23.2	220	18.2	
	县城或县级市	27.2	53.4	19.5	298	24.6	
	省会城市、首府或直辖市	42.7	34.8	22.5	89	7.3	
	地级市	40.1	41.6	18.2	137	11.3	
户口	城镇户口	34.3	46.5	19.2	594	49.0	Spearman 相关系数 = 0.123，$P=0.000<0.01$ $\chi^2=30.681$，$df=2$，$P=0.000<0.001$
	农村户口	29.3	37.5	33.2	618	51.0	

2. 户口在不同大学层次的分布

如表 3-2-2 所示，总样本中农村户口的学生多于城镇户口的学生，从户口在不同大学层次的分布情况来看，城镇户口的学生，进入"211 工程"大学的比例为 34.3%，进入普通本科大学的比例为 46.5%，进入专科学校的比例为 19.2%；农村户口的学生，进入"211 工程"大学的比例为29.3%，进入普通本科大学的比例为 37.5%，进入高职高专的比例为33.2%。可见，在普通本科和"211 工程"高校的争夺中，拥有城镇户口的学生比拥有农村户口的学生更具有优势，而农村户口的学生进入高职高专的比例高于城镇户口的学生进入高职高专的比例。根据 Spearman 相关性检验，户口与大学层次的相关系数为 0.123，在置信度（双侧）0.01 水平上，相关性极其显著（$P=0.000<0.01$）。通过卡方检验，$\chi^2=30.681$，户口与大学层次之间有极其显著的差异（$P=0.000<0.001$）。城镇户口的学生比农村户口的学生有更多机会升入好大学，结合城镇户口和农村户口学生在高校中的比例，得出一条结论：农村户口的学生比城镇户口的学生有更多高等教育机会，但是进入的高校层次较低。

城市户籍的学生和家庭居住地位于城镇的学生能获得更多优质教育，而农村户籍的学生和家庭居住地位于农村的学生，由于优质教育资源相对稀缺，同时又被优势阶层占有而失去进入声誉较好高校的空间。究其原因，可以从 EMI 理论（有效地维持不平等）的视域进行合理解释。农村户籍和城镇户籍涉及资源和权利分配问题，“城市人口因为其所拥有的城市户籍，享受相对较高的教育、卫生、医疗、就业和社会保障等社会福利”①，而拥有农村户籍的人口在卫生、医疗、就业和社会保障等领域都处于劣势地位。虽然近些年，自治区和兵团都高度重视户籍改革和资源分配问题，但是农村户籍的人口仍然比城市户籍的人口享有更少的福利和利益。就家庭居住地而言，居住在农村的学生，地理位置相对偏僻，交通不便，通勤距离较远，离城镇优质教育资源较远，处于优质教育资源辐射的边缘地带。居住在城镇的学生，交通设施相对完善，处于优质教育资源的辐射半径内，有利于获得更好的教育。家庭居住地位居城镇的学生和城镇户口的学生，他们具有天然优势，其家长可以动用身边丰富的资源，帮助子女获得更好的学习环境和优质的教育资源。因此，由于天然的优势，他们在基础教育阶段就开始步步领先，不断累积的结果就是顺利进入能带来不错的就业和较高报酬的“211 工程”大学。

3. 民族在不同大学层次的分布

考虑到总样本中达斡尔族、俄罗斯族和锡伯族等民族人数较少，故研究中将其剔除，只研究维吾尔族、哈萨克族、汉族、回族、柯尔克孜族、蒙古族和其他民族学生在不同大学层次的分布情况。如表 3-2-3 所示，维吾尔族的学生进入“211 工程”大学的比例为 10.4%，进入普通本科大学的比例为 55.0%，进入高职高专的比例为 34.7%；哈萨克族的学生，进入“211 工程”大学的比例为 9.0%，进入普通本科大学的比例为 61.2%，进

---

① 郭秀云．城市户籍改革的经济学考量——基于博弈论框架的分析［J］．生产力研究，2010（06）：23.

入高职高专的比例为 29.9%；汉族学生进入“211 工程”大学的比例为 42.0%，进入普通本科大学的比例为 36.6%，进入高职高专的比例为 21.4%；回族学生进入“211 工程”大学的比例为 24.0%，进入普通本科大学的比例为 32.0%，进入高职高专的比例为 44.0%；柯尔克孜族学生进入“211 工程”大学的比例为 6.3%，进入普通本科大学的比例为 25.0%，进入专科学校的比例为 68.8%；蒙古族学生进入“211 工程”大学的比例为 6.7%，进入普通本科大学的比例为 66.7%，进入专科学校的比例为 26.7%；其他民族的学生进入“211 工程”大学的比例为 50.0%，进入普通本科大学的比例为 28.6%，进入专科学校的比例为 21.4%。可见，汉族和回族学生有更多机会进入“211 工程”高校深造。在获得普通本科教育机会的比较中，蒙古族、哈萨克族和维吾尔族学生有更多机会。柯尔克孜族、回族和维吾尔族学生进入高职高专的机会多于其他民族的学生。根据 Spearman 相关性检验，民族与大学层次的相关系数为 0.158，在置信度（双侧）0.01 水平上，相关性极其显著（$P = 0.000 < 0.01$）。为了便于卡方检验，将柯尔克孜族、蒙古族和其他民族剔除，只保留维吾尔族、哈萨克族、汉族和回族。通过检验，Pearson 卡方值为 115.225，民族与大学层次之间有极其显著的差异（$P = 0.000 < 0.001$）。汉族学生比其他少数民族学生能获得更多优质教育。

表 3-2-3　民族在不同大学层次的分布情况

民族	大学层次			合计	
	“211 工程”高校（%）	普通本科（%）	高职高专（%）	人数（人）	百分比（%）
维吾尔族	10.4	55.0	34.7	251	20.7
哈萨克族	9.0	61.2	29.9	67	5.5
汉族	42.0	36.6	21.4	784	64.7
回族	24.0	32.0	44.0	50	4.1
柯尔克孜族	6.3	25.0	68.8	16	1.3
蒙古族	6.7	66.7	26.7	15	1.2
其他	50.0	28.6	21.4	14	1.2
统计检验	Spearman 相关系数 = 0.158，$P = 0.000 < 0.01$ $\chi^2 = 115.225$，$df = 6$，$P = 0.000 < 0.001$				

从调研的结果来看，新疆少数民族高等教育入学机会在进一步扩大，这与自治区和兵团依据新疆实际情况，制定有关少数民族的照顾政策并且资源向他们聚集有关。少数民族入学机会增加，是新疆近些年各界不断努力的结果，对于促进高等教育公平和推动阶层流动有重要意义。但是与此同时，汉族学生仍然比少数民族学生享有更高质量的高等教育入学机会，这里依据文化资本理论对此问题进行分析。樊春萍认为："新疆的少数民族多是农业人口，而且光是集中在南疆的和田、喀什、克孜勒苏三个地州的少数民族贫困人口就占了全疆贫困人口的88.35%。"① 父母职业属于农业劳动者，受教育年限较短，大多处于贫困状态，虽然地方政府认识到问题的严重性，对少数民族进行职业培训，加大财政倾斜力度，但是少数民族的贫困和低学历依然是困扰新疆的关键问题。从文化资本理论的角度审视，农业劳动者阶层形成该阶层特有的潜在意识，由于他们没有接受良好教育，对其孩子没有更高的期望，致使孩子也安于现状。

二、体制形态文化资本对高等教育机会获得的影响

体制形态文化资本的衡量指标为父母受教育程度，表3-2-4为父亲受教育程度比例与辈出率。从所有抽样学生父亲受教育程度的辈出率来看，父亲受教育程度为小学及以下，辈出率为0.47；父亲受教育程度为初中，辈出率为1.02；父亲受教育程度为高中、职高或技校，辈出率为1.73；父亲受教育程度为大专及以上，辈出率为3.68。父亲受教育程度为初中，辈出率是父亲受教育程度为小学及以下的2.17倍；父亲受教育程度为高中、职高或技校，辈出率是父亲受教育程度为初中、小学及以下的1.70倍、3.68倍；父亲受教育程度为大专及以上，辈出率是父亲受教育程度为高中、初中、小学及以下的2.13倍、3.61倍、7.83倍。由此可见，父亲受教育程度越高，辈出率越高，子女就能获得更多高等教育入学机会。

① 樊春萍. 关于新疆少数民族人口分布与迁移问题的思考［J］. 决策咨询通讯，2005（05）：27.

表 3-2-4　各层次高校学生父亲受教育程度比例与辈出率①

父亲受教育程度	小学及以下	初中	高中、职高或技校	大专及以上
父亲受教育程度比例 A（%）	44.2	36.6	14.8	4.4
所有抽样学生父亲受教育程度比例 B1（%）	20.6	37.5	25.6	16.2
辈出率（B1/A）	0.47	1.02	1.73	3.68
“211 工程”高校学生父亲受教育程度比例 B2（%）	15.4	34.5	31.7	18.5
辈出率（B2/A）	0.35	0.94	2.14	4.20
普通本科学生父亲受教育程度比例 B3（%）	18.1	35.4	25.4	21.0
辈出率（B3/A）	0.41	0.97	1.72	4.77
高职高专学生父亲受教育程度比例 B4（%）	31.1	44.5	18.5	6.0
辈出率（B4/A）	0.70	1.22	1.25	1.36

表 3-2-4 显示，“211 工程”高校学生父亲受教育程度为小学及以下，辈出率为 0.35；父亲受教育程度为初中，辈出率为 0.94；父亲受教育程度为高中、职高或技校，辈出率为 2.14；父亲受教育程度为大专及以上，辈出率为 4.20。普通本科学生父亲受教育程度为小学及以下，辈出率为 0.41；父亲受教育程度为初中，辈出率为 0.97；父亲受教育程度为高中、职高或技校，辈出率为 1.72；父亲受教育程度为大专及以上，辈出率为 4.77。高职高专学生父亲受教育程度为小学及以下，辈出率为 0.70；高职高专学生父亲受教育程度为初中，辈出率为 1.22；高职高专学生父亲受教育程度为高中、职高或技校，辈出率为 1.25；高职高专学生父亲受教育程度为大专及以上，辈出率为 1.36。

根据辈出率可知，父亲受教育程度越高，无论是对学生进入专科、普通本科还是“211 工程”大学都有影响。另外，高职高专学生父亲受教育程度为初中、高中、职高或技校、大专及以上，辈出率之间的差异不大，表明父

① 表中父亲受教育程度比例 A 的数据来源于谢作栩的论文《高等教育大众化视野下我国社会各阶层子女高等教育入学机会差异的研究》。

亲受教育程度高低对其子女能否进入专科学校影响较小。纵向比较来看，父亲受教育程度为高中、职高或技校，“211 工程”大学的辈出率为2.14，高于普通本科辈出率，原因是父亲受教育程度为高中，对子女有较高的教育期望，希望子女通过自身的努力实现父辈的“大学梦”；同时，新疆又处于“高考洼地”，即新疆高考录取分数线相比许多省份低。因此，子女也会对自身有更高期望，再借助“高考洼地”的明显优势，故进入高质量大学的机会就更多。父亲受教育程度大专及以上，辈出率最高的是普通本科，为4.77；其次是“211 工程”大学，为4.20（“211 工程”大学辈出率低于普通本科辈出率，原因大致是父母文化程度为大专及以上，已经不满足于其子女进入石河子大学或新疆大学，他们希望子女通过自身努力进入一流高校。事实上，家长的抱负对子女产生了积极的影响，父母受教育程度越高，对子女进入知名高校越有利）；再次是高职高专，为1.36；最高辈出率与最低辈出率之间相差3.51倍。

除此之外，通过分析不同层次高校辈出率差异情况，结果发现：“211 工程”高校的均值为1.9075，标准差为1.70014；普通本科的均值为1.9675，标准差为1.94389；高职高专的均值为1.1325，标准差为0.29455。这说明相较前两种层次的高校，高职高专的辈出率差异最小。

各层次高校学生母亲受教育程度比例与辈出率见表3-2-5，与表3-2-4进行对比，发现母亲受教育程度不论是哪个等级，辈出率高于受同级教育的父亲的辈出率（母亲文化程度为小学及以下，辈出率与受同等教育的父亲的辈出率相等）。不同层次高校中，母亲受教育程度辈出率也高于受同等教育的父亲的辈出率（母亲受教育程度为小学及以下，辈出率略低于受同等教育的父亲的辈出率）。这表明母亲对子女高等教育入学机会的影响高于父亲对子女的影响。

表3-2-5　各层次高校学生母亲受教育程度比例与辈出率

母亲受教育程度	小学及以下	初中	高中、职高或技校	大专及以上
母亲受教育程度比例 A（%）	65.6	22.9	9.5	2.0
所有抽样学生母亲受教育程度比例 B1（%）	30.9	33.1	21.6	14.4
辈出率（B1/A）	0.47	1.45	2.27	7.20

续表

母亲受教育程度	小学及以下	初中	高中、职高或技校	大专及以上
“211 工程”高校学生母亲受教育程度比例 B2（%）	24.4	35.6	25.0	15.1
辈出率（B2/A）	0.37	1.55	2.63	7.55
普通本科学生母亲受教育程度比例 B3（%）	28.8	30.3	22.1	18.9
辈出率（B3/A）	0.44	1.32	2.33	9.45
高职高专学生母亲受教育程度比例 B4（%）	42.0	34.5	16.9	6.6
辈出率（B4/A）	0.64	1.51	1.78	3.30

通过分析不同层次高校的辈出率差异情况，结果发现：“211 工程”高校的均值为 3.0250，标准差为 3.15469；普通本科的均值为 3.3850，标准差为 4.11641；高职高专的均值为 1.8075，标准差为 1.10753。这说明相较于前两种层次的高校，高职高专的辈出率差异最小。

对父母受教育年限影响子女高等教育机会进行分析，发现不论是父亲还是母亲，其受教育年限越长，越有利于提高子女在大学中的比例和增加进入精英高等教育机构的机会。母亲对子女高等教育机会的影响高于父亲对子女的影响，高职高专相较于“211 工程”大学和普通本科院校，它的辈出率差异最小。下面将分别论述造成上述结果的原因。

父母接受的教育层次和获得的教育文凭越高，相应的社会地位也越高，经济条件也越好。他们会格外重视子女的教育问题，使子女在耳濡目染中习得文化阶层上层所特有的语言和掌握复杂的符号系统，又利用社会关系和经济实力为子女选择有声望的重点中学，加强与老师和学校的交流，监督子女学业。母亲对子女高等教育机会的影响大于父亲对子女的影响，表明母亲的文化资源代际传递性强于父亲。可能的原因是父亲基于各种原因对子女照顾和陪伴的缺失，对孩子的健康成长将产生不利影响。如前所述，面向市场、偏重应用和提高职业技能的高职院校的辈出率差异最小，因为文化资源相对充裕的家庭，注意力偏向于学术型院校，将高职院校的空间让渡出来，加之聚焦于职业训练的专科学校，录取分数较低，门槛不高，所以处于不利阶层的子女能够顺利进入高职院校就读。由于“文化阶层对教育机会的影响往往比较顽固，不太容易受家庭其他背景因素的干扰而出现大幅度波动"①，家庭文化资本很难在较短时间得到根本改变，故而主张通过专科院校缩小高等教育机会在不同阶层之间的差异，同时制定相关政策，加大教育投入，改变家长教育观念，为这些家庭的子女进入更高层次的学校做准备。

三、客观形态文化资本对高等教育机会获得的影响

（一）家庭藏书量对高等教育机会获得的影响

如表 3-2-6 所示，调查中家庭藏书量"非常多"的频率为 26，比例为 2.1%；家庭藏书量"多"的频率为 104，比例为 8.6%；家庭藏书量"一般"的频率为 405，百分比为 33.4%；家庭藏书量"不多"的频率为 471，比例为 38.9%；家庭藏书量"没有"的频率为 206，比例为 17.0%。家庭藏书量"不多"的比例最高，其次是"一般""没有""多""非常多"。

从家庭藏书量"非常多"和"多"的情况来看，考入"211 工程"大学的学生家庭藏书量多于普通本科学生家庭藏书量，而普通本科学生家庭藏书量多于高职高专学生家庭藏书量；从家庭藏书量"不多"和"没有"的情况来看，高职高专学生家庭藏书量"不多"和"没有"的比例高于普通本科学生家庭藏书量"不多"和"没有"的比例，而普通本科学生家庭藏书量"不多"和"没有"的比例高于"211 工程"大学学生家庭藏书量"不多"和"没有"的比例；从家庭藏书量"一般"的情况来看，"211 工程"大学学生家庭藏书量，普通本科学生家庭藏书量，高职高专学生家庭藏书量，它们之间差异较小。由此可以将结论总结为两点：第一，家庭藏书量越丰富的家庭，越有利于子女的学习，子女进入更高层次的学校的概率就更大；第二，无论是哪个层次的学校，家庭藏书量"一般"和"不多"的比例都非常高，表明家庭藏书量对子女升入哪一层次的高校有一定影响，但是影响并不是很大，缺少藏书的家庭，子女仍然可以通过自身的努力进入水平较高的学校。根据 Pearson 相关性检验，家庭藏书量与大学层次的相关系数为 0.084，在置信度（双侧）0.01 水平上，相关性较为显著（$P = 0.003 < 0.01$）。通过卡方检验，卡方值为 20.012，家庭藏书量与大学层次之间有

---

① 吴康宁．教育社会学［M］．北京：人民教育出版社，1998：137.

显著的差异（$P=0.010<0.05$）。表明家庭藏书量越丰富，越有利于子女获得更高层次的高等教育；家庭藏书量越少，对子女进入更高层次的学校越不利。

表 3-2-6　家庭藏书量与高校层次之间的关系

高校层次	家庭藏书量									
	非常多		多		一般		不多		没有	
	频数	百分比（%）	频数	百分比（%）	频数	百分比（%）	频数	百分比（%）	频数	百分比（%）
“211 工程”高校	17	4.4	36	9.4	123	31.9	155	40.3	54	14.0
普通本科	7	1.4	45	8.9	176	34.6	193	38.0	87	17.1
高职高专	2	0.6	23	7.2	106	33.2	123	38.6	65	20.4
总计	26	2.1	104	8.6	405	33.4	471	38.9	206	17.0
统计检验	Pearson 相关系数 $=0.084$，$P=0.003<0.01$ $\chi^2=20.012$，$df=8$，$P=0.010<0.05$									

（二）学习设备量对高等教育机会获得的影响

调查中家庭为子女提供的学习设备量“非常多”的频率为 87，比例为 7.2%；家庭为子女提供的学习设备量“多”的频率为 289，比例为 23.8%；家庭为子女提供的学习设备量“一般”的频率为 571，比例为 47.1%；家庭为子女提供的学习设备量“不多”的频率为 196，比例为 16.2%；家庭为子女提供的学习设备量“没有”的频率为 69，比例为 5.7%。可见，家庭为子女提供的学习设备量“一般”的比例最高，其次是“多”“不多”“非常多”“没有”。

表 3-2-7 为学习设备量与高校层次之间的关系。学习设备量“非常多”，学生进入“211 工程”高校的机会多于进入普通本科的机会，而学生进入普通本科的机会又多于进入高职高专的机会；学习设备量“多”，学生进入普通本科的机会多于进入“211 工程”高校的机会，但是两者之间相差不大，而学生进入“211 工程”高校的机会又多于学生进入高职高专的机会；学习设备量“一般”，学生进入高职高专的机会多于学生进入普通本科的机会，而学生进入普通本科的机会又多于进入“211 工程”高校的机会；学习设备量“不多”，学生进入高职高专的机会多于进入“211

工程”高校与普通本科的机会，而“211 工程”高校与普通本科之间的差异不大；学习设备量“没有”，学生进入高职高专的概率大于进入普通本科的概率，而学生进入普通本科的概率又大于进入“211 工程”高校的概率。由此可知，家庭提供的学习设备量越多，越有利于子女进入高质量的学校；反之，子女进入普通学校的概率就会增加。根据 Pearson 相关性检验，家庭提供的学习设备量与大学层次的相关系数为 0.183，在置信度（双侧）0.01 水平上，相关性极为显著（$P=0.000<0.01$）。根据卡方检验，$\chi^2=61.420$，家庭提供的学习设备量与大学层次之间有极其显著的关系（$P=0.000<0.001$）。家庭提供的学习设备量的多寡，与经济资本有很大关系。经济资本充足的家庭，为了子女的学业可以不惜重金，购买各种学习设备；经济资本匮乏的家庭，即便想为子女提供学习设备，也因为贫困而难以实现。学习设备量的多寡与学业成绩有密切关系，学习设备量较少的孩子，在需要借助一些学习设备完成的科目方面，与学习设备量丰富的学生难以在同等条件下展开学术竞争，使他们产生失败和沮丧感，影响学业成绩。

表 3-2-7　家庭提供的学习设备量与高校层次的关系

高校层次	家庭提供的学习设备量									
	非常多		多		一般		不多		没有	
	频数	百分比（%）	频数	百分比（%）	频数	百分比（%）	频数	百分比（%）	频数	百分比（%）
“211 工程”高校	39	10.1	105	27.3	169	43.9	60	15.6	12	3.1
普通本科	35	6.9	146	28.7	234	46.1	68	13.4	25	4.9
高职高专	13	4.1	38	11.9	168	52.7	68	21.3	32	10.0
总计	87	7.2	289	23.8	571	47.1	196	16.2	69	5.7
统计检验	Pearson 相关系数 = 0.183，$P=0.000<0.01$ $\chi^2=61.420$，$df=8$，$P=0.000<0.001$									

四、具体形态文化资本对高等教育机会获得的影响

具体形态文化资本包括父母教育期望、父母对子女辅导和沟通频率、父母对中外文学作家及作品了解、父母对时事的关心程度。下文从这四个方面分别检验其对高等教育机会获得的影响。

（一）父母教育期望对高等教育机会获得的影响

如表3-2-8所示，父母对子女没有明确期望的频数为223，百分比为18.4%；父母对子女的教育期望为大专、高职的频数为19，百分比为1.6%；父母对子女的教育期望为本科的频数为609，百分比为50.2%；父母对子女的教育期望为硕士的频数为276，百分比为22.8%；父母对子女的教育期望为博士的频数为85，百分比为7.0%。可见，父母期望子女达到本科水平的比例最高，其次是硕士。数据证实父母对子女没有明确期望占有一定比例，但是父母期望子女达到专科及以上的人数最多，高达989人，是没有明确期望人数的4.43倍。子女是否能够升入大学，与父母对子女的教育期望有关，父母希望子女接受更高层次的教育，这种期望有利于激励子女积极进取，给自身设定更高的目标，那么获得成功的可能性就会大大增加；那些对子女没有明确期望的家庭，学生接受高等教育的可能性较低，他们往往止步于中等教育。

父母对子女没有明确期望，子女能够进入“211工程”高校和普通本科的比例很低，进入高职高专的比例较高；父母对子女的教育期望为大专、高职，子女进入高职高专的比例较高，进入“211工程”大学和普通本科学校的比例较低；父母教育期望为本科，子女进入普通本科和高职高专的比例较高，进入“211工程”高校的比例较低；父母教育期望为硕士，子女进入“211工程”大学的比例最高，其次是普通本科，比例最低的是高职高专；父母教育期望为博士，子女进入“211工程”高校的比例最高，其次是普通本科，最后是高职高专。

父母教育期望与大学层次之间的关系表明，父母对子女教育期望越高，越有利于子女进入高层次学校；父母对子女教育期望越低，越不利于子女进入高层次学校。在高校层次为高职高专时，父母教育期望为本科的比例为59.6%，问题在于为什么父母期望子女进入本科层次的学校学习，结果却是他们只考上了专科学校。合理的解释是，无论是哪个阶层的家庭，都希望子女获得良好的教育，他们一般不会只期望子女进入专科学校（依据比例可以证实，“211工程”大学、普通本科和高职高专，父母教育期望大专、高职的比例分别为0.8%、0.4%、4.4%，比例都非常低）；但是学生能否进入一般本科或者重点本科，不仅取决于父母的教育期望，还受到家庭经济收入、学生自身努力程度和父母拥有的社会资本量等因素的影响。当然，高等教育机会受到家庭因素、个人因素和学校因素等的交互影响，还需要进行大规模的实证检验和个案研究。根据 Spearman 相关性检验，父母教育期望与大学层次的相关系数为-0.381，在置信度（双侧）0.01 水平上，相关性极其显著（$P=0.000<0.01$）。根据卡方检验，$\chi^2=262.188$，父母教育期望与大学层次之间有极其显著的关系（$P=0.000<0.001$）。

表 3-2-8　父母教育期望与高校层次之间的关系

高校层次	父母对子女的教育期望									
	没明确期望		大专、高职		本科		硕士		博士	
	频数	百分比（%）	频数	百分比（%）	频数	百分比（%）	频数	百分比（%）	频数	百分比（%）
“211 工程”高校	57	14.8	3	0.8	117	30.4	159	41.3	49	12.7
普通本科	63	12.4	2	0.4	302	59.4	110	21.7	31	6.1
高职高专	103	32.3	14	4.4	190	59.6	7	2.2	5	1.6
总计	223	18.4	19	1.6	609	50.2	276	22.8	85	7.0
统计检验	Spearman 相关系数 =-0.381，$P=0.000<0.01$ $\chi^2=262.188$，$df=8$，$P=0.000<0.001$									

（二）父母辅导和沟通频率对高等教育机会获得的影响

如表 3-2-9 所示，父母辅导和沟通频率“非常多”的频数为 171，比例为 14.1%；父母辅导和沟通频率“多”的频数为 387，比例为 31.9%；父母辅导和沟通频率“一般”的频数为 489，比例为 40.3%；父母辅导和沟通频率“不多”的频数为 133，比例为 11.0%；父母辅导和沟通频数“没有”的频率为 32，比例为 2.6%。可见，父母辅导和沟通频率“一般”的比例最高，其次是“多”“非常多”“不多”“没有”。

表 3-2-9 为父母辅导和沟通频率与高校层次的关系。父母辅导和沟通频率“非常多”，子女进入“211 工程”高校和普通本科的比例较高，进入高职高专的比例较低；父母辅导和沟通频率“多”，子女进入“211 工程”大学的比例最高，其次是普通本科和高职高专；父母辅导和沟通频率“一般”，子女考入高职高专的比例最高，其次是普通本科，再次是“211 工程”大学；父母辅导和沟通频率“不多”，子女考入普通本科和高职高

专的可能性较大，其次是“211 工程”高校；父母辅导和沟通频率“没有”，子女进入三种层次高校的比例相差不大。由此可以得出结论：第一，父母辅导和沟通频率越多，越有利于子女进入更高层次的学校，否则子女将进入一般高校；第二，从父母辅导和沟通频率“没有”的比例分析，父母对子女缺少辅导，与子女学校和老师缺少沟通，子女不仅很难升入重点院校，也很难进入专科层次的学校。根据 Pearson 相关性检验，父母辅导和沟通频率与大学层次的相关系数为 0.062，说明两者之间为极弱相关或者无相关，在置信度（双侧）0.05 水平上，相关性显著（$P=0.032<0.05$）。通过卡方检验，卡方值为 10.792，父母辅导和沟通频率与高校层次之间没有显著差异（$P=0.214>0.05$）。从描述性统计结果来看，父母对子女辅导和沟通频率对高等教育机会存在一定程度的影响，但是在统计学意义上，父母辅导和沟通频率对大学层次的影响没有达到显著差异的水平。

表 3-2-9　父母辅导和沟通频率与高校层次的关系

高校层次	父母辅导和沟通频率									
	非常多		多		一般		不多		没有	
	频数	百分比（%）	频数	百分比（%）	频数	百分比（%）	频数	百分比（%）	频数	百分比（%）
“211 工程”高校	59	15.3	135	35.1	145	37.7	37	9.6	9	2.3
普通本科	79	15.6	153	30.1	199	39.2	62	12.2	15	3.0
高职高专	33	10.3	99	31.0	145	45.5	34	10.7	8	2.5
总计	171	14.1	387	31.9	489	40.3	133	11.0	32	2.6
统计检验	Pearson 相关系数 $=0.062$，$P=0.032<0.05$ $\chi^2=10.792$，$df=8$，$P=0.214>0.05$									

（三）父母关注时事频率对高等教育机会获得的影响

如表 3-2-10 所示，父母关注时事频率“非常多”的频数为 106，比例为 8.7%；父母关注时事频率“多”的频数为 374，比例为 30.9%；父母关注时事频率“一般”的频数为 587，比例为 48.4%；父母关注时事频率“不多”的频数为 118，比例为 9.7%；父母关注时事频率“没有”的频数为 27，比例为 2.2%。父母关注时事频率“一般”的比例最高，其次是“多”“不多”“非常多”“没有”。父母关注时事的频率是对时事没有任何关注的频率的43.89倍，显示进入高校的学生，其父母对时事都有一定程度的关注，那些不关注时事的父母，将影响子女升入高等院校。

父母关注时事频率“非常多”，子女进入“211工程”大学的比例最高，其次是普通本科、高职高专；父母关注时事频率“多”，子女进入“211工程”大学的比例高于进入高职高专的比例，子女进入高职高专的比例又高于进入普通本科的比例；父母关注时事频率“一般”，子女进入高职高专的比例高于进入普通本科的比例，子女进入普通本科的比例又高于进入“211工程”大学的比例；父母关注时事频率“不多”，子女进入“211工程”大学的比例与进入普通本科的比例相等，但是高于进入高职高专的比例；父母关注时事频率“没有”，子女进入高职高专的比例高于进入“211工程”大学的比例，子女进入“211工程”大学的比例又高于进入普通本科的比例。

根据父母关注时事频率与高校层次之间的关系，得出的结论是：父母关注时事频率越高，越有利于子女获得就读高质量大学的机会；父母对时事关注较少，不利于子女进入高层次学校。另外，对父母关注时事频率“没有”的比例进行分析，虽然父母关注时事频率“没有”，子女进入高职高专的比例较高，但是纵向比较发现，专科、普通本科和“211工程”大学三者之间的比例差异较小，表明父母不关注时事，子女不仅很难升入重点院校，也很难进入专科层次的学校。根据Pearson相关性检验，父母关注时事频率与大学层次的相关系数为0.073，在置信度（双侧）0.05水平上，相关性显著（$P=0.011<0.05$）。通过卡方检验，卡方值为36.414，父母关注时事频率与高校层次之间有极其显著的差异（$P=0.000<0.001$）。

表3-2-10　父母关注时事频率与高校层次的关系

高校层次	父母关注时事频率									
	非常多		多		一般		不多		没有	
	频数	百分比（%）	频数	百分比（%）	频数	百分比（%）	频数	百分比（%）	频数	百分比（%）
“211工程”高校	47	12.2	130	33.8	157	40.8	43	11.2	8	2.1
普通本科	42	8.3	147	28.9	257	50.6	57	11.2	5	1.0

续表

高校层次	父母关注时事频率									
	非常多		多		一般		不多		没有	
	频数	百分比（%）	频数	百分比（%）	频数	百分比（%）	频数	百分比（%）	频数	百分比（%）
高职高专	17	5.3	97	30.4	173	54.2	18	5.6	14	4.4
总计	106	8.7	374	30.9	587	48.4	118	9.7	27	2.2
统计检验	Pearson 相关系数 =0.073，$P=0.011<0.05$ $\chi^2=36.414$，$df=8$，$P=0.000<0.001$									

（四）父母对中外作家及文学作品的了解对高等教育机会获得的影响

如表3-2-11 所示，父母对中外文学作家及作品了解程度“非常多”的频数为12，比例为1.0%；父母对中外文学作家及作品了解程度“多”的频数为100，比例为8.3%；父母对中外文学作家及作品了解程度“一般”的频数为484，比例为39.9%；父母对中外文学作家及作品了解程度“不多”的频数为484，比例为39.9%；父母对中外文学作家及作品了解程度“没有”的频数为132，比例为10.9%。父母对中外文学作家及作品了解程度“一般”和“不多”的比例最高，其次是“没有”“多”“非常多”。父母对中外文学作家及作品有一定了解是没有任何了解的8.18倍，表明父母对中外文学作家及作品有一定程度的了解，有利于子女进入大学学习，而父母对中外文学作家及作品缺少了解，不利于子女进入大学学习。

父母对中外文学作家及作品的了解“非常多”，子女进入“211 工程”大学的比例高于进入普通本科的比例，子女进入普通本科的比例高于进入高职高专的比例；父母对中外文学作家及作品的了解“多”，子女进入“211 工程”大学的比例高于进入普通本科的比例，子女进入普通本科的比例高于进入高职高专的比例；父母对中外文学作家及作品的了解“一般”，子女进入高职高专的比例高于进入普通本科的比例，子女进入普通本科的比例高于进入“211 工程”大学的比例；父母对中外文学作家及作品的了解“不多”，子女进入高职高专的比例高于进入“211 工程”大学的比例，子女进入“211 工程”大学的比例高于进入普通本科的比例；父母对中外文学作家及作品的了解“没有”，子女进入普通本科的比例高于进入“211 工程”大学的比例，子女进入“211 工程”大学的比例又高于考入高职高专的比例。根据 Pearson 相关性检验，父母对中外文学作家及作品的了解与大学层次的相关系数为 0.055，在置信度（双侧）0.05 水平上，相关性不显著（$P=0.057>0.05$）。通过卡方检验，卡方值为 17.037，父母对中外文学作家及作品的了解与高校层次之间有显著的差异（$P=0.030<0.05$）。

表 3-2-11 父母对中外文学作家及作品的了解与高校层次的关系

高校层次	父母对中外文学作家及作品的了解									
	非常多		多		一般		不多		没有	
	频数	百分比（%）	频数	百分比（%）	频数	百分比（%）	频数	百分比（%）	频数	百分比（%）
“211 工程”高校	8	2.1	42	10.9	142	36.9	154	40.0	39	10.1
普通本科	3	0.6	41	8.1	210	41.3	193	38.0	61	12.0
高职高专	1	0.3	17	5.3	132	41.4	137	42.9	32	10.0
总计	12	1.0	100	8.3	484	39.9	484	39.9	132	10.9
统计检验	Pearson 相关系数 $=0.055$，$P=0.057>0.05$ $\chi^2=17.037$，$df=8$，$P=0.030<0.05$									

父母具有较高的文化修养（谙熟中外文学作家及作品），使子女有种与生俱来的天赋和兴趣，努力学习经典著作，并从父母那里学会批判和思索，他们将同他们的父母一样，拥有较高的文化修养并保持对学术的兴趣。这些家庭走出来的孩子，拥有在学术市场进行交易从而获取利润的象征资本，在充满激烈竞争的社会环境中，出类拔萃，卓越超群，他们就与父母文化修养较低的孩子之间形成差距。对于那些来自较低文化修养家庭的学生，无法从家庭中习得进入优势阶层需要的语言、习惯和礼仪，他们只能通过学校教育学习精英社会的一切符号系统，但是由于学校教育提供的一套复杂的系统与这些学生家庭的文化并不一致，导致这些学生无所适从，常常感到学习受挫。同时，教师对学生进行筛选，将学生分为两类：一类是来自精英文化圈的学生，他们符合精英社会期望，称为卓越型学生；另一类来自普通文化圈的学生，他们被精英社会排斥，在普通文化圈也无归属感，称为普通型学生。在普通学生学习受挫和遭到学校教育制度排斥的双重作用下，他们容易产生厌学情绪，影响学业成绩，导致辍学、

被高考淘汰或者进入职业院校。卓越型学生却走向有较高声望的学术型院校。更为致命的是，布尔迪厄和帕瑟龙认为，由于学校集中于传授统治阶级文化和风格，学生就很容易认为学校权威是合法的。用这种方法，学校无须强制，就能使那些缺少文化资本的人把他们的学术和社会命运归于缺少天赋和才能。①

文化再生产理论不仅关注来自家庭的因素，也关注来自学校的不公正，对此需要对社会文化和教育制度进行重新思考，提出解决符号暴力和隐性暴力的政策建议，为营造更加善良、公正和合理的社会环境不断努力。

第三节 文化资本对高等教育机会获得影响的原因分析

文化资本对高等教育机会获得影响的原因较多，根据课题组的研究结果，认为教育体制累积效应造成男女性别不平等，城乡经济差距对农村学生高等教育入学机会的限制，高考试卷城镇化倾向阻碍高等教育入学机会平等，显性资源排斥和隐性资源排斥对高等教育机会获得的影响是导致高等教育机会不均等的重要原因。

一、教育体制累积效应造成男女生数量差异

不仅在新疆，在全国和欧美发达国家，高校中女生人数已经开始超过男生并且在学术上表现优异。据英国高等教育政策研究所公布的调查报告数据显示，除牛津大学外，其他英国大学女生比例都超过了男生。并且预计到2025年，英国大学女生的比例可能达到70%。② 女学生在高校中人数逐年增加，反映社会正在走向进步，社会的主导价值观正在发生改变；男生不仅在高校中的比例处于劣势，在各层次高校中也不占据优势，这个问题值得高度关注。从教育体制的角度进行剖析，认为教育体制的累积效应造成了男女生在高校中比例的差异。教育体制是教育机构与教育规范的结合体或统一体。③ 余丽红认为，“教育体制，即‘教育管理体制’，是国家

---

① 余秀兰．中国教育的城乡差异——一种文化再生产现象的分析［M］．北京：教育科学出版社，2004：206.

② 夏余才．要科学看待大学女生增多现象［J］．教育与职业，2011（02）：89.

③ 孙绵涛．教育体制理论的新诠释［J］．教育研究，2004（12）：17.

组织和管理教育的形式、方法和制度的总称；它主要包括教育决策体系、教育信息的传递与反馈体系、教育调节体系和组织体系四个要素"①。本研究中指的教育体制主要是教育规范。

小学升初中为第一阶段，应试倾向较为严重，虽然素质教育在很多年前就已经开始呼吁，但是将人当成可以填塞知识的工具，否定人的全面发展，扼杀智慧和人性的应试教育仍然没有进行根本改革。在"唯分数论"的应试教育模式下，女生比男生更有优势，因为"从生理和心理而言，女生要比同龄男生发育更早，女生智力发育与心理发展成熟度都比男生快，因为这一生理因素决定女生的知识吸收能力更强，行为自控力更高，竞争意识的启蒙也先于男生，因此更易于对当前以及未来的学业规划有更为清晰和理性的认识"②。男生生理与心理和女生相比，并不在同一起跑线上，却用分数这把同一的标尺对男生和女生进行衡量，显然男生会处于不利地位，造成严重的挫败感。除此之外，学科中利于女生的因素也相对较多。应试教育和学科问题的共同作用导致男生与女生在小升初的考试中进行分流，更多女生进入重点学校，更多男生则进入非重点学校。第一阶段分流产生的不利结果将会累加到初中升高中的入学考试中，由于重点学校与非重点学校之间在基础设施、校园环境、教师素质和学生文化等方面存在巨大差异，女生会占据优势，最终她们进入重点高中的概率增加，而男生进入非重点高中的比例上升。从小学、初中再到高中，高考成为检验学生学业成功和学校教育质量高低的核心标准。女生考入重点高中，显然进入"211 工程"大学的概率就会递增，而男生进入普通高中，考不上大学或者进入普通大学的概率就会显著增加。

为了对高中就读学校类型与大学层次之间的关系进行检验，在问卷中设置"您高中就读于____中学"的题目，答案包括：（1）重点中学；（2）普通中学；（3）职业学校或技工学校；（4）其他（请注明）。调查结果显示，在重点高中中，男生为 185 人，女生为 295 人；在普通高中中，男生为 218 人，女生人数为 495 人；在职业学校或技工学校中，男生为 3 人，女生为 10 人。根据卡方检验，卡方值等于 8.813，显示性别和高中就读学校类型之间存在显著的差异（$P=0.012<0.05$）。研究中还对不同高

① 余丽红．教育体制［J］．中国教育学刊，2009（03）：4.

② 周海旺，严善平，安芝．中小学男生相对弱化问题研究——以上海为例［J］．社会科学，2012（12）：88.

中类型在大学中的教育分流情况绘制图表，见图 3-3-1。被重点中学录取的学生 480 人，有 205 人进入“211 工程”大学，所占比例为 42.7%，205 人进入普通高校，所占比例为 42.7%，有 70 人进入高职高专，所占比例为 14.6%；在普通中学就读的学生人数为 713 人，176 人进入“211 工程”大学，所占比例为 24.7%，301 人进入普通高校，所占比例为 42.2%，236 人进入高职高专，所占比例为 33.1%；13 人在职业学校或者技工学校就读，全部都被高职高专录取。对高中类型与大学层次之间的相关性进行 Pearson 相关性检验，发现高中类型与大学层次之间的相关系数为 0.266，在置信度（双侧）0.01 水平上，相关性极其显著（$P = 0.000 < 0.01$）。通过对描述性结果分析和统计检验也发现，教育体制中的不利结果不断累积，直至男生被逐渐排斥在高等教育系统之外，女生则逐渐在高等教育系统中占据优势地位。

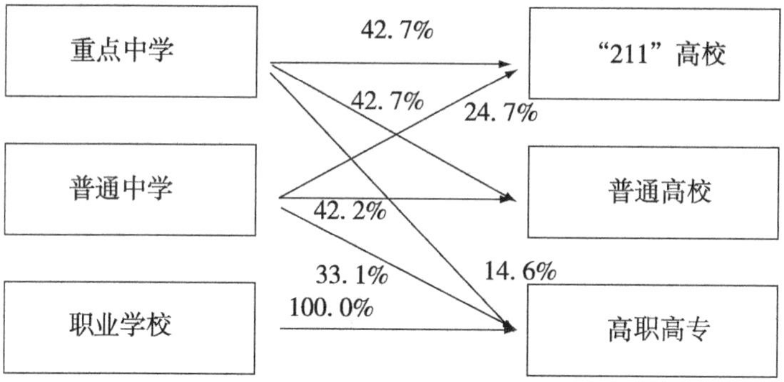

图 3-3-1　高中就读学校类型在不同大学层次中的分流情况

二、城乡经济差距对农村学生高等教育入学机会的影响

为了了解城镇和农村学生家庭年经济收入的差距，在问卷中增加“您的家庭年经济收入情况”的问题，选项共计 11 个，具体包括：（1）5000 元以下；（2）5000—10000 元；（3）10001—15000 元；（4）15001—20000 元；（5）20001—30000 元；（6）30001—40000 元；（7）40001—50000 元；（8）50001—60000 元；（9）60001—80000 元；（10）80001—100000 元；（11）100001 元以上。为了便于卡方检验，将家庭居住地“县城或者县级市”“省会城市或者直辖市”“地级市”这三类统一归并为城市。因此，将家庭居住地分为农村、乡镇和城市。将不同居住地家庭的年经济收入进行描述性统计，并且进行卡方检验和相关性检验，结果见表3-3-1。

表 3-3-1　家庭居住地、家庭年经济收入及统计检验

家庭年经济收入（元）	家庭居住地						统计检验
	农村		乡镇		城市		
	频数（人）	所占百分比（%）	频数（人）	所占百分比（%）	频数（人）	所占百分比（人）	
5000 以下	190	41. 30	47	22. 17	100	20. 04	Spearman 相关系数 =0. 248，P =0. 000 <0. 01 χ^2=101. 724，df =20，P =0. 000 <0. 001
5000—10000	132	28. 70	74	34. 91	144	28. 86	
10001—15000	46	10. 00	35	16. 51	70	14. 03	
15001—20000	33	7. 17	13	6. 13	34	6. 81	
20001—30000	11	2. 39	10	4. 72	22	4. 41	
30001—40000	18	3. 91	9	4. 25	19	3. 81	
40001—50000	10	2. 17	8	3. 77	22	4. 41	
50001—60000	5	1. 09	2	0. 94	17	3. 41	
60001—80000	4	0. 87	3	1. 42	19	3. 81	
80001—100000	4	0. 87	6	2. 83	16	3. 21	
100001 以上	7	1. 52	5	2. 36	36	7. 21	

从表 3-3-1 可以看到，家庭居住地位于农村，父母年经济收入位于 5000 元以下的比例最高，家庭居住地位于乡镇和城市，父母年经济收入位于 5000—10000 元的比例最高，乡镇和城市进行比较，家庭居住地位于城市，父母年经济收入居于高层次的比例明显大于家庭居住地位于乡镇的父母年经济收入居于高层次的比例。根据卡方检验，卡方值等于 101. 724，显示家庭居住地和年经济收入之间存在极其显著的差异（P =0. 000 <0. 001）。除此之外，对两者之间的相关性进行 Spearman 相关性检验，发现家庭居住地与家庭年经济收入之间的相关系数为 0. 248，在置信度（双侧）0. 01 水平上，相关

性极其显著（$P=0.000<0.01$）。表明家庭居住地越是位于城市，父母年经济收入越高；家庭居住地越是位于农村，父母年经济收入越低。

农村家庭父母年经济收入较低，对子女选择热门专业、升入重点高中和重点大学都不利，因为无论是热门专业、重点高中还是重点大学，都意味着没有足够的金钱作为支撑，是不可能成功的。他们占有的经济资源非常少，家庭要时常为生计担忧，难以为其子女提供较好的学习设备和选择较好的学习环境。因此，农村家庭的孩子往往在高中升入大学的考试中处于不利地位，他们要么在残酷的高考竞争中被淘汰，要么进入高职高专，要么因为贫困而放弃学业。相对于农村家庭父母，城镇家庭父母年经济收入较高，他们占有更多经济资源，在高中阶段，他们可以为子女提供好的学习设备，可以择校选择获得更高质量的教育资源，可以有能力负担子女高昂的课外辅导费用和辅导资料的费用，使子女安心学习，提高学业成绩，在高考的激烈竞争中具有明显优势。

三、高考试卷的城镇化倾向阻碍高等教育入学机会平等

高考试卷的城镇化倾向有利于城镇学生。以新疆高考语文试卷作文材料为例，由于新疆高考作文题目从截取年份 2008 年以来都是根据一段材料，自拟题目写作，所以本研究将 2008 年到 2014 年新疆高考作文材料关键词罗列出来，整理成表 3-3-2。对该表分析可知，2008 年，新疆高考语文作文材料的关键词是“绿海龟”“大海”“老鹰”，对于新疆农村家庭的孩子，很难见到绿海龟和大海，在他们的脑海中，对这两样东西并没有非常深刻的印象。因此，很难写出非常精彩和生动的作文。对于城镇家庭的孩子，虽然新疆没有大海，但是他们有足够的经济资本，可以到海边度假，对于大海有更加直观的感受。2009 年的作文材料关键词是“色盲”“道尔顿”“圣诞节”“洗涤剂”“方便面”。这个材料题，城镇倾向不是非常明显。2010 年，作文材料关键词是“浅阅读”和“读图时代”。这个材料作文题难度很大，农村家庭的学生很难找到较好的切入点。相比农村学生，城镇学生的优势更突出，他们生活的环境，能接受到更加丰富的信息，对于这样的材料题把握起来较为容易。2011 年，作文材料关键词是“经济成就”“国际影响”“民生改善”“科技水平”“城市化进程”“开放程度”。这个材料题偏向城市，并不适合农村学生。2012 年材料题关键词是“船主”和“漆工”，城镇取向不是很强。2013 年的材料题关键词是

“同学关系”“自我意识”“志趣”“和谐氛围”“包容”。“同学关系”和“包容”，农村学生比较好把握，但是“自我意识”“志趣”“和谐氛围”这三个词比较深奥，农村学生很难理解它们的深层次含义，所以无法写出高分作文。2014 年，新疆高考语文作文材料题的关键词是“野生动物”“喂食”“丧失能力”。这个材料题不仅谈论野生动物保护，还要进一步讨论人事和教育问题，对农村学生而言，仍然有不小的难度。

综上所述，材料试图融入乡村的一些元素，减少城镇化取向，但材料的关键词仍然蕴含强烈的城市倾向。高考作文分值较大，在高考的激烈竞争中，几分之差就可能与重点学校无缘。作文材料不利于农村家庭学生，他们很难写出较好的作文，与城镇学生之间的分数差距自然拉开，导致农村学生和城镇学生在高等教育中分流，农村学生流向专科学校或者普通本科，城镇学生流向“211 工程”大学或者知名学府。

表 3-3-2　2008—2014 年新疆高考语文试卷作文材料关键词状况①

年份	2008	2009	2010	2011	2012	2013	2014
材料题关键词	绿海龟、大海、老鹰	色盲、道尔顿、圣诞节、洗涤剂、方便面	浅阅读、读图时代	经济成就、国际影响、民生改善、科技水平、城市化进程、开放程度	船主、漆工	同学关系、自我意识、志趣、和谐氛围、包容	野生动物、喂食、丧失能力

四、显性和隐性资源排斥对高等教育机会获得的影响

MMI 理论认为，教育规模扩展对弱势阶层子女未必是幸事，因为优势地位群体不会在教育规模扩张面前无动于衷，他们会借助各种有利的资源，占有更多的教育机会，除非当某级的教育水平达到普及后，教育的不均等程度将会减少甚至消失。

卢卡斯认为 MMI 理论忽视了质量和类型的差异，于是提出了 EMI（Effectively Maintained Inequality）理论。该理论认为，教育机会的不平等在显性的数量不平等减少时，质量和类型的不平等更需要引起高度重视。优势阶层意识到，其子女在高质量的学校就读，对于子女就业和维持本阶

① 资料来源：金风．新疆历年高考作文题目［EB/OL］．(2013-12-20)［2014-11-25］．http://www.ccutu.com/gaokao/23675.shtml.

层地位有重要意义。因此，他们会竭尽全力在教育质量方面与弱势群体竞争，结果就是教育机会的不平等仍将广泛存在。

借助布尔迪厄的文化再生产理论、MMI 理论和 EMI 理论，建构一个直观的作用机制图，见图 3-3-2。图中将展示优势文化资本阶层如何通过显性资源排斥和隐性资源排斥一步步挤压劣势文化资本阶层在教育系统中的生存空间，从而进入精英高等教育机构，获取优质教育资源。图中组织资源包括行政组织资源与政治组织资源；经济资源主要指对生产资料的所有权、使用权和经营权；文化（技术）资源是指社会（通过证书或资格认定）所认可的知识和技能的拥有。①

教育机会不平等，是家庭与学校联合生产的结果。位于文化资本阶层上层的家庭，占有丰富的组织资源、经济资源、文化资源，他们可以将子女安排进入重点中学。相比前面两种资源，文化资源以更加隐蔽和间接的方式实现资源排斥，优势社会阶层占有更多文化资源，他们积极与学校老师沟通，及时掌握子女的动态，同时对子女也有更高的教育期望。在这种良性的文化氛围影响下，他们的子女会有更高的抱负，对于其获得高质量的高等教育有重要帮助。位于文化资本阶层下层的家庭，一般缺少为子女在学术市场谋取利益的组织资源、经济资源和文化资源，即便有些家庭有充裕的经济资源，但是由于教育机会的不平等是家庭与学校联合生产的结果，这些家庭的孩子，就算进入教学质量和升学率都非常高的学校，也会因为无法适应充满精英文化的学校体系而难以取得较高的学业成就。

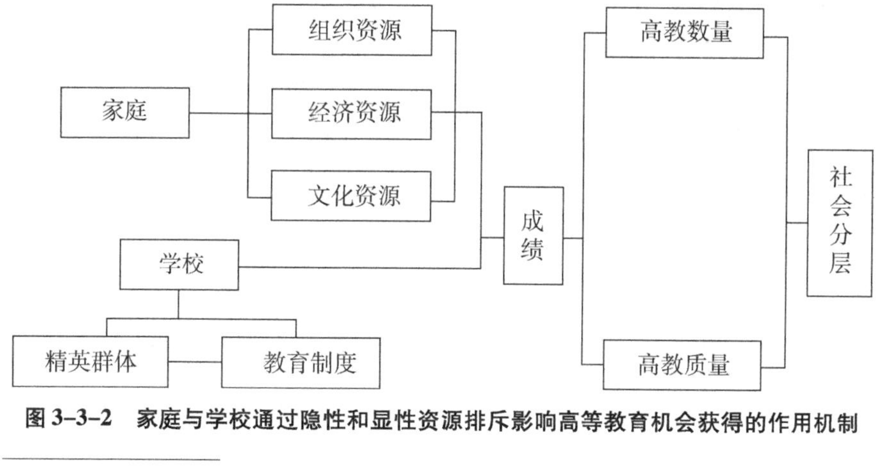

图 3-3-2　家庭与学校通过隐性和显性资源排斥影响高等教育机会获得的作用机制

① 陆学艺. 当代中国社会阶层研究报告［M］. 北京：社会科学文献出版社，2002：8.

精英群体的孩子表现更加卓越，来自普通群体的孩子则表现平平。依靠家庭和学校两种力量，影响学生学习成绩，不同阶层家庭的孩子得以分流。通过实证研究发现，虽然弱势阶层子女随着高校大规模扩招，也能进入大学学习，但通过深入分析后发现，高校扩招的结果和精英群体将更多的精力转向获取质量更优的教育，从而为弱势阶层子女腾出了进入高校的空间。

总之，优势社会阶层比弱势社会阶层占有更多的组织资源、文化资源和经济资源，导致优质的教育资源偏向于具有特权的阶层①，他们的子女拥有天然的优越性，从一开始就能使其子女获得优质的教育资源②。弱势社会阶层占有较少的组织资源、经济资源和文化资源，他们既没有能力将子女安排到重点学校，也很少意识到与学校和任课教师沟通的重要性，时常忙于工作，无暇顾及子女，导致子女在放任自流的状态下学习，不利于子女成就动机的提高。从家庭与学校的联合作用，到影响学生在学校的表现和学业成就，再到高等教育分层，从而“使得社会阶层不断被复制，最终导致阶层固化，难以实现正常的社会流动”③。

第四节　结论及政策建议

一、研究结论

通过原因分析，得出六点研究结论，包括：男女性别在高等教育机会获得方面有显著差异；高等教育机会城乡差异显著；不同民族之间入学机会方面有一定的差距；体制形态文化资本对高等教育机会影响显著；客观形态文化资本对高等教育机会影响显著；具体形态文化资本对高等教育机会影响显著。

---

① 李煜．制度变迁与教育不平等的产生机制——中国城市子女的教育获得（1966—2003）［J］．中国社会科学，2006（04）：97-109.

② 乔智．家庭背景与教育机会分配——中国城镇子女教育分流（1977—2003）［D］．上海：复旦大学，2008：28.

③ 刘志民，高耀．家庭资本、社会分层与高等教育获得——基于江苏省的经验研究［J］．高等教育研究，2011（12）：26.

（一）男女性别在高等教育机会获得方面有显著差异

随着新疆扩招步伐的加快，女生受高等教育机会进一步增加，原先男生的优势地位已经不复存在，代之以女生在高校中占据较高的比例。女生有更多机会接受高等教育，而且就读高质量大学的机会也逐渐增多，不论是在普通本科高校还是在“211 工程”大学中，女生的数量都超过男生的数量，显示出在高等教育入学机会方面，女生全面超过男生。

（二）高等教育机会城乡差异显著

从高等教育入学机会的城乡比较中发现，居住在农村和城镇的学生，他们之间的差距更多体现在大学层次和类型上，进入什么样的大学这个问题越来越成为研究的焦点。从家庭居住地的比较来看，高等教育数量正在倾向于公平，但是高等教育质量的不公平并没有得到改善。高等教育机构增加，招生人数不断增长，政府进一步加大对高等教育的投入力度，农村学生能够依靠自己的努力和个人才能，进入大学深造，有利于促进阶层流动，打破阶层固化的藩篱，的确在一定程度上有利于缓解城乡学生在入学机会方面不平等的矛盾，推动和谐社会的构建。但是，在取得巨大成绩的同时，应该注意到，农村学生进入一般高校的机会在增加，也就是说近些年，农村学生在高等教育机构中的增加，更多依靠职业技术学院或者普通本科院校，这些学校录取了较多的农村学生，而在教学质量和声誉较高的重点院校，农村学生仍然很难考入。

农村户籍的学生与城镇户籍的学生在高等教育入学机会方面存在较大差距。农村户籍的学生虽然进入高校的比例在不断上升，但是与城镇户籍的学生相比，更加深层次、隐性的教育差距容易被忽视。农村户籍的学生很难进入“211 工程”大学，而城镇户籍的学生，却在高质量大学中占据了较大比例。

（三）不同民族之间入学机会方面有一定的差距

汉族学生在高等教育可能性机会方面及大学层次方面，都比其他少数民族学生占据优势。国家和整个社会高度重视少数民族学生受教育机会，通过政策倾斜和资金扶持，保障少数民族学生接受更好的教育，成效显著；但是少数民族学生与汉族学生相比，在高等教育入学机会方面仍然有较大的差距。综合考察，原因涉及家庭经济收入、文化背景、社会资本和个人努力程度等，其中文化背景和家庭经济收入是最重要的两个因素。少数民族学生父母的受教育程度普遍较低，家庭经济困难，造成父母对子女教育不够重视，对子女的教育期望较低，与学校和老师的沟通较少，不利于子女安心学习和提高学业成绩，导致他们在高考中很难考出较理想的成绩。

（四）体制形态文化资本对高等教育机会影响显著

体制形态文化资本越丰富的家庭，子女越能获得更多高等教育机会；反之，子女很难获得更多高等教育机会。体制形态最重要的衡量指标为父母受教育程度，父母受教育程度较高，也期望自己的孩子获得更好的教育。他们即便工作繁忙，也会抽出时间监督孩子学习，加强与学校和班主任的联系，并且经常给予孩子鼓励，希望他们可以不断努力，进入知名高校深造。在这一系列有利因素的推动下，受过良好教育的父母，他们的子女会更加自信，在学校中因为成绩较好，也容易得到各科老师和班主任的额外关照，在高考中自然容易考取高分，进入一流高校。父母受教育程度较低，他们对子女的教育期望较低，而且很难有效监督子女的学业，也难以与学校和老师之间达成默契，致使子女学业艰难，在班级里不受重视，进一步影响求学信心。因此，这些家庭的孩子，辍学率较高，自然与受教育程度较高的父母的孩子在竞争中，处于弱势地位。

（五）客观形态文化资本对高等教育机会影响显著

家庭藏书量较为丰富，家庭为子女提供的学习设备较多，对子女获得更多高等教育机会有利；反之，不利于子女获得更多高等教育机会。家庭藏书量丰富的家庭，利于在家庭中形成良好的文化氛围，子女在这样的家庭中成长，会倾向于对知识感兴趣。在进入学校接受学校教育时，比家庭缺少藏书量的学生更容易显示出对知识的热爱和卓越的才能，这样的学生会得到学校场域的保护，让他们接受更好的教育，学校的许多资源，只要可以利用，也就一定会最先给这些天赋和努力程度都足够高的学生。通过学校和家庭两个场域，不同家庭背景的学生开始分流，藏书量多的家庭，其子女更容易进入重点高中和重点大学；而藏书量很少甚至没有的家庭，其子女多数进入普通中学和职业院校。

（六）具体形态文化资本对高等教育机会影响显著

具体形态文化资本越丰富的家庭，子女越能获得更多高等教育机会；反之，子女很难获得更多高等教育机会。拥有较高文化素养的父母，其子女耳濡目染，容易获得精英社会承认的文化惯习，经过学校教育制度的进一步塑造，其子女不论是在进入高质量大学还是将来的求职中，都会有巨大优势。文化素养较低的父母，其子女很难获得精英文化承认的惯习，这些家庭的子女进入学校，容易受到刚性排斥，他们被学校教育淘汰和求职失败的概率就会增加。只有那些非常优秀的学生才能进入高阶段的教育体系。①

二、不同文化资本大学生高等教育入学机会保障政策建议

政策主要包括四点：改变“唯分数论”的应试教育模式；缩小新疆城乡收入差距；提高弱势文化资本阶层资本存量，改革学校教育制度；减少高考试卷中的城镇化倾向，减少对农村学生的制度化伤害。

（一）改变“唯分数论”的应试教育模式

应试教育忽视“人”的培养，将人视为产品，统一用分数这唯一的卡尺进行衡量，培养出来的都是大小和重量都差不多的模具。21 世纪是知识爆炸和信息交换的时代，在新的时代背景下，那种基于机械论的应试教育已经不适应社会经济的快速发展。当前，应该改变“唯分数论”的应试教育模式，注重素质教育和人的全面发展，培养善于思考、合作、有责任感、学会生存和学会关心的合格公民。“如果能让学校教育真正摆脱‘唯分数论’的限制，将素质教育落到实处，教学目标从培养‘尖子生’转为培养合格的社会公民，着重关注男生和女生的心智成长、人格健全和价值观的建立”，不仅有利于减少性别之间的教育不公平，而且有利于实现民族复兴和社会进步，使社会步入更加文明的时代。

另外，男生和女生在生理和心理上存在差异。有研究表明：女生“确实更适合当前重视记忆、语言和机械重复的应试教育体系，而男生则天性

---

① 孙远太. 文化资本与教育不平等［M］. 北京：知识产权出版社，2013：13.

好动，思维活跃，这些课堂表现有时更容易妨碍教学的顺利进行”①。“男孩的听力不如女孩，教师必须声音洪亮才能保证男孩能听清所讲的内容；而男生的视觉系统相对于女孩要好一些，他们更擅长捕捉动态事物。女孩则更倾向于关注静物，比如颜色和纹理的细微差别。”② 针对男女生性别差异，先进行男生和女生分班实验，对男生和女生采取不同的教学方法和实施有区别的课程。在国外，一些中学开展男女生分班实验，结果是提高了写作、阅读和算术成绩。本研究建议根据实验的情况适度推广，进行分班教学，课余时间可以加强男生和女生的交流，让彼此更加了解。

总之，改革“唯分数论”的应试教育模式，培养社会合格公民，不仅是缩小性别差距的要求，也是社会发展的客观要求。

（二）缩小新疆城乡收入差距

伯顿（R. Boudon）认为，一个人在升入大学之前，往往存在着若干的决策过程对其做出是否上大学的决定产生影响，一个人是否上大学并非完全取决于他的学业成绩，还可能有诸如经济等其他方面的原因。③ “对一部分学生来说，由于家境贫困，经济拮据，他们通常在精神上背负着沉重的压力，精力也必然深受影响，或表现出升学欲望不高，或抗挫折能力较弱，这些都将影响他们的学业成绩或学历水平……由于家庭的经济承担能力不一样，学生在升学所需要的各种费用面前表现出迥然的心态，相应地也会做出不同的选择。在升学所需要的各种费用中，既有直接的费用，如学费、教材费等，还有间接费用，如放弃就业机会之后的日常生活费用。在负担这些费用方面，存在阶级、阶层差别，从而影响了学生的学历水平，特别是影响他们取得高等教育学历的水平。”④ 新疆城乡收入差距较大，导致农村家庭的学生在高等教育机会获得方面处于不利位置。因此，需要通过大力发展农村教育、建立现代农村金融制度等手段解决基于城乡收入差距的高等教育不公平问题。

---

① 周海旺，严善平，周安芝．中小学男生相对弱化问题研究——以上海为例［J］．社会科学，2012（12）：88.

② 伊丽莎白·韦尔．美国的男女生分班教育［J］．译林：文摘版，2008（05）：55.

③ 张德祥，周润智．高等教育社会学［M］．北京：高等教育出版社，2002：61.

④ 张德祥，周润智．高等教育社会学［M］．北京：高等教育出版社，2002：63.

1. 对教育资源进行合理配置，大力发展农村教育，缩小城乡差距

教育对农村经济有巨大的促进作用，通过大力发展农村教育，既能够对教育资源进行合理配置，优化教育资源，为农村学生提供优质的基础教育，也能进一步缩小城乡收入差距，增强农村学生与城镇学生的竞争能力。目前必须反思城市中心主义观念，转变工作思路和工作重点，打破城乡二元结构，缩小城乡差距。政府要高度重视教育投入，为教育发展提供充足的资金，将有限的教育资源进行合理配置，现阶段则是要向农村地区、边远地区和民族地区倾斜，促进各地区教育的公平发展，从而实现城乡经济社会协调发展。①

2. 突破一系列制度瓶颈，建立现代农村金融制度，增加农民收入

农村的资本匮乏是制约其经济发展的关键性因素，而金融发展通过“滴流效应”在一定程度上有助于缓解农村发展、农民增收的资金瓶颈问题。②对此，应该积极响应党的十七届三中全会关于农村改革和新农村建设的精神，建立现代农村金融制度。在建立现代农村金融制度的过程中，面临一系列难题。第一，商业性金融机构以追求利润最大化为目标，然而农业的回报率较低，导致不能满足商业性金融机构的最大利益。因此，如果想让商业性金融机构介入农村市场，支持三农发展，就必须考虑在税收上给予优惠。比如，金融机构在城里制定的目标利润是3%，如果农村有税收减半的优惠，那么其目标利润就可以是1.5%或2%。③ 第二，农村信用体系不完善，吴晓灵指出：“应该建立农村信贷登记系统，通过信贷登记不断积累借款人的信用。”如果借款人信用较低，将被金融机构纳入黑名单，会使借款人以后很难再顺利通过金融机构借到钱；如果借款人信用等级较高，将会成为金融机构的贵宾，并且随着等级不断提升，也会给予借款人更多优惠。第三，由于农民长期处于贫困状态，造成一种害怕借贷心理的形成，所以需要对他们进行培训，不仅是保障金融资产安全的需要，也是普及金融知识的需要，有利于农民消除顾虑，减少负债心理，敢于向金融机构借贷，用于各种投资活动。总之，建立现代农村金融制度，需要破除诸多制度性

---

① 温涛，王小华，董文杰．金融发展、人力资本投入与缩小城乡收入差距——基于中国西部地区40个区县的经验研究［J］．吉林大学社会科学学报，2014（02）：35.

② 温涛，王小华，董文杰．金融发展、人力资本投入与缩小城乡收入差距——基于中国西部地区40个区县的经验研究［J］．吉林大学社会科学学报，2014（02）：35.

③ 吴晓灵．建立现代农村金融制度的若干问题［J］．中国金融，2010（10）：8.

障碍，构建起便于农民借贷的金融体系，使农民拥有更多资本，增加农民收入，缩小城镇与农村差距。

3. 完善相关法律法规，提高农民收入水平

农民和城镇居民的差异在于，城镇居民可以将房产证抵押，获得银行一笔贷款，将这笔钱用于投资，增加收入，农民的房子不可以随意买卖，因为没有房产证，他们去城镇打工后，房屋就闲置起来。对此，应该进行土地确权，实行三权三证。① 土地确权后，有利于农民将房屋出租或者售出，增加收入，对于缩小城乡之间的收入差距有重要意义。

4. 发挥就业政策牵引机制，加大就业培训力度，缩小城乡收入差距

加大对农民工的技能与职业培训，对进城务工的农民工加强引导性培训和职业技能培训，提高他们进城务工的择业能力，构建一个覆盖弱势群体的培训体系，以适应经济发展对劳动力素质的需求。新疆在这方面做了大量工作，比如2006年出台《新疆维吾尔自治区人民政府关于贯彻落实国务院〈关于解决农民工问题若干意见〉的实施意见》（以下简称《意见》）。《意见》第十三条规定："各地、各部门在实施'绿色证书工程'、'新型农民培训工程'等培训项目时，要注重安排农村劳动力转移职业技能培训内容。各类用人单位都要对招用的农民工进行岗位培训，并建立稳定的劳务培训基地，发展订单式的培训。输入地要把提高农民工岗位技能纳入当地培训计划。"第十四条规定："要积极组织农村初、高中毕业生参加劳动预备制培训，把提高他们的职业技能作为职业教育的重要任务。支持各类职业技术院校扩大农村招生规模，鼓励农村初、高中毕业生接受正规职业技术教育，实行对贫困学生生活补贴政策。通过设立助学金、发放助学贷款等方式，帮助家庭困难学生完成学业。"通过加强农民工职业技能培训和大力发展面向农村的职业教育，不仅有利于提高弱势阶层文化资本存量，还有利于缩小城乡收入差距，打破城乡二元结构，减少城乡高等教育不公平。

加快对职业流动辅助机构的培育，尤其对社会力量举办培训机构给予政策支持和财政倾斜，促进培训机构的大繁荣，为社会底层人员接受职业和技能培训提供良好的平台。新疆为此出台了《关于加强民办职业培训管理有关问题的通知》，其中第五条第一点规定："积极争取地方政府和其他

① 厉以宁．缩小城乡收入差距促进社会安定和谐［J］．北京大学学报，2013（01）：8.

有关部门支持民办职业培训事业的发展，帮助落实民办职业培训学校在建设用地、税收优惠、金融信贷以及教师、学生各项待遇等方面享有与公办学校同等的待遇。”

此外，加大对中小企业，尤其是劳动密集型的中小企业和个体工商户发展的支持力度，把创造就业机会作为新疆经济发展的首选目标，为更多的农业劳动者和工人提供从事个体经济活动的机会。

（三）提高弱势文化资本阶层资本存量，改革学校教育制度

以 W. 期伊维尔为首的美国威斯康星大学的一个研究小组根据大规模的调查研究发现，学生学历取得水平的 20% 与教育抱负有关。[①] 日本在 1975 年的 SSM 全国调查则证明，教育抱负的 12% 可由阶层差别来说明，学历取得水平的 13% 可以用教育抱负来说明。[②] 由于弱势文化资本阶层子女即便非常努力，能够进入高质量大学的机会也较少。机会的不均等，造成弱势家庭父母及其子女教育抱负不足，教育期望较低，进一步影响子女升入更好的学校。因此，必须提高弱势文化资本阶层资本存量，增强子女的信心，缩小与优势文化阶层之间的高等教育机会差距。

由于教育不公平是家庭和学校共同作用的结果，所以需要对学校教育制度进行改革。对教育制度进行改革，决策层需要有足够的勇气和智慧，并且将改革方案建立在扎实的实际调查基础之上，经过听证和公开辩论，充分调动配套资源，完成改革。在第一轮改革完成后，实施动态监控，评估改革成效，对于改革中产生的各种问题，要及时处理并反馈，以进一步完善教育制度。

（四）减少高考试卷中的城市倾向，促进公平竞争

布尔迪厄认为：“当一个人知道考官的判断有多少是归于隐性的规范——根据与教育制度相应的逻辑，该规范再释和具体化了统治阶级的价值，就清楚了考试候选人所受障碍是与统治阶级价值及他们阶级出身价值之间的距离对应的。”[③] 中国虽然与西方的情况有所差别，但是高考试卷体

---

① 张德祥，周润智. 高等教育社会学［M］. 北京：高等教育出版社，2002：63.

② ［日］友田泰正. 教育社会学［M］. 东京：东信堂出版社，1982：175.

③ Bourdieu, Pierre, and Jean-Claude Passeron. Reproduction in Education, Society and Culture［M］. London and Beverly Hills: Sage Publications, 1977: 162.

现强烈的城市倾向和蕴含大量的精英文化，值得高度重视。余秀兰通过对1992—2001年高考语文试卷的分析，“发现试卷中存在着一定程度的城市偏向；更重要的，高考未考虑农村孩子以前的教育背景和经历，从而不利于农村考生”①。

英国学者艾波（Michael Apple）强调：“知识本身并不产生问题，但由于进入学校的知识往往被认为是给定的、中性的，所以各社会阶层、各学校儿童等之间可以进行比较。”② 知识本身并没有问题，但是在知识筛选的过程中，并不能保持价值中立。哪些知识可以选入高考试卷，哪些知识则被高考试卷排斥，通过研究发现，那些体现城市利益和涉及精英文化的一些知识被大量选入高考试卷，对于交通闭塞、信息接收较少和教学条件及学习设备较差的农村学生来说，他们很难与城镇的学生公平竞争。同样的高考试卷，农村学生和城市学生同时参加考试，在公平公正的背后，也有不平等。因此，在高考试卷的设置中，不能假定城镇学生和农村学生的学习起点一致，应该考虑农村学生的现实背景，减少城市倾向，这样才有利于提高农村学生的升学率，也有利于增加农村学生进入重点高校的机会，进一步增强农村学生和家庭的教育抱负，形成良性循环，缩小城乡差距，促进社会和谐。

---

① 余秀兰．高考中的城市偏向——十年高考语文试卷分析［J］．教育理论与实践，2004，24（01）：43.

② ［英］迈克尔·W. 艾波．意识形态与文化再制、经济再制［A］//厉以贤．西方教育社会学文集［C］．台湾：五南图书出版社，1992：699.

第四章　新疆高校少数民族学生家庭付费能力及资助研究

民族地区高等教育的良好发展对边疆经济、文化、教育有着重要的推动作用，对民族团结、社会稳定及提高中国国际地位起着特殊的作用。自1998年中国高校实行扩招以来，新疆民族地区高等院校少数民族学生不断增多，应当更加关注民族高等教育，为新疆教育事业的发展承担起更大的责任。保证少数民族学生家庭收入不断提高是经济社会发展的必然要求，也是扩大民族高等教育规模、保持新疆人口素质提高的内在动力。

本章通过对新疆高校少数民族学生家庭付费能力和资助的调查统计分析，得出以下结论：少数民族学生的家庭供给量明显低于汉族学生的家庭供给量；少数民族学生家庭所在地城市化程度越好、父母亲受教育程度、家庭收入越高，学生的家庭供给量就越高，学生家庭承受学校收费的能力越强。学生家庭年收入对学生家庭供给量有着显著的正效应，学费支出、伙食费支出及其他消费支出对家庭供给量也有显著的正效应，且学生的消费支出对家庭供给的作用大于家庭年收入对家庭的供给作用。同时，获得资助对缓解少数民族学生家庭付费压力起了积极作用，不同民族、性别的学生获得的学校资助存在显著差异，且学校资助与学生家庭供给呈现负相关关系。高校学生资助工作在一定程度上帮助了少数民族经济困难的学生，但还存在政策宣传不到位等问题。为此，本章立足于新疆经济、文化、教育发展的实际，提出了强化新疆高校少数民族学生家庭付费能力的建议：制定合理的高校收费政策；发展农村经济，提高少数民族家庭经济收入；完善资助工作，切实保障教育公平。

本章研究有助于丰富民族高等教育基本理论，为进一步完善和推动新疆民族高等教育发展提供科学参考；为民族地区高校管理者、学生及政府建构少数民族教育改革及培养少数民族高质量人才提供实证依据；有助于新疆教育事业的快速发展，有利于促进新疆社会文明的和谐进程。

第一节　新疆高校少数民族学生家庭付费能力现状调查

截至2012年末，新疆人口共计2232.78万人，现有47个民族成分，其中少数民族人口约占60%。新疆多民族聚居区的教育是我国发展民族经济、巩固民族团结、保障边疆稳定的重要基础。60多年来，尤其是改革开放以后，在党中央、国务院的正确领导和大力支持下，经过新疆各族人民的奋发图强，新疆社会在经济、教育等各方面的发展都取得了里程碑式的辉煌成就，这对国家实现科学发展和进军中亚贸易圈具有重要的战略意义。随着西部大开发战略的有效实施，新疆国民经济综合实力显著增强，建立了以农业为基础、以工业为主导的国民经济体系，初步形成了以天山北坡经济带为依托、以铁路和公路干线为骨架、以区域性和地区性经济中心城市为支点、辐射带动地区经济发展的区域经济格局。与此同时，随着新疆被打造成新“丝绸之路经济带”核心区，发挥撬动亚欧经济支点作用的战略构想向现实转变，新疆经济发展的战略高度和竞争力逐步提升，经济潜能不断扩大。经济发展的日新月异和不断创收，为新疆教育事业的长足发展提供了有力保障。

在各级各类教育中，高等教育与经济社会发展的关系最为密切。截至2015年底，新疆共有普通本科院校18所，其中综合型大学5所，理工类1所，师范类2所，医药类1所，财经类1所，政法类1所，农业类1所，艺术类1所。根据教育部官方网站2015年教育统计数据，新疆各类高等教育在校生人数达304682人，毕业生人数达69660人。高等教育规模受经济发展水平及人口素质等因素的制约，经济发展水平是重要因素。社会经济规模越大，对高等教育的需求规模越大；社会总资源能够分配给教育的多寡，决定着高等教育的规模；而高等教育的发展规模又决定着国家人力资本的存量和增量，一定量的人力资本是推动经济发展的基础。① 新疆经济社会的发展，教育是决定性因素。表4-1-1列出了新疆高等教育与经济发展的同步性指标，对比全国平均水平分析新疆高等教育发展速度与经济发展的适应性。

---

① 周生贵．新疆高校与区域经济社会发展研究［M］．乌鲁木齐：新疆大学出版社，2009：180-183.

表 4-1-1　2003 年、2012 年新疆高等教育规模与经济规模的同步性①

指标	2003 年			2012 年			增幅	
	高校毕业生人数（人）	国内生产总值（亿元）	高等教育规模与经济规模的比值（人/亿元）	高校毕业生人数（人）	国内生产总值（亿元）	高等教育规模与经济规模的比值（人/亿元）	国内生产总值增幅（%）	高校毕业生增幅（%）
全国	1877000	135822. 80	13. 82	6247000	518942. 10	12. 04	282. 07	232. 82
新疆	25785	1886. 35	13. 67	68664	7505. 31	9. 15	297. 87	166. 29

结果显示，当前新疆高等教育的发展规模与速度未能适应新疆区域经济发展的要求。因此，为使高等教育有效地促进新疆的经济发展，必须适当扩大高等教育的规模，尤其是少数民族高等教育规模，提高发展速度，为经济发展提供足量的人才。

新疆民族高等教育是我国教育事业的重要组成部分，也是衡量我国高等学校进步程度和国际社会稳定性的标志之一。众所周知，新疆是一个地理、人文环境都较特殊的地区，由于民族成分多种多样，各民族在社会经济结构、地理环境、民族文化、生活习惯等方面均有自己的特点。作为西部地区的民族高等教育，新疆的高等教育具有典型性和代表性。新疆民族高等教育的不断成长是新疆丝绸之路经济带发展的客观需要，高等教育与区域经济的发展之间存在相互促进和共同繁荣的关系，在开发新疆、建设新疆及稳定新疆社会的进程中起着独一无二的作用。

新疆约有 60% 的少数民族人口，其中南疆的喀什地区、和田地区是新疆少数民族聚居区，常住人口中 90% 以上都是少数民族。由于新疆在历史、政治、经济、文化、民族等因素的多重影响下形成的地区不平衡性、差异性一直延续到现在，各地区间的经济、教育也呈现出不平衡的发展格局，南北疆差距逐渐扩大。由于日照时间长、水资源匮乏的原因，南疆地区生态环境较为脆弱，人口稀少，城市化水平较低，经济、教育的发展问题依然严峻，这也是造成南疆地区少数民族人民收入水平低下、文化程度不高的主要原因。

① 数据来源：《中国统计年鉴 2013》和《新疆统计年鉴 2013》。

一、新疆高校少数民族学生家庭付费能力分析

新疆高校少数民族学生中有相当一部分来自偏远贫困的农牧地区，家庭经济条件普遍较差。为了进一步了解和掌握新疆高校少数民族学生家庭教育支出、供给能力、家庭付费意愿等情况，课题组对新疆部分高校进行了深入调查研究。

（一）少数民族学生家庭付费能力的影响因素

一定程度上，家庭经济收入决定了学生家庭给予高等教育供给的多少，而父母亲受教育程度、父母亲职业、家庭总收入、学生家庭居住地、家庭在当地的经济状况等是表征家庭经济社会地位的重要因素。因此，这些因素对新疆高校少数民族学生家庭付费能力可能存在显著的影响。少数民族聚居区一般比非少数民族聚居区欠发达，少数民族学生家庭付费能力一般要低于汉族学生。父母亲受教育程度及所从事职业的不同一般会导致家庭的经济收入不同。一般而言，父母亲受教育程度越高，家庭的经济收入就越高，家庭的付费能力就越强。父母亲所从事的职业不同，则其收入存在明显的差异。城市和农村的二元经济结构导致农村居民的家庭经济收入一般低于城市居民家庭。因此，来自城市的学生其家庭付费能力一般要高于来自农村的学生家庭。

（二）研究设计与实施

本研究对新疆高校少数民族学生个人特征、父母亲受教育程度、父母亲职业及学生家庭经济社会地位进行描述性统计分析，以探讨这些变量之间的关系。分别以可能影响新疆高校少数民族学生家庭供给量的学生个人特征、家庭经济社会地位、学历层次、父母亲受教育程度、父母亲职业及家庭所在地为自变量对新疆高校少数民族学生家庭供给量进行方差分析。当自变量满足方差齐性时采用 *F* 检验，当自变量不满足方差齐性时则采用 Welch 方法。方差齐性检验的原假设是各组的方差相等，*F* 检验和 Welch 方法的原假设是自变量对因变量的影响没有差异。在方差齐性时，多重比较看 LSD 行；在方差不等时，用 Tamhane's T2 方法进行成对均值比较。以新疆高校少数民族学生除家庭供给以外的各项收入、在方差分析中对家庭供给量有显著影响的个人特征、家庭经济社会地位、父母亲受教育程度及

父母亲职业为自变量对新疆高校少数民族学生家庭供给量进行线性回归分析，建立方程1。以学生各项消费支出为自变量对其家庭供给量进行线性回归分析，建立方程2。方程确定系数 R^2 的含义是因变量的总变动中回归方程所能解释的比例，R^2 越大，方程对因变量的变动解释力度越大，所得到的解释模型越好。方程中自变量的重要性是由标准化系数 β 所体现的，标准化系数 β 的绝对值越大，则其对应的自变量作用越大。本研究的显著性水平均采用0. 05。

根据不同组别的学生民族特征、父母亲受教育程度、父母亲职业及家庭在当地的经济水平与学生家庭承受学校收费能力建立列联表，用 Pear-sonP^2 检验各组的差异是否显著。

二、新疆高校少数民族学生家庭付费状况统计结果分析

（一）少数民族学生个人特征、家庭经济地位的描述统计

1. 学生的民族特征

本次调查共涉及新疆南、北疆5所普通高等院校，在民族比例上，少数民族占84. 2%，包括维吾尔族、哈萨克族、回族、柯尔克孜族、锡伯族等。这些学生绝大多数都来自新疆本地，以喀什、和田、伊犁等少数民族聚居区的居多。其中，男生占总人数的48%，女生占总人数的52%。此次调查的高校学生中本科生占97. 1%，共涉及11个学科门类，其中理学和医学类所占比重较大。

2. 学生的家庭经济特征

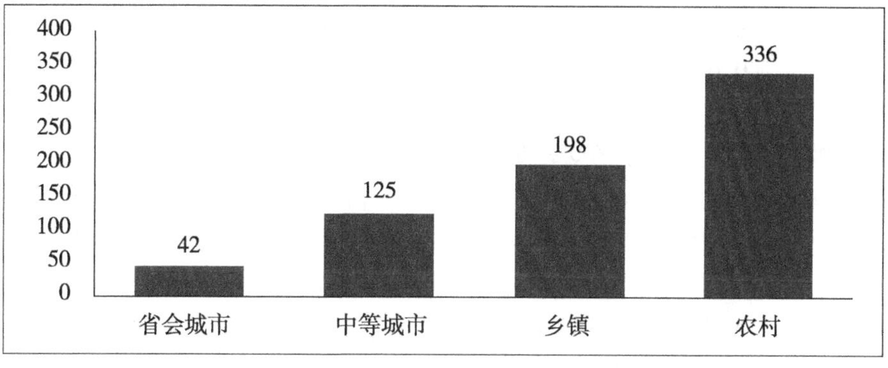

图 4–1–1　新疆高校少数民族学生家庭居住地分布图

图 4-1-1 显示，新疆高校少数民族学生家庭居住在农村和乡镇的占四分之三以上，其中居住在农村的 336 人占 47.9%，乡镇的 198 人占 28.2%；家庭居住地在中等城市的 125 人占 17.8%，居住在省会城市的 42 人约占 6%。由此得出，新疆高校少数民族学生大多数来自乡镇、农村等经济欠发达地区。

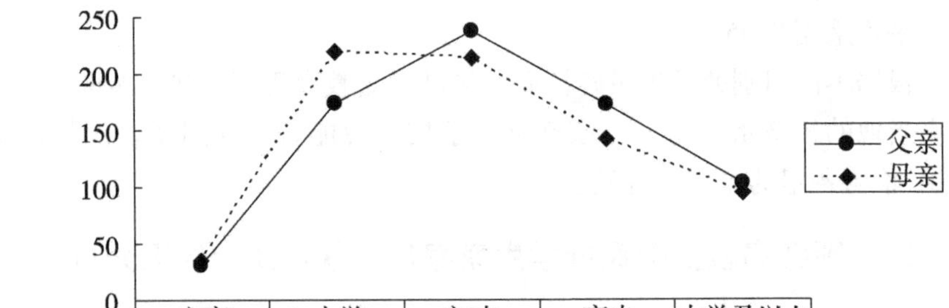

	文盲	小学	初中	高中	大学及以上
父亲	30	174	238	172	103
母亲	35	219	214	142	94

图 4-1-2　新疆高校少数民族学生父母受教育程度分布图

观察图 4-1-2 发现，新疆高校少数民族学生其父亲具有初中学历的人数最多，学生母亲具有小学学历的人数最多。其中，学生父亲受初中教育程度及以下的 442 人占 61.6%，父亲为文盲的 30 人占 4.2%，受大学及以上教育程度的 103 人仅占 14.4%。学生母亲受小学教育程度及以下的 254 人占 36.1%，母亲为文盲的 35 人占 5.0%，受高中教育的 142 人、大学及以上教育程度的 94 人，分别占 20.2% 和 13.4%。通过对父亲受教育程度与母亲受教育程度的 Kendall tub-b 和 Spearman 相关分析，结果显示，相关系数分别为 0.677 和 0.602。少数民族学生父亲受教育程度与母亲受教育程度呈现出明显的正线性相关关系。这说明新疆高校中少数民族学生父亲的受教育程度低，母亲的受教育程度也低。

学生父亲的职业为农林牧渔民的 397 人占 55.9%，为一线生产工人的 31 人占 4.4%，两种职业合计为 60.3%；学生父亲的职业为技术辅助人员的 14 人仅占 2.0%。学生母亲的职业为农林牧渔民的 403 人占 56.9%，为一线生产工人的 20 人占 2.8%，两种职业合计为 59.7%；学生母亲的职业为技术辅助人员的 19 人仅占 2.7%（图 4-1-3）。一线生产工人和农林牧渔民都是低收入的职业，大部分少数民族学生家庭经济收入相对较低。通过 Kendall tub-b 和 Spearman 相关分析，结果显示，新疆高校少数民族学生父亲职业和母亲职业的相关系数分别为 0.445 和 0.486，呈现出明显的正线性相关关系。

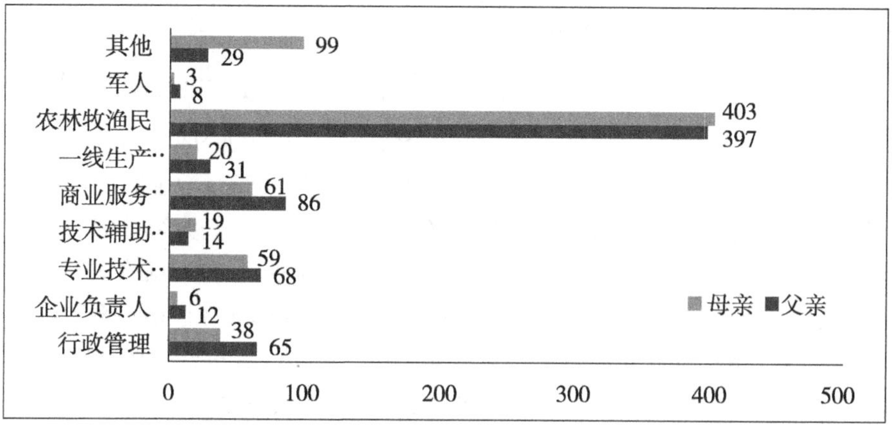

图 4-1-3　新疆高校少数民族学生父母职业分布图（人）

根据新疆维吾尔自治区教育收费项目和收费标准，新疆普通本科院校学费最低为 3100 元/学年，住宿费最低为 800 元/学年（6 人一间）。问卷调查结果显示，少数民族学生最近一年家庭年总收入在 3000 元以下的就占 17.4%，这些学生家庭一年的总收入尚且不能满足一人一年的高等教育学费支出。由于高校大学生的其他消费支出没有权威的参考标准，因此以本次问卷调查数据统计结果中各项消费支出的众数为参考标准计算新疆高校少数民族大学生一年的基本开支。

表 4-1-2 反映了新疆高校少数民族学生家庭的年收入情况。数据显示，少数民族学生家庭年收入均值为 22359.7 元，家庭年收入的众数与中位数均为 10000 元。新疆高校少数民族学生家庭年收入的标准差为 29618.72，标准差较大，说明大部分学生家庭年收入与均值差异较大。学生家庭年收入的中位数和众数都小于均值，说明大部分学生家庭的年收入低于均值。偏度为 4.233 大于零，说明部分学生家庭年收入远高于均值，学生家庭年收入在 30000 元以上的占 16.7%。峰度为 28.779 较大，意味着接近均值的学生家庭年收入较少；学生家庭年收入在 10000 元以下的占 52.3%，即一半以上的少数民族学生家庭的年收入低于均值。这些数据说明，新疆高校少数民族学生家庭经济收入较低，家庭生活并不富裕。加

之，少数民族家庭人口数较多，生活上十分拮据才能勉强维持一个大学生的供给。

表 4-1-2　新疆高校少数民族学生家庭收入情况　　（单位：元）

统计量	均值	众数	中位数	标准差	峰度	偏度
统计值	22359.7	10000	10000	29618.72	28.779	4.233

问卷中学生的回答结果显示，学生家庭经济在当地为很差的 45 人占 6.4%，为较差的 185 人占 26.2%，两项合计为 32.6%；学生家庭经济在当地为一般的 417 人占 59.1%，为较好的 55 人占 7.8%，为很好的 4 人仅占 0.6%（图 4-1-4）。因此，通过对学生家庭经济收入在当地的水平与学生家庭所在地的 Kendall tub-b 等级相关系数和 Spearman 等级相关系数进行分析，得到相关系数分别为 -0.197和-0.218，即学生家庭经济收入在当地的水平与学生家庭所在地之间呈现出显著的负线性相关关系。这说明越是来自农村的学生，其家庭经济收入水平在当地就越低。新疆高校中少数民族学生有 47.9% 来自农村，他们中的大部分家庭经济收入在当地较低。

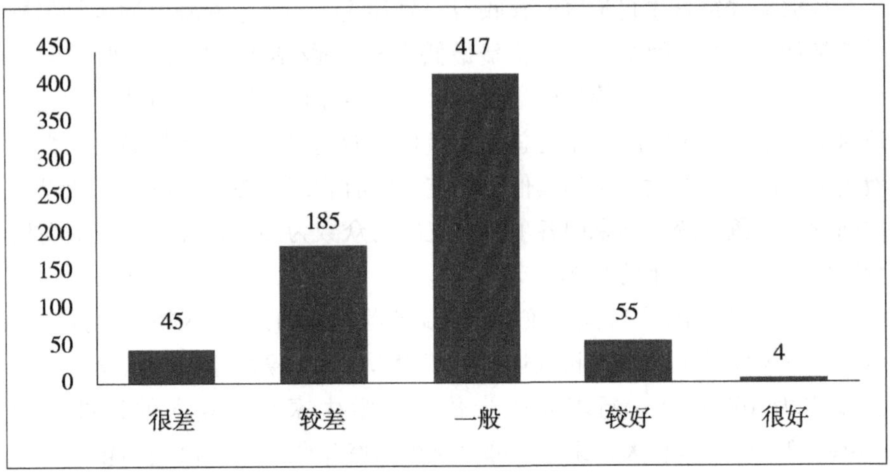

图 4-1-4　新疆高校少数民族学生家庭经济状况分布图

（二）新疆高校少数民族学生家庭供给量的方差分析及多元线性回归

1. 少数民族学生家庭供给量的方差分析

一般而言，家庭的经济收入在一定程度上决定了家庭的支付能力，家庭经济收入越高，家庭支付各项费用的能力越强。按照学生普遍的消费水平计算，新疆高校少数民族学生的基本消费支出为 8600 元/学年，根据问卷中学生的回答“最近一个学年您的家庭供给约合多少元”，统计分析得出新疆高校少数民族学生家庭一年的供给量均值为 6227.29 元（表 4–1–3）。由此得出，大部分少数民族学生家庭供给量较低，甚至不能支付学校的基本费用以及学生的日常生活消费，支付能力较弱。

表 4–1–3　新疆高校少数民族学生家庭供给量分析结果　（单位：元）

统计量	均值	众数	中位数	标准差	峰度	偏度
统计值	6227.29	5000	5000	5360.04	13.862	2.52

表 4–1–4 数据显示，新疆高校少数民族学生性别、父亲受教育程度的家庭供给量方差基本相等；少数民族与汉族学生家庭供给量、本科与专科家庭供给量、学生家庭所在地、家庭经济在当地的状况、母亲受教育程度、父母亲职业的家庭供给量方差均不等。

表 4–1–4　部分因素学生家庭供给量方差齐性检验

自变量	Levene 统计量	df_1	df_2	显著性
性别	1.779	1	640	0.183
民族	16.324	3	641	0.000
学历层次	4.396	3	641	0.004
家庭所在地	14.435	3	625	0.000
家庭经济在当地状况	24.364	4	627	0.000
父亲受教育程度	1.816	4	636	0.124
母亲受教育程度	3.398	4	625	0.009
父亲职业	4.248	8	626	0.000
母亲职业	4.248	8	626	0.000

表 4–1–5 数据显示，男女生家庭供给量没有显著性差异。这说明新疆高校中少数民族学生性别对家庭供给量没有显著影响。

表 4-1-5　学生性别家庭供给量差异的方差分析

方差分析	平方和	自由度	均方	*F* 值	显著水平
组间	4864260.73	1	4864260.73	0.169	0.681
组内	1.84E+10	640	2.88E+07		
总数	1.84E+10	641			

众所周知，新疆是个多民族省份，基于自然环境和历史原因，少数民族多数集中在天山以南的南疆，而汉族则大多数集中在天山以北、经济发展较快的北疆。南北疆明显的经济差距也导致了汉族与少数民族学生家庭的经济收入差距较大。表 4-1-6 数据显示，少数民族与汉族家庭供给量有显著性差异。

表 4-1-6　民族家庭供给量均值检验

检验方法	统计量 *a*	df_1	df_2	显著性
Welch	24.366	3	126.744	0.000

注：a 渐近 F 分布。

表 4-1-7 数据显示，汉族与维吾尔族、哈萨克族家庭供给量的平均差异分别为 4349.893、3155.975，说明新疆高校中汉族学生与维吾尔族学生、哈萨克族学生家庭供给量有显著差异。少数民族中维吾尔族学生家庭供给量与其他民族学生家庭供给量的平均差异为-4480.814，说明新疆高校中不同民族的少数民族学生家庭供给量差异显著。由此得出，学生家庭供给量有显著差异；汉族学生的家庭供给量明显高于其他民族学生的家庭供给量。

表 4-1-7　民族家庭供给量均值的多重比较

多重比较	(I) 民族	(J) 民族	均值差 (I—J)	标准误	显著性
Tamhane	汉族	维吾尔族	4349.893*	532.877	0.000
		哈萨克族	3155.975*	677.303	0.000
	维吾尔族	其他	-4480.814	1560.328	0.039

注：* 均值差的显著性水平为 0.05。

中国城乡二元经济体制，把大量的优质资源重点分配在城市，农业、农村与农民的发展总是要落后于工业、城市与城市居民的发展，城乡居民收入差距较大。据 2013 年《新疆统计年鉴》显示，新疆 2012 年城镇居民家庭人均年可支配收入 17921 元，而农村居民家庭人均年可支配收入 6394 元，低于城镇居民人均年可支配收入。由此推测，农村居民家庭经济收入一般低于城市居民家庭。因此，来自农村的学生家庭付费能力一般也就低于来自城市的学生家庭。此次随机调查中，少数民族学生来自乡镇和农村的高达 76.1%。表 4-1-8 数据显示，少数民族学生家庭所在地不同，家庭供给量有显著差异。

表 4-1-8　家庭所在地家庭供给量均值检验

检验方法	统计量 a	df_1	df_2	显著性
Welch	9.794	3	135.147	0.000

注：a 渐近 F 分布。

表 4-1-9 数据显示，学生家庭居住在农村与中等城市、乡镇的学生家庭供给量的均值差分别为-2870.153、-1378.667，差异显著。来自农村的学生家庭供给量明显低于来自中等城市、乡镇学生的家庭供给量。由此证得上述推论。

表 4-1-9　家庭所在地家庭供给量均值的多重比较

多重比较	(I) 家庭所在地	(J) 家庭所在地	均值差（I—J）	标准误差	显著性
Tamhane	农村	中等城市	-2870.153*	678.941	0.000
		乡镇	-1378.667*	404.662	0.004

注：* 均值差的显著性水平为 0.05。

根据人力资本观念的最初阐释，教育通过向劳动者传授知识技能提高他们的劳动生产率，从而增加他们的终身收入，并增加步入上层社会的资本。教育既是一个工作职位的分配者，也是一种调节社会流动性和公平性的机制。个人接受教育的程度不但对自身社会职业的获得有决定性的作用，而且是促进经济收入的重要媒介。表 4-1-10 数据显示，学生父亲受教育程度对家庭供给量有显著影响。这说明新疆高校中少数民族学生父亲的受教育程度对家庭供给量有显著影响。

表 4-1-10　父亲受教育程度家庭供给量差异的方差分析

方差分析	平方和	自由度	均方	F 值	显著水平
组间	6.89E+08	1	1.72E+08	6.161	0.000
组内	1.78E+10	636	2.80E+07		
总数	1.85E+10	640			

表4-1-11 数据显示，少数民族学生父亲受教育程度为文盲、小学、初中的家庭供给量没有显著差异。此次调查中，有 55.9% 的学生的父亲职业为农林牧渔民，他们的主要收入是靠在家务农或外出打工，所从事的都是简单的体力劳动，较易掌握和操作，更重要的是这些工作对学历没有过硬的要求，所以并没有显著体现出父亲为文盲、小学、初中的学历对其经济收入的影响及其家庭供给量不同的差别。而父亲受教育程度为高中、大学及以上的学生与父亲文化程度为文盲、小学、初中的学生家庭供给量有显著性差异。究其原因，在竞争激烈的现代社会，学历成为获得较高经济收入的“敲门砖”。高学历所带来的是稳定的工作和可观的经济收入，而低学历的人只能从事不需要技术含量的简单劳动，经济收入微薄，家庭供给量自然较少。因此，少数民族学生父亲受教育程度越高，学生家庭供给量就越高。

表 4-1-11　父亲受教育程度家庭供给量均值的多重比较

多重比较	(I) 父亲受教育程度	(J) 父亲受教育程度	均值差 (I—J)	标准误差	显著性
LSD	文盲	小学	-996.154	1159.420	0.391
		初中	-894.762	1139.371	0.433
		高中	-2335.897*	1159.420	0.044
		大学及以上	-3607.368*	1208.033	0.003
	小学	初中	101.392	558.909	0.856
		高中	-1339.744*	598.722	0.026
		大学及以上	-2611.215*	688.153	0.000
	初中	高中	-1441.136*	558.909	0.010
		大学及以上	-2712.607*	653.809	0.000
	高中	大学及以上	-1271.471	688.153	0.065

注：* 均值差的显著性水平为 0.05。

表 4-1-12 数据显示，少数民族学生母亲文化程度对家庭供给量也有显著差异。

表 4-1-12　母亲受教育程度家庭供给量均值检验

检验方法	统计量 a	df_1	df_2	显著性
Welch	4.274	4	171.998	0.003

注：a 渐近 F 分布。

观察表 4-1-13 发现，少数民族学生母亲受教育程度为大学及以上的与受教育程度为小学、初中的家庭供给量有显著差异。这可能是因为，男性依然主宰着劳动力市场，女性贤惠、勤劳、持家的个性特征决定了其主要承担着家庭服务方面的工作，而少数民族大多数已婚女性担当着家庭主妇的角色，这就无法体现她们学历的重要性。因此，少数民族学生的母亲大部分是家庭主妇或农民，她们所从事的都是简单的甚至没有经济回报的工作。而根据调查结果显示，具有大学及以上学历的少数民族学生母亲大都从事着稳定的工作且有不错的经济来源，这无疑也增加了家庭的可支配收入，充裕的经济资本提高了教育投资的可能性。这就与学生母亲受教育程度为小学、初中的学生家庭供给量形成了巨大的反差。因此，得出学生母亲受教育程度为大学及以上的学生家庭供给量较高，反映了母亲受教育程度对家庭供给量的显著影响。

表 4-1-13　母亲受教育程度家庭供给量均值的多重比较

多重比较	(I) 母亲受教育程度	(J) 母亲受教育程度	均值差 (I—J)	标准误差	显著性
Tamhane	大学及以上	小学	3084.669*	877.349	0.006
		初中	2859.126*	868.541	0.013

注：* 均值差的显著性水平为 0.05。

个人所从事的职业直接影响其经济收入，甚至对家庭的供给起着至关重要的作用。表 4-1-14 数据显示，学生父亲职业不同，家庭供给量存在的差异性显著。

表 4-1-14　父亲职业家庭供给量均值检验

检验方法	统计量 a	df_1	df_2	显著性
Welch	4.842	8	57.889	0.000

注：a 渐近 F 分布。

观察表4-1-15发现，少数民族学生父亲职业为农林牧渔民的一线生产人员与父亲为行政管理、商业服务人员的学生家庭供给量存在显著差异。少数民族学生父亲职业为农林牧渔民的一线生产人员与父亲为行政管理、商业服务人员的学生家庭供给量均值差分别为-3487.816、-2310.316,前者的家庭供给量明显低于后者。行政管理从业人员往往因为掌握着优质的社会资源，拥有丰富的社会资本，毋庸置疑这些都为其家庭供给量的增加提供了有利的前提条件。而一线农林牧渔从业人员，在有限的资源（土地资源）条件下，累积了较少的社会资本，而这成为家庭供给量较低的主要决定性因素。由此得出，当学生父亲从事的职业较好，社会资本较为丰富时，学生的家庭供给量较丰厚；反之，则较贫乏。

表4-1-15　父亲职业家庭供给量均值的多重比较

多重比较	(I) 父亲职业	(J) 父亲职业	均值差（I—J）	标准误	显著性
Tamhane	农林牧渔民	行政管理	-3487.816*	1039.55	0.047
		商业服务人员	-2310.316*	683.328	0.037

注：* 均值差的显著性水平为0.05。

除此之外，表4-1-16数据显示，少数民族学生母亲职业不同，学生的家庭供给量也存在显著差异，具体差异见表4-1-17。

表4-1-16　母亲职业家庭供给量均值检验

检验方法	统计量 a	df_1	df_2	显著性
Welch	3.648	8	30.386	0.004

注：a 渐近 F 分布。

观察表4-1-17发现，少数民族学生母亲职业为农林牧渔民与母亲为商业服务人员的学生家庭供给量存在显著差异。主要原因在于，生产力和生产关系的不同结合方式影响着女性进军劳动力市场。相对而言，少数民族更具有经商的理念和意识，而思想较为开放的少数民族女性也从事着商业活动，这不仅能凸显当代女性的社会地位，更能为其家庭带来丰厚的经济收入。因此，分析结果显示，学生母亲从事商业服务工作的家庭供给量明显高于学生母亲是农林牧渔民的家庭供给量。

表 4-1-17　母亲职业家庭供给量均值的多重比较

多重比较	(I) 母亲职业	(J) 母亲职业	均值差 (I—J)	标准误差	显著性
Tamhane	农林牧渔民	商业服务人员	-2824.475*	729.15	0.009

注：*均值差的显著性水平为 0.05。

2. 学生家庭供给量的多元线性回归

在对新疆高校少数民族学生家庭供给量进行多元线性回归分析之前，分别以家庭供给外的各项收入包括学校资助、亲友资助、校外兼职，家庭年总收入、家庭总人数及在上述方差分析中对家庭供给量有显著影响的民族、家庭所在地、家庭经济在当地状况、父母亲受教育程度、父母亲职业为自变量，以学生家庭供给量为因变量并绘制散点图，发现自变量家庭经济在当地状况、家庭年总收入、家庭所在地、父母亲受教育程度、父母亲职业、家庭总人数、学校资助、亲友资助、校外兼职与因变量学生家庭供给均存在显著的线性关系。

以少数民族学生家庭供给外的各项收入、家庭年总收入、家庭总人数、在方差分析中对家庭供给量有显著影响的民族、学历层次、家庭所在地、父母亲受教育程度、父母亲职业、家庭经济在当地状况为自变量对新疆高校少数民族学生家庭供给量进行线性回归分析，得到方程 1（表 4-1-18），方程 1 的 R^2 为 0.360，得到学生家庭年总收入对家庭供给量有显著的正效应。

根据上述数据建立线性回归方程为：

$$y = 2662.601 + 0.193x$$

其中，y 代表因变量，即家庭供给；x 代表自变量，即家庭年总收入。如果知道一个少数民族学生的家庭年总收入，那么根据方程 1 就能计算出其家庭教育的供给额度。

表 4-1-18　方程 1

自变量	非标准化系数		标准系数	t	显著性	共线性统计量	
	B	标准误差	试用版			容差	VIF
常量	2662.601	872.69		3.051	0.005		
家庭年总收入	0.193	0.046	0.6	4.176	0.000	1.000	1.000

其他自变量如民族、学历层次、家庭所在地、父母亲受教育程度、父

母亲职业、家庭总人数、家庭在当地经济状况、学校资助、亲友资助及校外兼职没能进入方程 1（表 4-1-19），说明在对方程 1 中自变量进行控制以后，未进入方程 1 的自变量对高校少数民族学生家庭供给量的作用并不明显。

表 4-1-19　未进入方程 1 的变量

自变量	Beta In	T	显著性	偏相关	共线性统计量		
					容差	VIF	最小容差
民族	-0.059[a]	-0.404	0.689	-0.074	0.999	1.001	0.999
学历层次	-0.159[a]	-1.106	0.278	-0.198	0.985	1.015	0.985
家庭所在地	0.116[a]	0.787	0.437	0.142	0.97	1.031	0.97
父亲受教育程度	0.053[a]	0.346	0.732	0.063	0.898	1.114	0.898
母亲受教育程度	0.061[a]	0.384	0.703	0.07	0.856	1.169	0.856
父亲职业	0.117[a]	0.812	0.423	0.147	0.999	1.001	0.999
母亲职业	0.243[a]	1.642	0.111	0.287	0.894	1.119	0.894
家庭总人口数	-0.003[a]	-0.022	0.983	-0.004	0.978	1.022	0.978
家庭在当地经济状况	0.184[a]	1.214	0.234	0.216	0.882	1.134	0.882
亲友资助	0.206[a]	1.427	0.164	0.252	0.959	1.043	0.959
学校资助	-0.055[a]	-0.372	0.713	-0.068	0.953	1.049	0.953
校外兼职	-0.063[a]	-0.426	0.673	-0.078	0.956	1.046	0.956

注　a. 模型中的预测变量：家庭年总收入；b. 因变量：家庭供给。

以少数民族学生各项消费支出为自变量，以家庭供给量为因变量进行线性回归分析，得到方程 2（表 4-1-20），方程 2 的 R^2 为 0.500，比方程 1 的 R^2 大，这说明新疆高校少数民族学生的消费支出对家庭供给量的影响大于除学生家庭供给外的各项收入及家庭总收入对家庭供给量的影响。由此可以得出，高校少数民族学生家庭付费能力不仅受家庭年总收入的影响，还受到学生消费支出的影响。

建立线性回归方程为：

$$y = 4833.885 + 2x_1 + 5.272x_2 + 0.986x_3$$

其中，y 代表家庭供给，x_1 代表其他消费支出（如购物、娱乐、交友等），x_2 代表伙食费支出，x_3 代表学费支出。这表明其他消费支出、伙食费支出、学费支出对学生家庭供给量有显著的正效应。因此，如果知道一个少数民族学生最近一年的学费支出、伙食费支出和其他消费支出，那么根据方程 2 就能计算出其家庭的供给支出。

表 4–1–20　方程 2

自变量	非标准化系数		标准系数	t	显著性	共线性统计量	
	B	标准误差	试用版			容差	VIF
常量	4833. 885	1574. 741		3. 07	0. 003		
其他消费支出	2. 000	0. 307	0. 559	6. 51	0. 000	0. 858	1. 165
伙食费支出	5. 272	1. 758	0. 264	2. 999	0. 004	0. 816	1. 225
学费支出	0. 986	0. 400	0. 201	2. 462	0. 016	0. 947	1. 056

注：a. 因变量：家庭供给。

其他自变量如书本费支出、辅修专业或第二学位学费支出、住宿费支出、回家往返路费支出未能进入方程 2（表 4–1–21），说明在对方程 2 中自变量进行控制以后，上述变量对少数民族学生家庭供给量没有显著影响。

表 4–1–21　未进入方程 2 的变量

自变量	Beta In	t	显著性	偏相关	共线性统计量		
					容差	VIF	最小容差
书本费支出	–0. 003[c]	–0. 03	0. 976	–0. 003	0. 903	1. 108	0. 813
辅修或第二学位学费支出	0. 124[c]	1. 468	0. 146	0. 164	0. 873	1. 146	0. 732
住宿费支出	0. 089[c]	1. 093	0. 278	0. 123	0. 959	1. 043	0. 816
回家往返路费支出	–0. 144[c]	–1. 387	0. 169	–0. 155	0. 583	1. 714	0. 583

注：c. 模型中的预测变量：其他消费、每月伙食费、学费。

（三）新疆高校少数民族学生承受学校收费能力的统计分析

1. 学生家庭对当前学费的承受能力

对于大多数中国家庭来说，高等教育是改变子女命运的重要机会，学费也因此成为刚需。面对新一轮的大学学费“涨价潮”，加之本身就接近万元的高等教育花费，让多数家长都不得不感叹，大学有点“上不起”。

按学生的民族、父母亲受教育程度、父母亲职业及家庭在当地的经济状况的不同，分别考察不同组别的学生家庭对当前高校学费的承受能力，具体见表4–1–22。

表4–1–22　新疆高校少数民族学生不同组别承受学校收费的情况（单位:%）

组别	无力承受	父母需要压缩生活开支才能勉强承受	可以承受	再提高一些也能承受	Pearson卡方	显著性
全体	11.03	60.68	27.30	0.99		
民族					52.758	0.000
汉族	8.90	50.60	39.90	0.60		
维吾尔族	13.00	67.10	19.40	0.50		
哈萨克族	10.70	62.10	25.20	1.90		
其他	2.30	38.60	54.50	4.50		
父亲受教育程度					29.474	0.003
文盲	23.90	58.60	17.20	0.20		
小学	12.80	62.80	23.80	0.60		
初中	9.00	67.50	23.10	0.40		
高中	13.10	55.40	31.00	0.60		
大学及以上	5.10	51.50	40.40	3.00		
母亲受教育程度					21.817	0.040
文盲	14.70	73.50	11.80	0		
小学	8.30	69.10	21.70	0.90		
初中	13.40	58.90	26.80	1.00		
高中	10.20	57.70	31.40	0.70		
大学及以上	8.70	50.00	39.10	2.20		
父亲职业					74.048	0.000
行政管理	18.80	48.40	29.70	3.10		
企业负责人	0	50.00	50.00	0		
专业技术人员	3.10	53.10	42.20	1.60		
技术辅助人员	7.70	38.50	53.80	0		

续表

组别	无力承受	父母需要压缩生活开支才能勉强承受	可以承受	再提高一些也能承受	Pearson 卡方	显著性
商业服务工作	12.90	49.40	35.30	2.40		
一线生产工人	6.50	45.20	48.40	0		
农林牧渔民	11.30	69.00	19.50	0.30		
军人	0	85.70	0	14.30		
其他	3.40	55.20	41.40	0		
母亲职业					81.470	0.000
行政管理	10.80	51.40	35.10	2.70		
企业负责人	0	50.00	50.00	0		
专业技术人员	7.30	49.10	43.60	0		
技术辅助人员	22.20	38.90	33.30	5.60		
商业服务工作	8.50	44.10	45.80	1.70		
一线生产工人	15.00	45.00	40.00	0		
农林牧渔民	11.60	68.20	19.70	0.50		
军人	33.30	33.30	0	33.30		
其他	8.10	57.60	33.30	1.00		
家庭在当地经济状况					136.716	0.000
很差	31.10	57.80	11.10	0		
较差	11.50	77.60	10.40	0.50		
一般	9.10	56.40	34.00	0.50		
较好	7.30	38.20	50.90	3.60		
很好	0	50.00	0	50.00		

表4-1-22数据显示，总体上有11.03%的学生认为无力承受当前高校的收费；60.68%的学生认为父母须压缩生活开支才能勉强承受；另有27.3%的学生能够承受当前的高校收费；仅有0.99%的学生家庭能够承受不断上涨的高校收费。由此得出，目前的高校收费已经远远超出了大部分学生家庭的承受能力，尤其是对地处西部、经济发展落后的少数民族地区

的学生家庭来说，高等教育的开支成了家庭最大的经济负担。对于少数民族学生家庭承受当前学校收费的能力，少数民族与汉族、不同的家庭所在地、不同的父母亲受教育程度、不同的父母亲职业有着显著的差异。相较而言，汉族学生家庭承受高校收费的能力较强；学生父母亲受教育程度越高，所从事的工作越好，能够承受的高校收费的能力越强；少数民族学生家庭在当地的经济水平越高，对高等教育收费的敏感度越低，承受学校收费的能力越强。

2. 学生付费意愿分析

新疆高校少数民族学生家庭能够承受的最高学费的平均值为3546.86元，均值受较高学费水平的影响较大；而学生所能承受的最高学费数额的众数和中位数均为3000，低于均值500多元，即新疆高校少数民族学生仅能够承受高校目前的最低学费水平，承受能力较低，具体见表4-1-23。

表4-1-23 学生能够承受的最高学费水平分析结果 （单位：元）

统计量	均值	众数	中位数	标准差	峰度	偏度
统计值	3546.86	3000	3000	3145.503	114.597	8.828

通过对新疆高校少数民族学生实际缴纳的学费与能够支付的最高学费水平的单因素方差分析及相关显著性检验的分析结果显示，不同组别的学生实际缴纳的学费无显著差异，说明学生家庭会不惜一切代价满足学生的高等教育需求；除了学生性别、母亲受教育程度因素外的其他因素在学生愿意支付的最高学费水平上有显著差异，即学生能够支付的平均最高学费水平与学生的民族、学科门类、家庭所在地、父亲受教育程度、父母亲职业及家庭在当地经济状况的不同而明显不同。综合表4-1-23和表4-1-24得出，新疆高校少数民族学生的付费能力较低，付费意愿不高。

表4-1-24 学生实际支付的学费与愿意支付的学费水平情况

因素	实际缴纳的学费		能够承受的学费水平	
	*F*值	显著性	*F*值	显著性
性别	4.830	0.028	0.230	0.880
民族	0.563	0.639	15.869	0.000
学科门类	1.191	0.298	3.515	0.000
家庭所在地	0.140	0.936	5.549	0.001

续表

因素	实际缴纳的学费		能够承受的学费水平	
	F值	显著性	F值	显著性
父亲受教育程度	0.771	0.545	3.154	0.014
母亲受教育程度	3.278	0.011	1.547	0.187
父亲职业	0.644	0.741	4.647	0.000
母亲职业	0.992	0.441	2.187	0.027
家庭总收入	1.142	0.233	4.237	0.000
家庭在当地经济状况	0.726	0.574	22.539	0.000

表4-1-25数据显示，若高校学费提高30%，有47.4%的学生表示会继续上学；若学费上涨50%，有42%的学生表示不会继续上学；若学费上涨一倍甚至两倍，则超过60%的学生表示不会继续上学。总体而言，随着学费提高幅度不断增加，学生对高等教育的需求呈现明显的递减趋势，学生求学的意愿逐渐降低。

表4-1-25　学生对学费提高继续上学意愿的比例　　（单位：%）

提高幅度	会	不会	不确定
上涨30%	47.40	26.10	26.40
上涨50%	24.70	42.00	33.30
上涨一倍	11.80	60.70	27.50
上涨两倍	9.70	66.00	24.30

第二节　新疆高校少数民族学生资助现状

追溯至20世纪90年代初期，我国高等教育迎来了一场变革，其中国家包办教育的局面被打破，缴费上学渐渐地被人们接受。国家包办教育，尤其是包办高等教育的旧的学生资助制度，不能满足以市场经济为导向的教育改革的需要，建立新的学生资助制度已经成为一种潮流。① 资助，顾

① 范先佐．教育经济学［M］．北京：中国人民大学出版社，2008（1）：95-325.

名思义就是通过财、物来帮助。新疆社会人力资本存量相较于东部地区甚为不足，因而需要更多的人接受教育，而资助的目的就是要扫除学生求学期间的经济障碍，确保学生充分就学。

由本章第一节的研究结论可知，新疆高校少数民族学生多数来自经济不发达的农村地区，其家庭经济收入微薄，家庭供给量低，对学费上涨较为敏感、承受学校收费水平的能力较低。基于上述情况，积极寻求经济上的大力支持是保证新疆高校少数民族学生安心学习并顺利完成学业的重要举措。本次调查研究的学生资助具体包括亲友资助、校外兼职和学校资助。那么，少数民族学生获得亲友资助、学校资助、校外兼职的情况怎么样呢？获得相关资助对少数民族家庭贫困学生的作用如何？本节将进一步研究影响新疆少数民族学生资助的各种因素及学生对资助政策的了解、获得资助的类型和获取资助的动机，这对保障少数民族教育公平和资助政策的调整具有重要的现实意义。

一、新疆高校少数民族学生资助分析

（一）新疆高校少数民族学生获取资助的影响因素

新疆高校少数民族学生获得的资助有学校资助、亲友资助和校外兼职收入等。不同民族、学生家庭所在地，父母亲受教育程度及父母亲职业是影响家庭付费能力的重要因素，此外还包括学生性别、学历层次和家庭在当地的经济水平，因而这些因素有可能影响亲友们对学生的资助。如受传统思想的影响，整个大家庭可能更偏好男孩，在一定情况下亲友们可能更愿意帮助男性完成高等教育，因此性别有可能对亲友资助产生一定影响。新疆高校少数民族学生的其他收入还来自校外兼职，由于受各种环境因素和心理因素的影响，学生的个人特征、家庭经济社会地位、学科门类、学历层次可能会对学生的校外兼职收入造成影响。高等教育是准公共产品，因此政府有责任和义务帮助有能力接受高等教育但在经济上有困难的少数民族学生完成学业。不同的学生个人特征、家庭经济社会地位、学科门类、学历层次可能会影响学生获得学校资助。在资源有限的情况下，把有限的优质资源用到最需要它的学生身上，也是学校资助公平性的重要体现。不同的学生特征、家庭经济社会地位、学科门类、学历层次的学生获得学校资助的类型、机会也是评价学校资助是否公平、公正、公开的因素。

（二）研究设计与实施

以少数民族学生的个人特征、学历层次、家庭所在地、家庭经济在当地状况、父母亲受教育程度及父母亲职业为自变量，学生获得亲友资助、校外兼职分别为因变量进行方差分析，探讨影响新疆高校少数民族学生亲友资助、校外兼职的因素。

以少数民族学生的个人特征、家庭经济社会地位、学科门类、学历层次、父母亲受教育程度及父母亲职业为自变量，学生获得学校资助为因变量进行方差分析，以探讨新疆高校少数民族学生获得学校资助在各因素之间的差异，从而评价学校资助是否公平。

对少数民族学生关于资助政策的了解、申请和获得资助的情况及对学校资助的评价进行描述统计，分析新疆高校学生资助工作的效绩。

二、少数民族学生获得资助的统计分析

（一）学生亲友资助、校外兼职、学校资助的方差分析

亲友资助，即学生获得家庭、学校以外的来自包括家族父辈、母辈们的亲朋好友的经济帮助或支持。

新疆高校少数民族学生获得亲友资助的仅占 21.19%，获得学校资助的占 46.12%，校外兼职等其他收入占 25.21%。表 4-2-1 数据显示，学生所得的亲友资助均值为 1540.85 元，校外兼职收入的均值为 1015.16 元，而学校资助均值最高为 2169.22 元。由此得出，少数民族学生获得学校资助的均值高于其他收入，而大多数学生获得的学校资助为 3000 元高于亲友资助和兼职收入。学生获得的亲友资助的最大金额高达 20000 元，远远高于其他资助的最大值。

表 4-2-1　新疆高校少数民族学生资助分析结果　（单位：元）

统计量	均值	众数	标准差	峰度	偏度	最大值
亲友资助	1540. 85	500	2496. 23	22. 592	4. 129	20000
学校资助	2169. 22	3000	1347. 53	-0. 163	0. 432	7500
校外兼职	1015. 16	1000	927. 814	3. 977	1. 814	5000

1. 学生亲友资助的方差分析

表4-2-2数据显示，新疆高校少数民族学生的性别、学历层次、父亲受教育程度、父亲职业因素的亲友资助方差相等；而民族、家庭所在地、家庭在当地经济状况、母亲受教育程度、母亲职业因素的亲友资助方差不等。

表4-2-2　部分因素亲友资助方差齐性检验

自变量	Levene 统计量	df_1	df_2	显著性
性别	3.946	1	151	0.050
民族	27.37	3	149	0.000
学历层次	0.720	1	149	0.488
家庭所在地	5.709	3	146	0.001
家庭经济在当地状况	17.718	4	145	0.000
父亲受教育程度	1.310	4	146	0.269
母亲受教育程度	2.777	4	142	0.029
父亲职业	1.955	8	142	0.056
母亲职业	4.544	7	143	0.000

通过对少数民族学生的性别、学历层次、父亲受教育程度、父亲职业等因素对亲友资助差异的方差分析发现，新疆高校中少数民族学生的性别、不同的学历层次及父亲受教育程度和父亲职业的不同对学生获得亲友资助没有显著影响，具体见表4-2-3至表4-2-6。

表4-2-3　不同性别学生亲友资助差异的方差分析

方差分析	平方和	自由度	均方	*F*值	显著水平
组间	5756854.927	1	5756854.927	0.923	0.338
组内	9.41E+08	151	6234306.852		
总数	9.47E+08	152			

表 4-2-4 不同学历层次亲友资助差异的方差分析

方差分析	平方和	自由度	均方	*F* 值	显著水平
组间	4874458.12	2	2437229.060	0.390	0.677
组内	9.30E+08	149	6243075.762		
总数	9.35E+08	151			

表 4-2-5 父亲受教育程度亲友资助差异的方差分析

方差分析	平方和	自由度	均方	*F* 值	显著水平
组间	9380719.42	4	2345179.855	0.415	0.790
组内	8.25E+08	146	5652690.573		
总数	8.35E+08	150			

表 4-2-6 不同父亲职业亲友资助差异的方差分析

方差分析	平方和	自由度	均方	F 值	显著水平
组间	3.46E+07	8	4320714.407	0.674	0.714
组内	9.11E+08	142	6413508.628		
总数	9.45E+08	150			

表 4-2-7 数据显示，通过部分因素对亲友资助方差不齐的均值检验可得，不同民族之间所获得的亲友资助有显著差异。新疆高校中，汉族与维吾尔族、哈萨克族学生获取亲友资助的数额有显著差异。少数民族学生获得的亲友资助数额明显少于汉族学生，见表 4-2-8。家庭所在地、家庭在当地的经济状况及母亲受教育程度等因素对学生获得亲友资助数额没有显著影响，见表 4-2-7。

表 4-2-7 部分因素亲友资助均值检验

自变量	检验方法	统计量 a	df_1	df_2	显著性
民族	Welch	5.177	3	26.381	0.006
家庭所在地	Welch	1.19	3	30.921	0.330

续表

自变量	检验方法	统计量 a	df_1	df_2	显著性
家庭在当地经济状况	Welch	3.049	4	6.890	0.096
母亲受教育程度	Welch	2.307	4	35.884	0.077

注：a 渐近 F 分布。

表 4-2-8　不同民族亲友资助的均值多重比较

多重比较	（I）民族	（J）民族	均值差（I—J）	标准误差	显著性
Tamhane	汉族	维吾尔族	2017.631*	536.372	0.004
		哈萨克族	2076.563*	557.308	0.004

注：* 均值差的显著性水平为 0.05。

图 4-2-1 显示，新疆高校少数民族学生家庭供给量与亲友资助呈明显的正相关关系，即随着学生家庭供给不断增多，亲友资助的幅度也逐渐增大。可能原因在于学生考上大学对一个家庭及整个家族来说是一件无比荣耀的事情。因此，仍有不少家庭举办家庭酒席宴请亲戚、好友、同事等来为之庆祝，而亲属们通常也以红包的形式作为奖励。并表达人们的心意和祝福。越是家庭经济条件较好的家庭，前来贺喜的亲朋好友越多，奖励给学生的钱也就越多，而这些对学生来说也是一笔不小的收入，这是另一种意义上的“资助”。

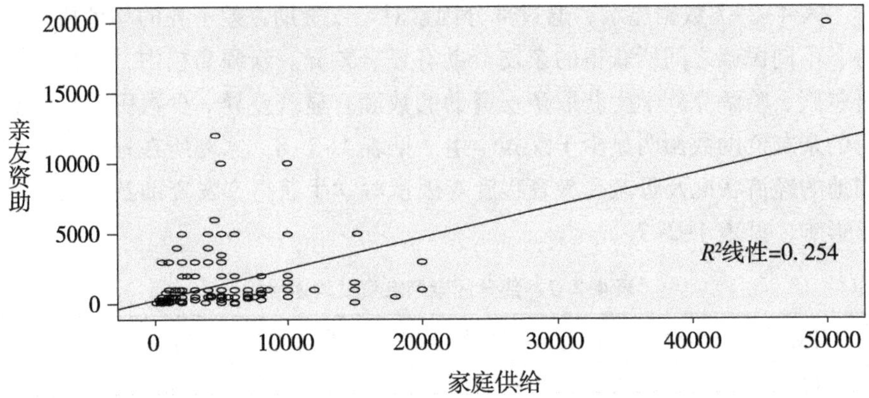

图 4-2-1　家庭供给与亲友资助的相关散点图（单位：元）

2. 校外兼职的方差分析

通过对不同民族、性别、学历层次、家庭所在地、家庭在当地经济状况、父母亲受教育程度、父母亲职业等不同因素的校外兼职收入的方差齐性检验发现，新疆高校少数民族学生不同民族、学历层次因素的校外兼职收入的方差相等，见表4-2-9。汉族学生与少数民族学生校外兼职收入有显著性差异，少数民族学生的校外兼职收入小于汉族学生的兼职收入，具体见表4-2-11。可能原因在于部分少数民族学生的汉语水平不高，同时缺乏社会实践意识和经验，因而导致他们参与校外实践活动较少，获得的其他收入自然较少。不同学历层次的少数民族学生获取的其他收入也存在显著差异，其中专科学生获得的校外兼职收入明显高于硕士生和本科生的校外兼职收入，具体见表4-2-13。其他因素对学生校外兼职等其他收入均没有显著影响。

表4-2-9 部分因素校外兼职等其他收入方差齐性检验

自变量	Levene 统计量	df_1	df_2	显著性
民族	0.977	3	178	0.404
学历层次	0.851	2	177	0.429

表4-2-10 不同民族校外兼职差异的方差分析

方差分析	平方和	自由度	均方	F 值	显著水平
组间	8878826.538	3	2959608.846	3.585	0.015
组内	1.47E+08	178	825466.958		
总数	1.56E+08	181			

表4-2-11 不同民族校外兼职的均值多重比较

多重比较	(I) 民族	(J) 民族	均值差（I—J)	标准误差	显著性
LSD	汉族	维吾尔族	436.057*	154.225	0.005
		其他	670.833*	294.121	0.024

注：*均值差的显著性水平为0.05。

表 4-2-12　不同学历层次校外兼职差异的方差分析

方差分析	平方和	自由度	均方	*F* 值	显著水平
组间	7355461. 226	2	3677730. 613	4. 422	0. 013
组内	1. 47E + 08	177	831751. 205		
总数	1. 55E + 08	179			

表 4-2-13　不同学历层次校外兼职的均值多重比较

多重比较	(I) 学历层次	(J) 学历层次	均值差 (I—J)	标准误差	显著性
LSD	专科在读	硕士在读	2000. 000*	789. 819	0. 012
		本科在读	1257. 126*	461. 214	0. 007

注: * 均值差的显著性水平为 0. 05。

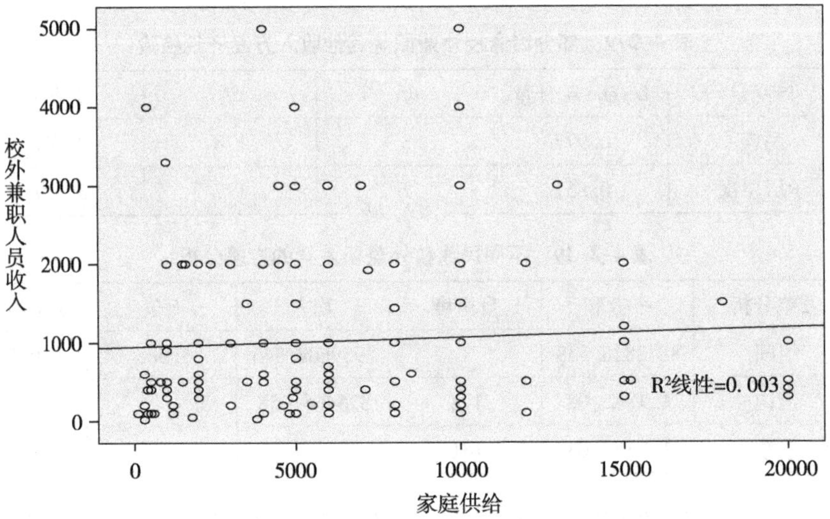

图 4-2-2　家庭供给与校外兼职收入的相关散点图（单位：元）

图 4-2-2 显示，少数民族学生家庭供给与校外兼职收入呈弱相关关系，即家庭供给越多，学生校外兼职收入也不断增多，但增长幅度相对较小。新疆高校少数民族学生参与校外实践活动较少，挣得额外收入的能力相对较弱；家庭经济条件相对较好、家庭供给量较大的学生反而参与校外兼职较多，靠自己挣取额外收入的能力较贫困家庭的孩子强。可能原因在于，家庭经济条件较好的孩子更加自信，有较强的社交能力和社会实践意识，同时具有丰富的资本去尝试不同的实践活动。对于他们而言，参与校

外实践不仅能增加额外的收入、积累个人资金，更重要的是能锻炼自身的能力、提升综合素质，同时可广结人脉并丰富自身的社会实践经验，为未来就业或创业奠定基础。而对于那些经济条件较差家庭的部分少数民族学生来说，经济上的劣势更有可能滋生“心理贫困”，进而产生严重的自卑心理。也可能由于自身民族文化的排异性和汉语水平不高等硬性条件的束缚，使他们不敢去尝试和参与更多的社会实践活动，因而也就无法意识到校外兼职带来的经济效益和价值。

3. 学校资助的方差分析

通过对不同因素学校资助的方差齐性检验发现，新疆高校中男生与女生、少数民族学生与汉族学生学校资助的方差不齐，见表4-2-14。表4-2-15均值检验结果显示，少数民族学生性别、民族不同的学校资助存在显著差异。男生与女生获得学校资助的数额存在显著差异，女生获得的学校资助的均值明显多于男生，见图4-2-3。究其原因：相较而言，男生有较强的自尊心和能力，他们更愿意通过自己的努力获得相应的收入。因此，男生的社会实践能力更强一些，挣得的额外收入较多并能满足自己日常的生活开支，相应的申请或获得学校资助的机会就少。而大多数女生比男生更爱学习，多数情况下女生的成绩比较优异，主要以学习成绩为评判标准的奖学金等一些资助被她们收入囊中。因此，女生获得的资助多于男生。

表4-2-14　部分因素学校资助方差齐性检验

自变量	Levene 统计量	df_1	df_2	显著性
性别	4. 539	1	329	0. 034
民族	3. 262	3	329	0. 022
学历层次	2. 665	1	328	0. 104
家庭所在地	1. 917	3	321	0. 127
家庭经济在当地状况	1. 110	4	322	0. 352
父亲受教育程度	1. 894	4	325	0. 111
母亲受教育程度	0. 203	4	319	0. 937
父亲职业	1. 634	8	318	0. 114
母亲职业	1. 390	7	316	0. 209

表 4-2-15　部分因素学校资助均值检验

自变量	检验方法	统计量 a	df_1	df_2	显著性
性别	Welch	3. 237	1	327. 678	0. 043
民族	Welch	3. 531	3	70. 825	0. 019

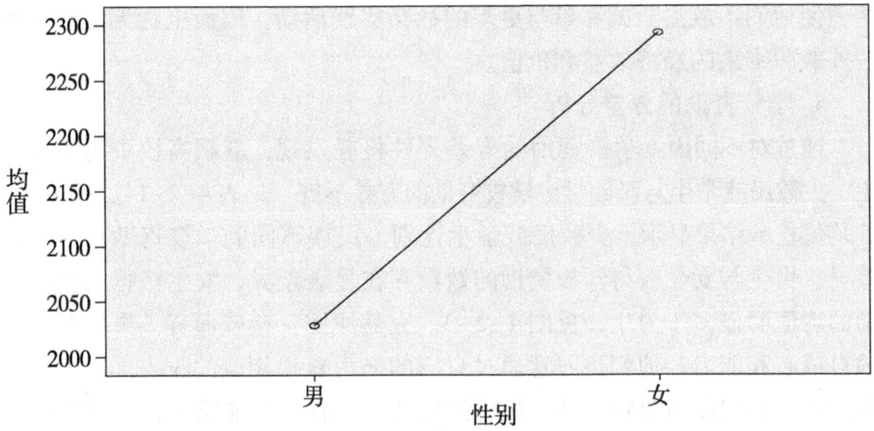

图 4-2-3　男女生获得学校资助的均值图

表4-2-16 数据显示，维吾尔族学生获得的学校资助大于汉族学生。而其他因素如学历层次、家庭所在地、父母亲受教育程度、父母亲职业、家庭在当地的经济水平的学校资助方差齐性检验的结果均不等。上述部分因素的均值检验结果表明，学历层次、家庭所在地、家庭在当地的经济水平、父母亲受教育程度和父母亲职业的不同对学生获得学校资助并无显著影响，具体分析结果见表 4-2-17 至表 4-2-23。

表 4-2-16　不同民族学校资助的均值多重比较

多重比较	(I) 民族	(J) 民族	均值差（I—J)	标准误差	显著性
Tamhane	汉族	维吾尔族	-496. 464*	167. 732	0. 021

注：* 均值差的显著性水平为 0. 05。

表 4-2-17　不同学历层次学校资助差异的方差分析

方差分析	平方和	自由度	均方	*F* 值	显著水平
组间	2803536. 591	2	1401768. 295	0. 767	0. 465
组内	6. 00E+08	328	1827974. 534		
总数	6. 02E+08	330			

表 4-2-18　不同家庭所在地学校资助差异的方差分析

方差分析	平方和	自由度	均方	*F* 值	显著水平
组间	1. 05E +07	3	3494042. 246	1. 932	0. 124
组内	5. 80E +08	321	1808231. 093		
总数	5. 91E +08	324			

表 4-2-19　父亲受教育程度学校资助差异的方差分析

方差分析	平方和	自由度	均方	*F* 值	显著水平
组间	1. 06E +07	4	2652522. 881	1. 456	0. 215
组内	5. 92E +08	325	1822011. 654		
总数	6. 03E +08	329			

表 4-2-20　母亲受教育程度学校资助差异的方差分析

方差分析	平方和	自由度	均方	*F* 值	显著水平
组间	8772754. 427	4	2193188. 607	1. 218	0. 303
组内	5. 74E +08	319	1800264. 661		
总数	5. 831E	323			

表 4-2-21　不同父亲职业学校资助差异的方差分析

方差分析	平方和	自由度	均方	*F* 值	显著水平
组间	2. 75E +07	8	3438144. 705	1. 926	0. 056
组内	5. 68E +08	318	1784934. 703		
总数	5. 95E +08	326			

表 4-2-22　不同母亲职业学校资助差异的方差分析

方差分析	平方和	自由度	均方	*F* 值	显著水平
组间	2. 07E +07	8	2585526. 872	1. 433	0. 182
组内	5. 70E +08	316	1804843. 526		
总数	5. 91E +08	324			

表 4-2-23　不同家庭所在地学校资助差异的方差分析

方差分析	平方和	自由度	均方	F 值	显著水平
组间	1.03E+07	4	2564002.981	1.422	0.226
组内	5.81E+08	322	1803023.636		
总数	5.91E+08	326			

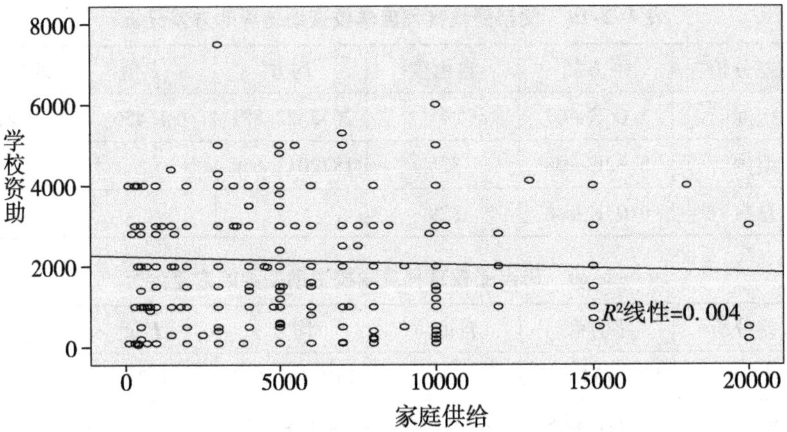

图 4-2-4　家庭供给与学校资助的相关散点图

图4-2-4显示，新疆高校少数民族学生家庭供给量与学校资助呈负相关关系。当少数民族学生家庭无力承担高等教育收费时，学生申请学校资助会增多，以缓解其家庭经济压力。家庭经济条件好的学生，其家庭供给额度高，家庭付费能力较强，自然也不会过多地寻求学校的资助。

（二）少数民族学生对学校资助的了解和评价

教育公平是社会公平的重要基础，党中央、国务院一如既往地高度重视边疆少数民族家庭经济困难学生的就学问题，保障所有家庭经济困难学生都有平等接受高等教育的机会。首先，通过国家资助的方式能切实减轻少数民族困难家庭供子女接受高等教育的经济负担。其次，通过高校学生资助让每一个家庭经济困难的少数民族学生都毫无后顾之忧地接受高等教育，都能在未来有机会成长为有用之才。最后，通过实行资助政策保障每个公民的受教育权利，对于巩固义务教育阶段教学成果、加快普及少数民族高中教育步伐、进一步提升新疆高等教育大众化水平具有不可替代的作用。

从了解途径方面看，新疆高校中有11.5%的学生是通过报纸了解学生资助信息的；有19.0%的学生是从电视上了解的；通过学校宣传手册了解学生资助的学生居多，高达64.7%；另有33.0%的学生是通过互联网了解的。由此说明，高校学生资助宣传手册是学生了解获取资助信息的主要渠道。因此，除了对高校入学新生发放学校宣传手册之外，更重要的是在各地区高中也应大量宣传有关高校资助的相关信息，这样会使更多的学生提前了解高校学生资助，不会因家庭经济困难就过早地弃学，甚至放弃高考。

从了解情况方面看，少数民族学生对高校学生资助政策并不是很了解。具体来看，对国家奖学金制度“很了解”的学生最多，占比为25.8%；其次为国家助学贷款，经济困难学生补助制度，对其他资助制度很了解均低于22%。少数民族学生对高校各项资助政策“知道，但不确切”的基本都在60%以上，说明大部分学生对学校的资助政策了解得不是很深入。对减免学费制度“不知道”的少数民族学生所占比例最高的为42.2%；其次是专业奖学金制度和勤工俭学制度，其余的均在20%以下。由此可见，新疆高校应该加大学校资助工作的宣传，让学生清楚地了解和认识学校的资助政策，并结合自己的实际情况申请相关学生资助，同时也才能对学校的资助工作给予监督，具体见表4-2-24。

表4-2-24　少数民族学生对资助制度的了解情况　　（单位:%）

资助制度	很了解	知道，但不确切	不知道
国家奖学金制度	25.8	66.4	7.8
国家助学贷款政策	22.6	62.4	15.0
减免学费制度	10.3	47.6	42.2
经济困难学生补助制度	22.1	58.7	19.1
勤工俭学制度	16.4	56.1	27.5
专业奖学金制度	21.9	50.0	28.1

从学生申请的高校学生资助的情况来看，此次调查中有68%的少数民族学生申请了高校学生资助。其中申请经济困难学生补助的学生占37.8%，所占比例最高；其次分别为国家助学贷款和国家奖学金。由此说明，新疆高校少数民族学生对学生资助的需求较大。部分同学没有申请到

学生资助的很重要原因是他们不了解相关规定，极少数同学认为即使申请也得不到。虽然申请资助的学生高达68%，但是真正获得高校资助的学生只占54.9%。在这些学生资助中，有34.48%的学生获得了经济困难学生补助；11.08%的学生获得了国家助学贷款；10.80%的学生获得了专业奖学金。

毋庸置疑，勤工俭学是在不影响学生学习的情况下，根据高校的岗位需要、利用课余时间，通过自己的劳动取得合法报酬并用于改善学生学习和生活条件的社会实践活动，但仅有2.07%的少数民族学生获得了勤工助学的岗位。

还有很多同学没有获得资助的主要原因在于，学校分配的名额不够。对个别少数民族学生进行访谈时发现，多数学生谈到班级分配的名额不够，而且存在分配不公平的现象。部分成绩一般且家庭困难的同学一直申请不上。在评选时固然要看成绩，但是也要同时兼顾学生家庭的实际情况，这样才能真正做到公平。

新疆高校少数民族学生对高校学生资助的作用评价很高，有73%的学生认为获得高校资助对学生的学习和生活确实起了推动作用；仅有3.2%的学生认为几乎没有作用。另外，学生认为学校资助是公平的占39.34%，不知道的占38.64%，不公平的占15.10%。在获得资助的学生中，有48.86%的少数民族学生认为学校资助是公平的，另有12.10%的学生认为不公平。没有获得学校资助的学生中，有19.65%的人认为学校资助不公平。

第三节　研究结论及对策建议

一、研究结论

本研究在高校学生家庭付费能力已有研究成果的基础上，通过对新疆南北疆5所普通高校少数民族学生家庭付费能力的情况进行调查与研究，发现新疆高校少数民族学生家庭付费能力普遍较低，学生资助对学生顺利完成学业起了积极的作用，但是资助工作中也还存在个别问题，笔者尝试提出针对少数民族学生，提高其家庭经济收入、增进教育公平的对策和建议。研究的主要内容和基本结论主要体现在以下几个方面：

（一）关于新疆高校少数民族学生家庭付费能力

调查显示，新疆高校少数民族学生来自乡镇和农村的高达76.1%；学生父亲多数拥有初中学历，母亲多数拥有小学学历，少数民族学生父母受教育程度普遍偏低；学生父母亲都是农民的所占比例最高；少数民族学生家庭年收入的均值为22359.7元；有32.6%的学生认为其家庭经济水平在当地属于低收入水平。可见，新疆高校少数民族学生家庭经济收入不高，家庭生活条件并不富裕。

新疆高校少数民族学生家庭一年的供给量均值为6227.29元，而实际计算得到的大学生的基本消费支出为8600元/学年。因此，根据家庭年收入在10000元以下的少数民族学生占比达52.3%得出，学生家庭供给量较低，即新疆高校少数民族家庭支付能力较弱。

少数民族学生家庭供给量明显低于汉族学生的家庭供给量。来自农村的少数民族学生家庭供给量小于来自中等城市和乡镇的学生家庭供给量。父亲受教育程度为文盲、小学、初中的家庭供给量小于父亲学历为高中、大学及以上的学生家庭供给量；而母亲受教育程度为小学和初中的家庭供给量小于母亲学历为大学及以上的学生家庭供给量。父亲职业为农民的家庭供给量小于父亲为行政管理和商业服务人员的学生家庭供给量；而母亲职业为农民的家庭供给量小于母亲为商业服务人员的家庭供给量。

少数民族学生家庭年总收入对学生家庭供给量有显著的正效应，并得到线性回归方程1：$y = 2662.601 + 0.193x$。此外，学生的其他消费支出、伙食费支出和学费支出对其家庭供给量也存在显著的正效应，得到的线性方程2：$y = 4833.885 + 2x_1 + 5.272x_2 + 0.986x_3$。因为方程2的相关系数大于方程1的相关系数，所以得出，少数民族学生的其他消费支出、伙食费支出和学费支出对家庭供给量的作用大于家庭年收入对家庭供给量的作用的结论。

对于目前的高校学费，有60.68%的少数民族学生认为其家庭需要压缩生活开支才能勉强承受，而少数民族学生所能承受的最高学费水平的均值为3546.86元，承受学费的能力较弱。若学费水平不断提高，则学生继续上学的意愿不断减退；假设学费上涨一倍甚至两倍时，有超过60%的少数民族学生会选择放弃求学。

（二）关于少数民族学生资助

新疆高校少数民族学生获得的亲友资助明显少于汉族学生；少数民族学生家庭供给量与亲友资助存在明显的正相关关系。少数民族学生校外兼职收入低于汉族学生；专科学历的少数民族学生的校外兼职收入明显大于本科和硕士学生的兼职收入。少数民族学生获得的学校资助多于汉族学生；就学生性别而言，女生获得的学校资助多于男生；少数民族学生家庭供给量与学校资助呈现负相关关系。

此次调查中有68%的少数民族学生申请了学校资助，仅有54.9%的学生真正获得了高校的学生资助。部分学生没有申请到学校资助的主要原因在于他们不了解相关规定，有接近30%的学生不知道“减免学费制度”和“勤工助学制度”。

73%的少数民族学生认为高校学生资助对减轻家庭经济困难学生的家庭付费压力起了积极作用，获得资助的学生对高校资助工作的公平性认可度较高。新疆高校学生资助在一定程度上帮助了需要资助的学生，但还有待于进一步完善。

二、对于提高学生家庭付费能力和促进资助公平的建议

（一）合理制定高校收费标准

各地高校的学费标准自2000年新一轮高校扩招以来出现上调趋势，但高校学费的调整不能完全遵照市场规律，对新疆这样经济欠发达的民族地区，应当充分考虑民族高等教育发展的潜在需求以及学生家庭的经济承受能力，保障少数民族低收入群体接受教育的权利。

1. 规范高等教育培养成本

为加强高校收费管理，促进高校发展，维护教育成本分摊者的合法权益，应加快高校收费的立法进程，明确学费标准，并出台高校生均培养成本的具体内容，使高校生均培养成本规范化、透明化。根据《高等教育收费管理暂行办法》，目前的高校学费标准是根据年生均教育培养成本的一定比例确定的。现阶段，高校学费占年生均培养成本的比例不超过25%。然而，由于高等教育生均培养成本的详细内容和核算办法不够明确，各地区高校在具体制定学费标准时一般按照各自的实际情况进行，部分学费标

准已高于年生均培养成本的25%，着实增加了学生的不合理负担。对此，2014年教育部、国家发改委等五部门在联合下发的《关于规范教育收费治理教育乱收费工作的实施意见》中，对学费调整问题做了明确说明：“要规范普通高等学校收费行为。各地要按照属地化管理原则，因地制宜建立健全高等学校收费标准动态调整机制，建立合理的教育培养成本分担机制。”

随着高等教育进入大众化阶段，学生承担一定的教育成本无可厚非。但是，对于本身经济基础就差的边疆少数民族学生及其家庭来说，为不断上涨的高等教育成本买单则意味着其家庭经济不断紧缩，甚至有可能威胁到整个家庭的生存。由此看来，规范高等教育培养成本是确保学费合理、保证少数民族入学机会均等的先决条件。

2. 依据区域经济情况，制定学费的浮动空间

国际上通行的惯例是高校学费不能高于居民可支配收入的20%。我国东西部地区差异显著，经济发展水平参差不齐。相较而言，西部地区的居民收入水平普遍偏低，而农牧地区的少数民族生活更是捉襟见肘，少数民族学生很有可能因学费过高而放弃接受高等教育。

我国《高等学校收费管理暂行办法》规定的“不同地区、层次的学校及不同专业的学费收费标准可以有所区别”，要求学费调整在体现教育成本变化的同时，也能体现社会需求和各地实际情况，体现出差异化原则。因此，各地方高校对学费的调整应该根据当地居民的可支配收入，制定一个合理的调控区间，同时根据区域经济发展情况、物价水平及教育需求等一些量变指标给予上下浮动的空间，从而降低辍学率和失学率。当然，学费的收取既要符合利益获得原则，也要符合居民能力支付原则、公平与效率原则和社会效益原则。根据不同的学校、不同的专业，制定不同的学费标准，学生可依据自身的家庭经济条件选择适当的学校和专业，这对于那些挣扎在贫困边缘的少数民族学生来说则显得尤为重要。

（二）提高少数民族贫困学生家庭的付费能力

当前，部分少数民族学生家庭对于承受高等教育收费比较吃力。2014年，新一轮的学费“涨价潮”无疑触碰到了中低收入家庭那根敏感的“神经”。制定合理的、符合居民承受能力的学费标准固然重要，但最重要的还是要通过发展区域经济来提高居民家庭经济收入，以保证不断增强居民

家庭的付费能力。

对于地处中国西北边陲的新疆民族地区而言，该地区的基本情况是：相比于东部地区，新疆大型国有企业、私人企业偏少，经济发展缺乏动力和活力，部分企业技术更新缓慢、创新不足、产品竞争力不强，新疆经济环境亟待改善。此外，由于新疆各地州地理位置存在明显的优劣势，尤其是少数民族集中聚居的天山南麓区域经济增长乏力，农民收入增长缓慢，农村贫困覆盖面较大；工业化程度低，第二、第三产业发展条件不足；基础设施建设相对落后、教育水平低下、劳动者素质偏低，这些仍然是制约新疆经济社会和谐发展的突出矛盾。因此，在这样的社会背景和社会经济基础之下，发展民族地区经济，提高少数民族家庭经济收入；发展民族教育，提高少数民族受教育水平是提高少数民族学生家庭教育供给额度的根本举措。

1. 大力发展民族区域经济

（1）发展民族地区农村经济，增加少数民族农民收入

本次调查中少数民族学生多数来自经济发展较慢的南疆农村地区，其父母亲也多为农民。农民依靠有限的土地作为资本维持生计，土地资源是他们仅有的获得经济来源的优势条件之一。而经济欠发达的农村地区自然环境恶劣、农业生产落后、农产品销售不畅等问题严重影响着他们的经济收入，农村居民收入单一且入不敷出是客观事实。少数民族学生家庭经济收入不足最终导致其家庭教育供给偏低。南疆地区多晴少雨，是典型的温带大陆性气候。虽然南疆自然环境恶劣，生态极其脆弱，但是这里日照时间长，拥有丰富的光照资源、石油、天然气和矿产资源，这些都是农牧业赖以发展的得天独厚的优质资源。因此，农牧业是南疆经济发展的重要支柱，也是农民赖以生存的主要作业资源和经济来源的主要依靠。

因此，加快农业和农村经济布局、均衡发展，推进现代农业科学发展。尽快把南疆地区建成新疆优质的农牧业、特色农产品和天然瓜果的生产基地。与此同时，依托农业优势资源发展第二、第三产业。第三产业的发展要以第一、第二产业为基础和中心，特别要围绕第一产业的产后服务，鼓励和支持农产品批量营销，重视农产品市场向内陆省市和中亚地区的开拓。活跃南疆地区农村经济，才能促进农民增产增收。不少研究证明，教育投资已经成为居民家庭的最主要投资支出之一。依据马斯洛的需要层次理论，当人们满足了基本需求后才会转而追求和实现更高层次的需

要。因此，当少数民族群众的经济收入满足家庭物质生活所需时，才有精力和能力去考虑精神层面的发展和投资，才有可能增加家庭成员的教育供给额度，提高家庭的付费能力。

（2）提供先进的农业技术培训，提高农村劳动力技能

人力资本的核心是提高人口素质。对于个人而言，教育或职业培训能提高自身知识和技能，增加就业的机会。对于社会而言，个人知识、能力的提高是提高社会生产效率的基础。因此，提高农村劳动力生产技能对发展农村经济至关重要。本次调查显示，新疆高校少数民族学生父母文化程度普遍不高，他们有限的知识和能力难以推动农业产业化进程。因此，对民族地区少数民族人力资源进行投资已然成为提升新疆人口整体素质、促进新疆社会经济和谐发展的客观需要。增加就业技能培训，提高少数民族劳动技能，是大力发展民族地区经济、提高边疆民族地区人民生活水平、维护边疆和平稳定的重要战略措施。

因此，要充分发挥地方政府部门的主导作用，统筹兼顾，把促进民族地区经济发展和人民收入水平的提高作为新疆快速发展的首要任务。一方面，政府工作人员要意识到新疆少数民族地区的经济优势：一是自然资源丰富，发展潜力巨大；二是与周边国家接壤较多，具有对外开放的机会和条件；三是民族文化交流频繁，多种文化交汇丰富；四是生态环境状况较好，人文自然旅游资源丰富。这些都为新疆的经济开发和发展提供了丰富的物质资本。另一方面，要对民族地区剩余劳动力进行就业培训。新疆经济潜力巨大，一旦开发和利用将会为农村富余劳动力转移就业提供机会，这也对劳动力的知识和技能提出了较高的要求。因此，由政府、地方组织培训班，做好农村劳动力岗前培训，引导和组织富余劳动力学习汉语和相关技能，以培养符合农村经济发展需要的各类人才。提高南疆地区少数民族群众农业知识，提高农民自身生产技能，促进农村特色经济蓬勃发展，才能不断增加农村居民家庭的可支配收入，进而增强家庭支付高等教育各项收费的能力。

2. 提高少数民族人口受教育水平

教育的蓬勃发展对少数民族贫困地区的作用是不可估量的。父母受教育水平不仅对自身发展、个人社会地位及社会阶层产生影响，其后代子女也耳濡目染。通过前面的研究发现，少数民族学生父母受教育水平越高，意味着其收入也高。因而其家庭教育供给就会增大，对后代子女的教育要

求就高。潜移默化中也熏陶着第三代、第四代的子女，以此形成可观的教育跨代收益。扩大民族高等教育规模，提高少数民族人口受教育水平迫在眉睫。

（1）保持民族高等教育规模扩张

扩大民族高等教育规模有助于加强少数民族人力资本建设，大力发展本土化、特色化的高等教育，为新疆作为丝绸之路经济带的重要枢纽提供重要而坚强的人才后盾。

为促进新疆民族高等教育不断发展，首先要提高中等阶段教育升学率，适当增加少数民族高等教育招生规模，扩大少数民族在校大学生的比例，尤其是在综合型、教学质量较好的高校增加少数民族招生计划，并且在每万人口在校大学生数、中等教育升入高等教育等若干指标上有较大增幅，切实增加少数民族入学机会，提高少数民族人口受教育水平；其次要创新少数民族高等教育人才培养及教育模式，结合地域发展需要，增强汉语和专业技能培养。通过实施双语教学，越来越多的少数民族学生的汉语水平得到提高，这为扩大民族高等教育规模和提升质量奠定了基础。培养民族区域经济发展所需的专门人才，疏通少数民族就业渠道，引导少数民族大学生就业、创业，不断提高民族高等教育对自身发展、社会经济进步的贡献率，从而使少数民族群众意识到接受教育的经济效益和实际价值。

（2）对边远民族地区高等教育予以特殊照顾

新疆南疆和田、喀什、阿克苏等地区聚居着全疆主要的少数民族，国家出于战略布局的需要，自 20 世纪较早的时期就已在部分地区布点高校。截至 2013 年，在新疆 44 所各类高校中有 6 所分布在南疆各地，这些高校在新疆经济社会发展中发挥的作用不言而喻。本次调查中新疆高校少数民族学生来自南疆的居多，他们的父母受教育程度普遍为小学和初中，这与这些地区高等教育发展不足不无关系。当然，由于南疆所处地理位置相对边远，存在自然环境恶劣、经济劣势和人才劣势的困境，这些高校在发展中面临的困难较大、问题较多也合乎常理。

因此，面对新的机遇和挑战，实现新疆经济社会更好更快地发展，构建和谐新疆，需进一步加大对这些少数民族边远地区高校在政策、经费及教育教学方面的扶持和照顾。2014 年借助各省市对口援疆的东风，新疆正式开始筹建喀什大学、阿克苏学院、和田学院及一些地区职业技术学校等，这不仅有利于培养更多的少数民族人才和高级知识分子，还能形成良好的教育氛围，累积家庭教育优势，进而形成显著的教育收益。同时，逐步提升少数民族地区的文化软实力，确保民族地区高等教育的发展。

（三）完善高校资助工作，切实保障教育公平

1. 保证学生资助与学费上涨均衡发展

新疆高校少数民族学生对资助的需求较大，申请的资助多于汉族学生。而学费水平的不断高涨危及了那些家庭付费能力较弱的少数民族学生接受教育的机会，这同时也强调了高校资助措施对少数民族学生完成学业的重要性。因此，加大政府的转移支付力度，大力支持新疆民族地区学生上学，保障教育公平，成为大多数人在学费上涨之后的期盼。

所以，在实行高校学费改革的同时，一定要合理调整相关的资助政策，例如对少数民族低收入家庭子女减免学费，加大特殊专业的补助金额等，从而使高等教育学费改革更加有利于保障社会公平。对于新疆而言，在有限的教育资源和教育投入的情况下，对少数民族学生实行不同的收费政策与不同标准的资助相结合是可行的。对民族地区那些提供重要的社会服务且从事低薪职业的农业、师范类院校毕业生减免学费，尽可能多地保障低收入家庭少数民族学生的教育机会和培养少数民族人才。因此，根据现行的高校学费状况，不断完善学生资助政策、改善少数民族学生家庭供给量低的窘境，是保证高等教育改革继续深入的一个重要措施，也是促进教育公平的重要环节。

2. 进一步加强少数民族学生对资助政策的认识和了解

目前，我国高校已基本形成以奖助学金为主，以助学贷款、绿色通道、勤工助学、减免学费等为辅的多样性、全方位的混合型资助体系。新疆高校少数民族学生申请经济困难补助的人数最多，但是在调查过程中发现，多数少数民族学生对部分高校学生资助的相关政策和制度了解得并不多，如减免学费、勤工助学等，这也是导致少数民族学生较少参与学校勤工助学的一个重要原因。因此，除了对新生入学前的宣传外，更应该在学生入学后开办讲座或在学校官网上，介绍每一项学生资助的申请条件、方式、所需的材料、办理流程及相关咨询等，让学生充分了解高校学生资助的作用和意义，并根据自身情况选择。

此外，高校还可以与当地中学或有关部门建立合作。特别是在少数民族地区，通过当地中学或有关部门的宣传让更多即将迈入大学校门的学生

和少数民族学生家长知晓并了解有关资助政策。只要是家境困难的优秀学生，通过申请高校资助就能进入大学学习。避免一些父母因为家庭负担不起高额的费用而过早地让孩子放弃学业。

3. 规范资助工作程序，确保教育公平

新疆高校少数民族学生家庭供给量较低，获得学校资助是高校少数民族学生顺利完成学业的重要保障和最佳途径。在本次调查访谈中，部分少数民族学生对家庭经济贫困的贫困认定证明及相关材料的真实性问题存在很大的争议。这不利于高校学生资助工作的进一步开展，也不利于学生的健康成长。

因此，贫困生认定工作，各个部门尤其是当地民政部门应该本着实事求是、严谨客观的态度，核实学生的家庭基本状况、家庭经济收入、个人基本状况及突发情况等各项指标后再签字盖章。除此之外，班级选举、评议、公示要严格按照上级给定的资助指标和额度公平、透明地分配，并始终坚持民主、公平、公正、透明、集体评议的原则，认真做好学生申请、班级民主评议等各环节的工作，严格审核，做到信息真实准确，材料齐备，程序规范，操作透明，审核公开，确保评选结果公平与公正，保证让班级每一位学生信服。

4. 坚持人文关怀，不断提升资助效果

高校在学生资助工作中本着忠于政策、坚持以人为本的原则，在不断推动学生资助工作制度化、规范化、科学化、合理化的同时，密切关注学生，尤其是少数民族学生的学习和生活问题。对于边疆家庭经济困难、学业不理想的少数民族大学生，高校可以给予特殊照顾，帮助他们顺利完成学业。因此，基于少数民族学生群体的特殊性，高校不仅要从物质上，更要加强对贫困生心理的辅导，从思想上和心理上全方位帮助这些困难学生，引导他们自强、自立、健康地发展。同时，强化他们的主体意识，引导他们根据高校的资助政策并结合自己实际的经济情况、课程成绩自主选择符合自己需求的助学措施，充分发挥自身的主体性、主动性，在促进学生健康成长的同时不断提升学生资助效果。

5. 提高少数民族学生的积极性，加强实践参与度

（1）鼓励少数民族学生多参加勤工助学活动

勤工助学是一项确保在校贫困生可以一边工作一边学习的重要资助措施。助学岗位多在学校，学生凭借付出的劳动获得相应的报酬，而不是无

偿地接受资助。高校可以为少数民族学生创造条件，结合少数民族学生特点及工作性质多渠道开辟勤工助学岗位，让他们在学校学习的同时兼顾勤工俭学，学会挣钱补贴生活。少数民族学生多参加勤工助学等一些兼职活动，不仅能解决自身的生活费用及部分学费问题，还能提高自身各方面能力，如提高汉语水平、交际能力及丰富自身经验，为以后的工作奠定基础。除此之外，鼓励企业与高校相关学科、专业建立对口支援关系，如企业为高校提供校外勤工助学及实习机会，学校为企业推荐优秀毕业生参与其中。

（2）吸纳社会企业、慈善团体投资

高校学生资助资金主要来源于政府财政拨款、高校事业费收入提取、银行发放贷款及社会捐赠。在中国，基于历史原因并没有形成良好的社会捐赠风气。与部分名校相比，普通高校获得的社会捐助总额并不大，这说明目前社会力量对高校学生资助工作的关注和投入明显不足。对于新疆的高等院校来说，由于区域经济差异较大，西部地区的企业和慈善团体较东部地区少，能吸引的社会资助力量较小。面对社会团体参与度低，少数民族贫困学生居多的窘境，高校应以更加积极的姿态，主动走出去，加强和社会的联系，充分挖掘校友资源，动员一切可依靠的力量吸引社会各界捐资助学。

同时，新疆部分高校下属的各个学院也可以充分发挥本院专业、学科的独特优势，将专业优势与企业生产有机地结合起来，吸纳企业、社会团体资金资助本学院的贫困学生。此外，最重要的还是高校应该做到更加规范、透明、公开，让捐助方及时了解捐赠款物的使用去向。积极发挥社会公众的监督作用，呼吁社会各界齐心协力共同参与学生资助工作，弘扬捐资助学的传统文化，如“扶贫济困”及“回报社会”的精神，以激发社会各界参与学生资助的热情。

第五章 社会分层对高等教育过程公平的影响研究

高等教育过程公平是高等教育公平的重要组成部分，同时也是教育公平和社会公平的重要组成部分。随着高校扩招政策的实施和我国高等教育大众化的实现，高等教育在一定程度上满足了广大人民群众日益增长的高等教育需求，保障了公民接受高等教育的机会和权利。但与此同时，高等教育的公平性和实现高等教育“质”的目标越来越成为社会各方面关注的焦点。近年来，社会转型期社会成员经济收入、社会地位等差异也与受教育者所接受的高等教育发生了紧密联系。学生的家庭社会分层逐渐影响到高等教育起点公平、过程公平和结果公平。基于当前高等教育起点和结果公平已经得到重视与改善，课题组希望通过对S高校个案的实证研究，向人们展示不同家庭背景、不同社会分层的学生当前高等教育过程公平的状况，进一步探讨家庭社会分层对高等教育过程公平的影响。这一研究对高等教育公平的实现，乃至对社会公平和社会阶层正向流动的实现都具有积极的意义。

本研究选取S高校作为个案，通过问卷调查法和访谈法获取大量相关资料和数据，对调查结果运用SPSS软件进行信度分析、相关性分析、回归分析和卡方检验，从而验证研究假设。研究发现，社会分层与学生在校期间获得助学金、获得学习指导帮助和兼职等方面密切相关，家庭社会分层对学生在接受高等教育过程中获得助学金、获得学习指导帮助和参加社会兼职等方面都有显著影响。优势阶层在获得学习指导帮助方面比弱势阶层更具有优势；弱势阶层在获得助学金和参加社会兼职方面比优势阶层拥有更多的机会。不同的家庭社会分层会有不一样的经济资本、文化资本和社会资本，这对学生在接受高等教育期间课程学习、参与科研、评奖评优、获得学习指导帮助、社会实习及人际交往等方面都有程度不一的影响。在此基础上，本研究提出了国家应实施全面的社会制度创新政策；高校应加大课程改革力度，推广因材施教的差别教育教学方法；政府应加大对高校学生科研投入力度，增加高校科研项目；高校应端正学生评奖评优态度，严格监督评优过程；政府应完善高校资助体系，增大贫困生资助力度；高校应增加学生实习机会，保证弱势阶层享有平等的实习机会，正确引导大学生自我认识。

第一节　高等教育过程公平的调查分析

一、研究设计

（一）研究对象

为了揭示社会分层对高等教育过程公平的影响，确保研究对象具有典型代表意义和保证研究结果具有一定的可靠性，在咨询专家的基础上，课题组选取S高校本科二年级、三年级学生作为研究对象。S高校是一所国家“211工程”重点建设高校和国家西部重点建设高校，拥有经济、法、教育、文、历史、理、工、农、医、管理等学科门类，是一所综合性大学。课题组采取了分层随机抽样法，即按比例或配额随机取样，根据个体的某些性质进行分组，将同质的个体划分到相同的子群体中，然后在划分好的子群体中分别使用简单随机取样抽取样本。采用分层随机取样法不仅可以保证研究样本对样本总体的代表性，还可以保证研究样本对样本总体中的重要子群体的代表性。本研究将本科二年级、三年级在校生按照10个学科划分成10个非重叠组，然后采用了不同的取样比例确定了每个子层群体样本的单位，共随机发放了800份问卷（具体专业、年级见表5-1-1），调查回收问卷789份，回收率98.6%。其中有效问卷726份，有效问卷回收率92%。调查对象的基本信息见表5-1-2。

表5-1-1　正式发放调查问卷的份数

年级	大二	大三
合计	400	400
经济学	15	14
法学	16	12
教育学	15	15

续表

年级	大二	大三
文学	44	38
历史学	3	3
理学	32	36
工学	106	115
农学	47	45
医学	63	65
管理学	59	57

从专业上看，工学专业的学生样本数量最多，占总样本数量的27.9%；其次是医学、管理学和农学这三个专业，共占总样本数量的42.4%；第三是文学和理学专业，这两个专业学生样本数量相差不大，共占总样本数量的18%；另外法学、经济学、教育学和历史学四个专业的学生样本数量较少，共占总样本数量的11.6%。

表 5-1-2　调查对象基本信息情况

类别	对象	人数	百分比（%）
性别	男生	383	48.50
	女生	406	51.50
年级	二年级	392	49.70
	三年级	397	50.30
入学方式	调剂	188	23.80
	统招	601	76.20
户口类型	农村	430	54.50
	城镇	359	45.50
家庭所在地	农村	392	49.70
	城镇	243	30.80
	城市	154	19.50

续表

类别	对象	人数	百分比（%）
专业	文学	69	8.70
	理学	73	9.30
	工学	220	27.90
	法学	28	3.50
	经济学	28	3.50
	管理学	116	14.70
	农学	91	11.50
	教育学	30	3.80
	医学	128	16.20
	历史学	6	0.80

由表 5-1-3 的数据可知：从父亲受教育程度上看，大部分接受过初中、高中或中专层次的教育，两个比例分别占总样本数量的 42.6% 和 29.20%。接受过研究生教育的人数非常少，占总样本数量的 0.60%。从母亲受教育程度上看，接受过小学及以下教育程度的人数要高于父亲，比例是 30.50%，接受过初中和高中或中专层次教育的占多数，两者比例分别占总样本数量的 38.70% 和 22.80%，而教育程度为研究生的人数也非常少，也只有 0.60%。从父母的职业上看，样本中大部分学生的父母都是农民或农民工，比例分别占 52.60% 和 43.60%，父母的职业是国家干部或经理人员的比例都很低，而且母亲失业或无业的比例比父亲的要高 10%。从家庭人均年收入来看，样本中 47.40% 的学生家庭人均年收入在 2 万以下，27.40% 的学生家庭人均年收入在 2—4 万元，而家庭人均年收入上等的比例非常小，只占总样本数量的 3% 左右。通过以上信息可以分析出，一是调查的学生其父母受教育程度较低；二是学生父母的职业多为农民或农民工；三是学生家庭收入都较低。

表 5-1-3 调查对象家庭基本信息情况

类别	层次	人数	百分比（%）
父亲受教育程度	小学及以下	135	17.10
	初中	336	42.60
	高中或中专	230	29.20
	大学或大专	83	10.50
	研究生	5	0.60
母亲受教育程度	小学及以下	241	30.50
	初中	305	38.70
	高中或中专	180	22.80
	大学或大专	58	7.40
	研究生	5	0.60
父亲的职业	国家干部	31	3.90
	经理人员	16	2.00
	私营企业主	25	3.20
	知识分子专业技术人员	40	5.10
	职员	55	7.00
	商业服务业员工	15	1.90
	个体工商户	156	19.80
	产业工人	61	7.70
	农民/农民工	415	52.60
	失业/无业	32	4.10
母亲的职业	国家干部	16	2.00
	经理人员	12	1.50
	私营企业主	16	2.00
	知识分子专业技术人员	31	3.90
	职员	58	7.40
	商业服务业员工	19	2.40
	个体工商户	133	16.90

续表

类别	层次	人数	百分比（%）
母亲的职业	产业工人	40	5.10
	农民/农民工	344	43.60
	失业/无业	116	14.70
家庭人均年收入	2万元以下	374	47.40
	2—4万元	216	27.40
	4—6万元	91	11.50
	6—8万元	46	5.80
	8—10万元	24	3.00
	10万元以上	30	3.80

（二）研究工具和方法

本研究采用自编问卷，50道题包括个人及家庭基本信息、在校期间的基本信息及学生对高等教育过程公平度的评价情况三个部分。数据统计和分析的工具是SPSS软件，首先将数据录入统计软件中，其次对数据进行处理，将无效的数据剔除并对数据进行信度检验。信度分析所采用的是克朗巴赫α系数。属于内在一致性系数，它根据量表中项目得分检验结果是否具有一致性。克朗巴赫α系数是目前比较常用的信度系数，通常适用于态度、意见式问卷或量表的信度分析。本研究运用SPSS测得信度指标为0.917，信度系数在0.80以上可以表明本研究的调查问卷可信程度较高。根据研究需要进行相关的数据分析，运用的研究方法主要包括基本描述、相关分析和回归分析这三种统计分析方法。

本研究根据陆学艺的社会分层方法将个案中学生父母的职业进行赋值，并根据其父母职业的平均值划分学生的家庭社会分层。分别是基层1分、中下层2分、中中层3分、中上层4分和上层5分。

入学方式："调剂"或"统招"。"调剂"赋值为0、"统招"赋值为1。

户口类型："农村"或"城市"。"农村"赋值为0、"城市"赋值为1。

家庭所在地："农村""城镇""城市"。"农村"赋值为1、"城镇"

赋值为2、“城市”赋值为3。

父母受教育情况：“小学及以下”赋值为1、“初中”赋值为2、“高中或中专”赋值为3、“大学或大专”赋值为4、“研究生”赋值为5。

家庭人均年收入：“2万元以下”赋值为1、“2—4万元”赋值为2、“4—6万元”赋值为3、“6—8万元”赋值为4、“8—10万元”赋值为5、“10万元以上”赋值为6。

学生干部或党员：“是”或“否”。“是”赋值为1、“否”赋值为0。

获得奖学金和助学金：“是”或“否”。“是”赋值为1、“否”赋值为0。

参加社团或兼职和课题：“没有”赋值为1、“一个”赋值为2、“两个”赋值为3、“三个以上”赋值为4。

学习成绩：“很不好”赋值为1、“不太好”赋值为2、“一般”赋值为3、“较好”赋值为4、“很好”赋值为5。

获得学习指导帮助：“没有”赋值为1、“很少”赋值为2、“一般”赋值为3、“较好”赋值为4、“很好”赋值为5。

同辈或师生交往关系：“很不好”赋值为1、“不太好”赋值为2、“一般”赋值为3、“较好”赋值为4、“很好”赋值为5。

（三）研究维度

高等教育不仅包括传授专业知识，还包括培养实践能力、各种技能和提高文化修养等方面，本章根据研究者自身求学期间的经历和高等教育过程公平的感受及获得S大学调研访谈对象的求学经历和对高等教育过程公平的感受，在此基础上进行了总结与归纳，最终决定从学生课程学习方面、参与科研方面、评奖评优方面、获得学习指导帮助方面、社会实践方面和人际交往方面来考察高等教育过程公平的现状。第一，课程学习是大学期间最重要和主要的活动之一，老师则是这一活动最不可缺少的同伴之一。通过考察学生的学习成绩、学生对教师在课堂教学中的态度、关注度、期望值和评价来了解不同学生在课程学习方面公平的问题。第二，参与课题研究也是学生在校期间非常必要的学习活动，它能锻炼学生科学的逻辑思维和动手动脑以及独立思考的能力，是高等教育过程中的关键内容。通过考察学生在校期间参与科研的机会来了解不同学生参与科研公平的问题。第三，评奖学金、选拔班干部是高校激励学生不断进取、树立优秀典型的重要活动之一，是高校开展的非常有意义的学生工作。通过考察学生评奖学金、评班干部的机会来了解评奖评优公平问题。第四，在高等教育过程中总有一些学生处于相对较弱或较不利的地位，学校会对其进行一定心理上的扶助和经济上的补助，所以学生在校期间获得学习指导帮助也是高等教育过程公平很重要的一方面，通过考察学生获得学习指导帮助的机会来了解这一方面公平的问题。第五，学生在接受高等教育过程中都会通过社团活动、专业实习活动和勤工俭学活动锻炼自身综合能力，为之后走向社会做准备。通过考察学生在校期间参加社团、社会实习和实践的机会来探讨这方面公平的问题。第六，高校学生的人际交往主要是与同辈同学和老师产生互动，这也是高等教育过程中学生主要的活动之一。通过考察在校期间学生与同辈交往、师生交往关系的好坏来了解人际交往公平的问题。

二、研究假设

高等教育过程公平在家庭基本属性上存在差异。家庭社会分层影响学生在校期间课程学习、参与科研、社会实习、评优评奖、弱困扶助及人际交往等方面，即学生的家庭社会分层影响高等教育过程公平。

三、高等教育过程公平现状分析

第一，在课堂教学中教师对不同学生态度的公平评价中，有 334 位学生认为一般公平，308 位学生认为比较公平，42. 6% 和 39. 3% 的学生认为教师在课堂教学中对不同学生的态度是一般公平和比较公平的，认为很不公平和不太公平的学生占少数。从总体来看，学生认为教师在课堂教学中对不同学生的态度是比较公平的。

在学习生活中教师对不同学生的关注度的公平评价中，认为一般公平的学生有 375 人，占总数的 48%；认为比较公平的学生有 243，占总数的 31. 1%。36. 3% 的学生认为教师在学习生活中对不同学生的关注度是比较公平和非常公平的，认为很不公平和不太公平的学生有 122 人，占总数的 15. 7%，说明学生认为教师在学习生活中对不同学生的关注度是比较公平的，但学生在该项上的公平感要比前一项稍差一点。

在学习生活中教师对不同学生的期望值的公平评价中，359 位学生认为教师对不同学生的期望值是一般公平，占总数的 45. 8%；256 位学生认为是比较公平，占 32.7%；还有 39 位学生认为是非常公平，占 5%；只有 130 位学生认为是很不公平和不太公平，占总数的 16.6%。认为很不公平的人数比例要比认为非常公平的比例低 1.3 个百分点。与前两项认为不公平所占的比例相比，学生在这项的不公平感的比例要略高，说明学生在教师对不同学生的期望值上的公平感略差。

在教师对学生成绩及综合能力的评定的公平状况中，认为教师对学生成绩及综合能力的评定比较公平的有 280 人，占 35.7%；认为非常公平的有 35 人，占 4.5%；认为很不公平的有 40 人，占 5.1%；认为不太公平的有 95 人，占 12.1%。从总体来看，认为比较公平和非常公平的人数远多于认为很不公平和不太公平的人数，说明绝大多数学生认为教师对学生成绩及综合能力的评定还是较公平的。但在这项上认为很不公平的人数比例要比认为非常公平的人数比例高 0.9 个百分点，而且很不公平和不太公平的人数比例比前三项的很不公平和不太公平的人数比例都高。

第二，通过考察学生参与老师课题的机会可知，认为学生参与老师课题研究的机会是一般公平的人最多，有 394 位同学，占总体的 50.3%；认为学生参与老师课题研究机会比较公平的有 200 位同学，占总数的 25.5%。从分布状况来看，认为很不公平和不太公平的学生人数比例都比认为比较公平和非常公平的比例要小，说明大多数同学认为学生参与老师课题的机会还是比较公平的。

第三，在评奖评优方面，认为很不公平的有 66 位学生，占总数的 8.4%；认为不太公平的有 189 位学生，占总数的 24.0%；认为一般公平的有 340 位学生，占总数的 43.1%；认为比较公平的有 178 位学生，占总数的 22.6%；认为非常公平的有 16 位学生，占总数的 2.0%。通过对数据进行比较，发现认为很不公平和不太公平的学生人数比例分别高于比较公平和非常公平的人数比例，很不公平和不太公平的学生人数比例总和要比比较公平和非常公平的学生人数比例总和高出 7.8%，说明高校学生在该项的公平感偏低，高校在评定奖学金方面还应提高公平性。

在学生干部选拔的公平评价中，认为一般公平的人最多，有 391 人，占总数的 49.8%；认为比较公平的人有 200 人，占总数的 25.5%；认为非常公平的人有 21 人，占总数的 2.7%；认为不太公平的人数有 114 人，占总数的 14.5%；认为很不公平的人有 59 人，占总数的 7.5%。由数据分析可知，认为比较公平和非常公平的人数比例总和是 28.2%，认为不太公平和很不公平的人数比例总和是 22.0%，认为比较公平和非常公平的学生比例高于认为不太公平和很不公平的学生比例。由此可知，多数学生认为学生干部选拔还是比较公平的。但还发现，其中认为很不公平的比非常公平的学生比例高 4.8 个百分点，这说明还是有相当一部分的同学对班干部选拔过程不满意，应该引起重视。

第四，在学校或学院助学金评定的公平评价状况中，认为一般公平的学生最多，有 340 人，占总数的 43.0%；认为比较公平的学生有 185 人，占总数的 23.4%；认为非常公平的学生有 16 人，占总数的 2.5%；认为不太公平的学生有 175 人，占总数 22.2%；认为很不公平的学生有 66 人，占总数的 8.9%。从数据可以看出，认为比较公平的比例要比不太公平的高，但认为很不公平的比例要比非常公平的比例高，这表明学生在这项的公平感没有很明显的倾向。

在学生获得心理健康指导的公平评价状况中，有 91 位学生认为很不公平，占总数的 5.2%；有 165 位学生认为不太公平，占总数的 8.8%；有 362 位学生认为一般公平，占总数的 52.0%；有 146 位学生认为比较公平，占总数的 27.9%；有 21 位学生认为非常公平，占总数的 6.0%。从总体来看，比较公平的比例远远高于不太公平的比例，这表明学生在这项上的公平感较高，学生从学校或学院获得心理健康指导的机会还是比较公平的。

在学生获得情感疏导的公平评价状况中，认为很不公平的学生有 31 人，占总数的 3.9%；认为不太公平的学生有 71 人，占总数的 9.0%；认为一般公平的学生有 404 人，占总数的 51.5%；认为比较公平的学生有 242 人，占总数的 30.8%；认为非常公平的学生有 37 人，占总数的 4.7%。从数据分析可知，比较公平和非常公平的比例比很不公平和不太公平的比例远远高出 22.6 个百分点，这说明学生对这项评价很高，学生获得情感疏导的机会是比较公平的。

第五，在学生参与社团活动的公平评价状况中，认为比较公平的学生有 270 人，占总数的 34.5%；认为非常公平的学生有 61 人，占总数的 7.8%。这两个比例分别高于不太公平和很不公平的比例，占总数的 42.3%。可以看出，学生参与学校社团活动的过程中还是比较公平的，学生在这项上的公平感是比较高的。

在学生获得学校分配的专业实习的公平评价状况中，认为很不公平的学生有41个，占总数的5.2%；认为不太公平的学生有101个，占总数的12.9%；认为一般公平的学生有411个，占总数的52.6%；认为比较公平的学生有198个，占总数的25.3%；认为非常公平的学生有31个，占总数的4.0%。对数据进行比较发现，大部分的学生认为学校分配的专业实习机会的公平度一般，但非常公平的比例比很不公平的比例低了1.2个百分比，说明高校应该提高在这项的公平性。

在学生获得勤工俭学的公平评价状况中，有35个学生认为很不公平，占总数的4.5%；有93个学生认为不太公平，占总数的11.9%；有432个学生认为一般公平，占总数的55.1%；有193个学生认为比较公平，占总数的24.6%；有31个学生认为非常公平，占总数的4.0%。绝大多数学生认为勤工俭学机会是一般公平的，认为“很不公平”和“非常公平”的比例相差不大，在勤工俭学方面，学生的公平感要比获得专业实习机会的公平感要高。

第六，在同辈之间人际交往的状况中，有20个学生认为自己与同学的关系不好，占总数的2.5%；有33个学生认为自己与同学的关系不太好，占总数的4.2%；有336个学生认为自己与同学的关系一般好，占总数的42.6%；有331个学生认为自己与同学之间的关系比较好，占总数的42.0%；有68个学生认为自己与同学之间的关系非常好，占总数的8.6%。由调查所得数据分析可知，绝大多数学生认为自己与同学之间的关系是比较好的，只有2.5%的学生觉得自己与同学之间的关系不好，这说明高校学生与同辈之间的交往还是比较好的。

在学生与老师交往机会的公平评价中，认为很不公平的学生有29个，占总数的3.7%；认为不太公平的学生有77个，占总数的9.8%；认为一般公平的学生有375个，占总数的47.8%；认为比较公平的学生有255个，占总数的32.5%；认为非常公平的学生有48个，占总数的6.1%。认为很不公平的比例要比非常公平的比例低2.4个百分点，认为一般公平和比较公平的比例占80.3%，这说明学生在这项上的公平感是比较高的，学生与老师交往机会是比较公平的。

综上分析得知：第一，学生在课程学习方面的公平感是比较高的。在教师对学生课堂教学态度、关注度、期望值和综合成绩能力评定这四点上，认为很不公平和不太公平的人数比例远远低于比较公平和非常公平的人数比例。其中，教师对学生课堂教学态度的不公平感所占比例最小，只有11.5%；教师对学生学习生活中的关注度的不公平感所占比例为15.7%；教师对不同学生的学习期望度的不公平感所占比例比前两项略微上升，占16.6%；教师对学生成绩及综合能力的评定的不公平感所占比例较大，占17.2%。第二，学生在参与科研方面的公平感是较一般的，有超过50%的学生认为高等教育期间参与科学研究的机会是一般公平，持有很不公平和不太公平感的人数比例也略微偏高，占18.7%。第三，学生在评奖评优方面的公平感不是很高，持有很不公平和不太公平感的人数比例比前面两方面高出很多。认为获得奖学金机会很不公平和不太公平的人数所占比例为32.4%；认为班级干部选拔很不公平和不太公平的人数所占比例为22.0%，这应该引起重视。第四，学生在获得资助方面的公平感也不是很高，尤其是在学校或学院助学金的评定上的公平感较差，认为很不公平和不太公平的人数比例大于比较公平和很公平的人数比例，前者占31.1%。第五，学生在社会实践方面的公平感是比较高的，不管是在参与社团活动方面、获得专业实习机会方面，还是获得勤工俭学机会方面，认为很不公平和不太公平的人数比例平均约占16%。第六，学生在人际交往方面的公平感是比较高的，尤其是同辈之间交往的公平感比较高，42.0%的学生认为自己与同学之间关系是比较好的。师生交往的公平感要略微低于同辈之间交往的公平感，在师生关系方面认为很不公平和不太公平的学生比例占13.5%。

第二节　社会分层对高等教育过程公平影响的原因分析

一、社会分层对高等教育过程公平的影响

从表5-2-1家庭社会分层与高等教育过程公平的相关性模型可以看出，家庭社会分层与学习成绩呈负相关，即家庭社会分层越高，学生的学习成绩越差，学生的学习成绩随着家庭社会分层的升高而降低，但这两者之间的相关性并不强（Sig. =0.086）。家庭社会分层与学生参与科研课题的机会呈正相关，即学生的家庭社会分层越高，获得参与课题研究的机会越多，但这两者之间的相关性不显著（Sig. =0.793）。家庭社会分层与学生选拔为班干部之间呈正相关，即学生的家庭社会分层越高，学生竞选为班干部的积极性越高，这两项之间的相关性较强（Sig. =0.024）。家庭社

会分层与学生获得奖学金的机会呈负相关，即学生的家庭社会分层越高，学生获得奖学金的机会越少，但这两项之间的相关性不显著（Sig. =0.234）。家庭社会分层与学生获得助学金的机会呈负相关，即学生的家庭社会分层越低，学生获得助学金的机会越多，这两项之间的相关性是非常显著的（Sig. =0.000）。家庭社会分层与学生获得学习指导帮助的机会呈正相关，即学生的家庭社会分层越高，学生从家长和老师那里获得学习上指导帮助的机会就越多，这两项之间的相关性是非常显著的（Sig. =0.000）。家庭社会分层与学生参与社会实习呈正相关，即学生的家庭社会分层越高，学生参与社会实习的机会越多，但这两项之间的相关性不显著（Sig. =0.742）。家庭社会分层与学生参加学校社团呈负相关，即家庭社会分层越高，学生参与学校社团活动的积极性越低，但这两者之间的相关性不显著（Sig =0.970）。家庭社会分层与学生兼职呈负相关，即学生的家庭社会分层越高，学生找兼职工作的积极性越低，学生兼职随着家庭社会分层的升高而降低，这两者之间的相关性是非常显著的（Sig. =0.000）。家庭社会分层与师生交往机会呈正相关，即学生的家庭社会分层越高，学生与老师交往机会越多，学生与老师交往机会随家庭社会分层的升高而升高，这两项之间的相关性是较显著的（Sig. =0.019）。家庭社会分层与同学交往关系呈正相关，即学生的家庭社会分层越高，同学交往关系越好，同学交往关系的好与坏随着社会分层地位的高与低变化，但这两者之间的相关性不显著（Sig. =0.970）。

表 5-2-1　家庭社会分层与高等教育过程公平的相关性

	学习成绩	参与课题	班干部	党员	奖学金	助学金
家庭社会分层	-0.061	0.009	0.081^{*}	0.154^{**}	-0.043	-0.340^{**}
	学习指导	社会实习	校园社团	兼职	师生关系	同学关系
	0.140^{**}	0.012	-0.001	-0.164^{**}	0.084^{*}	0.001

注：*、**分别表示显著水平 $P<0.05$、$P<0.01$。

表 5-2-2 家庭社会分层与高等教育过程公平的 ANOVA 检验显示，不同家庭社会分层的高校学生在获得助学金机会、获得学习指导帮助机会和兼职上存在显著差异（$p<0.01$），也就是说，学生的家庭社会分层对学生在校期间获得学校或学院助学金资助、获得家庭学习指导帮助及兼职等有显著影响。而家庭社会分层对学生在校期间学习成绩、参与科研课题、评

选班干部、评奖学金、获得社会实习机会、参加校园社团及人际关系没有显著影响。

表 5-2-2　家庭社会分层与高等教育过程公平的 ANOVA 检验

项目	平方和	*df*	均方	*F*	显著性
学习成绩	1. 689	1	1. 689	2. 952	0. 086
课题	0. 048	1	0. 048	0. 069	0. 793
干部	1. 074	1	1. 074	5. 097	0. 024
党员	1. 436	1	1. 436	19. 003	0. 000
奖学金	0. 338	1	0. 338	1. 422	0. 234
助学金	22. 587	1	22. 587	101. 893	0. 000
学习指导	12. 657	1	12. 657	15. 597	0. 000
实习	0. 024	1	0. 024	0. 108	0. 742
社团	0. 001	1	0. 001	0. 001	0. 970
兼职	24. 826	1	24. 826	21. 509	0. 000
师生关系	4. 030	1	4. 030	5. 511	0. 019
同学关系	0. 001	1	0. 001	0. 001	0. 910

通过以上分析可以看出：社会分层与学生在校期间获得助学金、获得学习指导帮助和兼职等方面的相关系数是显著的，说明它们之间密切相关。学生在获得助学金、获得学习指导帮助和社会兼职等方面随着家庭社会分层的变化而变化，家庭社会分层与学生在接受高等教育过程中获得助学金、获得学习指导帮助和参加社会兼职等方面都有显著影响。优势阶层在获得学习指导帮助方面比弱势阶层更具有优势；弱势阶层在获得助学金和参加社会兼职方面比优势阶层拥有更多的机会。由此得出，家庭社会分层与学生高等教育过程公平存在一定的相关性，也在一定程度上影响学生高等教育过程公平。

二、影响高等教育过程公平的原因

（一）影响学生课程学习成绩的原因

从访谈中了解到，父母文化程度对学生的学习习惯、能力和价值观念有重要的影响，父母的生活态度、人生观、价值观会传递给子女。“学生的学术行为与父母的文化背景紧密相关。父母把自己的文化遗产传递给子女。”① 另外，通过访谈还得知，有些来自较低社会分层的学生大多希望通过自己刻苦努力学习，取得较好的学习成绩，从而获得学校或学院颁发的奖学金，这样一方面帮助减轻父母挣钱供自己上大学的负担，另一方面希望以优异的成绩毕业能找到好的工作，从而改变自己的社会分层地位。相比之下，家庭社会分层较高的学生这种取得高分成绩的压力和动力就相对较弱，对取得高分的课程学习成绩的渴望也相对较低，在学习上的付出和努力自然比家庭社会分层低的学生要少，从而在学习成绩上也就比家庭社会分层低的学生相对要低。

（二）影响学生参与科研的原因

从访谈中了解到，目前高校普遍存在学生科研活动物质投入不足的现状，高校学生科研项目数量少，从而减少了学生参与科研的机会，物质条件缺乏也在很大程度上制约了本科生参与科研活动，大多数本科学生没有或较少有参与课题研究的机会，本科学生未成为高校科研活动的受益者。另外，在参与科研的过程中，学生需要有一定的经济能力去支付研究所需的实验器材或研究过程中产生的一些费用，这就对学生其家庭经济状况有一定的要求，家庭经济收入较高的学生比家庭经济收入较低的学生多了一些优势，家庭经济状况较好的学生就会积极主动地参与其中，更融洽地与老师同学相互合作，获得参与科研的机会也相对比较多。

（三）影响学生评奖评优的原因

从访谈中了解到，父母亲的文化程度、职业和经济收入对家庭社会地位有很重要的影响，同时对孩子的性格、能力及价值观也有着重要的影响。父母亲的文化程度与家庭社会分层地位密切相关。来自文化程度较高家庭的学生有时更加自信和善于表现自己，在性格方面也比较开朗活泼，班级干部恰恰需要这样性格开朗外向、乐于与人交往、积极参加学校组织活动的这一类型的学生。另外，性格开朗外向的学生拥有较广泛的人际关

---

① 戴维斯沃茨．文化与权力：布尔迪厄的社会学［M］．上海：上海译文出版社，2012（5）：228.

系，现在班级干部选拔制度是通过学生投票，在无形中就帮助他们积攒了人气，这样就会使这些学生在竞争中处于优势。

通过访谈调查发现，家庭社会分层较高的学生有良好的受教育背景，在校期间除了学习理论知识，也发展了自己的兴趣特长，在多方面都树立了较积极的形象，容易被人们所接受和喜爱。所以，评选中家庭社会分层较高的学生就占有一定优势。

从访谈中了解到，奖学金的评定与学生的课程学习成绩密切相关，来自较低社会分层的学生大多希望通过自己刻苦努力学习，取得较好的学习成绩，从而获得学校或学院颁发的奖学金，减轻父母挣钱供自己上大学的负担。所以，相对来说，家庭社会分层较低的学生获得奖学金的动力较强。但是奖学金的评选也是对一个学生的综合能力的考察，不仅牵涉学生的学习成绩，还涉及学生的性格、思想表现、班级人缘、参加课外活动的积极性等各个方面，这也就致使家庭社会分层较高的学生比较占有优势。

（四）影响学生获得学习指导帮助的原因

家庭社会分层对学生在校期间获得助学金有显著影响。助学金本身就是资助普通高校贫困家庭学生的一项重大措施，帮助经济条件上有困难的同学获得经济救助，从而保障他们在高等教育过程中获得和他人均等的机会，顺利正常地完成学业。通过访谈发现，家庭社会分层较低的学生其家庭经济比较困难，家庭收入不足以支付学生学业所需的基本费用。因此，这一类学生就有申请助学金的资格，比家庭社会分层较高的学生多了申请学校或学院助学金的机会。

家庭社会分层对学生在校期间获得学习指导帮助有显著影响。家庭社会分层与学生获得学习上指导帮助的机会呈正相关。也就是说，学生从家长和老师那里获得的学习指导和帮助是随着家庭社会分层的升高而增加的，并且家庭社会分层对学生获得学习上指导帮助的机会的影响是显著的。通过访谈了解到，家庭社会分层较高的学生比家庭社会分层较低的学生拥有更多的学习资源、信息资源和文化资源。比如，家庭条件好的学生可以购买所需的各方面的学习资料，或从自己父母那里得到更多的信息资源，甚至在知识和理解力上也更容易接受社会的主流文化。因此，家庭社会分层较高的学生获得学习上指导帮助的机会就比家庭社会分层较低的学生要多。另外，还有一个原因是当家庭社会分层低的学生在学习上遇到瓶颈时，他们容易产生孤僻、自卑的心理，不愿意主动去向父母、老师求助，文化程度低的家长也给不了学生及时正确的指导和帮助；相反，家庭社会分层高的学生在学习中碰到难题时，他们倾向于主动求助父母或老师，父母有这个文化程度和经济能力给他们心理上的疏导和学习上的扶助，这就会导致家庭社会分层对学生获得学习上指导和心理上帮助的机会有显著影响。

（五）影响学生社会实习的原因

通过访谈了解到，家庭经济收入也对学生获得社会实习有着重要的影响。家庭经济收入较高的学生在实习中所需要的各种费用可以由父母承担，而家庭收入较低的学生除了在精神上背负着巨大的经济负担外，在实习中难免受到各种费用的影响，影响社会实习机会的获得。另外，学生的社会实习除了靠学校联系安排外，学生也可以依靠父母的社会关系获得社会实习的机会。这样一来，家庭社会分层较高的学生就可以在社会实习方面得到父母的支持和帮助，而家庭社会分层较低的学生就单单依靠自己争取社会实习的机会，家庭社会分层高的学生就比家庭社会分层低的学生具有了相对较多的机会和优势。

通过访谈调查了解到，不同学生参加社团活动的积极性都不大受其家庭背景和家庭社会分层的影响。比如，有一些学生倾向于活跃参加各种社团活动，发挥自己专长和表现自己；也有一些学生参加社团的积极性较低，把时间花在自己其他更感兴趣的事情上。有一些学生愿意去参与社团活动，有意识地去培养自己的兴趣爱好；也有一些学生更愿意埋头苦读或寻找兼职，把时间花在知识学习或挣钱补贴家用上。社团活动本身就是学校培养学生兴趣爱好和社交处事能力的一项重要内容，不应该受到学生家庭社会分层的制约与限制，学生参与学校社团活动的过程还是比较公平的，学生在这项上的公平感也是比较高的。

通过访谈调查发现，家庭社会阶层越高的学生越少在大学期间寻找兼职，而阶层越低的家庭学生其兼职的积极性越高，在校期间有更多的兼职经历。一般来说，大学生兼职的目的主要是缓解经济压力，或为了积累一定的社会经验，或在实践中运用在校所学的理论知识。由于家庭经济困难的学生迫切需要缓解经济压力和支付在校期间所需的学习费用会从事一份甚至多份兼职；而来自社会高层家庭的学生不用考虑经济因素，可以选择从事或不从事兼职活动，如果从事兼职也不是为挣钱补贴家用而考虑，更多的是为了积累一些社会经验或将学习到的理论知识运用到实践。家庭社会分层对学生在校期间从事兼职活动的影响是比较大的，这也间接地影响学生的学业成绩，因为来自社会分层低的家庭的学生从事更多的兼职会影响其学习的时间和精力，而来自社会分层高的家庭的学生就相对有足够多的时间和精力投入学习，丰富自己的大学生活。

（六）影响学生人际交往关系的原因

在进一步的访谈调查中，发现家庭氛围、父母文化程度、行为习惯和社会地位等会影响与老师的交往频率和程度。有的家庭条件较差的学生在与老师交往方面表现得比较内向和自卑，一般倾向于听话和服从，较为被动地与老师交流沟通，从而在获得与老师交往机会方面处于劣势。而同学之间交往的情况受到家庭社会分层地位的影响是因为家庭背景会影响到学生的性格和社交心理，通常家庭经济条件较好的学生其性格比较开朗自信，乐于与人交往，易于与他人接近和沟通感情。而家庭经济条件较差的学生其性格比较内向和自卑，不善于表现自己，缺乏人际交往技巧与信心。这样经济因素就对学生之间人际交往关系产生了影响，家庭背景相对优越的学生处于有利地位。

综上所述，不同的家庭社会分层会有不一样的经济资本、文化资本和社会资本，这对学生在接受高等教育期间的课程学习、参与科研、评奖评优、获得学习指导帮助、社会实习及人际交往方面都有程度不一的影响，这种影响使得高等教育过程公平存在一定的阶层差别，从而对学生最终的学业成绩以及高等教育学历水平的获得也产生了影响。“学生的表现与成就可以被看作期待、文化资本、选择程度等因素复杂互动的结果。”①

第三节　改善高等教育过程公平的对策建议

社会分层是客观存在的现象，它就像一把双刃剑，对人类社会发展来说既有积极的一面，也有消极的一面。合理的社会分层不但能促进社会成员合理地向上流动，而且能形成公平的社会竞争机制，利于社会和谐稳定

---

① 戴维斯沃茨．文化与权力：布尔迪厄的社会学［M］．上海译文出版社，2012：231.

发展。不合理的社会分层将导致社会资源不合理的配置，社会阶层两极分化，形成不合理的社会成员结构，对社会公平乃至社会稳定都将产生不利影响。无论在国外还是在国内，目前都已经有大量的研究证明，教育与社会分层、社会流动的关系密不可分，两者相互影响、相互促进而且互为因果。因此，基于社会分层这一客观现象的必然存在，应该扩大中间阶层，建立良性互动的社会制度体系以及建立现代化组织结构，争取最大地降低和减少社会分层对高等教育过程公平产生的不良影响，与此同时也相应地逐步完善高等教育制度体系，推广因材施教的教育教学方法，加大高校科研力量的投入，树立良好的评奖评优校园风气，完善高校扶助贫困生的政策和建立有效合理的实习制度，正确引导大学生自我认识和教育，加强大学生公平意识，减少社会分层对高等教育过程公平产生的消极影响，充分发挥高等教育政策和制度的作用，确保每位学生在高等教育过程中获得理想的高等教育学历水平，促进高等教育公平和提高高等教育质量。

一、加大课程改革力度，推广因材施教的差别教育教学方法

保障高等教育质量的关键因素就是要保障课程的质量，为促进高等教育学习过程公平，高校须在课程设置上进行三个改革。第一，课程多样化的改革。在人才类型需求多样化的现在，发展学生个性化和独特的学习能力成为教育过程中的重要任务，加之学生的智力类型和外在的学习行为是客观而有差别地存在着的，必须承认学生多样性的属性，并在高等教育过程中允许、支持、鼓励多样化的学生存在，确保每个学生智力个性和学习能力发展条件上的公平，课程设置的多样化就可以保障学生在智力个性、学习能力条件上的公平。第二，课程一定要将学生经验与课程中的理论内容相结合。课程是用来传授理论知识的，理论知识如果不能与个人经验有机地结合在一起，知识便不会成为真正的“个人知识”，高等教育过程中传授脱离了个人经验的理论知识是无法实现学生学习过程公平性的。只有当理论知识融入学生的生活经验中，知识才能被学生拥有并加以运用到实践。第三，推广因材施教的差别教学方法。教学活动是学生进行课程学习的最主要方式，高校教师合理的教育教学方式直接决定了学生课程学习过程的公平程度。每一个学生都是独特发展中的个体，这就要求教师能够尊重每个学生的个体差异，发现每位学生的个性特点，针对每个学生的学习基础和能力进行因材施教，使每一个学生都能够接受适合自己的个性化教

育，从而促进学生的全面多样性发展。这种差别的教学方法主要包括教师对不同学生的态度、关注度、期望及教师给予不同学生的学习指导机会，还包括在教学过程中教师以不同的方式方法对不同文化背景、个性特征的学生进行沟通交流和学习指导。

二、加大高校学生科研投入力度，增加高校科研项目

当前，经费与物质的匮乏是制约高校学生科研公平的重要因素。高校学生参与科学研究需要学校为其科研活动提供科研所必需的场所、设备和经费上的支持。没有一定的物质基础做保障，学生的科研活动很难顺利开展，学生参与科学研究活动的积极性也会降低。因此，为了使高校学生拥有同等的科研机会和享有更多的科研资源，促进高等教育过程中学生科研公平，政府、高校和社会等多方力量应筹集科研资金投入高校学生科研中，为学生提供进行科研所需的人力、物力和财力的物质保障，从而更好地保障高校学生在高等教育过程中享有的科研资源的数量和质量，保障更多的学生参与科研的机会。除此之外，政府还应增加高校学生科研项目。比如，开放和丰富教师的科研课题、校级以上学生科研项目和省级以上科技竞赛，鼓励学生积极参与，充分发挥经济扶持与政策指导双管齐下的宏观管理作用，推动高校学生科研活动在更公平的情况下进行。

三、端正评奖评优态度，严格监督评优过程

评奖评优活动是高校为激励学生努力学习，成为先进个人的一项措施，也是高校进行学生管理的一项有效机制。严格监督评优评奖过程就是要杜绝评选中弄虚作假、暗箱操作等情况的发生。发现有类似试图通过拉关系、走后门等一些不正当的手段获得奖励或荣誉称号的现象，应该立即制止和纠正。端正每位同学参与评奖评优的态度，形成同学之间良好的竞争关系，要教育学生评奖评优不是为了评优而评优，而是为了鼓励和激励学生不断努力、不断进步。另外，在严格监督评优评奖的过程中，一定要为学生留有畅通的反映意见的渠道，以便听取学生反映的意见和建议，接受每一位师生的监督，使评奖评优在透明和民主的环境下开展，这对促进评奖评优过程公平以及高等教育过程公平有着积极的意义。

四、完善高校资助体系，增大贫困生资助力度

在 1999 年，教育部就要求各高校每年本校所收学费中提取 10% 的经

费用于资助困难学生。现存高等教育制度下资助的对象主要是针对高等教育体系中那些家庭经济困难的贫困生。随着我国高校招生规模的扩大，也伴随着社会转型时期社会贫富差距的拉大，高校贫困家庭学生人数也呈上升趋势。根据2005年《中国教育统计年鉴》的相关数据统计，全国公办全日制普通高校在校生总数中约有294万名学生属于贫困家庭，约占在校生总数的20.3%。约有123万名学生属于特别困难家庭，约占在校生总数的8.5%。贫困生和特困生所占的人数比例超出了国家助学贷款所能资助的比例。近年来，我国已经逐步制定和采取相关的政策和措施完善高校资助体系，比如奖学金制度、学生贷款制度、勤工助学制度、特殊困难补助、学费减免制度、“绿色通道”制度等。这些制度在一定程度上让更多的学生在高等教育过程中享有了公平的机会。尽管如此，我国高校贫困生资助制度还处于摸索和改革阶段，仍需要进一步完善，加快配套相应的扶助政策，提高对贫困群体的资助力度，建立合理的补偿机制，还需要提高社会各界力量参与资助的积极性，充分发挥社会力量这一巨大的、潜在的资助主体，从而确保存在各种困难的大学生得到实质性的帮助，保障每一位接受高等教育的学生顺利完成学业。

五、增加实习机会，保证学习享有平等的实习机会

社会实习是学生在校期间将所学专业知识与社会实践相结合的重要机会和主要手段，对大学生能力提升和综合素质提高都有不可忽略的作用。虽然近年来政府逐渐增加了对高校学生社会实践的财政投入，但由于高校数量的增多、在校生规模的扩大、物价的上涨，高校学生社会实习机会仍旧非常有限，社会实践经费短缺的问题仍然没有得到有效解决。目前，高校在培养学生实践活动中仍存在经费不足，不能满足每位学生社会实践活动所需的现状。要增加社会实习机会的核心问题还是资金的问题，但是单靠政府的财政拨款依然难以满足广大高校学生社会实习的需求。因此，政府和高校还应该争取得到社会各界、企业资金的支持，通过校企合作等方式促进高校与社会积极交流合作，这样就能争取到企业、社会对大学生社会实践活动给予经济上的帮助。除此之外，促进高等教育过程中社会实习机会公平还需要有制度化的保障。“要通过研究高校社会实践活动的规律，结合实践活动发展的需要，认真制定出有关的权威性制度并使之不断趋于

完善。”① 要想真正达到学生社会实践活动公平的目的，就必须为大学生社会实践活动的开展提供系统化、制度化的保障，使其拥有优质的实习机会，保障社会实践活动正规化和有序化。

六、正确引导大学生自我认识

学生在四年的大学生活中，不仅学习专业知识，还通过参加科研、社团活动及社会实习等实践活动提升自己为人处世的能力。不管是在学习中还是实践中，学生都应有正确客观的自我认识，摆正自己的位置和态度，不因自己家庭社会分层地位而得意忘形或妄自菲薄，平衡自己的心理状态，主动调整自己的情绪。充分发挥主观能动性，通过自身不断努力和学习获取更多的发展机会。与此同时，教师、学生应处于一个和谐友好的校园环境中。校园环境对高等教育过程公平非常重要，它潜移默化地影响着高等教育中每个成员，尤其是学生的思想、行为、习惯及价值观。校园环境要营造一种公正、和谐、以人为本的氛围，有利于高校学生感受到国家、社会、学校的关怀，有利于人与人之间平等友好地相处。

---

① 王小云，王辉．大学生社会实践概论［M］．北京：中国经济出版社，2005：299.

第六章　高等教育对新疆少数民族个体发展的影响研究

影响个体发展的因素很多，但在知识经济的社会背景下高等教育产生影响的比重有所上升，特别是对于少数民族学生来说，通过高等教育改变自身命运并实现向上的社会流动，成为一条有效的途径。在多民族混居的新疆，少数民族个体的发展程度间接地反映出新疆社会分层结构，而通过探究高等教育对新疆少数民族发展的影响也可以折射出高等教育对社会分层的作用。

本研究以新疆少数民族中人口数较多、研究较少的回族为研究对象，为了保持高等教育的持续性影响特选取毕业1—5年内的接受高等教育的回族毕业生。由于高等教育对个体所产生的影响有很多方面且不能用量表直接测量，本研究将采用质性研究方法，通过访谈、观察、文献收集等主要方法收集第一手资料，按照布尔迪厄的社会分层理论，从文化资本、经济资本和社会资本三个维度真实展现出高等教育对个体发展的影响。在行文上，以由浅入深、由表及里的方式，对少数民族学生毕业后个人发展情况进行深描，呈现出高等教育职能在现实中所发挥的作用。

通过研究发现：不论是接受高等教育的个体，还是作为利益相关者的家长和朋友，对高等教育基本上是持肯定和认可态度的，在条件允许的情况下均支持接受高等教育。高等教育对少数民族个体的文化资本、经济资本和社会资本的积累都有不同程度的影响，尤其对来自弱势阶层家庭的学生较为明显。这种影响不仅表现在外在的学历和证书的给予上，更是一种内隐的渗透，包括人生观、价值观的确立，性格的养成和能力的提升。高等教育对个人发展发挥的效用带来的经济效益保障了个人的基本生活，也为家里提供经济上的支持。高等学校是由不同社会网络结成的组织，在这个组织中学生会结识不同的圈子，而这些人脉关系将在毕业后转化为社会资源，成为个体社会资本总量中重要的一部分。此外，在研究中还发现高等教育和个人发展之间不但有良性的互动，还存在一定的摩擦和冲突。高等教育的专业设置、教育的分流功能等均对毕业后的少数民族个体发展有一定的限制作用。

第一节　不同群体对少数民族接受高等教育的态度

> 心态若改变，态度跟着改变；态度改变，习惯跟着改变；习惯改变，性格跟着改变；性格改变，人生就跟着改变。
>
> ——［美］亚伯拉罕·马斯洛

利益相关者（stakeholder）最初是属于管理学和经济学方向上的名词，意指组织外部环境中受组织决策和行动影响的任何相关者。利益相关者可以是内部成员，也可以是外部群体。每个人都是独立个体，拥有自我意识、行为和判断能力等。同样，人也是在与社会互动中逐渐变得完善，行为举止带有一定的社会性，选择、判断等思维和意识均受到周围人和环境的影响。在少数民族接受高等教育这一问题上，不同人有不同的声音，特别是与这个主题利益关系最大的群体都保持着各自的看法。接受高等教育可以说是个体行为，但是在这种个体行为背后有着复杂的社会关系，其中就包括家人的支持、朋友态度的影响。态度（attitude）是促进行为发生的内在倾向，不易测量，只能从外在的行为表现去测量和判断。态度的呈现又往往会受情感因素的影响，主要包括认知、情感和行为倾向。因此，本章从利益相关者的角度出发，展示出家人、朋友及个人对少数民族接受高等教育的态度。

一、家人：子女接受高等教育的默默付出者

家庭是社会的最基本组成单元，是由婚姻关系、血缘关系或收养关系建立起来的群体联合形式。按照家庭规模划分的家庭结构主要有核心家庭、扩展家庭、主干家庭、扩大联合家庭及非传统家庭结构。按照本书研究对象要求推算，受访者为“80后”青年，家庭结构主要是以主干家庭和扩大联合家庭为主，即以一对父母和一对已婚子女或多对已婚子女为主。家庭是一个亲密的小群体，其中父母多以积极热情的态度对待子女并以权威的角色指导子女的发展道路。《中华人民共和国婚姻法》第三章第二十

一条规定：父母有保护和教育未成年子女的权利和义务。虽然没有明文规定父母有义务抚养成年（18 岁）后的子女，但是由于受我国传统文化和父母慈爱之心的影响，大多数父母仍旧是子女接受高等教育的物质承担者。据国家统计局调查显示，“为子女上大学做准备”的储蓄动机所占的比重为 44%，明显高于养老和购房的储蓄动机（分别为 38.4% 和 20.3%）。[①]

（一）“有好出路”的质朴愿望

高等教育扩招以来，在校生人数快速增长，在较短的时间内完成了由精英化教育向大众化教育的过渡。虽然接受高等教育是学生个体行为，但背后是以家庭为单位的活动，这里不仅包含着父母的付出，更充满了对子女的殷切期望。通过访谈发现，12 位受访者的父母均赞成子女接受高等教育，其中主要归因是希望子女未来有好的发展出路。

> T：“支持啊，考上了为什么不上呢？每个父母都希望孩子好，将来好，一直好。父母永远是希望我们好的。”（2014 年 6 月 10 日）
>
> N：“家里面一直很支持，觉得上完学出来以后，可能觉得工资各方面还是要比不上大学的人拿得要高一些。家里想的要找个好一点的工作，起点要高一点，以后结婚的时候能选一个好一点的归宿。”（2014 年 2 月 16 日）
>
> H：“我的家人对我接受高等教育是十分支持的，因为有弟弟妹妹就希望我带个好头，一直比较支持。然后自己成绩也可以，就觉得好好学一下，然后争取给弟弟妹妹做个榜样。在我们家里面，没有那种不上学的，还是以上学为主。都是非常支持的。就是觉得有了高学历，才能有好工作，才能有好出路，都是这样想，我们家都特别支持学习。”（2014 年 2 月 10 日）

从与受访者的交谈中可以看出，父母对于子女无私的爱，怀着“希望孩子好，将来好，一直好”的质朴愿望，只要是有利于孩子成长和发展的事就绝对支持。特别是从“十分支持”“一直比较支持”“非常支持”“非

---

① 柴效武．高校学费制度研究［M］．北京：经济管理出版社，2003：189.

常希望”“特别支持”这几个词语所表达的程度递进关系，可以深切地感受到父母对孩子接受高等教育的支持度。这主要原因在于父母将接受高等教育和好工作、好出路相连，把上大学看作找到好工作的必要条件。当然，在科技信息快速发展的现在，虽然高等教育和好发展并没有必然的关系，但是依旧有着不容置疑的影响。特别是“知识改变命运”的信条让高等教育更受欢迎。

L：“家里看到我上大学很高兴，觉得上个大学不容易，应该好好学习，天天向上。我在我们家族里虽然不是老大，但是我是第一个大学生，所以整个家族也都挺为我高兴的。当时在我们村我算是为数不多的大学生，当然现在我都毕业好几年了，我们村的大学生肯定是多了好多。我父母虽然都是农民，但思想还是挺开明的，一直坚持让我和妹妹上学，希望我们多学知识，以后有个稳定的工作。”（2014 年 6 月 22 日）

可以体会到，弱势阶层家庭对于孩子接受高等教育抱有很大的热情，将其视为改变命运和提升社会地位的机会之一。这种热情更多地表现在物质上的支持，对于子女报考学校和专业的选择则表现出心有余而力不足的无奈，并不能给予实质性的指导。

B：“我家人对我上什么学校和什么专业并没有多大意见。他们就是说你考上就去上就行了，不想让我那么早出来工作，至于上什么他们就不管了，道路怎么选择那是自己的事情。他们就是物质上支持，要什么就尽量满足。其实他们也帮不了什么，他们也不懂。当时也都不知道这个专业是干什么的，都想至少还有个学上。他们想的就是只要不种地，至少有个学上。我爸说：‘我种了一辈子地，不想让我儿子再种地。’我奶奶说：‘以后有个学校上就好了，不要出去惹事就好了。’”（2014 年 5 月 12 日）。

T：“父母可能就觉得孩子上学好就业一些，有点好的出路，这应该是他们的基本想法。但是高等教育对一个孩子的成长、思想、发展空间和选择方面的影响，他们可能没有想过。因为他们毕竟没有接触过，他们一辈子都与土地打交道，以地为生的庄稼人，他们没有想那么多。想的就是怎么样过得好一点，让儿女们将来过得好一点，这就是他们。”（2014 年 6 月 10 日）

不论从政治资本、经济资本，还是社会资本，农民的资本拥有量都普遍较少。像受访者 B 和 T 的父母常年与土地打交道，对于社会人才需求类型把握不准，甚至可以说对就业行情并不了解。因此，对于子女上大学的态度是只要有学校可以上就行，保证“物质上的支持”，至于专业发展和学校选择并无过多要求，“没有接触过”的现实也让父母无能为力。如果家庭条件经济条件不允许，专业的选择甚至会受到限制。

F：“当时我哥哥在乌鲁木齐上班，我哥说一本可能走不了，只能上个二本。他说 × 财经大学就业率比较高，就让我报财务管理这个专业，我也不知道财务管理是干什么的专业就报了。我那个时候也无所谓，我在伊犁那里也没有人给我指导。当然你说喜欢文学、美术这些专业也是很不现实的，因为农村孩子家里没有那么好的经济条件让你去学这些，选专业的时候就是务实，选毕业了之后能找到工作的，就是很现实。”（2014 年 6 月 20 日）

从与 F 的交谈中可以看出，家庭经济状况、资本占有量潜在地决定了子女专业的选择方向。有学者研究显示：“在分析城乡学生报考大学专业的选择上发现，农村学生前 5 位的选择依次是农学、军事学、教育学、历史学、医学。除医学以外，多为较冷门、收费较低的学科；而城市学生的前 5 位选择依次是法学、经济学、管理学、工学和理学，多为热门的、收费和回报较高的学科。尤其在军事上，农村明显高于城市。”① 虽然低社会阶层家庭子女专业的选择受到各种客观因素的制约，但不影响他们选择接受高等教育的热情。

（二）倾尽全力只为供子女上学

高等教育的准公共产品性质、成本分担理论及人力资本理论让学费的

---

① 杨春华．农村家庭的教育期望与策略安排——基于苏北农村调查的分析［J］．中国青年研究，2014（04）：97-101.

收取成为合理之事。学费的支付能力主要取决于家庭收入水平。近些年我国居民的家庭收入，特别是城镇居民的家庭收入有了大幅度提高。由表6-1-1得出，近10年来不论是城镇还是乡村的家庭人均可支配收入都稳步提升，恩格尔系数随着年份的增长而减小。2012年城镇居民可支配收入是2000年的3.9倍，而乡村也同比增长了5663.2元。家庭经济收入的提高为缴纳高等教育费用提供了可能。《中国统计年鉴2012》表明，本专科学费占我国教育经费收入比例逐年攀升，2011年学费总额达到9474822万元。这充分说明随着家庭经济收入的提高人们接受高等教育收费政策的可能性就越大。

表6-1-1　2000—2012年城乡居民家庭收入及恩格尔系数

年份	城镇居民家庭人均可支配收入（元）	农村居民家庭人均纯收入（元）	城镇居民家庭恩格尔系数	农村居民家庭恩格尔系数
2000	6280.0	2253.4	39.4	49.1
2001	6859.6	2366.4	38.2	47.7
2002	7702.8	2475.6	37.7	46.2
2003	8472.2	2622.2	37.1	45.6
2004	9421.6	2936.4	37.7	47.2
2005	10493.0	3254.9	36.7	45.5
2006	11759.5	3587.0	35.8	43.0
2007	13785.8	4140.4	36.3	43.1
2008	15780.8	4760.6	37.9	43.7
2009	17174.7	5153.2	36.5	41.0
2010	19109.4	5919.0	35.7	41.1
2011	21809.8	6977.3	36.3	40.4
2012	24564.7	7916.6	36.2	39.3

注：数据由中华人民共和国国家统计局编《中国统计年鉴2013》整理所得，中国统计出版社。

通过表6-1-1可以清晰地看出，虽然农村居民家庭人均纯收入逐年递增，但依旧和城镇居民有着较大的差距。高等教育改革前为免费教育，1989年收取学杂费和住宿费共120元，1996年为1315元，2005年涨到

5000元，20多年间学费上涨了41倍，远远高于居民收入的增长幅度。2012年我国农民人均纯收入仅7916.6元，如果按照学费每学年5000元来算，供养一个大学生几乎要花费整个农民家庭的收入。调查显示，北京仅有7.5%的被调查者能够接受大学每年5000元以上的学杂费收费标准，71.6%的被调查者认为现在的高等教育收费太贵。① 在我访谈的案例中，L娓娓道出了父母为支付他和妹妹学费所付出的辛劳：

L："我父母是很支持我上大学的，我妹妹现在研究生在读中。虽然我父母的学历水平都不高，但都认为现在的孩子必须上学，不上学以后很难在社会上立足。我们家属于市中村，经济条件一般。但是老爸老妈经常说：'就是砸锅卖铁也要供你们上学，你们只管上就好了。'本来在我刚上大学的时候家庭经济状况有所好转，可是之后因为一些事情让我们家同时供养两个大学生还是有点困难。特别是我和妹妹后来才知道父母卖房交学费的事情。当时我上大三，妹妹刚上大一。妹妹的学费大概是四千多块钱。我们兄妹当时也不知道家里出学费特别困难，爸妈也没有特别地表现出来。后来我和妹妹才知道他们为了交学费把家里以前小商店所在土地的使用权卖了。虽然商店早已经废弃不开了，但商店所处位置还是不错的。现在那地方的价值都不止翻了一两倍啊。我和妹妹知道后心里也挺不舒服的，妹妹脾气急就吵着为什么当初不让她走这个助学贷款、绿色通道什么的。其实后面爸妈说的话忽然让我心里好感动，就是那种撞击了一下的感觉。他们就说了两点，一是必须我和妹妹都上大学，二是不让妹妹走绿色通道是因为妹妹自尊心强怕她在学校里感觉抬不起头。他们就是轻描淡写地解释了一下，没有看出因为凑学费把房子卖了有任何怨言，后来妈妈还宽慰我们说命里有些东西是你的就是你的，不是你的就不是你的，这都没有什么关系的。现在想想我父母还真是为了我们付出了太多的辛劳，不但坚持让我和妹妹上大学，更是小心翼翼地呵护着我们的自尊心。"（2014年6月22日）

---

① 蔡文伯，马瑜．高校收费政策：理论基础、社会支持与争议［J］．高校教育管理，2014（6）：81-86.

学费连年增长，特别是近段时间全国多地公布了高校学费上涨标准，这对有些家庭来说犹如雪上加霜。但是纵然有各种困难，从案例中也可以体会到我国父母为子女接受高等教育所做出的物质和精神上的支持。当然，这种为子女求学而奉献自己的精神并不是现在社会的特有产物，在我国古时就有“孟母三迁”的故事，这也是继承中华民族优良传统的一种体现。高等教育的性质决定了上大学也是一种投资行为，它的收效并不会立刻显现，可以称作一种隐性和长期投资。有调查显示，中国内地父母认为教育是对子女最好的投资，几乎所有受访父母都希望子女进入大学深造，给予子女的经济支持中，超过三分之一用于教育，大大超过对于子女创业、买房和结婚的经济支持。内地父母的大学教育规划开始较晚，平均仅用3.8年的时间，也就是临近高中时才开始为子女筹划，为全球最低且远低于全球6.6年的平均值。有78%的内地父母已经意识到这点，认为应该更早为子女的教育做好规划和储备，高于全球平均比例（51%）。[①] 因此，不论家庭所处的社会阶层和等级，父母大多以支持的态度对待子女接受高等教育。其中，家庭资本充裕的父母期望以子女接受高等教育的形式保持其社会地位，而家庭资本欠缺的父母则期望子女能通过接受高等教育改变命运、提升社会地位。

二、朋友：道路选择的参照者

20世纪90年代，哈里斯提出群体社会化理论，指出儿童在家庭之外的社会化发生在同辈群体中。所谓“同辈群体”，是指处于同等社会地位的同代人组成的小群体。在教育社会学中，主要被用来指儿童、青少年的非正式群体。同辈群体有着自身的功能与文化，对学生具有重要的影响，在青少年时期它的影响有时会超过家庭与学校。[②]

（一）“基本上都是大学生”的氛围

同辈群体通过社会比较、群体规范压力及群体内聚力三个途径影响个体社会化。群体规范也影响着个体的合群行为，群体一致性越高，对个体的影响力也相应越大。在青少年决定是否接受高等教育时，不仅受个体学

---

① 财智理财．内地父母愿承担子女所有教育费［EB/OL］．(2014-8-25)［2015-5-28］．http：//newspaper. jfdaily. com/jfrb/html/2014-08/25/content_7715. htm.

② 马和民，刘晓红，何芳．新编教育社会学［M］．上海：华东师范大学出版社，2009：95.

业成绩、家庭资本的影响，还受同辈群体特别是关系较为亲密的朋友的影响。在访谈过程中，被问及“身边接受高等教育的多还是不接受高等教育的多”时，受访者回答：

L：“身边接受高等教育的多啊，因为都普及了嘛，现在上大学很简单，不行掏钱也可以上个专科或三本。”（2014 年 6 月 22 日）

S：“接受高等教育的多，基本上都是。老一辈的就算了，因为他们有原因嘛。”（2014 年 2 月 21 日）

P：“我觉得大学教育还是很好的。我身边的朋友也基本上都是大学生，我们家三个孩子，哥哥和弟弟也都是大学本科毕业，我弟弟还在修二学位”。（2014 年 5 月 4 日）

Y：“都是接受高等教育的，基本上都是，只有一两个不是，也是小学时候的同学不是，剩下的基本上都是。”（2014 年 2 月 16 日）

“基本上都是”是较为普遍的回答。身边接受高等教育的同学朋友越多，个人上大学的概率也就越大。为了继续保持在这个群体规范里，接受高等教育成了一种潜在的规则。通过这种良性的循环，认可和接受高等教育的人群越来越多。除此之外，身边朋友也成为自己选择道路的参照指标，在访谈过程中有人举例：

K：“我的有些朋友就是分为两拨发展：要么是高中之后上大学，要么就是出来干个体。出来干个体的朋友现在发展也都不错，毕竟比我们早进入社会几年。我们就觉得在工资、待遇方面都比不过他们。平时聊天他们有时会说你这样还不如我们没有接受高等教育的好呢，但我觉得关键还是得看自己能不能适应他们所说的工作，我觉得不适合他们的工作。因为我当时也考虑过做出和他们一样的选择，但是那种道路并不是我所期望的，所以最终选择了去上大学。现在看着他们的工作情况，我一点都不后悔接受大学教育，他们算是给了我一个参照。”（2014 年 2 月 18 日）

虽说接受高等教育并不是学生唯一的出路，找到适合自己发展的方式才是最好的选择，但是在接受高等教育成为主流文化的社会大环境下，上大学成为大多数青年人的选择。不论这种继续求学属于内在需求的驱动，还是外在环境的压迫，都在潜移默化地影响着身边的人。这种影响以多种方式出现，有可能是以外显的受教育人数变化的方式，也可能是内隐的思想感染。

Y："我身边的人都是很支持接受高等教育的，像我有一个朋友就是在考北大的研究生，他当时回来就很郁闷，说这是浪费时间，想工作之类的，但是我们朋友都在劝他，强烈建议和希望他去考这个研究生。因为我们都是已经毕业工作了，工作之后还是觉得有机会能继续深造还是深造一下好。"（2014 年 2 月 16 日）

同辈群体是个体自由选择的结果，因此成员之间容易产生较高的心理认同感。交往是在自然随意的过程中进行的，常常在彼此相互依赖和冲突中实现沟通，最终形成价值归属和心理认同。青少年这个群体中不但满足了交往和归属的需求，更是获得社会经验和信息的主要来源。与师生、父母的交往相比，同辈群体成员之间的交往更为直接和亲切，彼此从对方的生活经验中得到大量的社会信息，而这种信息的获得比从书本和长辈处得来更为随意，影响也更为深刻。当身边的朋友基本上都在肯定接受教育的价值时，这在一定程度上也会影响个体对待教育的看法。为了继续保持群体的规范性，处在都是大学生氛围中的个体接受高等教育的可能性也就越大。

（二）促进继续接受高等教育的动力源

我国高等教育体制由普通高等教育和成人高等教育组成。普通高等教育便是一般的"本—硕—博"形式，而成人高等教育则以函授学校、广播电视大学、管理干部学院、教育学院、农民工大学和职工大学为依托开展的继续教育形式。这种成人教育形式在在职人员中深受欢迎。在本次研究中，为了深入探讨身边人对少数民族接受高等教育的看法，在受访者的推荐下与两位受访者的朋友就此问题进行了交流（在此分别简称为友 1 和友 2）。其中，友 1 现为一餐厅经理，初中学历；友 2 现为医院护士，正在广播电视大学攻读大专学历。在谈到关于是否要接受高等教育这一问题时，两人均明确地表示出接受高等教育发展前景会比较乐观。

> 友1："我现在是一名餐厅经理，虽然说开餐饮业没有学历的门槛限制，但是我还是觉得上大学好。我当时也是因为淘气，不想上学，初中毕业就到社会上打拼，结果现在工作了有10年多，并没有什么特别的成就。这个餐厅也是去年冬天才开起来的，前面我一直跑车、打工啊这些，干了好多年其实也就那样。因为像我现在找工作真的是比较难，一般的工作都有学历要求，而且至少都是限制大专以上，像我这样只是刚上完九年义务教育，想找个像样一点、体面一点的工作还真是挺难的。也就是因为我工作和学历的原因，我谈了好几年的女朋友最后还是和我分手了，她是一直接受教育最后本科毕业，最终还是觉得像我这样的生活状态和她不太适应。其实工作了几年后，新鲜劲过去之后就很后悔当时没有接着上学，但是等我后悔之后再去上个中专、高中时年纪实在是不相符，最后也就作罢。选择自己创业开个小餐厅。说真的，我真的后悔了，真的。现在如果没有强大的家庭背景支持，选择上大学提升自己的学历是改变人生的关键。"

人生是由每一个阶段选择组合而成的，很有可能一个微小的选择便会改变一生的发展轨迹。就如案例中的友1，在初中毕业之后放弃了学生生涯进入社会闯荡，发展10年后得出"真的后悔了，真的"，从他的言语中可以看出这种后悔的真切。虽然，友1的案例并不能代表全部早进入社会群体的发展状况，但却是不上大学情况的真实写照。处于弱势阶层家庭，特别是像友1这样的农民家庭拥有的资本总量较小，进入社会大多数是以体力劳动为主，要"从无到有"地创造资本是一件相对艰难的事。如果友1及时进行再教育，创造和积累文化资本，发展道路可能会更加宽广一些。

> 友2："我来自一个农村家庭，是家里老大，还有一个弟弟和一个妹妹。我的求学和求职经历算是比较曲折的。在我上到高一的时候，家里不让我上学了，可能和家里经济情况有一些关系，而且那时家里人觉得一个女孩子上学也没有太大的作用，嫁个好人家就好了。那个时候我也没有特别强烈的感觉，家里不让上就

不上了。不上学之后就在外面打工，在餐厅当过服务员，也在药店当过售药员，总之就是一些服务性的行业。后来，其实我挺想继续上学了，因为和朋友聊天都有点聊不在一起的感觉，大家都在接受教育我在打工真的有些不好意思见他们。后来，我的发小就一个劲地劝我回来上学，加上也有人给家人做思想工作，我就在打工两年后去上了护校，拿上中专学历之后感觉还是有点不一样了。在一次偶然的机会，一个朋友把我介绍到团里的一家医院工作，那个时候我真的还是很开心的。感觉算是有一个比较好的正式一点的工作。我的三个发小里面，除了我最低学历都是大专生，还有一个研究生呢。大家聚会的时候还是经常说让我有时间和能力就接着深造。其实当时经常和他们聊天让我也有了接着上学的冲动，真正坚定和催促我去做的是两年前我们医院新进了一个本科生，我当时就想我们一个小医院都进的是本科生，如果我再不提高自己的学历，估计很快就会被淘汰了，所以就立刻在电大报名上大专。我想以后有机会了还要接着专升本。我有时候就想还真是教育改变人生，像我这样从一个农村家里出来的孩子，真是不上学就得一辈子干端盘子那种事了。真的要特别感谢我的那些发小们，要不是他们一个个不是大专就是本科的，我也不会不好意思再打工，要不是他们常常给我灌输必须上学的思想，我现在也不知道在干吗呢，所以我现在是真的挺感谢他们的。”

从友 2 的发展道路来看，她经历了一个“教育—工作—再教育—再工作—再教育”的过程。在第一次放弃教育之后便走入社会，但是由于出自农村家庭并不能为她谋得更好的出路。之后通过再教育换到一个相对较好且稳定的医院工作，这算是完成了一次社会的向上流动。在她的整个求学和工作过程中，朋友在其中充当着重要的角色，不但良言劝诫接受高等教育的必要性，而且为友 2 提供了充足的社会对比个案。虽然接受高等教育最终属于个人行为，但是朋友营造的这种接受教育的氛围对友 2 产生了较为深刻的心理影响，这是促使她从工作回到学校的关键因素。

从以上两个案例中可以看出，同辈群体对个体的发展所产生的影响，特别是在受教育的选择上所起到的作用，这种教育文化氛围也是推动高等教育人数增加的潜在因素之一。

三、自我：最终的行动者

（一）“最好的选择”意愿

接受高中教育的十四五岁到十七八岁的学生正处在个体身心发展的加速期和过渡期。在这个阶段中，个体生理发育已成熟，智力发展已接近成人水平，个性及其他心理品质也逐渐趋向稳定。埃里克森将青少年期定义为一个人形成同一性的关键期，并且认为青少年经历了同一性对角色混乱这一心理冲突。自我同一性是指个体在特定环境中的自我整合与适应之感，是个体寻求内在一致性和连续性的能力，是对“我是谁”“我将来的发展方向”“我如何适应社会”等问题的主观感受和意识。为了获得自我同一性，青少年必须在某种程度上整合自我知觉的许多不同方面，使其成为一致的自我感。① 在对待高等教育的态度上，个体自我同一性的发展起了关键性的作用。自我同一性越强，对自我内在的剖析就越深刻，未来发展道路的轮廓就越清晰，在是否接受高等教育的问题上就越明了。在与受访者的交谈中，体会到他们对高等教育的认识也受到周围各种因素的影响。

T：“高等教育肯定好啊，一个国家的发展、文化、经济，各方面都离不开知识、离不开人，尤其像现在国际性的竞争特别激烈，对于一个国家肯定是科技、经济和文化各方面都要发展，这就需要人才。人才哪来的？就是通过高等教育发展出来的。没有说是一个人生下来就是人才，高等教育非常有必要。除了大的方面，对我自己的发展也是很有影响的。要是说我没有经过高等教育，我在发展什么呢？最好可能就是在家养牛，按照现在的发展模式搞个养牛场，或者说是去工地打工，要不就是在家种地。你说搞个小个体也不会发展到哪去，也就是说那种发展只是为了生存而已，特别单调，仅仅是为了生存。我们接受高等教育思想就和家里完全不一样，是要从生存方面考虑，更重要的是要考虑自己的生活舒适度，就是自己想要的那种生活，就是追求不一样，

---

① 林崇德．发展心理学［M］．北京：人民教育出版社，2009：346.

觉悟不一样。你说现在大街上的女孩要是不读大学的话基本是嫁人、结婚生子，当你读了大学以后这些虽然说是必不可少的，但你有了更多的选择权，可以让自己的生活变得更好。”（2014 年 6 月 10 日）

受访者 T 从国家的角度和个人的发展角度论述了“高等教育肯定好”。他从大的背景入手分析出人才振兴国家，高等教育是培养人才的关键点，以“非常有必要”肯定了教育的价值。除此之外，也在基于家庭背景的基础上剖析了如果不接受高等教育的个人发展可能性问题。“养牛”“种地”“打工”或者“个体”，这种“特别单调，仅仅是为了生存”的工作并不是 T 的理想生活方式，在他接受教育之后更加注重追求想要的生活。可以看出 T 的自我同一性发展较为良好，可以从不同角度分析利弊，整合自我，找出最适合自己走的道路。同样他也肯定了高等教育为人生提供了更多选择，特别是对于女生来讲是一种更优的选择。对于此，受访者 F 也表达出了相同的观点。

F：“我觉得大专、技师那样的专业也挺好的。第一是好就业，第二学了一身手艺，不管走到哪里好歹有口饭吃，我觉得不管学什么专业还是学精一点好。对于一个农村的孩子来说，特别是对女孩子来说接受高等教育还是比较好的，应该说是最好的选择，不然就面临着早早结婚、生子，也没有什么追求，一辈子就这么过了，生活很没有意思。”（2014 年 6 月 20 日）

对于农村孩子，特别是对女孩子来说高等教育“知识改变命运”的效用更加凸显。王一涛在英山县个案调查之后也得出：“教育之路”的存在使农民对教育赋予了一种与教育思想家眼中的教育完全不同的意义。在农民看来，教育是作为一种能够改变子女未来社会地位的桥梁而存在的。教育的意义首先在于能够帮助子女获得一种较好的谋生方式，而较好的谋生方式，即广义上的职业，也就意味着较高的社会地位。① 这样的思想和现

---

①　王一涛．农民的社会流动与教育——基于英山县的个案分析［D］．武汉：华中师范大学，2007（5）：62.

实影响着学生对教育的态度，特别是对高等教育的态度。因此，在没有其他社会资本的支撑下，弱势阶层家庭的子女更加倾向于接受高等教育，期望以此来完成社会的向上流动。接受高等教育的学生队伍中除了来自农村的子女，还有一大部分的非农村子女，虽然他们并不像来自农村家庭的孩子那样渴望通过上大学改变自己的命运，但是同样也肯定了接受高等教育的必要性。

> H："我觉得以现在的社会风气的话，还是以接受大学教育为主，身边的朋友基本上都上大学了。我觉得这都是一个普遍接受的人生规划，周围的朋友和亲戚好像都上大学了。而且我在我们家族孩子中算是老大，家里人也是希望我去走这条路，给弟弟妹妹做个榜样。"（2014 年 2 月 10 日）。
>
> Y："这个怎么说呢？那如果说通俗一点就是好啊，人必须要受教育，思考的东西就不一样了，观念也不一样了，素质上去，就什么都好了。人肯定不能为了好就业就放弃自己素养的修炼。大学学习文化知识算是我们的一种寄托，哪怕工作了也在充实自己，看各种各样的书，那你不能说为了好就业而放弃高等教育，每天就知道挣钱，脑子里是一片空白的什么都不知道，没有自己的想法，活的和木头一样，那样是不行的。"（2014 年 2 月 16 日）

H 来自一个资本相对丰富的家庭，父亲是公务员干部，母亲是发展较好的个体业主。虽然接受高等教育并不是唯一选择，但是 H 认为接受大学教育是一种“主流”，也是一种“普遍接受的人生规划”。教育不但能积累和创造社会资本，也能传递和保存社会资本，从而保存其原有的社会等级。因此，高等教育不仅受弱势阶层的欢迎，其他社会阶层人员也期望通过高等教育来提升自己综合能力。除此之外，大学知识带给人们一种精神“寄托”，不但充实着头脑，更丰盈着思想。

（二）个人能力的支撑

虽然接受高等教育牵连着各种复杂的社会关系，但是落实到底属于个人行为，能否上大学、上什么样的大学都是个人能力所为。在现代社会终身教育、终身学习被推崇，联合国教科文组织国家教育发展委员会也在

《学会生存——教育世界的今天和明天》一书中倡议建立学习型社会。在这样的环境下上大学并不是“一锤子买卖”，复读、成人自考等形式充斥在每年的考场之上，高考也成为划分学生上大学类型、等级的较为公平的判定标准。因此，在现实生活中不乏因各种原因多年参加高考的学子。如2014年8月出现在清华新生报到群体当中32岁的吴善柳，他是清华当年年龄最大的本科新生。网络媒体都以“考霸”为其命名，其2001年在复读一年后考上了北京交通大学。2007年开启了复读之旅，并于当年考上了北京师范大学。接下来的几年，他考取了一些名校，但都不是他理想的清华。2011年，吴善柳到浦北中学复读，并考上了北京大学。但他放弃北大，继续复读。2014年吴善柳参加高考，夺取了钦州市理科状元，被清华录取。[①] 这种对高校的执着和对理想学校的追求，在个人能力的支撑下最终得以实现，这种能力不但包括个人学习能力，还包括良好的心理素质。由于在承受高压学业的基础上还要承担更多的心理负担，大多数复读学生以一年为主，两年或三年已是最高界限。当然，像吴善柳这样多年坚持只为心中学校的案例虽然早已不新鲜，但也并不是普遍现象。在受访者中也有复读生W，W现为国企员工一名，他同样以实际行动证明了自己对高等教育的态度。

W：“我觉得上大学是很重要的。我上大学不仅家里支持，更重要的是我自己也想不到在17、18岁的时候不上大学应该干什么。虽然我不属于贪玩的学生，但是理想是美好的，现实是残酷的，我第一次考没有考上喜欢的专业。我当时就想报机械电气及其自动化专业，因为男生出来干机械这类挺好的，而且从小也喜欢捣鼓这些东西。当时我也经常听广播，电气这样的专业出来也比较好就业。所以就选择了复读并且填了同样的专业，第二年就考上了。”（2014年5月12日）

正如W所说：“理想是美好的，现实是残酷的”，接受高等教育与找到好工作、改变未来并不是绝对的关系。高等教育虽然承载着培养人才、

---

① 高梦蝶.32岁考霸清华报到，曾被北大录取而不入（图）［EB/OL］.(2014-8-28)［2015-7-14］. http：//news.163.com/14/0830/11/A4T4O09500014AEE.html.2014-08-28.

科学研究和服务社会的职能，但高校传统让其依旧与社会保持着一定的距离。这必然会导致高等教育与社会相脱节的现象出现，从而有一大批学生出现就业问题，如专业不对口、专业冷门等。即使是有各种问题出现，每年的全国高校在校生总人数仍在不断增加，教育的价值依旧被肯定。M 就是这样的案例。

问：“那你觉得上大学好不好？”

答：“（思考半分钟之后）我觉得还是好吧。因为对我个人成长还是很有帮助的，毕竟让我的思维模式、人际交往等有了很大改变，我 3 个月就能成为摄影师还是归功于大学教育。”

问：“那如果给你一次机会你会怎么选择呢？”

答：“如果再给我一次机会，只适于我的话，不上，打死都不上（笑声）。但是不上的话想象一下，可能就不会 3 个月成为摄影师，坎可能比较多，认识的人也不会这么多，最终想一想还是上吧。”（2014 年 4 月 28 日）

从 M 的“打死都不上”到“还是上吧”的态度转变体会出：接受高等教育不一定带来直接的显性利益，但是其对自我完善和潜移默化的影响却是今后人生道路发展的宝藏。不可否认我国高等教育存在一些亟待改革的问题，不能就此否定其存在价值。教育的本质是培养人，高等教育同样也是在不断地完善和优化，在保持自我传统前提下与时俱进。高校是个大熔炉，里面存在各种平台和机会，即使是在提供同样的硬件和软件的条件下，校园里的每个学生发展程度依旧不同。至于如何发展，要怎样发展则完全取决于自我选择。受访者 K 在这点上也认同内因的决定作用。

K：“其实我觉得有时候教育是一方面，但是还要看个人能力和态度，就是说你这个人要是有想法，你可以一直从中专到大专再到本科再到研究生，那主要看你能不能坚持下来。就算是你考上‘985’好学校，在大学浑浑噩噩混日子并且出来没有一份好工作，这也是白费。这样的例子很多，这主要看你自己怎么对待，看对高等教育的认知程度吧。”（2014 年 2 月 18 日）

认知也称为认识，是指人认识外界事物的过程，或者说是对作用于人感觉器官的外界事物进行信息加工的过程。对教育的认知深度在一定程度上影响着对教育的看法和采取的行动，由此也影响这个人的发展程度；发展程度又影响着态度，由此形成一个循环链。人们常说“态度决定一切”，实则在“认知决定态度”的前提下，对高等教育的认知程度成为人们是否接受高等教育的关键因素之一。正如受访者P，对高等教育一直保持着积极的态度，即使毕业后也依旧保持学习，渴望接受更高一级的教育。

P：“我现在下班回去之后还是坚持每天都学习看书，我是打算考研的，今年考了没考上，但是一年不行我就考两年，两年不行我就考三年，反正一定是要考的。而且还是继续考我们这个学前教育专业，我的方向是北京师范大学，因为我不想一辈子待在幼儿园里，我可能不一定非要待在新疆，但是我工作还是想回来。我想干的是家庭保育师，这个在我们新疆还没有，市场算是空白，但是这个在内地已经发展得很不错了，我想回来自己创业。”（2014年5月4日）

对高等教育的认知越深，也就越能权衡接受高等教育的利弊。接受高等教育也是一种投资，在校学习期间投入时间成本、资金成本，选择了放弃收益，这从表面上看是一种即时收益的亏损，但却是具有潜力的长效收益。对经济学家来说，投资不是将资源投入满足即时收益的生产或服务，而是将其投入新的资源生产中，或另外一种生产性资源的生产中。整个经济就是在生产与消费的权衡中循环往复的。从这个角度来看，生产的最终目的是消费。但人们很早就认识到，放弃即时的消费，将资源投入机器、公路、水坝、水利工程，或是教育与培训，能够提高生产力，在未来获得比现在即时消费多得多的回报。只不过这时人们要延缓一些效用的满足，要冒无法获得回报的风险。[①] 受访者P在博弈之后选择了高等教育的长效收益，增强生产能力，这不仅增加了其文化资本的积累，也有助于其社会价值的提升。

---

① 与高等教育经济学相关的基本概念．[EB/OL]．(2010-8-27) [2015-4-24]．http://www.pep.com.cn/xgjy/jyyj/jyts/jysk/bjyc/wtcl/201008/t20100827_811253.htm.2010-08-27.

第二节 高等教育累积少数民族个人发展的文化资本

教育的原则，是通过现存世界的全部文化导向人的灵魂觉醒之本源和根基，而不是导向由原初派生出来的东西和平庸的知识。①

——［德］卡尔·西奥多·雅斯贝尔斯

布尔迪厄认为，文化已经渗透到当代社会的各个角落，文化资本已经成为人们资本占有量的重要组成部分，并且这种资本在某些条件下能转换成经济资本，它是以教育资格的形式被制度化的。他提出文化资本可以以三种形式存在：(1) 具体的状态，以精神和身体的持久"性情"的形式；(2) 客观的状态，以文化商品的形式（图片、书籍、词典、工具、机器等)，这些商品是理论留下的痕迹或理论的具体体现，或是对这些理论、问题的批判等；(3) 体制的状态，以一种客观的形式，这一形式必须被区别对待（就像在教育资格中观察到的那样)，因为这种形式赋予文化资本一种完全原始性的财产，而文化资本正是受到了这笔财产的庇护。文化资本的积累是处于具体状态之中的，即采取了人们称之为文化、教育、修养的形式，它预先假定了一种具体化、实体化的过程。这一过程因为包含了劳动力的变化和同化，所以极浪费时间，而且必须由投资者亲力亲为，就像肌肉发达的体格或被太阳晒黑的皮肤，不能通过他人的锻炼来获得那样（因而，所有委托性的效应就都被排除在外了)。② 我国实行九年义务教育，以法律的形式努力保证六七岁到十五六岁的孩子能够在校接受基本教育。在此之后，继续接受教育或是选择工作都是个人意愿所致，如果选择继续在校学习则开始了差异性的文化积累行为，特别是在探索高深学问的高校中文化积累更为迅速，不论是从文化具体的、客观的还是体制的状态都有质的提升，从而为走向社会打好基础。要更进一步剖析这些影响，就不仅要从外显的学历、证书等效应来看，更要挖掘大学环境带给学生的内隐

① ［德］卡尔·西奥多·雅斯贝尔斯．什么是教育［M］．邹进，译．北京：三联书店，1991：3.

② 布尔迪厄．文化资本与社会炼金术——布尔迪厄访谈录［M］．包亚明，译．上海：上海人民出版社，1997：192-194.

影响。

一、外显的制度给予：学历、专业、知识

（一）“没有学历是万万不能的”

学历，即学习的经历。广义上讲，任何一段学习都可以称为“学历”。而在实际生活和工作中，主要是指最后也是最高层次的一段学习经历，以经教育行政部门批准，实施学历教育、有国家认可的文凭颁发权力的学校及其他教育机构所颁发的学历证书为凭证。可将学历划分为三个层次，分别是初等教育（小学）、中等教育（初级中学、高级中学，高级中学包括普通高级中学、职业高中、中等专业学校、技工学校）和高等教育（大学专科、大学本科、硕士研究生、博士研究生）。在此次研究中，选取的都是如期合格毕业，取得大学教育学历证书的学生，在与他们交流中得知，在学历证书的背后有其重要的影响作用。

1. “最基本的敲门砖”

学历不仅是上过某所学校的证明，更是一种知识和身份的象征。虽然并不是说上过大学就一定知识渊博、学富五车，但是当今社会常常需要拿学历来衡量我们的专业知识水准。高等教育中内化的财富并不容易测量，学历便提供了一个便捷的判定方法。在常规意识当中，研究生学历高于本科学历，而本科学历则大于专科学历。在高等教育已成为大众教育的今天，大学生已不如以前那样备受关注。面对年年增长的大学毕业生，用人单位的条件也是年年提高。在用人单位不知道应聘者才能的时候，学历就成为用人单位首先看中的东西。现在，绝大多数的用人单位对招收的员工都有学历上的要求，而学历就顺其自然地承担了“敲门砖”这一角色。

H：“（快速回答）就业！就是就业。作为自己的一个起点吧，跳板。”（2014 年 2 月 10 日）

N：“我觉得学历这东西只是一个敲门砖，它就是一个敲门砖。”（2014 年 2 月 16 日）

Y：“毕业证书？没有毕业证书就进不了我们单位，这是一个敲门砖，一个很坚实的敲门砖。就说你没有毕业证书，你研究生考不了，公务员考不了，单位进不了，那你说是不是很重要，很

坚实的一块敲门砖。”（2014 年 2 月 16 日）

K：“这个单位考试没有毕业证书的话，像政府部门那就不行，你考试考得再好你没有证书，人家是不会让你上班的。这就相当于我们入职的敲门砖，而且是最基本的敲门砖。”（2014 年 2 月 18 日）

W：“学历就是一个敲门砖，只是找工作的一把钥匙，就是人家招你的时候你必须得有这个文凭，上个大学你连文凭都拿不到你怎么能踏入工作。”（2014 年 5 月 12 日）

T：“学历这个东西不能说不重要，但是也不能说有多重要。学历首先是你找工作的一个门槛，毕竟现在国家教育扩招已经摆在那里了，竞争压力大，进公司首先就是要有进门槛的证，你首先得进去才能展现你自己，所以说它还是很重要的。但是进去以后你的证就没有作用了，你得靠自己的能力和技能去征服公司的员工和领导，所以说那个证只是你进公司的门槛，其他都没有任何作用。你说你进去了，你什么都不会，哪怕拿的是博士生的证也没有用。这就是现实，证只是门槛而已。”（2014 年 6 月 10 日）

F：“毕业证书，毕业证书一定要拿上啊，不拿上怎么办，人家单位都不要你，必须得有，要不上四年干什么了。”（2014 年 6 月 20 日）

在与各位已有工作经验的受访者交流中发现，每个人都认可学历在找工作时所发挥的效用。虽然受访者用“只是”来强调学历并没有过多的实际价值，但是作为“最基本的敲门砖”和“门槛”还是受到了所有受访者的追捧。当然，并不是所有行业都是以学历来划分入门等级的，类似技工行业则更多地强调实际操作能力，但是在政府、事业性质单位学历成为其基本的入职条件，这种条件现已提高至本科档次。就以 2014 年新疆公务员考试为例，根据 2014 年新疆公务员录用考试职位表整理可得共招录 4493 个工作人员，其中中专及以上学历水平要求岗位仅占岗位总数的 0.62%；大专及以上的岗位占岗位总数的 52.11%；本科及以上的岗位有 1979 个，占岗位总数的 44.05%；硕士研究生及以上要求岗位占岗位总数的 1.40%。总体来说，大专和本科学历水平成为最基本的入职条件。从南北疆地域上看，北疆岗位的本科学历要求大于南疆；从城乡划分上看，城市岗位的本科学历要求明显高于乡村。这主要是因为北疆、城市的社会整体发展水平较高，人才聚集较多，通过提高相应的入职门槛选拔更为优秀的人才，而南疆和地处偏远的乡村则通过降低入职标准来吸引人才的到来，通过统计可知一般最低水平也是要求大专及以上学历，而只要求学历是中专、高中以上的岗位仅有28个。由此，可以得出学历除了证明自己的教育经历之外，更重要的是成为毕业生找工作的“敲门砖”。

2. 未来发展的“后劲”

在每年6月份的毕业大军中，总有一部分毕业生找不到工作，甚至研究生找的工作也不理想，基于此社会上便有声音开始质疑学历的重要性，学生则容易受这些负面消息的影响，不论是在校大学生还是高中生中有人开始躁动，抱怨声由此而出，同样弃考生也由此出现。那到底该不该接受高等教育？高学历到底能为人们带来什么？技术重要还是学历重要？这一问题在与受访者交流之后，答案渐渐浮出水面。

问：“你觉得大学教育有用还是没用呢？”

答：“它是有一点用的，但是感觉用处不是很大。因为你在学校课本上学到的东西更多的是理论，但实践才是重要的。你有三年的大专文凭，不如一个中专三年的工作经验，至少在我们企业就是这样的，就是工作经验更重于文凭。可能他的文凭比较低吧，升不到更高的岗位，但是单位就是比较重用这个有工作经验的，比较信任他们。”

问：“如果同样的条件进厂子之后哪个发展得会更好一点呢？”

答：“肯定是文凭更高一些的人啊，文凭还是有一定的作用的，但是刚开始进一个厂子的时候就感觉你的文凭不是很重要，要想晋升到更高岗位的时候还是有一定的门槛的，有文凭的限制。”

问：“那抛开你们厂子来说，就整个社会而言，你对这个划分是怎么看的？”

答：“就对工人来说，学历可以稍微放宽一点，就是有经验学历低一点也行。要是到管理层就必须达到相应的学历条件，只是普通工人就以经验为主。”（2014年5月12日）

从与 M 的访谈中可以看出，对专业技术性强的专业来说，学历不一定是决定其是否受欢迎的关键性因素，工作年限、经验等都是影响因素。但是，同样不能说学历在技术行业不重要，因为在职向上晋升需要一定的学历水平限制，可以说经验是技术行业基础工作者的热销品，而学历则是上层管理者的必需品。如此，学历不自觉地成为促进社会分层的节点，学历高的人员通往管理层的可能性更大，掌握和拥有高资本的可能性也就越大，而学历低的人员则依靠技术在基层工作。在经验和学历的对垒当中，经验能在入职初期快速适应工作环境的变化，但是在同样类型的工作当中学历高的员工可能“后劲”更足，H 单位就有这样的对比案例。

H：“我们单位有一个聘用人员，现在调走了。他不爱上学，中专后十几岁就到了我们单位，就这样一直聘用干了四五年了。我觉得他虽然学历不高，但是工作还是挺有热情的，雷厉风行，领导挺喜欢他的。所以我觉得在工作中学历不一定有那么重要，但是肯定有它的重要性。因为他毕竟在有些方面比较差，比如在写东西的时候写不出来，可能要别人帮助和代劳，因为他发展的后劲不够，所以能力上还是需要不断提升的。要不之后就算他的人际关系处得好，但是没有一定的能力还是会被淘汰的。因为现在有能力有学历的人也是一大批一大批的。”（2014 年 2 月 10 日）

像 H 身边的这种现象就充分表明了，“后劲”在工作的长远发展中起着举足轻重的作用，面对后劲不足的缺陷要及时弥补，职业知识的补充就显得尤为重要。学历在每个人心中都有自己的衡量标准，每个人也都有自己的选择，但面对快速发展的社会，拥有学历并且拥有高学历是站在高起点的必要条件。同样在实际的工作环境中，经验的培养也不能忽视，企业不需要一个只会读书，缺乏实践能力的学生，为平衡学历和工作经验之间的难题，在职求学就成为多数工作者的选择。

K：“我其实也考虑要不要继续接受教育。因为再去教育的话，可以让自己学到更多的知识，对自己以后的专业发展更有利一些。当然，考的时候还是会考本专业的研究生，想去读研究生主要是为了提高自己，让自己懂得更多的技术。其实我们这个专业说实话只要你技术好，学历还不是很关注，但是你说不关注吧，有些时候还是很有帮助的。其实我自己也不对研究生的学习生活感兴趣，还是社会环境的原因吧。社会在发展，在不断地淘汰人，如果没有危机意识最终会被社会淘汰掉。总的来说，学历只是一方面，但是没有学历是万万不能的。”（2014 年 2 月 18 日）

不论是成人教育学院、在职学习，还是脱岗全日制学习，都是提升学历的途径。继续接受教育不仅增强了自己的专业水准，也为事业的长远发展打好基础。总的来说，学历不是最重要的却是必需的，不仅成为入职的敲门砖，更是职业晋升和发展的客观条件，从而成为社会分流的指标，影响着整个社会的分层结构。

（二）“专业应该帮助我们的东西”

我国大学教育一般共划分为文、理、工三大类，细分其中共有 12 小类，分别是文学、历史、哲学、经济学、管理学、法学、教育学、理学、工学、医学、农学和军事学，在每一个类别下又划分成许多专业和方向。高等教育教学是以专业为基本单位进行的，各专业都有独立的教学计划以实现专业的培养目标和要求。在整个培养过程中，专业知识以选修课、必修课、专业课等形式组成的知识体系逐渐教授于学生，由表及里、由泛到专地致力于将学生培养成全面发展基础上的专业人才。

W：“要是谈大学教育收获的话，我觉得上大学选择专业是比较重要的，选择一个好专业对以后的发展很重要，因为它直接决定了以后工作的选择方向，像我们的话就只能在这个行业里摸爬滚打，不可能转行，基本上是没有这个可能的。”（2014 年 5 月 12 日）

S：“我没有像别人一样对专业有什么偏见，但是专业其实有些时候可以对你有很大的帮助，比如学会计、财经的，毕业以后当会计的概率就非常大，像我们学热能动力专业的，到这个单位（电力）的概率就很大。从用人单位的角度来考虑，会计部招学理工科的学生，这个不太现实。但是也有可能自己所从事职业和专业有很大的偏差或者完全没有关系。”（2014 年 2 月 21 日）

B："我学的是热能动力专业，我觉得男生学这个专业还是挺不错的，最起码在新疆这个专业近年还是很热门的。毕业了工作也挺好找，对现在的工作（矿业）还是比较满意的，工资在新疆也算是中等偏上的水平了。"（2014 年 5 月 12 日）

W、S 和 B 都是男生，所学的专业分别是电气和热能动力，从这种专业性较强的专业毕业的学生，从事的工作和其专业的相关性较强。正如 S 所说："学会计、财经的，毕业以后当会计的概率就非常大。"这三位受访者在大学所学的是工科专业，毕业之后到企业担任技术职工的可能性就很大。虽然现在就业市场里专业不对口现象早已平常，从事的工作与专业可能有所偏差或不同，但专业还是在一定程度上左右了个人发展道路。除了专业选择以外，专业的喜好和认同感对学生的专业学习，乃至专业发展都有影响。专业认同（specialty identity）是指学习者对所学专业的接受与认可，并愿意以积极的态度和主动的行为去学习与探究，表现为学习者结合自身的兴趣、爱好与特长，在诸多专业中将某一专业视为与自我统一的，而将其他专业视为他者，甚至希望自己成为该专业的杰出者。① 对专业的认同感越强，专业学习动力越强，自然专业发展水平也相对较高。

P："我挺喜欢这个专业的，当时我报这个专业也没有和家里人商量，我对老师说我想玩，老师就说你报幼教吧。特别是我自己也很喜欢小孩子，在我上小学的时候我们楼后面就是一个幼儿园，我中午就会早早地来学校跑去哄那些小朋友玩。所以，我还是很喜欢这个专业。现在到上班了才后悔没有更好地学习专业课，以前哪天不上课了就超级开心，现在想想以前都好傻，我要是趁空闲多去练习练习舞蹈基本功就好了，可能发展得比现在会好很多。"（2014 年 5 月 4 日）

P 在校期间学习的是学前教育专业，毕业之后进入幼儿园担任幼教老师。自全国政协十一届一次会议上提出 12 年义务教育之后，是否将学前教育纳入体制引起了社会上的激烈讨论。从近两年的大学生就业率来看，学

---

① 王顶明，刘永存. 硕士研究生专业认同调查［J］. 中国高教研究，2007（8）：18-22.

前教育明显排在前列，有些地区甚至出现供不应求的现象。麦可思研究院对2012届毕业生进行了调查，发现在本科毕业半年后就业量排行中学前教育排名十六位，在高职高专毕业生中学前教育排在第一位。[①] 专业的发展不仅受到学校内环境的影响，也受社会外环境的影响。市场需求大，学生的专业就业率自然提升。当然，衡量一个专业的好坏并不能单纯靠就业率指标来判定，专业的辐射和内在影响力才是关键。职业咨询师《如何以任何专业获得任何工作》一书的作者唐纳德·埃舍说，职业发展中最大一个秘密就是拥有任何一个专业都能获得一份工作。他说即使每个专业所学到的知识为工作所做的准备程度也许不同，但从没有哪种工作是因为你的专业不相关而遥不可及。[②] 在访谈中，受访者T现在从事的工作和专业并不相符，他看重的是专业的长效作用的发挥。

T："以前我也愁，特别是刚毕业那一年就觉得心理学没人要或者怎么办。其实大学生都陷入一个误区。大学读专业只是培养你的兴趣所在，根据自己的兴趣选择，将来对你的就业会有帮助，但这里面并没有必然的联系，这是个人的选择问题。找工作不一定非要死磕在专业方面。专业学习可以增加自己的知识，对工作稳定之后的人生发展可能有很多帮助，要是愿意的话就可以继续搞下去，这就会使你后面的人生更加丰富，不是说我的生活中只有家庭或者工作。这是专业应该帮助我们的东西，而不是说我学这个专业就一定要按照这个专业去找工作，这是一个误区。现在觉得心理学对我生活帮助挺大的，特别是在我需要做决定的时候，不会再像以前一样毛躁的，遇到事知道反思和内省了，也知道以后要获得哪些东西。学了心理学让我对自己以后的生活有了定位，知道了选择什么样的生活方式让自己达到最舒服的状态，当然每个人的生活方式都不同，但是我知道了要根据性格和人际交往方式找到最适合自己的方式。我把心理学当作是三四十岁家庭、孩子什么都稳定了以后继续钻研和学习的内容，最起码

---

① 麦可思研究院．2013年中国大学生就业报告［M］．北京：社会科学文献出版社，2013：52-55.

② Annabel. 专业会影响工作吗．［EB/OL］．(2008-3-24)［205-5-16］．http：//www. chinadaily. com. cn/language_ tips/suvival/2008 - 03/24/content_ 6560962. htm. 2008-03-24.

老年生活或者中年生活就没有那么疲惫了，精神上就会轻松很多。”（2014年6月10日）

受访者T在校学习的是应用心理学，现在从事的是村干部一职。虽然专业划分对人生定位有极大作用，但这并不能成为人生道路的唯一选择。根据美国劳动部统计，平均每个人一生中会更换三次职业，也就是说专业的选择并不能起到“一选定终身”的效用。总体来说，专业选择很重要，可能是划分刚毕业学子进入某一行业或社会阶层的标牌，但其更重要的影响在于对学生内在和长远发展的影响。

（三）“什么知识最有价值”

1. 读出来的知识

在中世纪，学者（教师、学生）为了探求高深学问自发组成行会集体活动，提高学术水平。教会和修道院也致力于促使大学成为不受外界干扰、不屈服于实用主义压力的自由探求知识和传播知识的“知识之都”。这种以追求知识与传播知识为目的的大学传统传承下来，使得现今的高等教育仍然被称为“象牙塔”。在与社会保持一定距离的情况下，大学所教内容必然不能完全和市场所需一一对应。对此，有受访者说道：

L：“大学教育教的东西都太书面化，现在上学的专业不一定是工作所需要的专业，学的理论知识基本没有用，除非你搞研究，不搞研究几乎就没什么大的用处。”（2014年6月22日）

B：“在大学里面学到的东西就特别多，而且特别烦琐。专业知识学得挺多、挺好，可是一出来工作就感觉根本不是那么回事。”（2014年5月12日）

受访者L所学的是机械设计及其自动化专业，毕业之后到电厂从事了与本专业相关的工作。B同样是工科专业，从事的也是与本专业相关的工作。他们这种将知识与工作完全相连的观点虽有狭隘之意，但却反映出我国大学教育的弊病。大学知识的学习是外在制度要求（学习不达标即有挂科的约束），更是一种内在的需求。我国大多数学生都是从小学、初中、高中一路应试而来，耳边也是常常响着“等你上大学了就轻松了”“以后要考个好大学”等声音，然而真正走入大学校园这种思想误导了学生，缺乏内在驱动的学习不但易让整个学习过程变得枯燥乏味，更容易让学生忽视除本专业和课本以外的知识学习。曾有研究显示，美国学生的智商在大学达到最高峰，而中国学生则是在高中就达到峰值之后便出现下降趋势，也就是说我国学生在最有创造力的时候忽视了知识的获取。当然，我们并不能因为大学知识“对工作基本没有用”的思想就全盘否定知识的效用，在访谈中 P 和 T 则认为在大学收获最多的还是知识，并且肯定了知识对之后发展的重要性。

P：“大学知识对我现在还是很有帮助的，比如大学的舞蹈课程、钢琴课程等，这都是我在大学的时候接触到的，现在这些成为我的日常教学内容，也是作为一个幼师所必备的技能了。除此之外，我觉得在大学一定要多读书，广泛地阅读，因为读书真的是一件很有用的事情。我以前在大学就经常泡在图书馆，还带着男朋友去图书馆。我感觉自己看的书还是挺多的，不管专业书还是休闲的书我都看。感知到读书的好处也是在毕业走上工作岗位之后的事了。我现在也是每个月都要买上最少一本书看，现在看的专业书更多一点。我现在可以很清楚地说出孩子每个阶段应该进行什么样的教育。”（2014 年 5 月 4 日）

T：“当时除了我们班考试型的女生以外，我觉得专业术语深层次的剖析没有几个人能比得了我。因为我那个时候看书特别多，图书馆心理学方面的应用性和社会性较强的书我几乎都看完了，包括心理、变态、人格、性心理等书看得特别多。大学最大的收获应该算是知识的收获。”（2014 年 6 月 10 日）

学习是指基于个人经验和经历而产生的行为相对持久的改变。教育心理学上定义知识为个体通过与环境相互作用后获得的信息。也就是说大学知识的学习，不能单纯地划分为“师者，传道授业解惑也”，只有通过与环境互动并且引发行为的改变之后才算是习得了知识。读书也算是知识获取的一种途径，以自学的方式扩充知识存储量，在与书籍的对话中升华思想、完善人格。就像受访者 P，大学读书效用直到毕业走上工作岗位才开始显现出来，这种隐性投资是一个漫长的过程，通过量的积累才有可能引发质的飞跃。它的影响作用方式也不是表象的呈现，而是通过潜移默化的方式影响一个人的气质和内涵，从而影响整个人的发展轨迹。

2. 考出来的知识

2014 年 8 月国务院取消了房地产经纪人、注册税务师等 11 项职业资格许可和认定事项。① 这个消息的发出再次引起了社会上对高校“考证热”现象的关注。自 1994 年职业资格证书制度作为科学评价人才的一项制度被写入劳动法之后，各类职业资格证书应运而生，在这一考证大军中高校学生占有很大一部分比例。大学教育，特别是本科高校一般都对学生的英语和计算机能力以四级和二级的标准来要求，除了这种硬性的规定以外，学生自己也可自行报考各种证书。面对“就业难”的社会现状，考证成为学子们增加就业率的砝码。这种考出来的知识对学生后期发展到底是否有用，受访者谈了自己的看法：

> T：“技能一类的，比如工程、土木或会计这一类的，肯定是早早考早早好，因为它对就业帮助很大，考过去以后你掌握的知识能量肯定很不一样。但是有些证书工作了以后考比较好，像教师证书或者其他资格证就觉得没必要，你不是奔着这个专业的工作的话那就没有必要去考，工作以后需要什么再考什么。”（2014 年 6 月 10 日）
>
> K：“我觉得考证可以，但是有好多证，关键是你怎样去考，考哪些方面的证。我觉得我考的就是与专业相关的，不相关的考上也没有什么用。再说你要去本单位上班的话，人家也只看本专业的证。”（2014 年 2 月 18 日）

多数受访者秉持实用主义的考证观念，虽然在大学考证有着备考时间长、通过率较高等优厚的条件，但还应该根据自身情况来理智对待。考较多与专业不相关的证书不但是一种经济上的消耗，更是一种时间成本的浪费。多数事实证明，大学期间考的许多证书在社会就业市场并发挥不了太大的作用，在“技多不压身”的思想下将精力放在考取各种资格证书上反而会影响

---

① 新京报．人社部治理“考证热”：无依据职业资格明年取消［EB/OL］．(2014-8-31)［2015-4-13］．http：//scitech. people. com. cn/n/2014/0831/c1057-25573090. html. 2014-08-31.

自身的专业发展和人生定位。

S："我觉得考证这个事，哪怕自己不喜欢，去考了也证明自己的能力，说明你有能力把它拿下来。证不代表你以后就要干这个工作，但这是一个入门，一个基础。"（2014 年 2 月 21 日）

F："考证的时候还是要去学东西，不管涉猎什么，多涉猎一些知识还是好的。当然，也许是盲目考证，考了那个证或许有用，就算没用也学到了很多知识。你说人家考个导游证肯定要学习很多旅游知识，就算以后不去当导游，自己去旅游也不会上当受骗，考未必是件坏事。"（2014 年 6 月 20 日）

考证是学生的自主建构过程，所谓自主建构是指，受教育者的精神世界是自主地、能动地生成、建构的，而不是被动地接受外在信息，是主动地根据先前认知结构建构当前事物的意义。虽然考证有着社会就业环境的影响，但更多的是内在自发行为。作为一种知识能力的证明，更应该将考证的内在价值挖掘出来。19 世纪赫伯特·斯宾塞（Herbert Spencer）在《教育论》中提出什么知识最有价值之问，书中指出："为了训练，也为了指导人类行动，科学都有最主要的价值。"知识本身不具有实用价值，只有当知识在使用的过程中价值才被体现出来。不论是教学习得的理论知识还是考证获得的知识，都只有使用后才能创造知识的价值。因此，在校学习过程中要做好知识积累，更重要的是学习运用知识的能力。这样才能将客观知识真正内化为个人财产，发挥知识的长效机制。

二、内隐的泡菜坛子：性格、思想、能力

教育环境能影响一个人一生的价值定向和爱的方式的生成。[①] 在学术领域，特别是生态学领域比较有影响的理论（巴克和赖特的生态心理学理论、米德的文化人类学理论、海恩德生态动物行为学理论、贝特森的心智生态学理论、罗高福的文化心理学理论），都从不同的学科视角强调环境或情境（context）对于发展的重要性以及对人行为的影响。虽然他们对环

① ［德］卡尔·西奥多·雅斯贝尔斯．什么是教育［M］．邹进，译．北京：三联书店，1991：1.

境的定位重点不同，但都承认环境是一种客观存在的实体，强调环境和发展之间的交互作用，重视环境和个体在发展问题上的主体间关系。高校校园是学生走上社会前最后一个正式教育机构，对于学生的社会化发展有着重要的作用。涂又光教授曾提出“泡菜坛子说”，即泡菜的味道取决于泡菜坛子的味道，大学学生的发展取决于高校环境的影响。这里的环境主要包括硬环境和软环境。硬环境就是指校园里以物质形态呈现出来的内容，如建筑、雕像、道路等；而软环境则多指以文化为载体的隐性内容，如校风、校纪、教学风格、社团活动等。受访者认为：

> P：“我觉得上了大学的人和没有上大学的人是可以看出来的，这个怎么说呢，就是你在大学环境下就算你待上四年，也会熏染出大学的气质，不管从说话还是行为上，一看就可以看出来你是个大学生。”（2014 年 5 月 4 日）
>
> B：“上过大学和不上大学人的素质还是有一定区别的，这个无关乎经验。素质、说话这些上过大学和没上过大学是可以看出来的，大学可以熏陶出来的。”（2014 年 5 月 12 日）

这种“感觉”和“看出来”主要凭借个人综合素质的外显，性格、思想、气质、言谈举止等都是组成这些外显特征的重要因子，而这些则是在个体与环境相互作用的积累过程中逐渐形成的。

（一）性格的调整

按照埃里克森自我发展八阶段论，在青年期和成年早期分别会产生“角色混乱”“亲密与孤独”两个认同危机，而高校学生正好处于这两个阶段的过渡期。因此，自我意识的发展和自我同一性的确立是大学生发展的重要任务。在大学之前的高压学习状态下，学生并无过多的时间思考自身问题，而大学提供了这样一个宽松环境，利于学生探索自我和确立自我。开始步入成年期的青年，虽然他们已经有能力承担诸多社会责任和义务，但他们在做出某种决断的时候往往进入一种“暂停”局面，以尽可能地避免同一性提前完结的内心需要。在延缓所承担的义务和责任的同时，青年学习并实践种种角色，以掌握各种本领。由于确立自我同一性需要一定时间，在这一段时间内，青年可以一时合法地延缓所必须承担的社会责任和义务。因此，青年期又被称为心理的延缓偿付期。① 大学生可以利用心理延缓偿付期接触各种人生观和价值观并从中选择，然后根据自身特性进行检验，如此循环往复可以确定自己的人生观、价值观等，最终确立自我同一性。性格是一个人工作、生活、为人、处事的一种行为风格，是个性心理特征中的核心部分，也是完成自我同一性后的外在表征。通过访谈也可以得出，大学环境确实是个人性格成熟和发展的培养器，通过类似社会化的互动促使个体同一性快速发展及性格的快速养成。

H："高等教育对我个人的性格塑造方面是极其重要的，对整个人生都起着很大的作用。因为上大学之前我都不怎么说话，小学没有和一个女生说话，初中只和不到五个女生说话，高一都不怎么说话，也是只和自己周围的几个人说话，到高二就是认识了性格比较活泼的 WL、QPP、MXW（名字用字母代替），和他们玩慢慢地我的性格开朗了一点，敢和别人，特别是敢和女生说话了，但是上不了台。我记得有一次 QPP 开班会上让我上台唱一首歌，唱的时候我身体就在震，就是嗡嗡嗡的那种，耳朵就是耳鸣，全身都是麻的，等我唱完坐到自己的桌子上半个小时还是那样的状态，身体还是麻的，就紧张到这种程度。上了大学以后，当了班长天天往讲台上站，现在性格就开朗了很多，不会再像以前那样了。当时刚到大学想锻炼自己的性格就自告奋勇地对老师讲我想当班长。后来我就当选了班长，而且一干就是四年。当了班长之后肯定要经常和同学们打交道，经常站在讲台上，后来也就锻炼得不再害怕了，更不会出现高中那种情况。现在这种性格还是我比较喜欢的，虽然人的本质改变不了，但是没有以前那么害羞了，变得比较开朗和大方，这不仅对我找工作而且对我之后的发展影响很大。"(2014 年 2 月 10 日)

M："大学算是改变了我的性格。我以前是一个很闷的人，干什么都是一个人，没有朋友。环境让我改变了性格，我以前性格就不是现在（活泼、开朗）这样。当然这个适应以及改变的过程还是比较痛苦的。刚去天津，别人和我说话，我就是那种'三棍子打不

① 林崇德．发展心理学［M］．北京：人民教育出版社，2009：387-388.

出一个屁’的类型，然后熟了就什么话都能说开了。一开始就是小范围和舍友在一起，后来慢慢感觉我这种比较闷的性格不好，我觉得话多说一点，多笑一点，对陌生人来讲比较有亲和力，然后就适应着往这种性格方面发展，最后就造就了我现在这么话多。正好我现在这种性格和我的工作（摄影师）性质很吻合。而且我的性格在工作中还有所放大，特别是在工作中遇到那种特别不爱笑的人还得逗他笑。这种变化对我现在来说是很有帮助的。”（2014 年 4 月 28 日）

H 和 M 经过大学教育性格都发生了很大的转变，均在不同程度上从比较内向、话少，变为外向和大方的性格，这种变化不论是内在自发的还是环境逼迫的，都对今后的工作起了很大的作用。瑞士心理学家卡尔·古斯塔夫·荣格（Carl Gustav Jung）在 1913 年慕尼黑国际精神分析会议上提出了内倾型和外倾型的性格分类，并根据心理能量的指向进行了阐述：个体心理能量的活动倾向于外部环境就是外倾型性格，心理能量的活动倾向于自己，就是内倾型性格。荣格结合感觉、情感、直觉和思维描述了八种性格类型，分别为外倾思维型、内倾思维型、外倾情感型、内倾情感型、内倾感觉型、外倾感觉型、外倾直觉型、内倾直觉型。他认为，在实际生活中绝大多数人都是兼有外倾型和内倾型的中间型，并没有纯粹的内倾型或外倾型，只是在特定的情境场合下一种态度占优势而已。除此之外，心理学认为，性格是心理活动的体现，而心理活动是大脑活动的产物，性格一旦形成将很难发生改变。虽然性格的本质改变不了，就如中国老话“江山易改，本性难移”，但是外在的表现形式却可以随着环境的作用而发生调整。弗朗西斯·培根曾说：“性格决定命运，而人是自己性格的设计师和创造师。”正如 H 和 W 经过大学环境的锻炼，性格表现形式由内倾型转向外倾型，这不是本质的改变，而是通过大学环境的影响导致外倾态度在性格表现中占有优势。这种性格表现形式的调整没有好坏优劣之分，但通过他们的讲述可以得出，大学环境发生效用后的性格转变有利于之后工作的开展和把握。也就是说，大学虽然没有直接作用于个人性格的养成和调整，但是校园提供的各种环境，特别是软环境激发起个体能动性调整自我性格表现形式，从而影响毕业工作选择乃至个体的发展。

（二）思想的感染

人不仅能认识事物和现象的外在联系，还能透过表象认识其内在联系和规律。通过对大脑进行信息输入，经过整理、汇总、推断等一系列的复杂思维过程，从而形成的指导人们行动的意识就是思想。毛泽东认为，思想是相对于感觉、印象的一种认知结果。人们在社会实践中，对客观事物的认知，开始是感性认识。这种感性认识材料积累多了，就会产生一个飞跃，变成了理性认识，这就是思想。[①] 也就是说，思想是一种更为复杂和高级的认知活动，是一种概念化的思维模式。随着人年龄的增长，头脑中的思维概念也会增多，思想便会随其逐渐形成固定的体系。在同一年龄段中，人的知识、经验、环境及悟性等的不同，个体思想也呈现出差异性。思想指导人们的言语和行为，这也是人与人不同的原因所在。雨果曾说："未来将属于两种人：思想的人和劳动的人。实际上这两种人是一种人，因为思想也是劳动。"高等教育在培养有思想的人这方面有其优势所在，高校创设的宽松环境有利于学生大量且有选择地积累感性认识材料。

> S："高等教育对我的思想有一定影响。这主要是在于上学的这段时间对我来说有缓冲作用，不至于那么快地去面对社会上的一些事情，比如说我的吃饭问题，我的收入问题，这段时间可以让你充分思考一下，换个心情，做好从学生到社会人的一种转变的准备。"（2014 年 2 月 21 日）
>
> T："大学对学生后期思想、态度和性情方面有陶冶作用，它能让我们遇到事的处理方式、交际能力得到锻炼，大学也算是一个小型的社会圈子，不同的人、不同的课程让我们学会选择，学会去做规划。"（2014 年 6 月 10 日）

高校"缓冲作用"的发挥，可以为学生走上社会并且承担社会角色做好心理准备。在这个思想的调试期所接触到的人和事，甚至是课程内容都可以成为学生思想养成的感性认识材料。这种认识随着认知程度的加深而

① 中国毛泽东思想理论与实践研究会理事会. 毛泽东思想辞典［M］. 北京：中共中央党校出版社，1989：152.

更加理性化和深刻，内化成自我的思维模式，从而在已有基础上优化固有思想。

> F：“思想上的影响肯定有，虽然说马哲没有给我很大的启发，但老师平时上的那些人文教育课对我思想有很大的启发。我经常也看一些哲学类的书，看待问题至少没有那么片面。其实人可怕的就是看待问题特别极端，有人经常抱怨，这就是说他只看到了事情的不好的一面，而不去往好的一面去想。还有就是只想得到，没有想怎样去付出。我觉得我对待生活的态度是：人生有好也有不好，说长也不长，说短也不短，为什么要对别人那么苛求呢，我这个人还是比较阳光的。那些没有接受高等教育的人，他们还是更世俗化，比我们更生活化，他们太看重 money 了。可能我是一个对金钱概念不是很深的人，我也很努力工作，也不是说想成为一个大富翁，就是我想出去走一圈的时候有这个资金可以支撑我出去，我觉得这样就挺好了，假如家人生个病我有存款可以医治就行了。而且作为女生我觉得女性一定要独立，像我们老师都很独立，一天自己开着自己的小车，上着自己的班，有的老师还开着自己的公司，我觉得女人那样活着就很潇洒。此外，在大学还有一个体会就是常怀感恩的心，关爱老人。我在大学作为志愿者义务地去打扫敬老院。其实我看着感觉这些老人挺可怜的。做这个志愿者对我的启发挺大的，作为子女只要稍微有能力都不应该让父母去敬老院。”（2014 年 6 月 20 日）

《大学》首章首篇提出：“大学之道，在明明德，在亲民，在止于至善。”大学不应仅仅作为探索高深知识的场所，更是弘扬和培育光明正大的品德和思想之净地。从与 F 交流中可以感受出大学教育对其思想产生了很大的影响，这种影响通过各种形式渗透其中，有人文课程的启发，有读书的心得，有教师的示范，还有学生活动的感悟等。引发个体对人性的启迪，对人生的思考，这正是大学教育的魅力所在。积极向上的感性认识材料的积累，可以促使优秀品德和思想的产生，而这些思想将成为学生构建上层建筑的基石，以此来指导人生道路中的抉择和行为。有可能大学培养出来的学生没有那么“生活化”，但是可以保持一份思想上的净土和心灵上的安宁，这何尝不是人生的一大幸事。

（三）能力的提升

1. “小社会”中的社会化

社会化主要是指个体学习社会中长期积累起来的知识、技能、观念和规范，并内化为个人的品质和行为，在社会生活中加以再创造的过程，也就是个体作为一个“社会学习者”和“社会参与者”的全面发展过程。①人的社会化过程不仅是一种生物需要的本能体现，而且人类具有进行脑力劳动的条件、较高的学习能力及较长的生物依赖期。社会化则主要通过社会教化和个体内化两种途径来实现。在整个社会化过程中，由于年龄阶段的差异，社会化的重点都有所侧重。如表 6-2-1 所示。

表 6-2-1　社会心理学家埃里克森的社会化分期②

婴儿期	童年期	学前期	学龄期	青春期	成年早期	成年期	老年期
从出生到 1 岁，主要内容是获得基本信任和克服不信任	1—3 岁，获得自主性，避免产生怀疑和羞耻感	4—6 岁，获得主动性、克服内疚感	6—12 岁，克服自卑感、获得勤奋感	12—20 岁，获得自我同一性，避免同一性危机	20—24 岁，获得亲密感、避免孤独感	25—65 岁，获得“效能感”、避免“自我关注”	获得完满感,避免失望感

教育的任务就是促使个体的社会化和社会的个性化发展。学校教育作为系统的社会教化方式，促使个体进一步发展适应社会、参与社会的本领。表 6-2-1 清晰地展示出人一生不同阶段所对应的社会化发展任务，高等教育在跨越青春期和成年早期两个阶段承担着走上社会前最后的正规社会教化工作。在校园里学生社会化的发展不仅局限于思想内容上，人际交往能力、组织管理能力等都是社会化发展的范畴。

S：“我不认为大学是个象牙塔，也不认为学校是特别封闭的

---

① 马和民，刘晓红，何芳．新编教育社会学：第二版［M］．上海：华东师范大学出版社，2009：325.

② 马和民，刘晓红，何芳．新编教育社会学：第二版［M］．上海：华东师范大学出版社，2009：328.

环境，其实学校应该是一个更好的平台，一个对外展示自己的平台，如果你没有能力，可以在里面向更好的人学习，进行交流。举个例子，我在学校一年级的时候没干什么事，就是在学习，我不像他们去竞聘一些社团、会长，可以说是先观察了一年，可能也是没有机会去从事各方面的工作，但是交了很多朋友，认识了很多人。第二年的时候逐渐被老师发现，邀请我去这去那。在大二的时候我在校学联里面和一个志同道合的人成立了一个新的部门，这是以前学联组织建设里面没有的一个部门，但这个不是以我为主导，我是辅助的。最有意义的事情是，我在这之前成立了一个文学社，我是学理科的，我们文学社的社长是由我来担任的。我也挺喜欢写东西，但我觉得最重要的不是写东西，我的工作是号召大家来写东西。我们是这样的一个社团：有自己的刊物，包括从印制到编稿排版都是我们自己做的。所以组织这么多环节，里面是有很多人来完成这项工作的，其实这对自己能力的提升有很大的帮助。”（2014 年 2 月 21 日）

通过 S 的大学经历可以看出，他将大学定位为“一个更好的平台，一个对外展示自己的平台”。在这个平台上广交朋友，积极参加学生活动，创立社团，这不但提升了人际交往能力、组织能力，还对其管理能力的培养大有裨益。帕森斯认为，角色学习过程即社会化过程。在这个过程中，个人逐渐了解自己在群体或社会结构中的地位，领悟并遵从群体和社会对自己的角色期待，学会如何顺利地完成角色义务。S 在大学不但扮演着学生的角色，还同时担任着学生会成员以及社团团长一职。正如 S 一样，高校学生一般都同时承担着两个及以上的角色。不同的角色面对不同的发展任务需要承担相应的责任和义务，这就促使学生同时处理好这些角色之间的差异性，协调好角色间的不同要求，这本身也是一种社会化的训练方式。此外，参加社团、学生会这都是磨炼社会化的重要平台。

N：“我记得参加竞选一个学生会成员，但当时的感觉这就是一个小社会，它反映出来很多社会上的因素，当时并没有注意观察，毕业以后回想大学的生活，觉得其实在大学就有一些社会化的东西。”（2014 年 2 月 16 日）

与社会保持一定距离是从中世纪大学保留下来的教育传统，那时大学还是单纯的探索高深学问、传播知识的场所。经过历年的发展，在大学和社会互动过程中培养人才、科学研究和服务社会逐渐成为高等教育的三大职能。这要求大学不能再闭门造车，而是要重新考量高校与社会之间的关系，应在保持大学本质的基础上加强与社会的交流。产学研的兴起正说明了高校在致力于加强与社会之间的联系。我国大学在办学体制、运行方式上带有行政管理色彩，社会习气也或多或少地渗透在校园之中，这就不难理解受访者 N 提出“这就是一个小社会”的观点。暂且不论校园中折射的社会化内容是否有存在的价值，但这确确实实为学生的社会化发展提供了相应的环境。

> H：“我学的是文科，我觉得对文科来说基本知识在工作中用得比较少，真正能用到的知识不多。但是我觉得大学就是创造了一种环境，如果你愿意加入这样一种环境，对自己的性格或能力会有很大的提高，比如说参加社团、当班长、担任学生干部都能很好地锻炼自己，算是一个小环境吧。我觉得在大学学会为人处世、磨炼性格，对我来说比学到知识更重要一点。虽然这些在社会上也可以得到锻炼，但是我觉得在大学，大家都是那种彬彬有礼、比较礼让的，在这种环境下磨炼人的性格可能比较谦虚一点，比较谦和一点，也比较中庸一点；而在社会上磨炼的话，有些事情可能比较激进，因为你认识的人可能也是和你同样处境的人，可能会沾染到一些不太好的习惯，接触起来可能觉得比较直爽，但是有些时候可能会比较容易得罪人一些，大学塑造的环境对以后的工作可能更有利。”（2014 年 2 月 10 日）。

环境对人发展的重要性不言而喻。人是灵性很强的动物，对环境的感知力更为敏感，能快速地调整自己适应周围环境以便让自己感到身心舒适。同样是社会化，在社会和在校园中发展的结果却有可能大相径庭。社会上的社会化是一种更为直接的方式作用于个体，校园中的社会化更为缓和更为隐蔽。正如受访者 H 所说，“大学就是创造了一种环境”，大学磨炼的性格可能比较“谦虚”“谦和”“中庸”一点，在社会上则“激进”一点，这主要取决于接触到的人和事。总的来说，带有“小社会”性质的大学校园带给学生的不只是知识的熏陶，还有社会化的过程。学生人际关系、组织能力、管理能力等都在这样的环境中不断提升和创造，为之后的工作和发展奠定了能力和素质基础。

2. “上所施下所效”的学习能力

“上所施下所效”，谓之“教”，由“教”而“育”。不论教育是由内发的，还是外在的活动，其目的都是培养完善的人。在当今的学习型社会，学会学习、学会生活、学会做事、学会生存成为教育的四大支柱。联合国教科文组织在《学会生存——教育世界的今天和明天》一书中提出，21 世纪的文盲不再是目不识丁的人，而是没有学会学习的人。新的教育精神使个人成为他自己文化进步的主人和创造者。[①] 这里的学会学习，不单单指知识的习得，更重要的是能力的运用。学习能力不是具体指向某一特定知识，而是方法和技巧的掌握，就是通常所说的“会学”才能“学会”。学习能力包括的内容很广泛，学术界也没有达成统一而明确的认识，但可以肯定的是学习能力模型基本都涉及了智力因素、非智力因素、策略因素等。作为培养人才的重要基地，高等学校所承担的任务不仅是教学生知识，更重要的是教会学生学习，只有教师的“施”，没有学生的“效”并不能称得上成功的教育。

> P：“现在要求教师向教学和科研相结合的方向发展，我们也要求做各种论文和课题，我的论文还获奖了。还有前段时间我们幼儿园大班组承担了一个课题，我在里面负责数据这一块内容，我一看那些老师出的问卷就觉得有问题，她们设定的问题根本就问不出什么内容，都无效，我毕竟是个新来的老师也不好说什么。当问卷统计回收上来果然不出我所料，很多问题都是无效的。这些也都是我在大学教育里面学会的，特别是在做毕业论文时候学会的，我当时做的就是量化研究，用问卷统计数据。也是那个时候让我学会了怎么样写论文，其基本步骤、格式是怎样的。所以说大学教育还是很好的，至少对我的发展来说还是很有帮助的。”（2014 年 5 月 4 日）

---

① 联合国教科文组织国际教育发展委员会．学会生存——教育世界的今天和明天［M］．北京：教育科学出版社，1996：251.

“科研兴教”和“科研兴校”的风气逐渐在中小学，乃至幼儿园中盛行开来。这要求教师从埋头教学中脱离出来，注重将经验总结和理论研究相结合，以科研推动工作提升教育质量。P 所在的幼儿园领导很注重教师科研能力的提升，每年都有论文撰写任务。这就要求幼儿园教师不但具有优秀的教学水平，还需要扎实的理论功底。因此，科学研究素养则是成为一名优秀的综合型教师必不可少的技能。接受高等教育的学生一般在校都经过科学系统的科研能力的培养，不论是信息检索的学习，还是科研方法的传授都为科研素质的养成打好基础。此外，成为合格的毕业生都需要经过最后的论文答辩、实验汇报、操作技能考核等，这些都对自身的科研能力有强化作用。正是基于这些训练，使受访者 P 能游刃有余地处理工作岗位上的科研任务。在受访者中 M 也从自身案例出发，展示出了高等教育对他毕业后发展的影响：

M：“干这个摄影的工作是有一天我在街上看到一家摄影店在招摄影助理，正好那个时候我一个大学同学给我打电话说他在干摄影，所以我就从事了这个行业。其实大学我也学过摄影，但是就没有怎么学，真正开始学就是从干这一行开始的。我是三个月就学完了，从最底层到摄影助理再到摄影师。我是干这个行业学得最快的一个。其他人有学一年的、三年的。我都不理解他们三年是怎么学的。其实就是师徒关系，跟着摄影师学。可能上过大学和没上过大学就是不一样，理解力会更好一些，学东西会更快一点。后来我和我的师傅闹了一些矛盾，之后就没有跟着他了，那个时候是我刚干摄影助理两个多月吧，之后就今天和这个人跑跑，明天和那个人跑跑，再后来我就自己干了摄影。”（2014 年 4 月 28 日）

受访者 M 现在从事的摄影师这一职业是从工作之后才正式开始学起的，虽然大学教授过相关内容，但是并没有认真学习。在与他交谈过程中，他自豪且多次提起“三个月成为摄影师”的事情，可以看出他为此拥有的成就感和难以抑制的喜悦感。在他自我归因时将这个归功于高等教育的作用。“上过大学和没上过大学就是不一样，理解力会更好一些，学东西会更快一点。”虽然在访谈过程中 M 对高等教育的作用表露出失望的神情和言语，但是在询问重来一次是否会选择高等教育的问题时，最终的回答还是会继续选择接受高等教育。不论是像P一样的人民教师，还是像M一样的摄影师，抑或是从事其他行业的人员，大学教育为个人发展提供的不仅是知识上的储备，更重要的是学习方法和技能的掌握，“授之以鱼不如授之以渔”的教育方式，让学生的发展更有潜力。

第三节　高等教育有助于增加个体的经济资本

教育经济功能的大小有赖于教育培养的熟练劳动力或专门人才能否顺利就业以及教育在解决就业问题中的作用大小。[①]

——范先佐

社会分层（social stratification）是指建立在法律或规则和结构基础上的、已经制度化的、比较持久的社会不平等体系。[②] 社会分层是社会结构中最重要的社会现象，学者们对于社会分层也保持持续的关注状态，并提出了关于社会分层的划分方法。韦伯（M. Weber）将财富、权力和声望作为理论核心首创社会分层理论，后期发展的还有职业分层论，即以帕森斯、戴维斯和摩尔为代表的派别认为个人的财富、声望都有赖于职业，可以通过研究职业进行社会划分。我国刘云杉、陆学艺、李强等多位学者也提出了自己划分社会结构的方法。国内外有关社会分层的研究者，不论划分标准如何变化，经济资本在其中都占有一定的分量，也就是说经济资本在划分个人社会地位的标准中已占有一席之地。少数民族毕业生经济资本的获得是判别其所处社会阶层的方法之一，而走出校园不久的学生经济资本获取渠道主要依靠职业收入。探究学生职业的发展和经济资本的获得，也就成为掌握学生所处阶层的可量化标准。那么，高等教育对学生的职业选择和经济资本的积累产生了哪些影响，这是本节主要探讨的问题。

---

① 范先佐．教育经济学［M］．北京：中国人民大学出版社，2008：148.

② 董云川，张建新．高等教育机会与社会阶层：一项基于多民族聚集省份高校的实证研究［M］．北京：科学出版社，2008：4.

一、毕业后的经济资本

（一）“基本满意”的工资收入

1999年的大学扩招积极地促成了我国高等教育由精英化向大众化的成功转型，然而大学生就业难的问题也随之而来，毕业生初次就业率和供需比日趋下降，整体就业形势不容乐观。这个现象引起了社会的普遍关注，国内研究者也积极展开毕业生的就业情况调查，其中包括麦可思的高校毕业生就业状况调查、清华大学的中国大学生就业追踪调查、北京大学的全国高校毕业生就业状况调查、南京财经大学的毕业生就业问卷调查等。面对逐年增长的毕业生大军，用人单位的用人条件也逐年提高，从学历、工作经验、能力等各方面层层筛选择优。学生也是多方比较，谨慎选择。在这样的互动博弈过程中，双方最终达成意向签订合约。毕业生在入职之后对工作的满意度如何，在此次访谈中也得出了答案：

H：“我觉得我的工资挺高的，我还是比较满意的。”（2014年2月10日）

S：“我对现在的工作基本满意。对于我这样刚毕业两年的大学生来说，这工作的工资还是比较不错的。对高校毕业生来说，工资是选择企业的一个重要因素。我觉得高校毕业生考虑的主要有三个方面：一个方面是工资收入；第二个方面是家庭，会考虑工作地点，是否需要照顾家人，或者被家人照顾；第三个方面就是个人的发展。”(2014年2月21日)。

W：“我对现在的工作也算基本满意。首先是不倒班，因为我实在是不习惯倒班；其次是国有企业，工资收入也都不错。当然了不是什么工作都能十全十美，毕竟我们就是一个本科，也不是什么特别好的大学，就是一个一般的学校，说实话就是这样。”(2014年5月12日)

F：“我对我的工作比较满意。现在年轻人还要买房买车，这里的工资相对来说高一点点，可以让我有一个稳定的住所。等我的家稳定以后，像我的专业（会计）干得时间越长经验越多，到时候找工作也很容易。”(2014年6月20日)

> L："工作以后带来的变化就是有了工资收入而且工资较高，生活质量有所改变。我对现在的工作也基本满意。工资也算较高的，基本满足当今日益增长的物质文化消费需求。"（2014 年 6 月 22 日）

有研究表明，由于高校毕业生找工作有充分的选择权，因此毕业生对自己所找到工作的满意程度较高。对找到的工作感到"非常满意"和"满意"的比例明显超过"不满意"和"不太满意"的比例。① 从整理的访谈材料中可以得出与之相似的结果，大多数受访者对现在的工作持满意态度。面对社会外界压力，工资待遇成为影响对工资满意度的重要原因。有研究者通过实证研究得出：毕业生的保留工资主要集中分布在 2000—5000 元。劳动经济学理论中，保留工资体现了劳动的供给方劳动者通过对自身就业能力的劳动力市场状况的综合考虑，得出的可接受的最低工资的水平，低于保留工资，劳动者将选择不就业。毕业生保留工资最主要集中在 3001—4000 元；其次是 2001—3000 元以及 4001—5000 元。低于 2000 元和高于 5000 元的保留工资占少数。② 按照岗位性质划分，本次受访者的国企职员月工资收入在 5000 元以上，个体企业和销售员工月收入在 5000 元以上，受访 12 人并未出现工资低于 2000 元的情况。本次受访者的工作年限均不超过 5 年，这表明所有受访者均属于单位基层人员。

> K："其实我觉得不太满意。主要是自己对本专业还是比较了解的，因为了解所以发展得会快一些。而现在的工作就和专业完全没有关系，每天主要就是短信处理。每个月 3000 多的工资其实挺低的。说实话，这些工资如果是出去玩的话也不够。我们这个专业在内地的话出去上班每个月都是四五千、五六千，但是相对来说比较辛苦。我现在是付出没有那么多，以后付出多了，最多干干本职工作再兼个职吧，工资会更高一些，从而提高自己的生活水平。"（2014 年 2 月 18 日）

---

① 岳昌君．高校毕业生就业状况分析：2003—2011［J］．北京大学教育评论，2012（1）：32-47.

② 王霆，杨玉梅，张瑾．高校毕业生就业状况及就业问题研究——基于企业用人单位、高校教师和毕业生的调查［J］．黑龙江高教研究，2010（10）：93-97.

T："毕业之后我就没有问家里要过钱了，我在外面工资高也好、工资低也好我都能养活我自己。工资的高低收入我没有想过那么多，我只是想能让我暂时在那个城市生活，考虑最多的就是能从那份工作中学到什么，能给我带来什么，然后才考虑收入。也没有满意也没有不满意，就是既来之则安之，既然选择了就好好地干下去。我不像很多人不满意就要跳槽、换工作，我的风格是既然选择了就要把它干好，至于以后的事以后再说，既然我来到这个岗位就要把这个岗位工作负责好。"（2014 年 6 月 10 日）

受访者 K 现担任的是公务员一职，从事的岗位和自己专业并无关系。每个月 3000 多的工资对其生活开销来说算是低收入。但其坦言，收入和付出是呈正比的关系。T 现为大学生村干部，平均下来每月也是 3000 多元的收入。对于工作来说他看重的不是收入多少，而是"从那份工作中学到什么，能给我带来什么，然后才考虑收入"。桂艳春用数据证明，在影响择业观的因素中，在重要性上有 71% 的大学生把发展前景放在第一位，48% 的大学生把个人兴趣放在第二位，36% 的大学生把社会需要和贡献、发挥职业特长放第三位。[①] 这也就是说，工资待遇在择业中虽然重要，但并不是影响学生择业的唯一因素，从工作中得到的锻炼和成长成为左右毕业生对工作满意度的重要指标。高等教育有义务与社会互动建立正确的职业社会评价氛围，帮助学生树立正确的职业观，转变传统的就业观念，不仅考虑工资收入，而且要关注个体的长远发展，甚至要考虑客观的社会发展需要。

（二）"能者多劳"的"成长空间"

市场之所以在资源配置中起基础作用，主要原因在于竞争机制作用的发挥。在劳动力市场的人力资源配置中，竞争机制同样发挥效用。如今社会不再是大锅饭、刚性的就业配置，而是以能力作为划分标准来衡定，主张适者生存。能力是沟通理论和实际的桥梁，没有一定的能力，理论知识也只能束之高阁。"能力"是包含知识、技能和人格特征的综合体，每个人都有自己偏重的能力倾向，人们会表现不同主要归咎于显现重点和程度

---

① 桂艳春．高校毕业生就业观念影响因素分析与思考［J］．理论月刊，2008（10）：110-135.

之间的差异。现在就业市场上出现能力薪酬这一概念，主要指以人本身具有的知识、技能和素质作为支付薪酬的根本基础。在以学历为“敲门砖”进入职场之后，工作能力将代替学历继续发挥效用，能否胜任职位所需要求也成为影响个人发展的关键因素。毕业生对薪资的满意度也是建立在对自我能力的认知之上，当薪资与自我能力相一致便会增强对工作的认可程度，反之则会影响对工作的态度。在此次受访对象中，一部分人认为工资收入与个人能力相匹配。

> N：“现在的工资就和个人能力是相符的。如果自己再努力一点，工资可能会更高，这就是一个不断学习的过程，能者多劳，多劳多得。”（2014 年 2 月 16 日）
>
> Y：“匹配，都超了，真的，真是这么觉得的（笑声）。刚进来是实习期，实习期以后转正，转正后说实话和我一些学习理科的朋友，比在北京工作一年的学习机械设计的朋友工资要高。”（2014 年 2 月 16 日）
>
> F：“我觉得还是和个人的能力相匹配的，因为出去干财务干得再好也就那样，财务干得特别好也要到 30 岁以后，现在和我同学比我收入还算高的。与整个社会消费水平来说收入还凑合，主要是国企，工资发得还可以。”（2014 年 6 月 20 日）
>
> L：“工资收入属于中上等工资收入，与我的个人能力相匹配，与社会消费水平刚刚匹配。”（2014 年 6 月 22 日）

个人需要就业，每个人都必须有工作，但一个人能够得到什么工作，以什么理由分配人们去填补这个或那个岗位，谁更有资格竞争到一份好的职业都是未知的，在任何一个社会，个人的教育、职业的收入都是环环相扣、须臾不离、三位一体的。受教育程度越高，获得高地位职业的可能性就越大，高地位职业则又意味着高收入。① 在同等的教育程度条件下，个人就业能力成为谋求职业和获得薪资水平的指标。在这些认为工资收入和个人能力相匹配的毕业生中，大多数对现有工作满意度较高。人的能力并不是恒定的，而会根据环境情况和经验的提升有所改变。在个人能力得到提升之

---

① 范先佐．教育经济学［M］．北京：中国人民大学出版社，2008：149.

后，薪资如果没有一并提升，便会产生不满情绪。

K："我觉得我现在的工资和个人能力不匹配。因为我就没有干本职工作，我学的专业是景观设计，我们这个专业在内地差不多月工资是在5000元以上的，而我现在才3000多元的工资。"（2014年2月18日）

M："本来没来这个影楼之前是挺满意的，来了之后又不满意了。因为我变强了，技术比以前提高很多。我们这个店以前有摄影总监，现在没有，我的计划就是半年或者一年达到吧。摄影总监是一天只拍一对，一个月12000元工资。"（2014年4月28日）

T："现在肯定不匹配啊。只不过现在从基层干起要一步一步来，但是我觉得我的能力在，我只是需要成长空间，而他们所谓的成长空间就是一步一步来。"（2014年6月10日）

在"有能力者上"的竞争环境下，对能力的培养和塑造成为高校和学生的关注焦点。在学校，学生能力的培养可以通过各种渠道实现，如学生会、学生社团、创业平台等，虽然这需要发挥学生的主观能动性，但也并不全是学生完全的自我成长。遇到困难和疑惑时总有可以求助的对象，老师的指导，学长学姐的带领都是辅助个体成长的有利条件。通过不同形式的活动和方式提升自我素质，强化个人能力，为走上工作岗位打好基础，这也便是在同等条件下用人单位更青睐有工作经验求职者的原因。社会的工作环境和高校的学习环境完全不同，能力的高低成为影响个人发展的关键因素，而这种能力的培养和训练就取决于完全的自我成长。此时，大学所教并内化为个人财富的知识成为能力成长的基础，学习能力的掌握成为能力成长的核心，稳定的人格成为能力成长的悟性之源。这也就是说，大学不仅为个人能力的培养提供现时条件，更是为毕业之后发展提供隐性的长效机制。虽然能力并不一定与工作薪资成正比，但薪资确实是证明个人能力的可量化标准之一。正如受访者T和M，对薪资的态度由满意到不满意的转换是根据对自身能力定位的变化。本次受访者在单位均属于基层工作人员，在这种情况下需要个体在给定的"成长的空间"中在其位谋其职，巩固和提升综合能力，为之后的发展打好扎实基础，从而为向上的社会流动增加可能性。

二、收入带来的辐射功能

（一）“保守节约”和“理智的月光族”

在我国，多数学生在接受高等教育之前的生活都是由父母一手操办的，来到大学校园是其真正走出家庭，独自生活的开始。在这里不仅锻炼了学生的自理能力，更是培养了学生独自解决问题的能力。除此之外，学生拥有了可以自由支配的生活费，消费习惯也逐渐养成。消费习惯是指在长期的消费实践行为中形成的一种对消费事物稳定的心理偏好表现。有研究者表明，大学生现在的消费状况主要呈现出实用性、多样性、个性化、新潮性和多层次性的特点。同样也出现令人担忧的高消费、盲目的攀比消费和超前消费及消费结构不合理等问题。① 消费习惯的养成不仅和家庭背景有关，而且与环境、性格等都有内在联系。这种稳定的心理偏好一旦形成，便不会轻易发生改变。在任何一种社会都会存在三种消费观，即节约消费观、奢侈消费观和适度消费观。在此次访谈中，受访者们基本上为节约消费观或适度消费观。

H：“（快速回答）我的消费习惯应该属于极其节约型，就是我一般很少出去吃饭，钱基本上就交给我妈了。从小就是这种消费习惯，不乱花钱，就是这种思维方式，这就是我的消费观，我拿着钱也不知道花到哪。主要是因为我在家这边上班，我中午在家吃，晚上也在家吃，一天三顿都在家，就是出去我也不抽烟不喝酒，朋友聚会我也很少参加，因为我不喝酒和他们坐在一起比较尴尬，所以去得也不算特别多，偶尔就是应酬一下，反正花钱不多，比较少。性格造就了环境，这种环境也造就了我的消费观。”（2014 年 2 月 10 日）

S：“比较保守吧，就是说不算是乱花钱，不会为了生活把自己给耽搁了，或者说把自己给约束了，会有自己的理财方式，我觉得这样还不错。”（2014 年 2 月 21 日）

---

① 王丹．论消费主义时代的大学生消费道德教育［D］．上海：华东师范大学，2007（5）：17-23.

T："除了最基本的消费以外，就没什么特别的消费了。以前还喜欢买几本书，现在就没有什么特别的消费了。我在这边工作以后周边环境的消费群体和物品都有限，也没有过多的选择，所以造成我现在消费很一般，这与环境有关。"（2014 年 6 月 10 日）

L："我的消费习惯属于节约型。这种习惯主要是在上大学和工作以后形成的，因为太贵的也买不起，便宜的也不想买，主要就是买适合自己的。"（2014 年 6 月 22 日）

消费观是对社会经济现实的一种反映，是一种消费意识和价值取向。虽然受访者们来自不同阶层的家庭，但在消费观念中并无过多的奢侈概念。孔子云："奢则不孙，俭则固。与其不孙也，宁固。"在现代这种物质文化极为丰富的时代依旧能保持勤俭节约的消费观念，是对我国优秀传统文化的践行和弘扬。然而，消费水平的高低不仅与个体经济资本占有量有关，还与整个社会的消费水平显著相关。

Y："我算是一个月光族。自己活得开心想花就花，因为没有压力，我现在没有女朋友，家里也不需要买房买车，我就自己挣多少花多少，爸妈也不需要我养。这主要是和我的生活水平有关，余下来的钱我可能就会存着，余不下来那就没办法了，就是光着。以后要是工资高了，就存点钱，但是我不可能为了存钱就把生活条件往下降。我上大学的时候父母把一学期的生活费都打给我，我就是那样去花的，需要就花，但是我不会乱花，从来不乱花钱。就说自己想吃什么就买什么，觉得这个东西好，确实需要，我就去买，可以说是一个理智的月光族。"（2014 年 2 月 16 日）

我国现以经济大国屹立世界之林，2013 年 GDP 达到 568845 亿元。随着经济的快速发展，在社会整体消费水平逐年提升的同时物价也在飞涨。毕业不久的高校学生大多不会再由家里提供经济支持，面对生活中的各项消费开支，"月光族"也相应出现。"月光族"的出现和个体本身的消费观念有极大关系，但也有一部分人处于"被月光"的状态。日常生活消费、人际关系消费等各种繁多的消费类别，使毕业生们对存款和投资显得心有余而力不足。正如受访者 Y，虽然没有过多压力，但仍然成为一个"理智的月光族"。消费习惯的养成是一个动态过程，人生每个阶段的生活经验对其消费观都有影响。大学是学生价值观和性格塑形的关键时期，加之有了可以自由支配的资金，消费观的雏形也在逐渐形成。大学虽然并没有直接促成学生合理消费习惯的养成，但是为其消费观的形成提供了环境基础。

（二）为“乌鸦反哺”提供可能性

自20世纪50年代以来，人力资本理论和教育经济学由于教育经济属性逐渐受到重视而产生和盛行开来。1960年美国经济年会上舒尔茨系统地阐述了人力资本理论。人力资本就是劳动者经过一定的培训（人力资本投资）形成的能从事复杂劳动的能力。1963年，美国学者汉森（Harssen）发现投资高等教育的个人收益率比投资中学要高出6%。1985年萨卡洛普斯罗（Psacharpoulos）发现高等教育个人回报率高出社会回报率，高等教育投资对个人更为有利。我国学者在探讨该问题时，也将高等教育看成人力资本的积累。夏茵以成本—收益理论为视角提出教育是人力资本形成的主要途径或主导方式，教育（特别是高等教育）投资是人力资本投资的主体内容或基本形式。孙国红在分析了当今就业形势之后提出个人之所以愿意对高等教育进行投资，最根本的动因是高等教育有助于个人未来就业的价值，因为就业是个人生存和发展的基础。闫宁宁在对比了教育投资的成本和收益之后认为进行高层次教育投资的人一般可以获得更好的工作或职位，由此带来的经济利益也较高，并且具有更大的职业选择空间。[①] 教育经济学者不仅看重高等教育传授知识的作用，更加重视教育经济属性的发挥。在我国，多数父母将子女接受高等教育视为一种投资行为，希望子女在毕业之后能从事较好的工作。对于学生个体来说，接受高等教育为谋求职业提供了间接的平台，为个人经济资本的创造和积累提供了学历保障。

F：“我是来自农村的，父母务农供养着我们六个孩子，虽然艰苦但我们兄弟姐妹也都基本上接受了高等教育，不过有的是大专有的是本科。我是我们家老五，我在上大学的时候我哥哥刚工作不久，就由他提供我的生活费。其实毕业那年我还想考研究

① 蔡文伯，马瑜．高校收费政策：理论基础、社会支持与争议［J］．高校教育管理，2014（6）：81-86.

生，没考的第一个原因是没有人供我，那个时候我哥我姐都结婚有家了，爸妈就种了几十亩地没有能力，而且我妹妹还在上大学，条件不允许我就本科毕业后选择了工作。虽然我爸妈种地，但是每年也就三四万的收入，也就只能保障基本生活，我想上班了每年给家里点钱，也可以分担一下我妹妹的上学费用，基本上是我供我妹妹，她比我低两届，从我毕业开始供了她两年。我刚开始工作每个月拿一千五，我给我妹妹五百，就那样毕业半年我还存了点钱，给了我妈妈五千块钱。刚开始毕业我就没怎么买过东西，没花什么钱。那个时候我们家要修房子，我妈妈开口问我有没有钱，我妈妈从来没有开口问我姐我哥要钱，那个时候我妈妈说修一下房子得要一万多块钱，然后就给我妈妈打了钱。其实我爸妈开口向我要钱我还是挺欣慰的，因为我爸妈从来不开口向人要钱，他们向我开口的时候我觉得也是另外一种信任吧，这个是我没有想到的。可能的原因就是我当时收入相对高一些，还有就是那个时候我是单身，手里的钱相对宽松一些，可能爸妈就是这样想的。”（2014 年 6 月 20 日）

受访者 F 现在一家国企担任会计一职，月工资收入在六七千左右，按照新疆工资收入标准属于中等偏上水平。因为家庭经济状况，F 放弃了继续攻读硕士研究生的想法，选择了走上工作岗位，不仅主动承担在校上大学妹妹的生活费用，而且还给家里打钱贴补家用。这一系列行为都是 F 自愿选择的结果，不但没有怨言，而是拥有“欣慰”之感。在我国接受高等教育的群体中有很大一部分来自偏远地区或农村，这样的家庭供养一个大学生就已经是倾尽全力，同时供养两个大学生则更为困难。因此，就有像媒体报道的家中一个孩子弃学供养另一个接受教育的事情发生。如果子女间有一定的年龄差，通常年长且已工作的子女会主动为家里提供一定的经济支持。在整个访谈过程中了解到，有类似情况的不止 F 一人，受访者 L 也以同样的方式反哺着家庭。

L：“我和妹妹相差近两岁，上学年级也是差两级。我上大三的时候，我妹妹上大一。同时供养两个大学生对于一个农村家庭来说负担确实是有点大，爸妈两个人就硬撑着供养我和妹妹接受高等教育。后来，我毕业了也没有想继续上研究生，就想赶快出来工作。刚到单位属于实习期，一个月的实习工资也就一千五左右，而且是在疆外培训实习，工资也只能刚好保证自己的生活，但最起码不问家里伸手要钱了。后来等我转正了，一个月就有五千多的工资收入，这个时候我就主动承担了妹妹的生活费。妹妹也算是勤奋，每年的专业奖学金和国家励志奖学金都评上了，后来学费就是妹妹自己出一半，家里出一半，然后我就负责妹妹的生活费。当时我还是觉得挺开心的，想的终于能为家里出份力了。妹妹在大三下学期有保研的资格，她就不怎么想上了就想出来工作，可综合考虑她的专业性质和未来发展，我就一直支持鼓励她抓住这次机会，能上研究生就争取上。现在妹妹已经是研三了，她属于公费保研性质的就不需要缴纳学费，其他的住宿费、生活费都是我一直供着。妹妹快毕业了，我也算快供到头了，其实这都是我自己愿意的，我主要不想让父母那么辛苦。现在我和妹妹都不需要家里来养，爸妈赚的钱他们自己花就好了。我已经上班五年了，也有了一定积蓄，有的时候过年回家还会强行给爸爸妈妈留一些钱，表达我的心意和孝心吧。爸妈常说坚持让我们接受高等教育是明智的选择，不但找到一个较好的工作，还更加懂事了。”（2014 年 6 月 22 日）

在社会中像 F 和 L 一样的家庭数不胜数，F 和 L 在工作之后则以“乌鸦反哺”的方式支持着整个家庭的发展。如此一来，高等教育的经济属性不仅帮助了学生的个人发展，更是辐射到整个家庭当中。投资可以分为消费性投资和生产性投资，基于高等教育的准公共产品属性既拥有消费性投资的性质，也拥有生产性投资的特点。对于消费性投资，有研究发现人们的受教育程度对其消费水平、消费结构、消费品位、消费观念、消费方式及消费效益等方面都将产生重要影响。事实上，由高等教育投资所带来的人力资本的提升，能有效地提高家庭的劳动生产率，进而带给家庭或个人更大的收益。[①] 对于生产性投资来说，高等教育是对个人生产能力和素质

---

① 舒强. 农民工家庭子女高等教育个人投资收益风险研究［D］. 重庆：西南大学，2014（5）：55.

的培养，可以提升劳动者的智力因素，改变劳动力形态。特别是高等教育可以将体力劳动者转化为脑力劳动者，将简单劳动力转化为复杂劳动力，增加在物质生产过程中脑力劳动所占比例。高等教育培养个体转变为脑力劳动者并促使其向社会中上层流动，而达到中上阶层之后经过积累拥有更多的社会资本，如此形成良性循环，不但拥有了一定的文化资本，更存储了经济资本。

第四节　高等教育累积少数民族个人发展的社会资本

一旦人们占有了有关这些特性的某个明确的结构，就立即可以合法化地进入一个场。①

——［法］布尔迪厄

自20世纪80年代以来，社会资本（social capital）逐渐兴起并成为社会科学领域的重要学术概念。第一个明确提出“社会资本”这一概念并运用于社会学研究领域的是法国社会学家布尔迪厄。这一概念是其1980年在《社会科学研究》上发表的《社会资本随笔》一文中首次提出的。布尔迪厄认为，社会资本是实际的或潜在的资源的集合体，那些资源是同对某种持久性的网络的占有密不可分的，这一网络是人们共同熟悉的、得到公认的，而且是一种体制化关系的网络；或换句话说，这一网络是同某个团体的会员制相联系的，它从集体性拥有的资本的角度为每个会员提供支持，提供为他们赢得声望的“凭证”，而对于声望则可以有各种各样的理解。这些关系也许只能存在于实际状态之中，只能存在于帮助维持这些关系的物质的和/或象征性的交换之中。这些资本也许会通过运用一个共同的名字（如家族的、班级的、部落的或学校的、党派的名字等）而在社会中得以体制化并得到保证，这些资本也可以通过一整套体制性的行为得到保障。② 此外布尔迪厄还提出，特定行动者占有的社会资本的数量，依赖于行动者可以有效加以运用的联系网络的规模的大小，依赖于和他有联系的

① ［法］布尔迪厄．文化资本与社会资本炼金术——布尔迪厄访谈录［M］．包亚明，译．上海：人民出版社，1997：153.

② ［法］布尔迪厄．文化资本与社会资本炼金术——布尔迪厄访谈录［M］．包亚明，译．上海：人民出版社，1997：153.

每个人以自己的权力所占有的（经济的、文化的、象征的）资本数量的多少。[①] 由此可以得出布尔迪厄社会资本的组成部分：一是社会关系本身；二是这些社会关系资源的数量和质量。这些社会资本并不能通过自身发挥作用，要与经济资本和文化资本发生转换才能进行社会的再生产。虽然社会资本不以物质的形态出现，但这种以社会网络为媒介的潜在资源对个人的发展产生深远意义。教育的责任之一就是促进个体的社会化发展，随着高校与社会互动的增多，个体社会资本积累行为从高校中便开始进行。因此，本节以社会资本为切入点，展现高校毕业生的社会分层状况。

一、社会网络的构建

（一）人脉圈子的拥有

社会网络是凝结社会资本的媒体，通过人与人之间的互动存在于人际关系中，主要表现为规范、信任、社会道德等方面。高校“小社会”的氛围是学生尝试接触社会资本的有利环境。在学校里，除了学习之外还有各种平台向学生敞开，其中不但有校内氛围，还包括校外环境。在这种自由宽松的环境下，选择与什么样的人互动，结交什么样的网络圈子完全取决于个人意愿和行为。高校是学生走上社会的最后一个教育基地，此时结识朋友可能会成为日后发展的社会资本。

S：“现在虽然我们都工作了，但是大学朋友还都是挺真的。平时有什么烦心事、困难都互相帮助，都说出门在外靠朋友嘛。大学时期交的朋友都是没有功利心的，都是能玩到一起，重要的是大家都是十分信任的。比如说我的朋友，他问我借三千块钱，我真的信任他，我不用问他干什么，为什么，什么时候还，我可以很放心地借给他，他到时间以后一定会还给我，会很主动，很积极，不用我去催。因为我知道，他可能是真的有急用。”（2014 年 2 月 21 日）

B：“你像我在高中的时候就四个好朋友。我上大学的时候就比较圆滑一些，认识人也挺多的，对我在工作方面也有一点帮

① ［法］布尔迪厄．文化资本与社会资本炼金术——布尔迪厄访谈录［M］．包亚明，译．上海：人民出版社，1997：153.

助，所以我在这个厂子不想走的原因就是还是有一层人脉在这里的，有什么事一个电话就能解决。这个能力可能是大学的时候不自觉练就的吧。大学的时候就愿意与人交往，高中的时候确实不怎么和人交往。就算是环境逼迫我变了。我觉得这种改变挺好的，至少我的人脉网打开了，现在在这个厂子里工作算是比较得心应手吧。”（2014 年 5 月 12 日）

L：“现在要是说最好的哥们，还是属于一起上大学那个圈子里面的。虽然说现在上班工作不在一起，但是大家的情谊都在，彼此都是十分信任，而且都是有个什么事就一个电话，能搞定的绝对帮忙搞定。有时候出差或者路过同学的城市，都会特意去看看，聚一聚。平时也会大家约好一个地方出来坐坐。”（2014 年 6 月 22 日）

费孝通先生在《乡土中国》中提出：我们的社会结构本身和西洋的格局是不相同的，我们的格局不是一捆一捆扎清楚的柴，而是好像一把石头丢在水面上所发生的一圈圈推出去的波纹。每个人都是他社会影响所推出去的圈子的中心。[①] 这种圈子既是指一种交往的群体和范围，相近的价值观和生活经验较易促成这种群体的形成，群体间的成员彼此认同、信任和影响。高等学校为这种圈子的形成提供了环境基础，在没有社会外界压力情况下这种圈子性质更加纯粹，保存时期更长久。毕业之后，这种圈子便转变为个人的社会资本，以精神和物质的形式帮助个人发展。

（二）圈子内的互帮互助

规范是指明文规定或约定俗称的标准。在我们身处的人际交往圈子中，虽然没有明文规定的交往规范，但确实存在潜在的互动形式。这种互动形式与圈子内成员的性格、工作和价值观等有关。高校毕业生工作的前几年内一般属于基层工作人员，人际交往主要以同学和同事为主展开，其大多所处社会地位相同，有相似的社会经验。

H：“我现在接触的都是公务员，都是科员。你和大一点的

① 费孝通．乡土中国生育制度［M］．北京：人民出版社，1998：24-30.

玩，玩不到一起，都是同龄人就是没有那么多隔膜，该说什么说什么，该玩什么玩什么。”（2014 年 2 月 10 日）

K：“我们一批考过来的全部在政府单位工作，都是和我一样。现在大家都刚进来，都是和我差不多的。大学同学也是，毕业没多久，都是基层人员。”（2014 年 2 月 18 日）

S：“社会地位等级肯定有，但是在我现在这个等级还看不出来，不明显，大家都在一起，处在同一个水平线。”（2014 年 2 月 21 日）

F：“我没有社会地位特别高的朋友，因为我在五彩湾这个地方太小了。大学同学也是当会计的，都是才起步，所以都是一样的地位和平台。”（2014 年 6 月 20 日）

“职业社会分层说”以职业作为划分社会阶层的标准。高校毕业生在离校之后走上不同的工作岗位，也就意味着进入不同的社会阶层。虽然毕业不久的学生在工作单位均属于“新人”，并不占有太多的社会资源，但这种差异会随着时间逐渐显现出来。

H：“大学同学对我的影响主要是最后考研的那三个月，他们每天六点钟起床，晚上十点钟回来。我要考公务员就跟着他们一起学，刚开始就想的跟着学和玩那样，没想到一坐就是跟着他们坐了三个月，就是踏踏实实地学了三个月才考上公务员的，要不然考不上，我觉得这是大学同学对我影响最大的地方吧。”（2014 年 2 月 10 日）

K：“我现在还和大学同学经常联系，如果我要在昆明上班，大学同学对我确实影响很大，因为他们都在各个工地上班，对我有很大的帮助；但是我回新疆了，可是这不能说没有帮助，我们也经常聊一些方案，发给我让我了解学习。”（2014 年 2 月 18 日）

M：“大学同学对我还是有帮助的，特别是我的同行，我在新疆可以收集到其他地区的一些信息，这个有助于我在这边发展。”（2014 年 4 月 28 日）

L：“我最亲密的朋友就是大学同学那些，现在主要的联系方式就是微信和 QQ 了，关系都很好，他们对我的个人发展没有什么大的影响，小的影响就是看到别人进步了自己也就努力进步，都是互相比较，会有个参考点。而且在我想换工作和聊天的时候，我同学都劝我不要辞职，给我分析利弊，经常会给我一些有益的指导和职场的剖析等。”（2014 年 6 月 22 日）

美国社会学家詹姆斯·科尔曼（James Coleman）在布尔迪厄之后对社会资本进行了论述，他认为社会资本存在于人际关系的结构中。还提出，社会资本具有生产性，它为社会结构内部的个人提供了便利，有助于行动者特定目标的实现。是否拥有社会资本，决定了人们是否可能实现某些既定目标。[①] 基于中国国情，社会资本的占有量对个人发展的作用不容小觑。大学积累的人脉对个体的影响不仅发生在校园内，更延伸到毕业之后。正如 K 和 M 是在疆外接受高等教育，毕业之后回到新疆工作，然而地理上的距离并没有割断其与大学同学的情谊，反而成为促进其个人专业发展的有利因素。

T：“影响肯定有啊，大学同学有些人的为人处世方面对我的影响就挺大的，比如有些人对这件事的态度比较豁达，比较开朗，比较不爱计较，我就向他们学习。因为我有时候比较爱钻牛角尖，我就是想不通就磕在那里了，但是通过他们就觉得有些事情没有必要计较那么多，没有必要死钻牛角尖，对我还是有所影响的。”（2014 年 6 月 10 日）

《孔子家语》中写道：“与善人居，如入芝兰之室，久而不闻其香，即与之化矣。”这强调了交友对人品性的影响。受访者 T 的处事态度深受身边朋友的影响，这种影响更多的是以一种潜移默化的渗透方式起作用的。

总体来说，高校毕业生走上岗位之后逐渐结成了自己的社会网络，即俗称的“圈子”。这个网络里以同学和同事为主，成员间的社会地位也相似，并没有特别突出的网络顶点出现。同学和同事相比，同学之间的感情更加纯粹和长久，并无功利心夹杂其中，更多的是以相似的价值观、兴趣爱好自动结成。高校同学间的互帮互动并不只是校园之事，而是伴随着毕

---

① 蔡文伯．中国西部地区受援高校发展研究［M］．北京：北京大学出版社，2011：35.

业扩展到校外，并且转换为影响个人发展的社会资本。这也就是说，高校不但“传道、授业、解惑”，也可以为个体提供各种“圈子”，为之后的社会资本的积累提供便利。

二、社会地位的提升

（一）实现了向上的代际流动

教育作为独立运行的系统，以促进人的全面发展为教育目的和价值追求，这种对个人发展的影响和作用便构成了教育的个体功能。此外，教育作为社会结构的子系统，通过培养人进而影响社会结构的存在和发展，这种教育本体功能在社会结构中的衍生体现了教育的工具特性，也称为教育的社会功能。高等教育多为青年晚期或成年早期个体接受的教育活动，其个体功能和社会功能的发挥直接影响到学生个人发展情况以及社会分层结构。在教育社会学研究领域中，学者大多将影响社会地位的因素分为先赋因素（如社会出身、家庭背景等）和获致因素（如教育、职业等）。其中，先赋因素是不由自身选择和控制的，而获致因素是可以通过个人努力和自身行为转换为社会资本和条件。本人和导师在随机抽取了340名新疆S大学2013届应届毕业生的首次就业情况之后发现：农业劳动者阶层代际流动率最大，子代接受高等教育之后农业劳动者人数占总人数比例下降了36.4%；国家与社会管理者阶层人数占总数的比例则从3.8%上升到9.4%，增幅为5.6%；专业技术人员代际流动比例变化在其中也较为明显，增长了33.3%。以全部阶层为视角整理数据可得，子代签约阶层高于父辈工作阶层的比例高达69.12%，而父子工作阶层相同的占11.18%，子代工作阶层低于父亲的也仅占19.70%。[①] 这组实证数据清晰地表明了高等教育对个体所处社会地位的影响，多以促进个体向上流动为主。在此次访谈中也得出了与这组数据相似的结论：

Y：“对比一下自己的朋友圈，比如上到初中的、高中的和大学的，感觉大学更好一些。大学毕业了，大家联系一下当时的好

① 蔡文伯，马瑜．高等教育对社会分层流动的影响研究［J］．高等农业教育，2014（2）：16–19.

朋友，说实话，干的工作明显要比初中、高中的好得多。”（2014年2月16日）

B：“我觉得我现在就处于工薪阶层，感觉应该属于社会中层了吧，至少不靠体力了。如果我不接受高等教育，可能就像我家里那个朋友一样种地去了，肯定就不会像现在这样。”（2014年5月12日）

F：“我要是不接受高等教育，现在的状况应该是要么嫁人生子，要么就是在务农，要么就是在外面打工，最好的可能就是自己干个体，挣点钱。高等教育对我还是有很大影响的。反正我觉得受点教育还是好。你说到现在还有好多农村人不让女孩上学，女孩不上学的话出路也就那么几个，出去找工作太难，就是给人干苦力，端盘子、洗碗这些。我现在国企单位干会计，工资也不错，自己感觉发展要比我们那边没上学的女孩要好得多。”（2014年6月20日）

按照康德的说法，教育的目的在于促进每个人达到他所能及的充分完善，即各种能力的和谐发展。法国的社会学家埃米尔·涂尔干（Emile Durkheim）认为，教育是年长的几代人对社会生活方面尚未成熟的几代人所施加的影响。其目的在于使儿童的身体、智力和道德状况都得到某些激励与发展，以适应整个政治社会在总体上对儿童的要求，并适应儿童将来所处的特定环境的要求。[①] 由此可以看出，教育是建立在个性完善和社会发展的基础之上的。在现今知识经济时代，教育更是作为一种普遍的社会需求。我国在“人口大国”基础上添加了“教育大国”的称谓，足以道出对教育的社会性需要，特别是在2005年我国高等教育毛入学率达到国际划分标准的15%之后，高等教育大众化时代便由此到来。当高等教育不再是少数人的特权产物时，其作为构成影响个体发展的主要获致因素被广泛认可。人们社会地位的高低与其拥有的社会资本（权力、财富、知识等）成正比，高等学校成为积累社会资本的重要场所。正如来自农村家庭的受访者B，通过接受高等教育提升了自己的社会资源占有量，从农民阶层上升为“工薪阶层”，脱离了简单的体力劳动范围。受访者F更是以自身经历

① 张人杰. 国外教育社会学基本文选：修订版［M］. 上海：华东师范大学出版社，2009：8.

为例展示了教育促使一个来自农村家庭女生转变的过程。虽然毕业后的学生不再完全依附于家庭而生活，但依旧属于家庭成员，与家庭有着不可分割的社会关系，这样毕业后的学生完成了向上的代际流动之后，不仅给个体带来了积累更高的经济、文化和社会资本的条件，更是辐射到整个家庭社会地位的提升。

F："我接受高等教育肯定我父母也愿意，因为我们的后代可能也会好一些、更好一些。还有一个像我们农村孩子不接受高等教育能有什么前途。我还是很愿意接受高等教育的。"

受访者 F 的哥哥通过接受高等教育，从农业阶层跨入公务员行列，社会资本占有量发生了质的变化，社会网络和关系也有了扩展。这样不仅关系到个人的发展，更是辐射到整个家庭。高等教育在现今社会不再是单纯的培养人的机构，也是积累和提升社会资本的场所。

（二）清晰的阶层认知

阶级意识是马克思阶级分析理论中的一个重要概念。在马克思看来，财产关系或对生产资料的占有关系，只是区分无产阶级和资产阶级的客观基础；阶级的形成在于人们"阶级立场"的产生，即基于阶级境遇所产生的阶级觉悟、阶级认同和阶级意识。[①] 阶层意识是对社会存在的一种主观反应。从微观层面上看，存在于同一阶层的成员具有相似的生活经历和较强的认同感；从宏观层面上看，阶层意识也是阶层差异的表现形式之一。存在这种差异性的主要原因在于人们对周围世界的洞察和体验不同，各自阶层的内在文化和行动逻辑的不同。也就是说，阶层意识是个体对社会分层结构的整体感知，个体对社会结构、规范的理解，并在此基础上定位个体和他人在结构中所处的位置，以此作为依据进行价值判断和行为选择。在多民族聚居的地域内，多元文化互动在微观上影响着个体的生活情境。

H："对于我的人生观来说，我觉得我处于中上层，我比较喜

① 翁定军．阶级或阶级意识中的心理因素：公平感和态度倾向［J］．社会学研究，2010（1）：85-110.

欢现在的生活，比较满意。因为我就是喜欢公务员才去考的公务员，所以说比较满意。”（2014 年 2 月 10 日）

S：“我觉得自己就是一个普通人，对就是一个普通，很平凡的那种，芸芸众生中一人。现在我年纪小，拥有资本并不多。当然我也有朋友自己出去创业的，这几年有点小成绩，我就会觉得不错。虽然以后他不一定飞黄腾达。但是他的概率会比我大一些，比我有希望。”（2014 年 2 月 21 日）

F：“我现在才二十几岁，才工作几年，不可能一步到位呢，都是自己一步一步走出来的。”（2014 年 6 月 20 日）

L：“我的专业是机械设计，主攻技术这一块，出来工作也就是在企业干技术，就是所谓的蓝领。”（2014 年 6 月 22 日）

有研究者针对青年的阶层意识做了研究，得出青年的阶层意识有以下五种特征：一是阶层定位的个体理性取向受代际传递的影响；二是阶层划分标准对教育程度与经济维度的倚重；三是脱离社会底层的主观阶层认同与自主创业意识增强；四是打破“铁饭碗”意识，职业流动由被动转为主动；五是民族身份和传统价值观与利益使用取向间的矛盾。[①] 此次受访者群体均是来自不同社会阶层的个体，在与之访谈中其将自我的社会定位从依托家庭转变为以个人为主。可以看出，毕业后的学生对自己有一定客观认知，不论是从工作属性，还是从其拥有资本的多少都有清晰的判断，并没有明显高于或低于本阶层范围。在认可和融入所处阶层之后，阶层意识和生活体验影响着个体的实际行为。当然，不论是认知行为还是意识状态都属于内在的心理活动，主观反应影响着客观认识结果。因此，对自己所处的社会阶层的认识，不仅有这种客观上的反应，更是一种主观上的体验。

W：“一般吧，就一般般。在别人眼里觉得你挺光鲜，一听你是国家电网的挺有钱的，其实我们经常出差，也挺累的。主要出差这种性质对大家的影响都比较大，要是一个人的话无所谓，但要谈个女朋友的话这怎么办啊，或者以后结婚了这样都会影响的。我就觉得比农民工好一点吧，你说农民工在工地上干活，我

① 陈晶．民族地区青年阶层意识实证分析［J］．当代青年研究，2011（8）：38-44.

们在变电站干活，这有什么差别，都是差不多的，就是工资可能比他们高一点，我们可以说是‘高级农民工’吧。”（2014 年 5 月 12 日）

T：“我想按照现在的经济和物质方面来说，我可能还属于比较低层次的吧。如果按照我心里方面来说，我就觉得还不错，我现在对事情没有攀比的那种想法，我就是想活得不愁吃穿，家里面都能保障，偶尔小资一下就足够了，我就觉得以后会越来越好。”（2014 年 6 月 10 日）

学者对阶层意识的使用有所不同，马克思、汤普森和卢卡奇等人主张集体意识上的阶级意识，而赖特等社会学家则强调个人意识的作用。经济、物质等是影响一个人对个人所处地位认知的客观因素，而生活、心理、精神状态等是影响自我阶级认知的内在决定因素。正如受访者 T，从经济和物质方面来自我定位为“比较低层次的”，按照其心理层面划分，“我就觉得还不错”。而受访者 W 在大型国企单位上班，由于工作性质将自我定位为“高级农民工”。T 和 F 对阶层水平的认知主要是以内在的生活体验和价值追求为依据，偏重于卢卡奇的个人意识决定论。不论是以外在的物质为标准，还是以内在的体验为准则，毕业后的学生对自己所处的社会阶层有一定的认知。虽然这种认知存在差异性，但并没有超出本阶层范围。意识决定行为，恰当的阶层地位认知决定了个体所采取的行为方式，行为方式又强化了个体的阶层地位，如此形成良性循环链对个体发展起到积极的作用。

总体来说，高等教育对个体社会资本发展有积极的作用。虽然社会资本积累的渠道多种多样，但是高校的教育性质为其社会资本提供了质量保障。在校园内结识的朋友将在个体走上社会之后转化为人脉资源，这种人脉资源在结识之初更多的是以兴趣、志向和价值观等精神上的契合为主，不添加外在物质上的因素，这就能更好地发挥此类人脉资源的长效性作用，为个人发展提供一定的帮助。此外，通过高等教育个体不但结识了一定的网络圈子，更重要的是完成了自我社会地位的向上流动，特别是来自农民家庭的子女向上代际流动率更高，实现了“知识改变命运”之说。正确的阶层意识是融入和维持本圈子的关键。通过访谈，毕业生对自我阶层都有一定的自我认知，这种恰当的认知指导着其个人的行为。

第五节　个体发展的现实困惑

> 我们必须不断地通过教育无用性的方式对所有文化加以质疑，这样我们才有可能不被功利的机能障碍毁灭。[①]
>
> ——［美］丹尼尔·科顿姆

从中世纪发迹的高等教育一直被认为是培养优秀人才的教育，但在高等教育普及之后培养的人才质量并没有得到有效保障。各种大学教育机构兴起，就像在美国有至今享誉全球的哈佛名校，也有“野鸡大学”。高等教育机构的办学水平参差不齐，培养质量受到很大的冲击。我国在 2003 年顺利完成了高等教育由精英化向大众化的转型，据教育部《2015 年教育统计数据》显示，我国共有普通高等学校 2560 所，该年普通本专科毕业生数达到 6808866 人。高等教育从“奢侈品”到“必需品”的转化，拉动了整体国民受教育水平，但相应问题也接踵而至。

一、“在一定程度上限制了我”：专业

专业是指高等学校或中等专业学校里的学业类别，主要指某个领域擅长的技能。在高等学校中，通常以专业为单位进行集体教学，一个专业为一个班级，班级规模不限，有几十人一个班级，也有一百多人为一个班级，这主要依据专业招收名额限定。虽然人的潜能无限，但由于精力有限，大部分人在校期间主攻一门专业，根据自愿原则可以辅修一到两门其他专业。所学专业在一定程度上可以决定学生个体毕业之后的发展方向，特别是专业性较强的专业这种导向作用更加明显，例如学医的一般情况下从事医务工作，学机械的进入企业概率更大。针对这种市场对接较为良好的专业，专业课程设置、知识架构要比某些文科（如文学、教育学等）更加精细化和专业化。当然，这更多的是基于一种理论假设，对于实际生活中的情况如何，本人也与受访者们进行了交流。

---

① ［美］丹尼尔·科顿姆．教育为何是无用的［M］．仇蓓玲，卫鑫，译．南京：江苏人民出版社，2005：246.

H:“我觉得文科专业学不到什么东西，理科专业可以学到点技术，以后可能在专业上突破一下。文科专业……你说像我的专业，当初计划考公务员就没有能报的，只能报专业不限的，所以对我来说这个专业对我没有起到帮助，只是本科对我有用，就是学历对我有帮助，专业不但没有帮助，反而在一定程度上限制了我。而且我们这个专业是第二届，算是一个新专业，在全国也没有一个定位，一直处于边缘状态，没有归到哪一类去，用人单位可能不太清楚我们专业到底是干什么的，问我们的话我们也说不清楚。”(2014 年 2 月 10 日)

K:“你看我们学校，有大专班，可以从高中就开始上，有很多方式可以去考，像我们学校有成教学院，这都是以不同的方式进入学校的，但是老师讲的基本上都是一样的，专业是相似的。此外，我们这个专业应该强调实践操作，应该到工地上去看看图纸搞搞设计，但是老师讲的都是一些理论知识，实践安排课程特别少，我觉得就设置得不太合理。”(2014 年 2 月 18 日)

B:“我身边全部都是专业对口的人，我是机电专业，因为学得比较杂，看似没有关系，其实还是有点关系的。像我们这个院里面所有人都学的是那几个公共课，公共课很多，专业课是每个班都上，只不过是书本的薄厚差别，有的上得详细一点，有的就上得简略一点。以前我觉得我专业知识学得挺多的，但是一出来就感觉根本不是那么回事。”(2014 年 5 月 12 日)。

我国现行高中教育强调学生的综合素质培养，但是进入高校后依旧以专业为区分将学生分为文科、工科和理科。通过此次深入访谈发现，虽然各专业有各自的人才培养方案，但学生专业能力并不乐观，除了学生个体差异性的主观原因外，学校专业设置和发展水平也是主要原因之一。基于学科性质，理工类学科教学更加强调实践能力的培养和动手能力的提高，加之其工作对口率较强，按照一般逻辑推理可以认为理工类在校学到的知识相较文科专业更加具有实用性。但事实和推测的存在差异，高校课程设置不合理，重理论轻实践的方式并没有让学生掌握应有的操作能力，仅仅将知识停留在理论层面，没有更好发挥理论指导实践的作用。在访谈中得知一些工科设计课程，本应在企业、工厂等地进行操作观摩的内容，却被生搬进课堂进行灌输式的讲授，这不但降低了教学效率，而且极大地消减了学生的学习兴趣，不利于学生专业能力的建构和提升。同时，专业间的差别较小和特色性不强。此外，很多学科是近几年兴起的新兴学科，学科教育框架并未建立，人才培养目标也不完善，整个发展都是在摸索阶段。这会极大地影响学生对本专业的认知情况，甚至影响学生毕业后的就业和个人发展。因此，高校虽然要积极响应“宽口径”的号召，但这也一定要建立在“厚基础”之上，不能一味地“宽”，而忽略了“专”。

二、“人生重大选择的首要节点”：高中教育

科学技术是第一生产力，随着改革开放的推进，逐渐把教育和科技提高到和经济、社会发展同等重要的位置，强调提高全民的科技文化素质。我国是人口大国，要提高整体国民素质就必须从保障基础教育入学率入手。《中华人民共和国义务教育法》是我国首次把免费的义务教育用法律形式固定下来，就是让适龄儿童必须接受九年义务教育。但是农村、贫困山区等地九年义务教育执行情况也不尽如人意。在九年义务教育结束之后，学生有了人生第一次选择，是接受高中教育，还是中专教育，抑或是直接走上社会，此时的选择有很大可能会影响学生一生的轨迹。如此一来，是否接受高中教育成为是否接受高等教育的关键因素。

B：“我感觉我的人生有两次重大选择，首要节点就是选择是否上高中，因为还可以选择上中专，像我弟弟初中还没有毕业就去上的技校。在我们那里像这样的还是挺多的，就是我们周围的人，刚毕业从初中出来就可以报个导游，可以考个导游证，考个厨师证，计算机证，还可以考个驾证之类的，虽然是个中等教育，但也是国家认可的。可能还是看成绩吧，如果成绩允许还是去上高中。”(2014 年 5 月 12 日)

F：“初中升高中的时候我们班五十多个人，考上高中的才七个人。我中考的时候是第一次见到中考卷子，以前都没有见过模拟卷子，题型是什么样子的都不知道。老师都放弃我们那个班了，不好学的孩子太多。考不上大学也是自己不努力，既然家里供你上高中，也就下了决定供你上大学。所以在这方面我觉得百分之八十都不怨父母，只有百分之几可能确实是父母没有经济能

力。”（2014 年 6 月 20 日）

根据 2012 年的《中国教育统计年鉴》可得，我国整体各阶段的教育毛入学率都呈现连年增长的态势。高中教育入学率从 1992 年的 26.0% 上升到 2012 年的 85.0%，有了质的飞跃。高等教育入学率也从 1992 年的 3.9% 上升到了 2012 年的 30.0%。通过此数据可以看出，高中教育毛入学率的提升为高等教育毛入学率的提升做了一定的贡献。正如受访者 F 所说“既然家里供你上高中，也就下了决定供你上大学”，高中教育成为是否接受大学教育的分水岭。在访问学生为什么没有接受高等教育后发现，导致此现象出现主要有以下原因：一是环境的影响，当身边的环境和氛围都以初中毕业后考取资格证、上技校和找工作为主时，就不会对学生不上高中有异样眼光，甚至成为习以为常之事；二是地方教育水平较低，虽然说国家大力扶持新疆教育事业的发展，但是在一些偏远的农村和牧区教育水平依旧属于较低水平，师资力量薄弱，教学设施陈旧，教育资源匮乏等这些都在客观上直接影响着学生的高中入学率；三是学生个人学习成绩，“如果成绩允许还是去上高中”，虽说有各种客观因素影响着农村孩子接受高中教育，但学习更多的是一种主观行为，学生“不好好学习”达不到接受高中教育的水平。总的来说，是否进入高校学习并不是主要在高中毕业后决定的，而是在学生完成九年义务教育之后就进行了一种潜在的抉择，这种现象在农村或偏远地方更加明显，是否接受高中教育成为是否接受高等教育的分水岭。因此，要想提高高等教育的入学率就要从高中教育入学率抓起，这一项任务任重而道远，需要国家、社会、学校和家庭等各方利益相关者更多的关注。

第六节　研究结论

正如培根指出的，知识并不是我们推论中的已知条件，而是要从条件中归纳出结论的东西。①

——［美］约翰·W. 克里斯韦尔

① ［美］约翰·W. 克里斯韦尔. 质的研究及其设计：方法与选择［M］. 余东升，译. 青岛：中国海洋大学出版社，2009：4.

通过对研究对象的深入剖析和解读，本研究得出如下结论：

第一，在高等教育大众化的背景下，接受高等教育在我国已经上升为一种主流文化和普遍的人生轨迹。不难理解为什么在农民、工人等家庭中常常出现“砸锅卖铁也要供孩子上学”的现象，特别是在新疆偏远地区的农、牧少数民族家庭，父母支持子女接受高等教育改变自身命运。虽然并不是说所有的少数民族学生父母都意识到高等教育的重要性，但是随着少数民族高等教育入学率的提升可以反映出这一群体人员队伍正在逐渐壮大。除了父母是学生个体接受高等教育的利益相关者之外，作为同辈群体的朋友也影响着个体对高等教育的态度。朋友作为人生发展道路的对比案例，生动地展示了不同选择所致的不同人生，为个体的道路选择提供了参考。接受高等教育并不是唯一的选择，但成为青年学生最好的选择，这一认识也在学生当中达成共识并得到社会的普遍认可。

第二，接受高等教育的少数民族学生的文化资本都有了一定程度的提升。这种文化资本主要以两种形式出现：一是可以通过外显的制度表现出来的学历、专业和知识。其中学历在个人发展中承担的是找工作“敲门砖”的角色，专业选择影响到未来个人发展的方向，知识则更多的是侧重课堂外知识的学习，大量的阅读是知识积累的关键。二是学校对学生性格、思想、能力的发展产生一定内在和隐性的影响，正如涂又光先生的“泡菜坛子”理论。因此，学校不但要保证教学质量，更重要的是营造一种积极向上、求学奋进的和谐校园环境，以此来促进学生身心的全面发展。

第三，在少数民族学生经济资本的发展中高等教育发挥着不可磨灭的作用，帮助学生进入职业单位，获得一定的经济收入。它保障了个人的基本生活，使学生在毕业之后可以达到经济上的独立，甚至为家庭经济提供支持。因此，高校应为学生提供有关职业技能和心理等方面的课程培训、讲座等，学生也应充分利用这些资源提升职业素养，为自己将来走出校园做好铺垫，以便快速融入社会和职业的环境当中。

第四，高校环境为少数民族学生社会资本的积累提供了便利。在校园中，学生间的互动促使固定社会网络的形成并多以“圈子”的形式出现，这些“圈子”将在日后转化为人脉资源，帮助个人发展。因此，学生在保障个人学习的基础上要积极融入高校的环境中，利用各种平台多与他人互动，增强自己的社会性能力，积累自己的潜在社会资本。

第五，在新疆少数民族个人发展和高等教育的互动过程中，随着在校生人数逐年增加，学校基础设施不断改善，充分展示了我国教育事业的发展，但同时要充分认识，保障学校的人才培养标准、教育教学管理等内在制度的科学性和合理性才是关乎学生培养质量的关键。

第七章　高校学生社团对新疆少数民族大学生社会化影响的实证研究

伴随着高校的扩招，少数民族大学生的数量与日俱增，如何将他们成功地转变为“社会人”，也日益成为关注的焦点。新疆少数民族大学生作为高素质人才，是未来祖国建设的生力军，其社会化的成功与否，既关乎个人的成长发展，也牵系着祖国的和谐繁荣。高校学生社团作为校园文化的重要依托，近年来在迅速发展，少数民族大学生的参与热情也在提升。因此，高校学生社团的社会化功能和价值的发挥，很值得关注和研究。

本研究立足于社会化理论，从同辈群体、非正式群体的角度出发，探索高校学生社团对新疆少数民族大学生社会化所产生的影响。通过对新疆9所高校发放调查问卷以及个案访谈，了解新疆少数民族大学生学生社团参与现状以及政治、道德、角色、知识技能四个方面社会化现状，再利用SPSS软件对调查数据加以处理分析，最后整理转录访谈内容。经过上述一系列的相关分析，考察高校学生社团对新疆少数民族大学生社会化的影响。

分析结果如下：高校学生社团对新疆少数民族大学生的社会化确实产生了较深的影响。首先，是否参与高校学生社团，对新疆少数民族大学生的政治态度和情感、政治认知有显著影响，但仅对社会实践参与行为有显著影响，他们也具有良好的社会责任感，会积极制止公共场所不文明行为以及积极践行正确道德行为，角色认知也更为清晰，生活能力、知识储备、职业能力三方面的知识技能社会化也比未参与的人更强。其次，参与思想教育类学生社团的爱国情怀更深，道德认知和参与更加积极，知识储备也明显偏高，参与科技创新类学生社团的拥有较强的生活能力、组织管理能力，参与兴趣艺术类和文化体育类学生社团主要对政治参与的积极性有影响，参与实践服务类学生社团的道德认知水平更高。再次，高校学生社团的参与数量对少数民族大学生道德社会化、角色社会化、知识技能社会化都有一些影响。最后，少数民族大学生学生社团的参与深度越大，政治态度和情感、政治认知水平越高，更易做出正确的道德行为和表现出积极的道德参与，角色认知、角色参与也更加符合社会的角色期望，对知识储备和职业能力的提高也有影响。

本研究联系实际明确高校学生社团的地位和作用，找出其在新疆少数民族大学生社会化中影响的不足，并进行分析和思考，希望为高校学生社团的发展提供有价值的参考，也为少数民族大学生社会化教育提供有效的建议。

第一节 研究设计

一、研究问题和思路

（一）研究问题

在大学中，少数民族大学生除了要完成专业学习、储备知识、培养技能等任务，还应通过大学这一“准社会化阶段”的锻炼场所，得到较好的社会化准备和发展，提高步入社会时所需的能力水平。高校学生社团在少数民族大学生的“准社会化阶段”中，扮演着何种角色，是一个值得研究和重视的问题。

（二）研究思路

结合现有与本研究相关的文献资料，以新疆高校的少数民族大学生为调查对象，采用文献分析、问卷调查和访谈三者相结合的方法，了解少数民族大学生参与高校学生社团、社会化的现状，探究两者之间的相互影响关系，进而提出高校学生社团对新疆少数民族大学生社会化作用的建议。

具体思路为：首先，对少数民族大学生的学生社团参与情况以及社会化情况进行调查，得出具体的现实状况和总体水平，并分析其中的原因。其次，在上述的调查基础之上，探究少数民族大学生参与社团与否、参与的频率、程度、角色及类型对其不同层面社会化的影响。最后，根据调查分析的结论，提出对策建议，以期为高校学生社团发展、少数民族大学生社会化提供参考。

二、研究对象

目前，新疆拥有普通高等学校44所，为使研究对象更具有代表性，能客观、全面地反映新疆高校少数民族大学生社会化的总体情况，本研究最终选取9所分布在北疆、南疆的高等院校的少数民族大学生进行调查。这些学校分别是新疆大学、新疆医科大学、新疆师范大学、新疆财经大学、新疆农业大学、石河子大学、伊犁师范学院、喀什师范学院、塔里木大学。在学校性质层面，既有综合性大学也有专业性大学；在学校地域层面，既有分布在北疆的院校也有分布在南疆的院校；在学校水平层面，既有“211工程”重点高校也有普通高等学校；在学科专业层面，文学、理学、工学、农学、医学、法学、经济学、历史学、教育学、管理学的少数民族大学生都兼备。

三、研究假设

根据文献资料的分析、理论基础的指导，对本研究做出如下假设：

第一，高校学生社团对少数民族大学生社会化影响较大，且参与高校学生社团的少数民族大学生社会化水平高于未参与的学生；

第二，对于高校学生社团参与度不同的学生，其社会化水平存在差异；

第三，不同社团类型对少数民族大学生不同方面的社会化有影响，且影响较大。

四、研究工具

（一）调查问卷的编制

本研究主要采用调查问卷的形式进行研究。结合研究内容、参考相关文献课题组编制了高校学生社团对新疆少数民族大学生社会化影响的调查问卷。该问卷主要由三部分构成：第一部分为调查对象的基本情况，包括民族、专业、性别、政治面貌等信息；第二部分为参与社团组织情况调查，包括是否参与社团、参与社团类型、频率等内容；第三部分为少数民族大学生社会化情况调查，包括政治社会化、道德社会化、角色社会化、知识与技能社会化四项内容。问卷主要以封闭式题目为主，半封闭式题目为辅。

（二）调查问卷的信度

鉴于本研究采用自编问卷，故在大量发放问卷之前需要对其进行信度检验。完成最初问卷编制后，选取了200名被试者进行预调查。录入数据后，对问卷中存在的问题进行调整修改，利用SPSS软件对问卷进行信度检验，得到Cronbach's Alpha值为0.854。该值在0.8以上，说明本问卷信度较高。

五、研究对象的基本情况

（一）问卷调查对象的基本情况

本研究针对新疆的9所高校采用随机抽样的方法进行调查，共计发放1500份问卷。其中，石河子大学200份，新疆大学200份，新疆医科大学160份，新疆财经大学160份，新疆农业大学160份，伊犁师范学院160份，喀什大学150份，塔里木大学150份。随后，问卷回收1456份，回收率为97.1%。经筛查整理后，剔除无效问卷，得到1364份有效问卷，有效率为93.7%。

从民族分布上来看，调查涵盖了维吾尔族、哈萨克族、锡伯族、回族等10个民族。其中，维吾尔族的被调查者居多，共计1009位，占总数的74.0%；哈萨克族的被调查者位居第二，共计285位，占总数的20.9%；柯尔克孜族的被调查者位居第三，共计25位，占总数的1.8%。其余民族的被调查者数量较少，依次分别是蒙古族14人，回族9人，藏族7人，锡伯族和塔塔尔族各5人，乌孜别克族4人，土家族1人。

从专业分布上来看，调查涵盖了经济学、法学、文学等10个专业。其中，理学的被调查者居多，共计253人，占总数的18.5%；文学的被调查者位居第二，共计244人，占总数的17.9%；医学的被调查者位居第三，共计189人，占总数的13.9%。其余的被调查者专业依次为，农学163人，占总数的12.0%；历史学137人，占总数的10.0%；工学106人，占总数的7.8%；法学104人，占总数的7.6%；经济学103人，占总数的7.5%；管理学51人，占总数的3.7%；教育学14人，占总数的1.0%。

从性别分布上来看，男性被调查者为485人，占总数的35.6%；女性被调查者为 879 人，占总数的 64.4%。由此看来，性别分布较为均衡。

从政治面貌分布上来看，共青团员被调查者占 1251 人，位居第一，占总数的 97.7%。其余的依次是预备党员 68 人，占总数的 5.0%；一般群众 31 人，占总数的 2.3%；中共党员 13 人，占总数的 1.0%。

从年级分布上来看，大一被调查者人数居多，共计 613 人，占总数的 44.9%；大二被调查者位居第二，共计 291 人，占总数的 21.3%；大三被调查者为 249 人，占总数的 18.3%；大四的被调查者为 211 人，占总数的 15.5%。

从生源情况分布上来看，北疆被调查者为 657 人，占总数的 48.2%；南疆被调查者为 679 人，占总数的 49.6%。其余为 4 人。被调查者的生源分布也是较为平均的，南北疆比例接近 1∶1。

从考生类型分布上来看，民考民的被调查者为 910 人，占总数的 66.7%；民考汉的被调查者为 454 人，占总数的 33.3%。

综合来看，问卷的调查对象分布较为均衡，基本涵盖了各专业、年级、地域等方面，能客观有效地反映出本研究所要调查内容的现状。

（二）访谈对象的基本情况

为了更深入了解新疆少数民族大学生社团参与社会化情况，挖掘问题背后的原因，先后对 6 名社团指导教师、6 名社团干部、6 名社团成员进行了深入访谈。首先，针对学生社团的发展历程、现状、主要问题及其所在学校的地位作用进行了解；其次，对社团干部进行访谈，了解所在社团的发展现状、活动开展、经费来源、制度管理等方面的情况；最后，对社团成员进行访谈，了解社员参与社团的动机、活跃度、收获及评价等方面。表 7–1–1 所示为访谈对象的基本信息：

表 7–1–1　指导教师基本情况

	代码	性别	职务	学历
指导教师	指导教师 1	男	团委书记	硕士
	指导教师 2	女	团委副书记	硕士
	指导教师 3	女	团委副书记	硕士
	指导教师 4	女	团委副书记	硕士
	指导教师 5	男	学办副主任	硕士
	指导教师 6	女	辅导员	硕士

续表

	代码	性别	职务	专业
社团干部	社团干部1	男	社团社长	会计
	社团干部2	男	社团社长	临床医学
	社团干部3	男	社团副社长	法学
	社团干部4	男	社团副社长	旅游管理
	社团干部5	女	社团办公室主任	汉语言文学
	社团干部6	女	社团外联部部长	应用数学
	代码	性别	职务	专业
社团成员	社团成员1	女	社团干事	历史学
	社团成员2	女	社团干事	园林
	社团成员3	男	普通社员	物理
	社团成员4	男	普通社员	植物保护
	社团成员5	男	普通社员	农学
	社团成员6	女	普通社员	英语

六、数据处理与分析

将收集到的数据录入 Microsoft Office Excel 中，进行整理和编码。再将原始数据导入 SPSS 统计软件，进行相关的处理和分析。其中，分析方法主要有频率分析、均值分析、列联表分析、独立样本 t 检验及单因素方差分析等。

第二节　新疆少数民族大学生参与高校学生社团及其社会化的现状调查

高校学生社团已成为校园文化的主阵地，它不仅有利于营造积极健康的校园文化氛围，还有利于形成良好的道德行为风尚，也是推进少数民族大学生社会化的重要载体，越来越多的学子纷纷愿意加入多样的社团文化活动中，锻炼“自我教育、自我管理、自我服务”的能力。

一、少数民族大学生参与高校学生社团的现状分析

高校学生社团是由大学生自发汇聚起的群众性组织，他们为了共同的兴趣、爱好和目标而凝聚在一起。随着高等教育大众化的脚步，高校日益发展壮大，少数民族大学生人数与日俱增，高校学生社团的数量增多、种

类丰富，呈现着多元化发展的形势。

（一）参与高校学生社团的数量

少数民族大学生参与高校学生社团的数量能够直观反映出他们的参与范围、感兴趣程度及个别社团的吸引程度等方面。结果显示：未参加高校学生社团的少数民族大学生占46.1%，已参加的占53.9%。其中，参加了1个社团的占总数量的41.3%；参加了2个社团的占总数量的9.2%；参加了3个及3个以上社团的占总数量的3.4%。可见，参与1个社团的少数民族大学生占大多数，参加2个及2个以上社团的少数民族大学生较少。通过变量的描述性统计发现，每个少数民族大学生参加社团的数量仅为0.71个，普及程度还是较低的。从上述结果中发现，高校学生社团对少数民族大学生的吸引程度较低，少数民族社员对于未参加学生社团的少数民族同学影响较为欠缺。

同时，不同情况的少数民族大学生的社团参与数量也有所差异。经过单因素方差分析，是否为学生干部、政治面貌及考生类型不同的少数民族大学生在参与学生社团数量总体中差异显著（$P < 0.05$），Sig 值均为0.000。进一步将不同情况的少数民族大学生是否参与社团以及数量做交叉比较，结果见表7–2–1。

表7–2–1　不同情况下的少数民族大学生参与社团数量的百分比

参与学生社团	学生干部		政治面貌				考生类型	
	是	否	中共党员	预备党员	共青团员	一般群众	民考民	民考汉
是否参与学生社团（%）	64.9 35.1	50.5 49.5	38.5 61.5	89.7 10.3	52.6 47.4	48.4 51.6	53.5 46.5	54.6 45.4
参与学生社团数量（%）	35.1 42.2 14.0 5.6 1.9 1.2	49.5 41.0 1.8 0 0 7.7	61.5 23.1 0 15.4 0 0	10.3 17.6 54.4 11.8 0 5.9	47.4 40.5 9.4 2.2 0.5 0	51.6 48.4 0 0 0 0	46.5 44.7 6.9 1.3 0.4 0.1	45.4 34.4 13.7 5.5 0.4 0.7

在198名学生干部中，有64.9%的人参与了社团，且参加1个学生社团的人数最多，为42.2%，从侧面反映出了学生干部对于开展各项学生活动的配合及支持程度；不同政治面貌的少数民族大学生中，预备党员参加

学生社团人数占其总量最多，为 89.7%，且参加 2 个学生社团的人数较多，为 54.5%，这一类学生在整个学生群体中起了一定的表率带头作用；不同考生类型的少数民族大学生中，“民考汉”学生参与学生社团人数占其总量最多，为 54.6%，说明大多数“民考汉”学生更愿意参与到与他人的沟通互动中。

（二）参与高校学生社团的类型

少数民族大学生加入何种类型的高校学生社团，不同类型的高校学生社团在不同背景下的差异如何，这些因素能直接反映参与高校学生社团的构成情况。它不仅有利于发现少数民族大学生参与高校学生社团的倾向，也有利于推进高校学生社团的全面建设和综合发展。少数民族大学生参与不同类型的学生社团的数量情况见表 7-2-2。

表 7-2-2　少数民族大学生参加不同类型社团的数量

学生社团类型	参加人次	占参加人数的比值（%）
思想教育类	100	11.2
科技创新类	108	12.1
兴趣艺术类	287	32.0
文化体育类	152	17.0
实践服务类	249	27.8

从表 7-2-2 中发现，参加兴趣艺术类学生社团的人数居多，占总人次的 32%；参加实践服务类学生社团的占总人次的 27.8%，位居第二；参加人次为第三的是文化体育类学生社团，占总人次的 17.0%。综合来看，少数民族大学生最感兴趣的为兴趣艺术类社团，这与其热爱歌舞的民族风俗也是息息相关的。而参与思想教育类、科技创新类的社团人次分别仅占总人次的 11.2% 和 12.1%。

综合以上构成情况来看，在少数民族聚居众多、文化背景多元的新疆，少数民族大学生仍继续热爱自己的民俗文化和生活。随着大学生毕业人数逐年增长，就业形势越发严峻，唤起了多数少数民族大学生的忧患意识，积极投身于社会实践以及公益服务活动中，丰富自己的社会阅历、自身素质，为今后的就业奠定基础。受历史、经济、环境等因素的影响，少数民族的教育质量、水平与汉族还存在一定差距，致使他们的思维方式、语言水平、文化层次等有所不同，故参与思想教育类、科技创新类的少数民族大学生较少。

（三）参与高校学生社团的动因

在西部开发背景下，伴随着新疆经济的日益繁荣，人民物质生活极大满足，高校校园文化逐渐丰富，大学生与社会接触面越来越广泛，他们的价值观念也发生着转变。受现代市场化的影响，少数民族大学生在参与学生社团时，也会尽量遵循着可能带来最大现实利益、达到有效目标的标准。通过对少数民族大学生参与学生社团动因的调查分析，得出如表7-2-3所示的情况。

表 7-2-3　少数民族大学生参与社团的动因

参与社团动因	频数	占参加人数的比值（%）
老乡、同学或学长的推荐	124	16. 9
消遣时间以丰富大学生生活	318	43. 3
提高自己的能力（如汉语水平等）	645	87. 8
扩大与其他民族同学的交往	483	65. 7
增加自己的知识	350	47. 6
培养自己的兴趣爱好	339	46. 1
完善自己的个性	175	23. 8
激发自己的社会责任感	135	18. 4
其他	5	6. 8

少数民族大学生参与社团的动因呈现出多样化的现象，但他们参与学生社团的主要目标是为了提高自己的能力，有 87. 8% 的学生选择该项；希望借此机会扩大与其他民族同学的交往，占比为 65. 7%；选择增加自己的知识、培养自己的兴趣爱好、消遣时间以丰富大学生生活作为参与学生社团动因的少数民族大学生依次占 47. 6%、46. 1% 和 43. 3%；一小部分少数民族大学生是为了完善自己的个性、激发自己的社会责任感，占比分别为 23. 8%、18. 4%；还有些学生是通过他人推荐及为了加学分等原因参加学生社团。

综合以上情况来看，在成长意识的推动下，绝大多数少数民族大学生为了提高自己的能力、增长知识而参与学生社团，体现了少数民族大学生对于未来的忧患意识及其动因的工具理性，他们不再是单纯、理想地参与学生社团活动。在大力倡导和发扬民族团结精神的时代，大部分少数民族大学生也希望通过学生社团这一媒介，与更多的汉族、少数民族同学相识相处，这无疑反映了他们维护民族大团结的信念。在社会多元发展、校园文化纷繁复杂的今天，少数民族大学生也萌生了培养兴趣爱好、丰富大学生活的想法，希望完善个性、激发社会责任感。

（四）参与高校学生社团的参与度

参与度是一个宽泛的概念，本研究的高校学生社团参与度主要是通过少数民族大学生中的学生社团成员参加活动的频次、与其他成员交流和来往频次来体现的。图 7-2-1 和图 7-2-2 为少数民族大学生社团成员参加活动及与其他成员交往的情况。

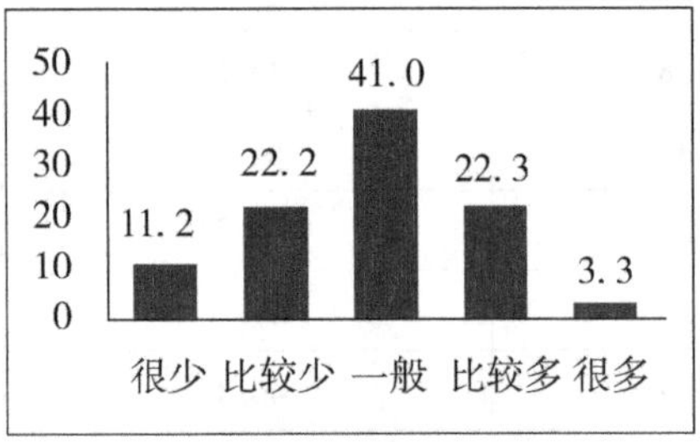

图 7-2-1　参与学生社团活动的频次（单位:%）

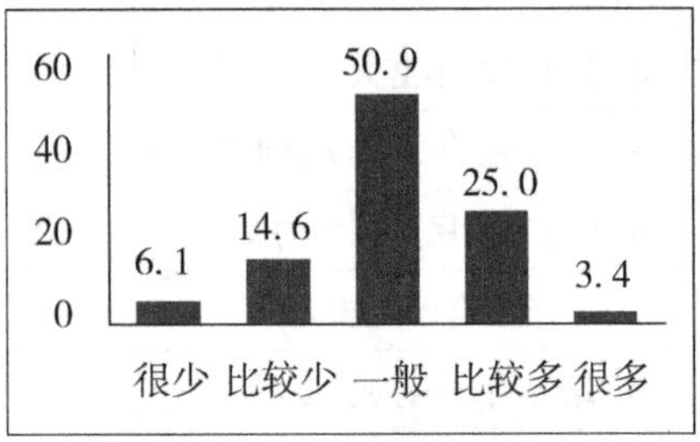

图 7-2-2　与其他成员的交流和往来频次（单位:%）

由图 7-2-1 可知，少数民族大学生参与社团活动是较为积极的。41.0% 的少数民族大学生社团成员认为自己参加社团活动“一般”多，维持在大众参与的基本水平上；22.3% 的少数民族大学生社团成员认为自己参加社团活动“比较多”，也就是说他们偶尔会不参加学生社团活动；22.2% 的少数民族大学生社团成员认为自己参加社团活动“比较少”；11.2% 的少数民族大学生社团成员认为自己参加社团活动“很少”，可以说基本只参加过几个甚至未参加社团活动；而仅有 3.3% 的少数民族大学生社团成员认为自己参加社团活动“很多”，这表明对学生社团活动从未缺席或极少缺席。

由图 7-2-2 可知，绝大多数少数民族大学生与其他社团成员有过交流与往来。50.9%的少数民族大学生与其他社团成员的交流与往来“一般”，说明他们可能只是在参与学生社团活动的时候，才会有沟通交流；25.0%的少数民族大学生与其他社团成员的交流与往来“比较多”，他们除了参与学生社团活动外，还可通过电话、QQ、微信、微博等社交工具互动交流；14.6%的少数民族大学生与其他社团成员的交流与往来“比较少”；6.1%的少数民族大学生与其他社团成员的交流与往来“很少”，这可能与学生社团成员的性格、特质相关；而仅有3.4%的少数民族大学生与其他社团成员的交流与往来“很多”，其中不乏学生社团干部。

由此观之，少数民族大学生的社团参与度是有所不足的，参加活动“较少”及“很少”的学生占了超过三分之一，与其他成员交流往来“较少”及“很少”的学生占了五分之一。学生社团成员的参与度既影响成员的受益程度，也决定学生社团的未来发展。这其中除了学生社团成员的自身原因外，如学业任务繁重、课余时间紧张、精力有限等，学生社团组织也需要从自身发现问题。学生社团的活动较少、质量不高，也会对成员缺乏吸引力，减少社团成员的交流机会。

（五）参与高校学生社团的收获

行动伴随着一定的目的而进行，大学生在参与学生社团之时，也带有一定的期望和目标。从学生社团成员自身角度来看，是否实现或达到了最初加入其中的期望或目标及是否拥有了与以往不同的收获，将直接影响他们对学生社团的热情、评价等。从促进学生社团发展的角度来看，学生社团的口碑，除依靠自身影响因素外，还需要通过其成员的口口相传。社团成员会将参与学生社团活动形成的认知，交流宣传给入学新生等，以影响他们是否决定加入。通过对少数民族大学生参与学生社团的收获进行调查，约有42.7%的少数民族大学生觉得自己参与学生社团收获“一般”，说明与他们的期望值较符合，确实在学生社团中有自己所想的收获，但仍有一些期望未得到满足；42.2%的少数民族大学生觉得自己参与学生社团收获“比较多”，说明这些收获基本达到了他们的满意程度；7.1%的少数民族大学生觉得自己参与学生社团中收获“比较少”，参与学生社团给他们带来收获较少的符合期望或者不在期望之内；6.3%的少数民族大学生觉得自己参与学生社团收获“很多”，他们得到的收获已满足了全部期望，甚至有些意外的收获令他们满意；而仅有1.5%的少数民族大学生觉得自己参与学生社团中收获“很少”，其中的原因可能与学生社团活动和自己的期望不符、自身期望过高或者所参与的学生社团质量不高等因素有关。在参与学生社团收获的内容方面，见表 7–2–4 所示。

表 7–2–4　少数民族大学生参与学生社团的收获

参与学生社团的收获	频数	占参加人数的比值（%）
提高了自己的能力（如汉语水平等）	575	78. 2
扩大了与其他民族同学的交往	607	82. 6
增加了自己的知识	415	56. 5
培养了自己的兴趣爱好	331	45. 0
完善了自己的个性	211	28. 7
激发了自己的社会责任感	185	25. 2
其他	5	6. 8

从表 7–2–4 的分析可知，首先，少数民族大学生参与社团的主要收获是扩大了与其他民族同学的交往，认为有该项收获的人数占 82. 6%，这与之前调查的参与学生社团动因的情况是完全吻合的，也反映出了可能有部分同学得到了该项的意外收获；其次，认为提高了自己能力的少数民族大学生社员占 78. 2%，与动因情况对比来看，其中有少部分学生未得到该项的收获；再次，增加了自己的知识，培养了自己的兴趣爱好，完善了自己的个性，激发了自己的社会责任感，也基本符合了少数民族大学生参与学生社团的期望和标准，分别依次占比为 56. 5%、45. 0%、28. 7% 和 25. 2%。在有一些具体期望或目标的少数民族大学生社员中，他们的预计也是基本达到了。

总体来看，有不少少数民族的学生认为自己在参与学生社团的过程中有所获。通过与之前的参与学生社团动因进行对比，发现他们所得到的收获，基本符合了所预计和期望的，还有部分同学拥有的意外收获，明显体现在扩大了与其他民族交往方面。但也有一少部分学生，对参与学生社团活动能提高自己能力的方面，有不满意或怀疑的地方。

二、少数民族大学生社会化情况的现状分析

大学生社会化是大学生个体通过教育、实践等活动中的社会化环节，

掌握基本知识技能，形成良好的自我意识，树立正确的人生观、价值观，从而获得一定社会角色和承担相应的社会责任的关键过程，也是大学生在成长成才过程中的必经之路。少数民族大学生因文化背景、风俗习惯等方面的差异，其社会化状况更需要得到重视和关注，这不仅关系到少数民族大学生成才的数量与质量，也关系到维护民族团结和稳定及社会发展。

（一）少数民族大学生的政治社会化

大学生在成长过程中，需要慢慢学会用已有的政治规范衡量自己，使自身保持与社会的统一。在大学生政治社会化的内容上，少数民族大学生既有其普遍性的一面，也具有民族自身的特殊性。本部分从心理、认知层面入手，调查了解少数民族大学生政治社会化的情况。

1. 少数民族大学生的政治态度和情感

少数民族大学生在进入大学之前，已经过中学的思想政治课学习，初步具有自己的人生观、价值观、世界观。在进入大学之后，大学的独特氛围会使他们了解更多进步思想，进而升华自己的“三观”，形成自己的政治态度情感。所谓政治情感和政治态度是个体对政治现象、政治生活的一种积极的情感和心理取向。①

在总体上，少数民族大学生对如今国家的发展比较满意，赞同国家继续走向国富民强的道路。这无疑也反映出少数民族大学生“天下兴亡，匹夫有责”的爱国情怀。

2. 少数民族大学生的政治认知

少数民族大学生的政治知识和政治理论储备，从一定程度上影响他们的政治认知。大学阶段是少数民族大学生在接受马列主义理论、毛泽东思想、邓小平理论等教育的基础上，通过阅读政治书籍，学习和了解时政要闻，树立正确的政治认知和观念的重要时期。同时，在民族教育的基础上，产生为民族事业努力奋斗的思想。通过调查少数民族大学生对时政要闻关心程度、政治理论学习情况，来反映他们的政治认知情况，见图7-2-3、图7-2-4。

---

① 成有信．教育原理［M］．开封：河南大学出版社，2003：86.

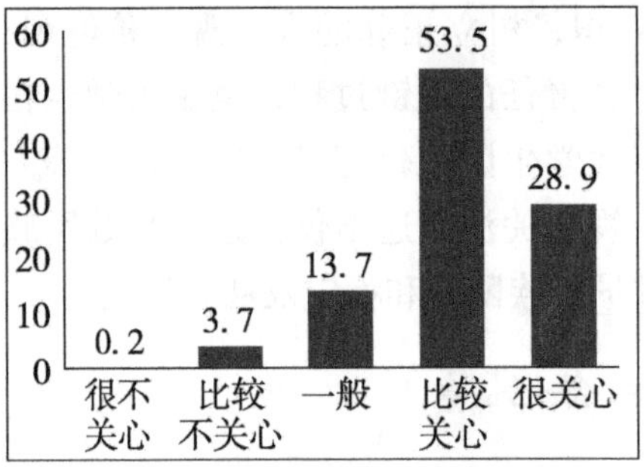

图 7-2-3　少数民族大学生对时政要闻关心程度的频数统计（单位:%）

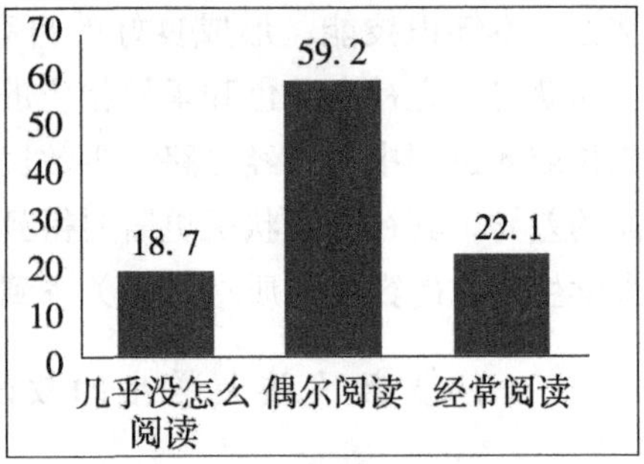

图 7-2-4　少数民族大学生对政治书籍阅读情况的频数统计（单位:%）

通过调查少数民族大学生对时政要闻关心程度可以发现，比较关心时政要闻的少数民族大学生占一多半，为 53.5%；很关心时政要闻的少数民族大学生，占 28.9%；比较不关心时政要闻的少数民族大学生为 3.7%，为少数；很不关心时政要闻的少数民族大学生仅为 0.2%，属于极个别现象。

通过调查少数民族大学生政治书籍的阅读情况可以发现，偶尔阅读政治书籍的少数民族大学生居多，为 59.2%，这种情况较为普遍；经常阅读政治书籍的少数民族大学生占 22.1%；几乎没怎么阅读政治书籍的少数民族大学生占 18.7%。

总体而言，少数民族大学生关心时政要闻程度的均值为 4.07，说明大多数少数民族大学生都比较关心，认为它与人们的学习、生活等方面是息息相关的，这也是政治素质较高的一种体现。而大多数少数民族大学生只是偶尔阅读政治书籍，其中的缘由也可能是政治书籍本身较为枯燥或不易于理解掌握。受到社会、群体、家庭等因素的影响，少数民族大学生的政治认知会有现代大学生的共性表现，也会有相对的特殊性。但根据上述两项调查的整体情况来看，少数民族大学生的政治理论及知识的储备也是较为丰富的，政治认知情况也是较为理想的。

（二）少数民族大学生的道德社会化

道德社会化是指社会成员通过社会互动学习道德规范，内化道德价值，培养道德情操的过程。① 在多元文化并轨发展的时代，道德观念不断

① 郑杭生．社会学概论新修［M］．北京：中国人民大学出版社，2003：11.

更新涌现，少数民族大学生的社会道德规范认知、道德意识及行为面临多方面的挑战。那么，少数民族大学生的道德教育就显得尤为重要了。这是他们大学毕业后适应社会、获得发展的关键所在，通过对他们的道德教育，来维护社会生活的稳定秩序，来促进社会文明的进步发展。本部分从少数民族大学生的道德认知、道德行为、道德参与三方面入手，调查和了解其道德社会化情况。

1. 少数民族大学生的道德认知

道德的认知会影响人们的道德表现及行为，决定着道德表现及行为的效果质量，调整和维系着与不同人、不同民族乃至社会的关系，也是意识领域中的高层次部分。通过考察少数民族大学生的道德认知水平，间接地反映出他们大学阶段的道德教育效果和道德规范内化程度，见表7-2-7和表7-2-8。

表7-2-7　少数民族大学生的道德认知水平频数统计（单位:%）

选项	不同意	比较不同意	一般	比较同意	很同意
当今大学生普遍缺失社会责任感	24.2	17.5	22.5	28.9	6.9
人的本质是自私的	22.7	18.8	18.5	30.2	9.8
社会上人与人的关系就是相互利用	24.2	20.4	21.5	22.8	11.1
社会主义市场经济只讲金钱，不讲道德	47.7	22.8	14.7	10.1	5.1
雷锋精神在现今社会仍很重要	3.3	4.5	17.3	26.4	48.5

通过表7-2-7可知，在对“当今大学生普遍缺乏社会责任感”的看法中，比较同意这一说法的占28.9%；在对“人的本质是自私的”的看法中，比较同意这一说法的占30.2%；在“社会上人与人的关系就是相互利用”的看法中，不同意这一说法的占24.2%；在对“社会主义市场经济只讲金钱，不讲道德”的看法中，不同意这一说法的占47.7%；在对“雷锋精神在现今社会仍很重要”的看法中，很同意这一说法的占48.5%。

表 7-2-8　少数民族大学生的道德认知水平描述统计

选项	N	极小值	极大值	均值	标准差
当今大学生普遍缺失社会责任感	1364	1	5	2.77	1.286
人的本质是自私的	1364	1	5	2.86	1.330
社会上人与人的关系就是相互利用	1364	1	5	2.76	1.338
社会主义市场经济只讲金钱，不讲道德	1364	1	5	2.03	1.217
雷锋精神在现今社会仍很重要	1364	1	5	4.12	1.059

由表 7-2-8 可知，该部分设置了五项题目用以测量少数民族大学生的道德认知水平，并且采用李克特量表法，采用“不同意、比较不同意、一般、比较同意、很同意”的五分测量，并分别赋值 1，2，3，4，5。经计算，得出少数民族大学生的道德认知水平的均值为 14.54 ±3.694，处于中等水平。

上述调查反映出，少数民族大学生的道德认知整体情况良好，基本具备健康的道德认知和是非观念。但是，对于人与社会间的认识看法仍有不足，这也可能与他们未完全接触、感受社会，仅将认识停留在表面现象有关。

2. 少数民族大学生的道德行为

从心理学角度来看，行为是个体认知的一种外在表达。少数民族大学生的道德行为能直接反映其道德认知的正确与否以及道德认知内化程度如何，具体可以表现在正当与失当、诚实与虚伪等方面的判断和取舍。具体调查内容和结果见表7-2-9。

表 7-2-9　少数民族大学生的道德行为情况

选项	①总会发生		②经常发生		③一般		④偶尔发生		⑤不会发生	
	频数	占比（%）	频数	占比（%）	频数	占比（%）	频数	占比（%）	频数	占比（%）
上课或自习时在教室内接听手机	17	1.2	89	6.5	421	30.9	659	48.3	178	13.0
休息时间或在宿舍内大声喧哗	24	1.8	67	4.9	250	18.3	625	45.8	398	29.2
私自翻他人物品	4	0.3	17	1.2	72	5.3	287	21.0	984	72.1
违反校园规定或秩序	3	0.2	5	0.4	177	13.0	233	17.1	946	69.4

由表 7-2-9 可看出，48.3% 的少数民族大学生“偶尔发生”上课或自习时在教室内接听手机的情况；45.8% 的少数民族大学生“偶尔发生”休息时间或在宿舍内大声喧哗的情况；72.1% 的少数民族大学生“不会发生”私自翻他人物品的情况；69.4% 的少数民族大学生“不会发生”违反校园规定或秩序的情况。由此可见，无论是在公共场合还是个人领域中，少数民族大学生的道德行为是比较符合常规的道德行为规范及标准的，尤其在对他人利益、集体利益有触犯或损害的行为中，表现得十分理性和慎重。因此，少数民族大学生的道德行为并未出现严重的越轨或不当。相反，他们的道德行为表现是良好的，也懂得尊重和维护他人利益乃至集体利益。

3. 少数民族大学生的道德参与

少数民族大学生在接受多元文化的同时，不断内化社会统一的道德准则，提高自身道德修养。除了选择恰当的道德行为之外，也需要参与社会道德的建设过程。道德参与不仅能在一定程度上反映少数民族大学生的社会融入情况，也能反映出他们对社会的贡献。少数民族大学生作为本民族中的知识分子和先进的发展力量，他们的道德参与会对民族其他成员起到示范作用，并且有助于整个社会家庭形成良好的民族团结氛围。本部分内容设置了两个题目，分别是少数民族大学生对于“公共场所发现不文明的现象或行为”会怎么做以及“其他民族同学遇到困难”会怎么做，用以调查和反映少数民族大学生的道德参与情况，具体结果见图 7-2-5 和图 7-2-6。

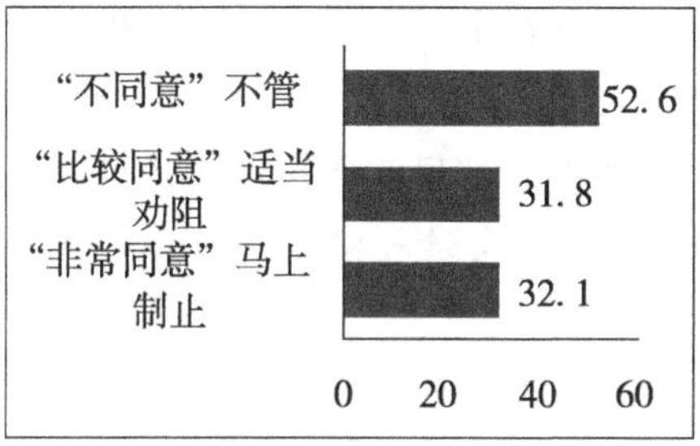

图 7-2-5 公共场所发生不文明的现象或行为（单位：%）

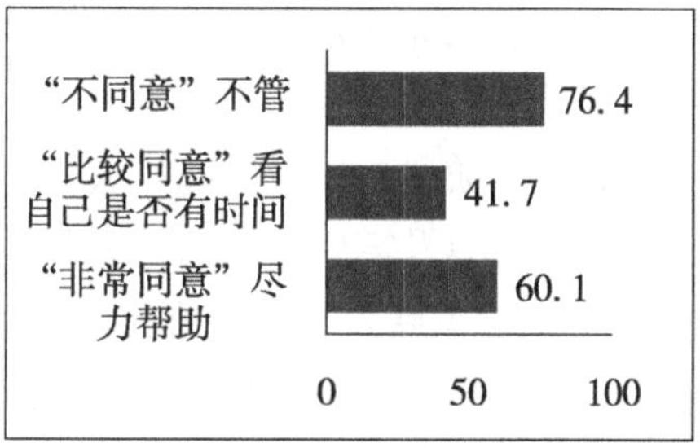

图 7-2-6 其他民族同学遇到困难（单位：%）

通过图 7-2-5 可以发现，少数民族大学生对于“公共场所发生不文明的现象或行为”的做法是：有 32.1% 的人“非常同意”马上制止，可见，有小部分愿意立即去制止不文明的行为发生；有 31.8% 的人“比较同意”

适当劝阻，这其中的原因也可能是他们为了避免不必要的冲突或矛盾；有52.6%的人“不同意”不管，这说明多半少数民族大学生有较强的公德心。

通过图7-2-6可以发现，少数民族大学生对于“其他民族同学遇到困难”的做法是：有60.1%的人“非常同意”尽力帮助，说明大多数少数民族大学生还是愿意伸出援助之手的；有41.7%的人“比较同意”看自己是否有时间，故这类少数民族大学生是出于合理和理性考虑而提供帮助的；有76.4%的人“不同意”不管，说明大多数少数民族大学生还是会尽可能地给予别人力所能及的帮助。

总体来看，多数少数民族大学生还是具有“赠人玫瑰，手有余香”的道德参与意识，但是参与的意愿较为一般，参与情况总体呈现不积极的势态。少数民族大学生作为民族地区发展的中坚力量，其道德素养将会影响未来民族地区的文明程度及其发展。因此，要高度重视少数民族大学生的道德教育，并倡导其积极参与道德建设。

（三）少数民族大学生的角色社会化

社会角色是指“与人们的某种社会地位、身份相一致的一整套权利、义务的规范与行为模式，它是人们对具有特定身份的人的行为期望，它构成社会群体或组织的基础”①。少数民族大学生可在一定的角色规范和期待之下，通过大学生活习得某种社会成员的资格，并不断地实践、扮演各种社会角色，来完成角色社会化。在该社会化过程中，少数民族大学生有三个阶段或任务需要完成：一是角色认知；二是角色转换；三是角色参与。通过这三个阶段，让少数民族大学生正确认识自己目前所扮演的角色，掌握角色规范以及需要承担的权利和义务，提升社会融入和适应性。

1. 少数民族大学生的角色认知

少数民族大学生的角色认知需要让他们了解、认识社会赋予他们的角色期待，明确目前和今后所要扮演的角色。通过调查少数民族大学生对“自己是否已经是成年人”的看法，可以反映其当前对自己所扮演角色的认知。90.8%的少数民族大学生认为自己已经是成年人了；而仅有9.2%的少数民族大学生否认自己是成年人，对自己当前的身份不确定。可见，

① 郑杭生．社会学概论新修［M］．北京：中国人民大学出版社，2003：13.

大部分少数民族大学生对于目前的角色认识很到位。

通过调查少数民族大学生“是否清楚自己的权利、责任、义务”及“是否清楚自己的人生目标”两个方面的认识，考察他们对自己目前扮演角色的认识情况，见图 7-2-7 和图 7-2-8。

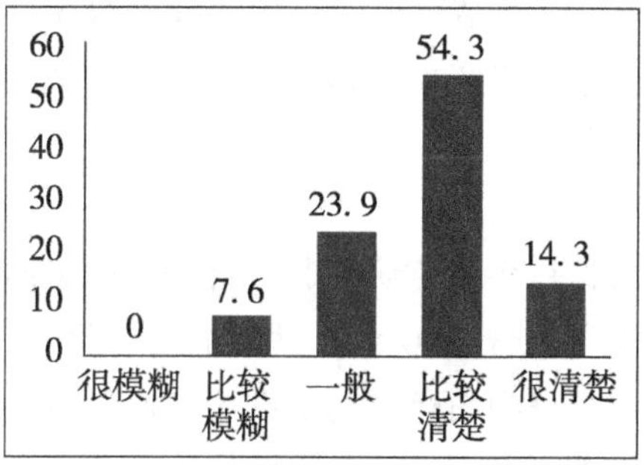

图 7-2-7　是否清楚自己的权利、义务、责任（单位:%）

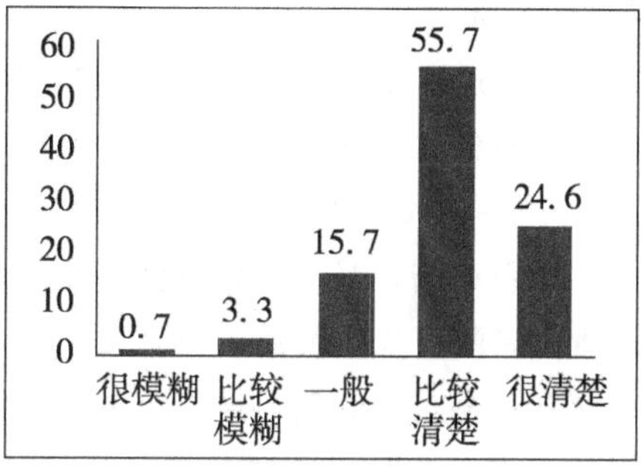

图 7-2-8　是否清楚自己的人生目标（单位:%）

通过图 7-2-7 可以观察到，对于少数民族大学生自己的权利、义务和责任的认识，有 54.3% 的人比较清楚；23.9% 的少数民族大学生认为一般清楚；14.3% 的少数民族大学生认为很清楚；仅有 7.6% 的少数民族大学生认识比较模糊；没有人对自己的权利、义务和责任存在很模糊的认识。

通过图 7-2-8 可以观察到，少数民族大学对自己人生目标的认识，有 55.7% 的人比较清楚；有 24.6% 的少数民族大学生很清楚自己的人生目标；15.7% 的少数民族大学生对自己的人生目标一般清楚；有 3.3% 的少数民族大学生对自己的人生目标比较模糊；仅有 0.7% 的少数民族大学生对自己的人生目标很模糊。

通过调查来看，少数民族大学生认为自己正在扮演“成年人”的角色，对于其所有的权利、义务和责任有较清楚的认识，人生目标也较为明确。因此，少数民族大学生对于角色认同感较好，角色感也较强。

2. 少数民族大学生的角色移情

角色移情是少数民族大学生不仅在认知层面，在情绪层面上也融入所扮演的角色中，完成其认同和内化角色的过程。少数民族大学生步入社会后所扮演的角色，可能会比其先前的角色复杂多元，若不能很好地从心理上认同该角色，可能会导致角色冲突，从而未能意识到自己承担角色的任务。本部分内容通过调查少数民族大学生“是否习惯于别人把其当作成年人对待”，来反映他们的角色移情情况。46.8%的少数民族大学生“比较习惯”别人把自己当作成年人对待；28.8%的少数民族大学生对于别人把自己当作成年人持“一般”的感觉；17.6%的少数民族大学生“很习惯”别人把自己当作成年人对待；但仍有6.7%和0.8%的少数民族大学生表示“比较不习惯”和“很不习惯”别人把自己当作成年人对待。以上结果说明，大部分少数民族大学生已进入角色状态中，有良好的角色感，并产生了移情。但不容忽视的是，仍有少数大学生不太习惯于成年人的身份。

3. 少数民族大学生的角色参与

角色参与，又称角色预演或角色行为，是将角色认识通过自身的加工而表现出来的。少数民族大学生要做出符合社会道德规范且适当的言行举止，以实现社会对其的角色期待，就要积极地投身到角色参与实践中。通过调查少数民族大学生“参与对今后发展有益处的校园活动”，来反映他们的角色参与情况。38.9%的少数民族大学生“比较积极”地参与校园活动；29.8%的少数民族大学生“很积极”地参与校园活动；26.8%的少数民族大学生对于参与校园活动持有“一般”的态度；仅有3.6%和0.9%的少数民族大学生校园活动的参与“比较不积极”“很不积极”。可见，少数民族大学生参与对今后发展有益的校园活动还是持有较高的参与热情的，有意识地为今后更好地扮演角色做铺垫。

> “我平时比较积极地参与活动，自己也是社团干部中的一员。社团活动较多的时候，我会比别人多干一些，毕竟觉得是在锻炼自己。对于自己分内的事情，更是要负责到底。因为我们少数民族同学的老乡情结比较重，所以我有时候一动员他们，他们也愿来参加我们社团的活动，或者我带他们参加别的活动。但是有些活动可能对他们有益，有些活动可能也是让他们来帮我凑数的。”（社团成员05）

从上述访谈中可以判断出，少数民族大学生有较好的角色感，也清晰地认识到组织所赋予的角色期望，能够按常规完成角色参与。伴随着现实社会中不同因素的影响，角色认知可能不会明显地外显于角色参与中，角色参与可能会发生偏差。少数民族大学生正处于步入社会的过渡时期，社会规范的更新与社会对其要求的变化会让他们受到影响，故少数民族大学生应与时俱进地更新自己的角色认识，以期与之同步地优化自己的角色行为。

（四）少数民族大学生的知识技能社会化

知识技能的社会化，就是要通过不同形式的学习实践，掌握和了解科学文化和知识，培养与专业领域相关的工作技能，以达到和满足社会的需求。少数民族大学生可以通过知识技能社会化，将大学期间习得的知识理论，转化成为今后所需的工作技能，在实际的职业生涯中，逐步提高实践工作能力，实现知识和能力的再生产。可以说，知识技能的社会化是少数民族大学生将来走向社会生产实践和社会生活实践的铺垫。少数民族大学生的知识技能社会化主要包括生存生活技能的社会化、与未来职业发展相关的知识、能力社会化。因此，本节内容主要从少数民族大学生的生活能力、知识储备、职业能力三方面展开调查。

1. 少数民族大学生的生活能力

大学生活是丰富多彩、充满自由的，但又需要大学生能够实现自我管理。由马斯洛的需求层次理论可知，维持和满足基本生活的有条不紊，才能追求和开发更高层次的需要。因此，少数民族大学生独立自主的生活能力也是必不可少的。本部分内容以少数民族大学生的合理安排生活的能力、与其他民族同学生活和谐程度来反映其生活能力的情况。调查结果如图 7-2-9 和图 7-2-10 所示。

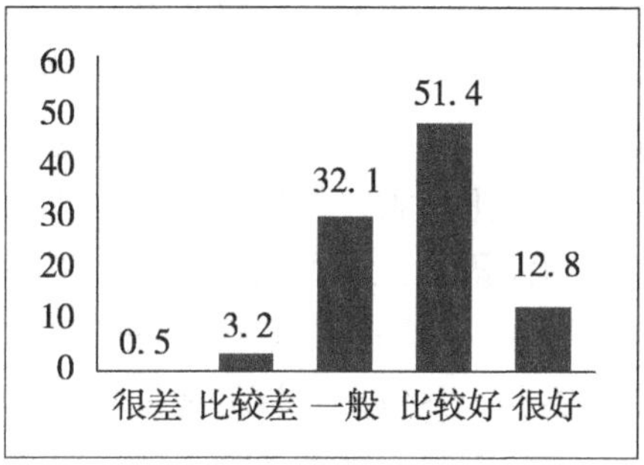

图 7-2-9　合理安排生活的能力（单位:%）

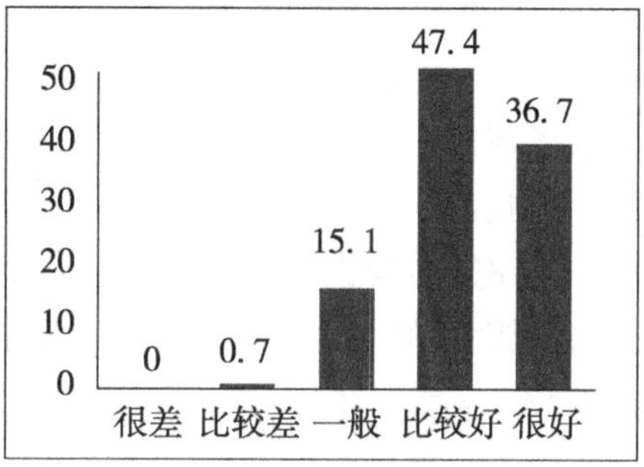

图 7-2-10　与其他民族同学生活和谐程度（单位:%）

由图 7-2-9 看出，51.4%的少数民族大学生具备“比较好”的合理安排生活的能力；32.1%的少数民族大学生的合理安排生活能力“一般”；12.8%的少数民族大学生具备“很好”安排生活能力。仅有 3.2%和 0.5%的少数民族大学生合理安排生活能力“比较差”和“一般”。可见，绝大部分少数民族大学生能合理地安排自己的生活，仅有极少数的少数民族大学生存在问题。

由图 7-2-10 看出，47.4%的少数民族大学生与其他民族同学相处的和谐程度“比较好”；36.7%的少数民族大学生与其他民族同学相处的和谐程度“很好”；15.1%的少数民族大学生与其他民族同学相处的和谐程度“一般”；仅有 0.7%的少数民族大学生与其他民族同学相处的和谐程度“比较差”；此外，并没有与其他民族同学相处的和谐程度“很差”的人。可见，少数民族大学生与其他民族同学能够融洽共处，能处理好他们之间的关系问题。

总体来看，少数民族大学生的生活能力情况是很理想的，基本都能实现生活自理，合理安排好自己的生活，与他人和谐共处，尤其是在与其他民族同学相处方面，更体现出少数民族大学生“兼并包容”的生活理念，也体现出新一代少数民族大学生素养的提升。

2. 少数民族大学生的知识储备

知识储备是少数民族大学生走向社会、迈入“职业人”队伍的基础。由于语言、文化、思维方式等方面的不同，无疑增加了少数民族大学生知识储备的难度，他们需要更努力地适应和接受主流文化，习得主流语言的知识能力。本部分内容主要从少数民族大学生的汉语水平、获取证书两方面来体现他们的知识储备情况。从少数民族大学生“使用汉语交流专业问题”的情况来看，41.6%的少数民族大学生“比较能”用汉语交流专业问题；25.8%的少数民族大学生“完全能”用汉语交流专业问题；23.5%的少数民族大学生用汉语交流专业问题的水平“一般”；仅有 9.0%和 0.1%的少数民族大学生“比较不能”和“完全不能”用汉语交流专业问题。总体来看，少数民族大学生的汉语水平情况较为乐观，绝大部分人能用汉语顺利地交流专业问题，这与其平日普通话练习和交流是分不开的。

在获取证书方面，主要调查通用型证书，如 MHK 和 HSK 汉语水平证书、英语四六级证书、计算机等级证书等；职业资格证书，如教师资格证、心理咨询师资格证书等。统计结果见表 7-2-10 所示。

表 7-2-10　少数民族大学生获取证书情况

证书	频数	占该选项人数的比值（%）
大学英语四级证书	43	3.2
MHK	1018	74.6
HSK	111	8.1
普通话等级证书	95	7.0
计算机等级证书	464	34.0
国家职业资格证书	47	3.4
其他	5	0.4

根据表 7-2-10 的统计结果可知，少数民族大学生的通用型证书获取人数较多。其中，74.6% 的少数民族大学生获取 MHK 证书；34.0% 的少数民族大学生获取计算机等级证书；8.1% 的少数民族大学生获取 HSK 证书；大学英语四级证书的获得人数也较少，仅有 3.2% 的人获取。对于少数民族大学生而言，英语为他们的第三甚至第四语言，因此大多数人可能没有过多的精力或时间用在英语的学习上。这也反映出，少数民族大学生对英语重要性可能缺乏些许认识。获取职业资格证书的人数也较少，仅有 3.4% 的少数民族大学生获取。

总体来看，少数民族大学生的知识储备较为理想，大多数人能够使用汉语交流专业问题，通用型证书获取情况也较为乐观。从侧面反映出，少数民族大学生具备一定的忧患意识，他们能意识到现在的学习是为将来的发展做准备，这可能也是激励他们努力学习的原因之一。

3. 少数民族大学生的职业能力

从专业术语的角度解读职业，就是个体参加社会分工，利用已获得的专业知识技能，为社会创造出物质和精神财富，从而获取相应的报酬，用以物质生活，满足精神需要。现今社会，职业已成为社会人谋生、生存的重要依靠和手段。职业能力对于即将步入社会的少数民族大学生来说，显得尤为重要和关键。本部分内容从调查少数民族大学生的“组织管理能力”以及“成为称职员工的自信心”入手，反映他们对于自己职业能力水平的预估。调查结果如图 7-2-11 和图 7-2-12所示。

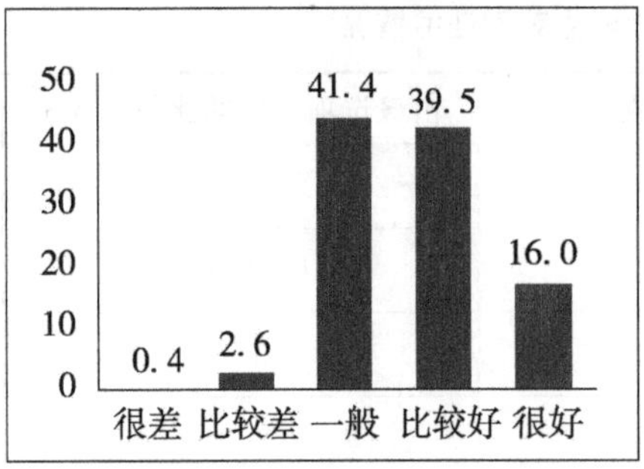

图 7-2-11　组织管理能力
（单位:%）

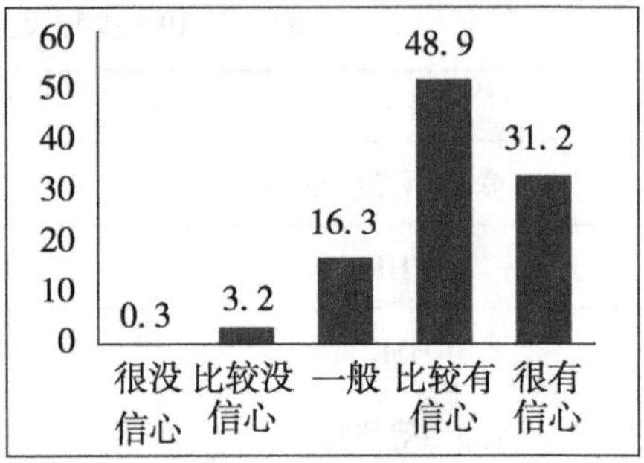

图 7-2-12　成为称职员工的信心
（单位:%）

由图 7-2-11 可见，41.4% 的少数民族大学生的组织管理能力“一般”；39.5% 的少数民族大学生的组织管理能力“比较好”；16.0% 的少数民族大学生的组织管理能力“很好”；仅有 2.6% 和 0.4% 的少数民族大学生的组织管理能力“比较差”和“很差”。这说明，大部分少数民族大学生具备基本的组织管理能力。组织管理能力，不仅体现出少数民族大学生的沟通技能、人际交往能力，也对增加他们的职业责任感有所助益。

由图 7-2-12 可见，对于少数民族大学生成为称职员工的信心程度，“比较有信心”的人居多，占 48.9%；“很有信心”的人，占 31.2%；信心程度“一般”的人，占 16.3%；仅有 3.2% 和 0.3% 的人对此“比较没信心”和“很没信心”。这说明，大部分少数民族大学生对今后成为一名称职员工是比较有信心的。而仅有少数人信心程度在一般以下，这可能与他们对于“称职”一词理解或标准不同，产生了一些偏差。

总体来看，少数民族大学生的职业能力较强，也关注自身发展能力的拓展和锻炼，但仍有极少数人的职业能力水平较低。因此，大学期间的职业意识教育和养成也需要得到重视。职业意识是由社会人转向职业人的提前社会化准备，也就是说，少数民族大学生还未正式步入社会进行实际工作时，在大学中需要提前接轨到目标职业的教育阶段。

第三节　高校学生社团对新疆少数民族大学生社会化的影响

影响少数民族大学生社会化的众多因素中，高校学生社团作为高校校园文化的经典代表，在其社会化发展中发挥着不可替代的促进作用。高校学生社团能帮助少数民族大学生习得知识技能，树立正确的观念，内化道德规范，确立人生目标，养成社会角色等。作为非正式和同辈群体的一种组织，它无疑成为少数民族大学生社会化发展的执行者之一，依靠特殊的组织形式和丰富的实践活动影响着少数民族大学生社会化。以下将分别从新疆少数民族大学生参与高校学生社团与否、类型、深广度三个方面入手，剖析高校学生社团对他们社会化的影响情况。

一、参与高校学生社团与否对其社会化的影响

（一）影响政治社会化

经过独立样本 t 检验，是否参与高校学生社团对新疆少数民族大学生在政治态度和情感、政治认知两方面有显著影响，如表 7-3-1 所示。

表 7-3-1　是否参与高校学生社团对政治社会化的显著影响

选项	N	均值	标准差	独立样本 t 检验
国家走向富强民主的态度				$t=7$ $df=1360$ $P=0.000$
是 否 总数	735 629 1364	4.22 3.93 4.09	0.663 0.830 0.757	
时政要闻的关心程度				$t=9.231$ $df=1360$ $P=0.000$
是 否 总数	735 629 1364	4.24 3.87 4.07	0.656 0.840 0.769	

由表 7-3-1 可见，高校学生社团影响新疆少数民族大学生的政治社会化主要体现在政治态度和情感、政治认知两方面。少数民族大学生对“国家走向富强民主的态度”的政治态度和情感均值为 4.22，而未参加高校学生社团的少数民族大学生其均值为 3.93。少数民族大学生对“时政要闻的关心程度”的政治认识均值为 4.24，而未参加高校学生社团的少数民族大学生其均值为 3.87。

经过卡方检验，得出是否参与高校学生社团对新疆少数民族大学生的某些政治参与行为有显著影响，如表 7-3-2 所示。

表 7–3–2 是否参与高校学生社团对政治参与的显著影响

选项	社会实践			卡方检验
	是	否	合计	
是	683	52	735	$\chi^2=68.266$ $df=1$ $P=0.000$
否	484	145	627	
合计	1167	197	1364	

由表 7–3–2 可知，是否参与高校学生社团仅对新疆少数民族大学生的社会实践有显著影响，而对选举投票、向学校或学院领导反映情况、参与政党组织活动等行为并无显著影响。

（二）影响道德社会化

利用独立样本 t 检验，对新疆少数民族大学生的道德认知、道德参与、道德行为三方面在是否参与高校学生社团上进行差异性检验，考察是否参与高校学生社团对其道德社会化是否存在显著影响。具体检验结果见表 7–3–3。

表 7–3–3 是否参与高校学生社团对道德社会化的影响

选项	N	均值	标准差	独立样本 t 检验
大学生普遍缺乏社会责任感				$t=-2.255$ $df=1341.707$ $P=0.024$
是 否 总数	735 629 1364	2.70 2.85 2.77	1.304 1.261 1.286	
发现公共场所不文明行为会马上制止				$t=2.326$ $df=1330.631$ $P=0.020$
是 否 总数	735 629 1364	3.71 3.56 3.64	1.232 1.219 1.228	
道德行为				$t=13.038$ $df=1362$ $P=0.000$
是 否 总数	735 629 1364	22.18 20.18 21.26	2.445 3.216 2.997	

通过表 7–3–3 可知，是否参与高校学生社团对道德认知、道德参与、道德行为三方面的道德社会化都有显著影响。参与高校学生社团的少数民族大学生对“大学生普遍缺乏社会责任感”的道德认知均值达 2.70，这说

明大部分参与高校学生社团的少数民族大学生还是认为如今的大学生是存在社会责任感的；参与高校学生社团的少数民族大学生对“发现公共场所不文明行为会马上制止”的道德参与均值达 3.71，这说明大部分人比较同意马上去制止公共场所的不文明行为。参与高校学生社团的少数民族大学生道德行为均值为 22.18，这说明他们的道德行为更加符合行为规范。

（三）影响角色社会化

采用独立样本 t 检验，检验是否参与高校学生社团对新疆少数民族大学生的角色认知、角色移情、角色参与三方面的角色社会化的显著影响。具体检验结果见表 7–3–4。

表 7–3–4　是否参与高校学生社团对角色社会化的影响

选项	N	均值	标准差	独立样本 t 检验
人生目标的清晰程度				$t=8.245$ $df=1362$ $P=0.000$
是 否 总数	735 629 1364	4.16 3.82 4.00	0.703 0.808 0.771	
习惯别人把自己当作成年人对待				$t=13.846$ $df=1362$ $P=0.000$
是 否 总数	735 629 1364	4.01 3.41 3.74	0.795 0.806 0.854	
参与有利于今后工作的活动				$t=18.428$ $df=1362$ $P=0.000$
是 否 总数	735 629 1364	4.30 3.50 3.93	0.715 0.875 0.886	

从表 7–3–4 得知，是否参与高校学生社团对新疆少数民族大学生的角色社会化产生了显著影响。参与高校学生社团的新疆少数民族大学生对“人生目标的清晰程度”的角色认知均值为 4.16，比总体均值以及未参与高校学生社团的均值分别高 0.16、0.34；参与高校学生社团的新疆少数民族大学生对“习惯别人把自己当作成年人对待”的角色移情均值为 4.01，比总体均值以及未参与高校学生社团的均值分别高 0.27、0.60；参与高校学生社团的新疆少数民族大学生对“参与有利于今后工作的活动”的角色参与均值为 4.30，比总体均值以及未参与高校学生社团的均值分别高

0. 37、0. 80。

（四）影响知识技能社会化

经过独立样本 t 检验，考察是否参与高校学生社团对新疆少数民族大学生的生活能力、知识储备、职业能力三方面的知识技能社会化的显著影响。具体检验结果见表 7-3-5。

7-3-5　是否参与高校学生社团对知识技能社会化的影响

	选项	N	均值	标准差	独立样本 t 检验
是否参与高校学生社团	生活自理能力				$t=10.799$ $df=1362$ $P=0.000$
	是 否 总数	735 629 1364	3. 92 3. 50 3. 73	0. 694 0. 731 0. 741	
	汉语交流专业问题				$t=8.920$ $df=1362$ $P=0.000$
	是 否 总数	735 629 1364	4. 04 3. 61 3. 84	0. 803 0. 979 0. 914	
	组织管理能力				$t=11.421$ $df=1360.511$ $P=0.000$
	是 否 总数	735 629 1364	3. 89 3. 43 3. 68	0. 792 0. 701 0. 786	

通过表 7-3-5 可知，是否参与高校学生社团对新疆少数民族大学生的生活能力、知识储备、职业能力有显著影响。参与高校学生社团的少数民族大学生的生活自理能力均值为 3. 92，而未参与高校学生社团的均值为 3. 50。参与高校学生社团的少数民族大学生汉语交流专业问题的知识储备均值为 4. 04，而未参与高校学生社团的均值为 3. 61。同时，经检验发现，参与高校学生社团还对少数民族大学生能否获得大学英语等级证书、MHK 等级证书、计算机等级证书及国家职业资格证书有影响。参与高校学生社团的少数民族大学生职业能力中的组织管理能力均值为 3. 89，而未参与高校学生社团的均值为 3. 43。

二、不同高校学生社团类型对其社会化的影响

（一）思想教育类的影响

通过调查发现，参与思想教育类学生社团的少数民族大学生最少，原因可能与该类型学生社团较少有关，但仍可发现它明显的政治社会化作用。思想教育类学生社团成员在 MHK 等级证书、计算机等级证书的获得上，比未参加的人数多。利用独立样本 t 检验发现，思想教育类学生对政治社会化、道德社会化、知识技能社会化产生明显影响，见表 7-3-6。

表 7-3-6　思想教育类学生社团对少数民族大学生社会化的显著影响

选项	N	均值	标准差	独立样本 t 检验
国家走向富强民主的态度				t = 2.477 df = 733 P = 0.013
是 否 总数	97 638 735	4.37 4.19 4.22	0.754 0.645 0.663	
只讲金钱，不讲道德				t = −2.125 df = 733 P = 0.034
是 否 总数	97 638 735	1.82 2.11 2.07	1.041 1.249 1.227	
其他民族同学遇到困难尽力帮助				t = 3.354 df = 733 P = 0.001
是 否 总数	97 638 735	4.67 4.37 4.41	0.590 0.836 0.814	
汉语交流专业问题				t = 2.610 df = 126.933 P = 0.007
是 否 总数	97 638 735	4.24 4.01 4.04	0.081 0.032 0.803	

从表 7-3-6 可看出，思想教育类学生社团对政治社会化中的政治态度和情感、道德社会化中的道德认知和道德参与、知识技能社会化中的知识储备的提高有明显帮助。参与思想教育类学生社团的少数民族大学生对“国家走向富强民主”的政治态度和情感均值为 4.37，比未参与人的均值高 0.18；参与思想教育类学生社团的少数民族大学生对“只讲金钱，不讲

道德”的道德认知均值为1.82，比未参与人的均值低0.29，说明参与该类学生社团的少数民族大学生不太赞成这样的说法；参与思想教育类学生社团的少数民族大学生对“其他民族同学遇到困难尽力帮助”的道德参与均值为4.67，比未参与人的均值高0.30；参与思想教育类学生社团的少数民族大学生对“汉语交流专业问题”的知识储备均值为4.24，比未参与学生的均值高0.23。

（二）科技创新类的影响

科技创新类学生社团主要对少数民族大学生道德社会化、知识技能社会化产生了显著影响，MHK 等级证书的获得人数也较多，而对政治社会化、角色社会化的影响不明显。采用独立样本 t 检验，进一步检验科技创新类学生社团对其社会化的影响，见表7-3-7。

表7-3-7 科技创新类学生社团对少数民族大学生社会化的影响

选项	N	均值	标准差	独立样本 t 检验
人与人的关系就是相互利用				$t=-2.901$ $df=142.611$ $P=0.004$
是 否 总数	108 627 735	2.47 2.91 2.84	1.450 1.384 1.401	
生活自理能力				$t=2.465$ $df=138.980$ $P=0.015$
是 否 总数	108 627 735	4.08 3.89 3.92	0.750 0.680 0.694	
组织管理能力				$t=2.713$ $df=142.613$ $P=0.004$
是 否 总数	108 627 735	4.10 3.86 3.89	0.820 0.782 0.792	

通过表7-3-7看出，科技创新类学生社团对少数民族大学生的道德社会化中的道德认知、知识技能社会化中的生活能力、组织管理能力都有明显影响。参与科技创新类学生社团的少数民族大学生对“人与人的关系就是相互利用”的道德认知均值为2.47，这说明大部分参与该类学生社团的少数民族大学生不太赞成这一说法；参与科技创新类学生社团的少数民族大学生的“生活自理能力”的均值为4.08，比未参与人的均

值高0.19；参与科技创新类学生社团的少数民族大学生职业能力中的“组织管理能力”均值为4.10，比未参与人的均值高0.24。

进一步利用回归分析发现，科技创新类学生社团对新疆少数民族大学生社会化有影响。具体分析结果见表7-3-8。

表7-3-8　科技创新类学生社团对少数民族大学生社会化的回归分析结果

模型	选项	非标准化系数		标准系数	*t*	*Sig.*
		B	标准误差	试用版		
人与人的关系就是相互利用						
1	（常量）	2.788	0.038		73.970	0.000
	科技创新类	-0.316	0.134	-0.064	-2.359	0.018
生活自理能力						
1	（常量）	3.698	0.021		178.674	0.000
	科技创新类	0.385	0.074	0.140	5.235	0.000
组织管理能力						
1	（常量）	3.643	0.022		166.399	0.000
	科技创新类	0.459	0.078	0.158	5.893	0.000

由表7-3-8可知，参与科技创新类学生社团对少数民族大学生的道德认知有影响，同时还对他们生活自理能力、组织管理能力的提高有帮助。

（三）兴趣艺术类的影响

参与兴趣艺术类学生社团的少数民族大学生最多，对他们的政治社会化、道德社会化、角色社会化、知识技能社会化都有显著影响。具体分析结果见表7-3-9。

表7-3-9　兴趣艺术类学生社团对少数民族大学生社会化的显著影响

选项	*N*	均值	标准差	独立样本 *t* 检验
国家走向富强民主的态度				$t=3.313$ $df=733$ $P=0.001$
是 否 总数	283 452 735	4.32 4.15 4.22	0.651 0.663 0.663	

续表

选项	N	均值	标准差	独立样本 t 检验
人与人的关系就是相互利用				$t=-2.015$ $df=622.674$ $P=0.044$
是 否 总数	283 452 735	2.71 2.92 2.84	1.334 1.342 1.401	
步入社会所要承担的责任				$t=3.714$ $df=602.612$ $P=0.000$
是 否 总数	283 452 735	4.05 3.85 3.93	0.708 0.714 0.718	
汉语交流专业问题				$t=3.598$ $df=733$ $P=0.000$
是 否 总数	283 452 735	4.17 3.96 4.04	0.835 0.772 0.803	
组织管理能力				$t=2.027$ $df=573.117$ $P=0.043$
是 否 总数	283 452 735	3.97 3.85 3.89	0.818 0.773 0.792	

由表7-3-9可见，兴趣艺术类学生社团影响少数民族大学生政治社会化表现在政治态度和情感上，参与该类社团与未参与的均值差为0.17；兴趣艺术类学生社团影响少数民族大学生道德社会化表现在道德认知上，参与该类社团与未参与的均值差为0.21，说明大部分参与该类学生社团的少数民族大学生不太赞成人与人之间是相互利用的关系；兴趣艺术类学生社团影响少数民族大学生角色社会化表现在角色认知上，参与该类型社团与未参与的均值差为0.20；兴趣艺术类学生社团影响少数民族大学生的知识技能社会化表现在知识储备、职业能力上，参与该类社团与未参与的均值差分别为0.21和0.12。

进一步利用回归分析发现，兴趣艺术类学生社团对新疆少数民族大学生社会化有影响。具体分析结果见表7-3-10。

表 7-3-10　兴趣艺术类学生社团对少数民族大学生社会化的回归分析结果

模型	选项	非标准化系数		标准系数	*t*	*Sig.*
		B	标准误差	试用版		
国家走向富强民主的态度						
1	（常量）	4.024	0.023		176.324	0.000
	兴趣艺术类	0.293	0.050	0.158	5.891	0.000
步入社会所要承担的责任						
1	（常量）	3.676	0.024		155.531	0.000
	兴趣艺术类	0.366	0.052	0.189	7.101	0.000
汉语交流专业问题						
1	（常量）	3.753	0.027		137.117	0.000
	兴趣艺术类	0.418	0.060	0.186	7.000	0.000
组织管理能力						
1	（常量）	3.601	0.023		153.311	0.000
	兴趣艺术类	0.375	0.051	0.195	7.321	0.000

由表 7-3-10 可知，兴趣艺术类学生社团对少数民族大学生的政治态度和情感有明显的正向影响，对于提高角色认知也是有帮助的，同时对提升汉语水平和组织管理能力也有正向影响。

（四）文化体育类的影响

通过数据分析发现，参与文化体育类学生社团的少数民族大学生选举投票的政治参与行为较积极。这说明，该类学生社团对政治社会化以及知识技能社会化是有影响的。进一步通过独立样本 *t* 检验发现，该类学生社团不仅对政治社会化、知识技能社会化有影响，对角色社会化也有明显影响。

表 7-3-11 文化体育类学生社团对少数民族大学生社会化的显著影响

选项	N	均值	标准差	独立样本 t 检验
	时政要闻关心程度			$t=2.407$ $df=733$ $P=0.016$
是 否 总数	151 584 735	4.36 4.21 4.24	0.706 0.639 0.656	
尊重其他民族学生风俗习惯				$t=3.769$ $df=733$ $P=0.000$
是 否 总数	151 584 735	4.81 4.58 4.63	0.583 0.638 0.662	
习惯别人把自己当作成年人对待				$t=4.412$ $df=733$ $P=0.000$
是 否 总数	151 584 735	4.26 3.95 4.01	0.690 0.808 0.795	
成为称职员工的信心程度				$t=4.450$ $df=237.608$ $P=0.000$
是 否 总数	151 584 735	4.50 4.24 4.30	0.642 0.656 0.661	

由表 7-3-11 看出，文化体育类学生社团对少数民族大学生政治社会化的影响除体现在政治参与上，还主要体现在政治认知上，参与该类学生社团对“时政要闻的关心程度”均值为 4.36，比未参与人的均值高 0.15；文化体育类学生社团对少数民族大学生道德社会化的影响主要体现在道德行为上，参与该类学生社团的“尊重其他民族学生风俗习惯”的道德行为均值为 4.81，比未参与人的均值高 0.23；文化体育类学生社团对少数民族大学生角色社会化的影响主要体现在角色移情上，参与该类学生社团对“习惯别人把自己当作成年人对待”的角色移情均值为 4.26，比未参与人的均值高 0.31；文化体育类学生社团对少数民族大学生知识技能社会化影响除体现在知识储备上，还体现在职业能力上，参与该类学生社团对“成为称职员工的信心程度”的均值为 4.50，比未参与人的均值高 0.26。

进一步利用回归分析发现，文化体育类学生社团对新疆少数民族大学生社会化有影响。具体分析结果见表 7-3-12。

表 7-3-12　文化体育类学生社团对少数民族大学生社会化的回归分析结果

模型	选项	非标准化系数		标准系数	*t*	*Sig.*
		B	标准误差	试用版		
时政要闻关心程度						
1	（常量）	4.036	0.022		184.150	0.000
	文化体育类	0.320	0.066	0.131	4.874	0.000
尊重其他民族学生风俗习惯						
1	（常量）	4.415	0.022		201.854	0.000
	文化体育类	0.394	0.066	0.161	6.016	0.000
习惯别人把自己当作成年人对待						
1	（常量）	3.669	0.024		153.249	0.000
	文化体育类	0.601	0.072	0.221	8.374	0.000
成为称职员工的信心程度						
1	（常量）	4.021	0.022		180.275	0.000
	文化体育类	0.485	0.067	0.193	7.260	0.000

由表 7-3-12 可知，文化体育类学生社团对少数民族大学生的角色认知、道德行为、角色移情和职业能力都有正向影响。

（五）实践服务类的影响

经调查，实践服务类学生社团对选举投票的政治参与行为有明显影响。再利用独立样本 *t* 检验发现，该类社团对道德社会化、角色社会化也有明显影响。

表 7-3-13　实践服务类学生社团对少数民族大学生社会化的影响

选项	*N*	均值	标准差	独立样本 *t* 检验
雷锋精神很重要				$t=2.206$ $df=733$ $P=0.028$
是 否 总数	249 486 735	4.26 4.09 4.15	0.903 1.069 1.019	

续表

选项	N	均值	标准差	独立样本 t 检验
参与有利于今后工作的活动				$t=2.383$ $df=519.701$ $P=0.016$
是 否 总数	249 486 735	4.39 4.25 4.01	0.693 0.723 0.795	

通过表 7-3-13 可看出，实践服务类学生社团对道德社会化的显著影响主要体现在道德认知方面，参与该类学生社团的少数民族大学生对“雷锋精神很重要”的道德认知均值为4.26，而未参与的均值为4.09；实践服务类学生社团对角色社会化的显著影响主要体现在角色参与上，参与该类学生社团的少数民族大学生的“参与有利于今后工作的活动”均值为4.39，而未参与的均值为4.25。

进一步利用回归分析发现，实践服务类学生社团对新疆少数民族大学生社会化有影响。具体分析结果见表 7-3-14。

表 7-3-14　实践服务类学生社团对少数民族大学生社会化的回归分析结果

模型	选项	非标准化系数		标准系数	t	*Sig.*
		B	标准误差	试用版		
雷锋精神很重要						
1	（常量）	4.091	0.032		129.132	0.000
	实践服务类	0.170	0.074	0.062	2.299	0.022
参与有利于今后工作的活动						
1	（常量）	3.830	0.026		148.683	0.000
	实践服务类	0.555	0.060	0.242	9.205	0.000

由表 7-3-14 可知，实践服务类学生社团对新疆少数民族大学生的道德认知有正向影响，还能提升他们角色参与的积极性。

三、高校学生社团参与数量及深度对其社会化的影响

（一）高校学生社团参与数量的影响

经过调查分析发现，高校学生社团参与的数量对选举投票等行为有明

显影响。下面利用单因素方差分析、探究新疆少数民族大学生社会化的影响情况，见表7-3-15。

表 7-3-15　高校学生社团的参与数量对少数民族大学生社会化的显著影响

选项	N	均值	标准差	单因素方差分析
发现公共场所不文明行为会马上制止				
1	563	3.65	1.240	$F=3.022$
2	125	3.76	1.247	$df=734$
3	37	4.00	1.549	$P=0.017$
4	6	4.00	0.889	
5	4	4.35	0.000	
总数	735	3.71	1.232	
不会在上课接听手机				
1	563	3.70	0.704	$F=2.572$
2	125	3.70	0.687	$df=734$
3	37	3.89	0.661	$P=0.037$
4	6	4.00	0.000	
5	4	4.00	0.000	
总数	735	3.85	0.698	
参与有利于今后工作的活动				
1	563	4.27	0.734	$F=2.523$
2	125	4.34	0.673	$df=734$
3	37	4.43	0.555	$P=0.040$
4	6	4.83	0.408	
5	4	5.00	0.000	
总数	735	4.30	0.715	
生活自理能力				
1	563	3.88	0.657	$F=8.834$
2	125	3.91	0.833	$df=734$
3	37	4.24	0.495	$P=0.000$
4	6	5.00	0.000	
5	4	5.00	0.000	
总数	735	3.92	0.694	

由表 7-3-15 可看出，高校学生社团的参与数量对少数民族大学生道德社会化、角色社会化、知识技能社会化都有一些影响。少数民族大学生“发现公共场所不文明行为会马上制止”的道德参与均值随着参与高校学

生社团数量的增加而递增，最高均值达4.35；少数民族大学生“不会在上课接听手机”的道德行为均值随着参与高校学生社团数量的增加而递增，最高均值达4.00；少数民族大学生“参与有利于今后工作的活动”的角色参与均值随参与高校学生社团数量的增加而递增，最高均值达5.00；少数民族大学生“生活自理能力”的均值随参与高校学生社团数量的增加而递增，最高均值达5.00。

进一步利用回归分析发现，高校学生社团的参与数量对新疆少数民族大学生社会化有影响。具体分析结果见表7-3-16。

表7-3-16 高校学生社团的参与数量对少数民族大学生社会化的回归分析结果

模型	选项	非标准化系数		标准系数	*t*	*Sig.*
		B	标准误差	试用版		
发现公共场所不文明行为会马上制止						
1	（常量）	3.536	0.044		80.409	0.000
	参与学生社团数量	0.146	0.041	0.097	3.596	0.000
不会在上课接听手机						
1	（常量）	3.525	0.029		119.771	0.000
	参与学生社团数量	0.182	0.027	0.178	6.692	0.000
参与有利于今后工作的活动						
1	（常量）	3.625	0.029		124.065	0.000
	参与学生社团数量	0.432	0.027	0.397	15.973	0.000
生活自理能力						
1	（常量）	3.536	0.025		139.257	0.000
	参与学生社团数量	0.271	0.024	0.299	11.545	0.000

由表7-3-16可知，高校学生社团数量对少数民族大学生正确的道德

行为是有正向影响的，还能提升他们的角色参与积极性以及生活自理能力。

（二）高校学生社团参与深度的影响

1. 政治社会化

通过调查，少数民族大学生参与活动的频率会对其选举投票、社会实践等行为产生显著影响；与其他成员的往来会对其社会实践行为产生显著影响。下面利用单因素方差分析、探究少数民族大学生社团参与活动频率、与其他成员的往来对政治态度和情感、政治认知的影响情况。

表 7-3-17 高校学生社团的参与深度对少数民族大学生政治社会化的影响

活动	选项	N	国家走向富强民主的态度			时政要闻关心程度		
			均值	标准差	单因素方差分析	均值	标准差	单因素方差分析
参与活动频率	很少	81	4.17	0.648	$F=5.798$ $df=4$ $P=0.000$	4.15	0.838	$F=6.357$ $df=4$ $P=0.000$
	比较少	172	4.13	0.692		4.10	0.731	
	一般	296	4.17	0.645		4.26	0.561	
	比较多	162	4.35	0.654		4.35	0.605	
	很多	24	4.67	0.482		4.67	0.482	
	总数	735	4.22	0.663		4.24	0.656	
与其他成员的往来	很少	49	4.20	0.577	$F=4.769$ $df=4$ $P=0.001$	3.97	0.874	$F=6.523$ $df=4$ $P=0.000$
	比较少	107	4.01	0.759		4.27	0.811	
	一般	375	4.21	0.656		4.28	0.643	
	比较多	178	4.31	0.592		4.41	0.603	
	很多	26	4.50	0.762		4.46	0.539	
	总数	735	4.22	0.663		4.24	0.656	

由表 7-3-17 可知，参与高校学生社团活动最多的少数民族大学生对于“国家走向富强民主的态度”的政治态度和情感均值达 4.67，对于“时政要闻关心程度”的政治认知均值也达 4.67；与其他社团成员往来最频繁的少数民族大学生对于“国家走向富强民主的态度”的政治态度和情感均值达 4.50，对于“时政要闻关心程度”的政治认知均值达 4.46。

进一步利用回归分析发现，高校学生社团的参与深度对新疆少数民族大学生政治社会化有影响，见表 7-3-18。

表 7-3-18　高校学生社团的参与深度对少数民族大学生政治社会化的回归分析结果

模型	选项	非标准化系数		标准系数	*t*	*Sig.*
		B	标准误差	试用版		
国家走向富强民主的态度						
1	（常量）	3.934	0.028		140.366	0.000
	参与活动的频率	0.098	0.013	0.206	7.759	0.000
时政要闻关心程度						
1	（常量）	3.872	0.028		138.227	0.000
	参与活动的频率	0.129	0.013	0.267	10.198	0.000
国家走向富强民主的态度						
1	（常量）	3.938	0.028		138.323	0.000
	与其他成员的往来	0.090	0.012	0.195	7.337	0.000
时政要闻关心程度						
1	（常量）	3.891	0.029		135.893	0.000
	与其他成员的往来	0.109	0.012	0.235	8.922	0.000

由表 7-3-18 可知，参与学生社团的深度对政治态度和情感、政治认知等有正向影响。

2. 道德社会化

利用单因素方差分析法，考察高校学生社团参与的深度对新疆少数民族大学生道德社会化的影响。

表 7-3-19　高校学生社团的参与深度对少数民族大学生道德社会化的影响

选项	*N*	均值	标准差	单因素方差分析
参与活动频率	道德行为			
很少	81	20.44	3.450	$F=14.778$ $df=734$ $P=0.000$
比较少	172	22.32	2.267	
一般	296	22.32	2.225	
比较多	162	22.37	2.122	
很多	24	22.88	1.854	
总数	735	22.18	2.455	

续表

选项	N	均值	标准差	单因素方差分析
与其他成员往来	其他民族同学遇到困难尽力帮助			
很少	49	4.34	0.909	$F=3.164$ $df=734$ $P=0.014$
比较少	107	4.39	0.846	
一般	375	4.41	0.834	
比较多	178	4.52	0.669	
很多	26	4.81	0.801	
总数	735	4.41	0.814	

由表7-3-19可看出，高校学生社团的参与深度对少数民族大学生的道德参与、道德行为产生显著影响。具体表现为：少数民族大学生参与社团活动频率对道德行为产生显著影响，参与学生社团活动最多的道德行为均值为22.88；少数民族大学生与其他成员的往来对“其他民族同学遇到困难尽力帮助”的道德参与产生显著影响，与其他社团成员往来最频繁的少数民族大学生在上述方面的道德参与均值为4.81。

进一步利用回归分析发现，高校学生社团的参与深度对新疆少数民族大学生道德社会化有影响，见表7-3-20。

表7-3-20　高校学生社团的参与深度对少数民族大学生道德社会化的回归分析结果

模型	选项	非标准化系数		标准系数	t	$Sig.$
		B	标准误差	试用版		
道德行为						
1	（常量）	20.258	0.106		190.587	0.000
	参与活动的频率	0.645	0.048	0.343	13.462	0.000
其他民族同学遇到困难尽力帮助						
1	（常量）	4.362	0.032		135.959	0.000
	与其他成员的往来	0.027	0.014	0.053	1.969	0.049

由表7-3-20可知，参与活动频率会对少数民族大学生的道德行为有正向影响；与其他成员的往来对少数民族大学生伸出援助之手的道德参与之举有正向影响。

3. 角色社会化

采用单因素方差分析，检验高校学生社团参与的深度对新疆少数民族大学生角色社会化的影响。

表 7-3-21 高校学生社团的参与深度对少数民族大学生角色社会化的显著影响

选项	N	均值	标准差	单因素方差分析
参与活动频率	步入社会所要承担的责任			F = 22.905 df = 734 P = 0.000
很少	81	3.55	0.826	
比较少	172	3.78	0.758	
一般	296	4.01	0.643	
比较多	162	4.19	0.537	
很多	24	4.29	0.464	
总数	735	3.93	0.718	
参与活动频率	人生目标的清晰程度			F = 14.602 df = 734 P = 0.000
很少	81	3.95	0.740	
比较少	172	4.08	0.817	
一般	296	4.14	0.647	
比较多	162	4.31	0.615	
很多	24	4.67	0.482	
总数	735	4.16	0.703	
参与活动频率	习惯别人把自己当作成年人对待			F = 15.951 df = 734 P = 0.000
很少	81	3.58	0.893	
比较少	172	3.83	0.831	
一般	296	4.11	0.618	
比较多	162	4.17	0.867	
很多	24	4.54	0.779	
总数	735	4.01	0.795	
参与活动频率	参与有利于今后工作的活动			F = 6.215 df = 734 P = 0.000
很少	81	3.93	81	
比较少	172	4.10	172	
一般	296	4.37	296	
比较多	162	4.51	162	
很多	24	4.67	24	
总数	735	4.30	735	
与其他成员往来	人生目标的清晰程度			
很少	49	3.94	0.719	
比较少	107	4.10	0.818	
一般	375	4.17	0.699	
比较多	178	4.28	0.601	
很多	26	4.62	0.571	
总数	735	4.16	0.703	

由表7-3-21发现，参与活动的频率对少数民族大学生的角色认知、角色移情、角色参与三方面的角色社会化有明显的影响。参与学生社团活动最多的少数民族大学生对于“步入社会所要承担的责任”和“人生目标的清晰程度”的角色认知均值分别为4.29、4.67；参与学生社团活动最多的少数民族大学生对于“习惯别人把自己当作成年人对待”的角色移情均值为4.54；参与学生社团活动最多的少数民族大学生对于“参与有利于今后工作的活动”的角色参与均值为4.67；其他成员往来最多的少数民族大学生对于“人生目标的清晰程度”的角色认知均值为4.62。

进一步利用回归分析发现，高校学生社团的参与深度对新疆少数民族大学生角色社会化有影响，见表7-3-22。

表7-3-22　高校学生社团的参与深度对少数民族大学生角色社会化的回归分析结果

模型	选项	非标准化系数		标准系数	*t*	*Sig.*
		B	标准误差	试用版		
步入社会所要承担的责任						
1	（常量）	3.524	0.028		123.851	0.000
	参与活动的频率	0.148	0.013	0.298	11.528	0.000
人生目标的清晰程度						
1	（常量）	3.814	0.028		135.370	0.000
	参与活动的频率	0.123	0.013	0.253	9.671	0.000
习惯别人把自己当作成年人对待						
1	（常量）	3.409	0.030		114.980	0.000
	参与活动的频率	0.211	0.013	0.394	15.819	0.000
参与有利于今后工作的活动						
1	（常量）	3.524	0.029		119.575	0.000
	参与活动的频率	0.264	0.013	0.474	19.844	0.000
人生目标的清晰程度						
1	（常量）	3.827	0.029		133.209	0.000
	与其他成员的往来	0.107	0.012	0.229	8.690	0.000

由表7-3-22可知，参与活动的频率对少数民族大学生角色认知、角色移情和角色参与都有正向影响；与其他成员的往来仅对角色认知有正向影响。

4. 知识技能社会化

利用单因素方差分析，考察高校学生社团的参与深度对少数民族大学生生活能力、知识储备、职业能力三方面的知识技能社会化是否产生影响。

表7-3-23　高校学生社团的参与深度对少数民族大学生知识技能社会化的影响

选项	N	均值	标准差	单因素方差分析
参与活动频率	与其他民族学生生活的和谐程度			
很少	81	4.19	0.776	$F=15.339$ $df=734$ $P=0.000$
比较少	172	4.22	0.691	
一般	296	4.23	0.640	
比较多	162	4.63	0.521	
很多	24	4.75	0.532	
总数	735	4.33	0.667	
参与活动频率	汉语交流专业问题			
很少	81	3.84	0.089	$F=22.274$ $df=734$ $P=0.000$
比较少	172	3.88	0.818	
一般	296	3.91	0.767	
比较多	162	4.46	0.697	
很多	24	4.67	0.482	
总数	735	4.04	0.803	
参与活动频率	组织管理能力			
很少	81	3.63	1.018	$F=16.869$ $df=734$ $P=0.000$
比较少	172	3.73	0.771	
一般	296	3.88	0.723	
比较多	162	4.08	0.705	
很多	24	4.88	0.338	
总数	735	3.89	0.792	
参与活动频率	成为称职员工的信心程度			
很少	81	4.01	0.783	$F=10.958$ $df=734$ $P=0.000$
比较少	172	4.24	0.618	
一般	296	4.28	0.622	
比较多	162	4.43	0.668	
很多	24	4.88	0.338	
总数	735	4.30	0.661	

续表

选项	N	均值	标准差	单因素方差分析
与其他成员往来	与其他民族学生生活的和谐程度			
很少	49	3.98	0.829	F = 14.134
比较少	107	4.22	0.677	df = 734
一般	375	4.27	0.667	P = 0.000
比较多	178	4.53	0.533	
很多	26	4.88	0.431	
总数	735	4.33	0.667	
与其他成员往来	汉语交流专业问题			
很少	49	3.71	0.816	F = 22.042
比较少	107	3.76	0.856	df = 734
一般	375	3.94	0.761	P = 0.000
比较多	178	4.44	0.689	
很多	26	4.46	0.706	
总数	735	4.04	0.803	
与其他成员往来	组织管理能力			
很少	49	3.35	0.969	F = 16.059
比较少	107	3.63	0.795	df = 734
一般	375	3.91	0.744	P = 0.000
比较多	178	4.08	0.735	
很多	26	4.46	0.582	
总数	735	3.89	0.792	
与其他成员往来	成为称职员工的信心程度			
很少	49	4.02	0.777	F = 7.330
比较少	107	4.20	0.651	df = 734
一般	375	4.26	0.638	P = 0.000
比较多	178	4.46	0.647	
很多	26	4.62	0.571	
总数	735	4.30	0.661	

通过表 7-3-23 可知，参与高校学生社团的深度对其生活能力、知识储备、职业能力三方面的知识技能社会化均产生明显的影响。参与学生社团活动最多的少数民族大学生，在“与其他民族学生生活的和谐程度”的生活能力方面的均值为 4.75，比总体均值高 0.42；在“汉语交流专业问题”的知识储备方面的均值为 4.67，比总体均值高 0.63；在“组织管理能力”上的均值为 4.88，比总体均值高 0.99；在“成为称职员工的信心程度”的职业能力方面的均值为 4.88，比总体均值高 0.58。与其他成员来

往最多的少数民族大学生，在“与其他民族学生生活的和谐程度”的生活能力方面的均值为4.88，比总体均值高0.55；在“汉语交流专业问题”的知识储备方面的均值为4.46，比总体均值高0.42；在“组织管理能力”上的均值为4.46，比总体均值高0.47；在“成为称职员工的信心程度”的职业能力方面的均值为4.62，比总体均值高0.32。

进一步利用回归分析发现，高校学生社团的参与深度对新疆少数民族大学生角色社会化有影响，见表7-3-24。

表7-3-24 高校学生社团的参与深度对少数民族大学生知识技能社会化的回归分析结果

模型	选项	非标准化系数		标准系数	*t*	*Sig.*
		B	标准误差	试用版		
与其他民族学生生活的和谐程度						
1	（常量）	4.032	0.026		154.648	0.000
	参与活动的频率	0.110	0.012	0.246	9.361	0.000
汉语交流专业问题						
1	（常量）	3.579	0.033		108.548	0.000
	参与活动的频率	0.169	0.015	0.295	11.381	0.000
组织管理能力						
1	（常量）	3.411	0.028		122.884	0.000
	参与活动的频率	0.174	0.013	0.352	13.890	0.000
成为称职员工的信心程度						
1	（常量）	3.826	0.028		135.419	0.000
	参与活动的频率	0.161	0.013	0.325	12.680	0.000
与其他民族学生生活的和谐程度						
1	（常量）	4.033	0.026		152.317	0.000
	与其他成员的往来	0.103	0.011	0.238	9.037	0.000

续表

模型	选项	非标准化系数		标准系数	t	Sig.
		B	标准误差	试用版		
汉语交流专业问题						
1	（常量）	3.577	0.033		106.851	0.000
	与其他成员的往来	0.160	0.014	0.289	11.143	0.000
组织管理能力						
1	（常量）	3.409	0.028		120.840	0.000
	参与活动的频率	0.164	0.012	0.345	13.562	0.000
成为称职员工的信心程度						
1	（常量）	3.831	0.029		133.082	0.000
	参与活动的频率	0.148	0.012	0.310	12.023	0.000

由表7-3-24可知，参与学生社团的深度对生活能力、知识储备、职业能力三方面都有正向影响。

四、高校学生社团社会化影响的体现及影响机制分析

（一）高校学生社团对大学生社会化影响的体现

1. 政治社会化影响的体现

高校学生社团是大学生思想政治教育的关键阵地之一，多种形式的理论实践教育活动，使大学生了解政治理论及道德规范，提高大学生的政治参与及思辨能力，引导大学生正确认识和了解国情、民情。社团成员是同辈群体，在提高大学生政治参与主动性、自觉性方面发挥着积极作用，在培养大学生政治情感和态度方面比正式教育作用更大。现今的高校学生社团中，本身就具备一定的政治社会化功能。

经研究发现，参与学生社团的少数民族大学生，在政治态度和情感、政治认知、政治行为上都与未参与的学生有所差别。通过社团氛围、人际环境、社团活动等途径传播给少数民族大学生正确的爱国主义情感，它们为少数民族大学生学习政治理论、提升政治素养提供了一条重要途径。同

时，学生社团对他们进行思想政治教育，引导其树立正确的政治观念和爱国主义情感，增强对党的坚定信念和信任，深入促进其与本民族的政治亚文化融合，从而成为合格社会主义公民中的一员。

不同类型的高校学生社团对新疆少数民族大学生政治态度和情感有显著影响的有思想教育类、兴趣艺术类，对政治认知有显著影响的有文化体育类，对政治参与有显著影响的有思想教育类、兴趣艺术类、文化体育类、实践服务类。思想教育类社团的政治社会化作用不显著，其原因可能是当前高校的思想教育型社团发展不完善，参与人数较少。

高校学生社团参与数量仅对选举投票等行为产生影响。而产生关键影响作用的是参与深度，它对新疆少数民族大学生的政治态度和情感、政治认知都有明显影响，但也仅对选举投票、社会实践等行为有明显影响。这说明，参与高校学生社团程度深的新疆少数民族大学生，政治态度和情感更加健康向上，政治认识较为深刻，参与也更积极。同时，高校学生社团中的积极分子以及品学兼优的大学生，举办与政治思想方面相关的讲座、征文比赛、理论研究等形式多样的学生社团活动，潜移默化地影响着参与学生社团的少数民族大学生，加深他们对政治的认识，对丰富他们的政治理论知识起着耳濡目染的作用。

2. 道德社会化影响的体现

迪尔凯姆曾说："我们之所以认为社团是必不可少的，不在于它促进了经济的发展，而在于它对道德所产生的切实影响。"① 高校学生社团是由同辈群体的大学生们构成的，同辈群体之间的相似性以及关系上的平等，更有助于民主、健康、积极等独特的社团亚文化的形成。在如此宽松的氛围之下，大学生们更易自觉自发地开展道德风尚教育，遵守社会规范和道德行为准则，养成良好的道德情操。

从调查结果中发现，高校学生社团作为新疆少数民族大学生道德社会化的辅助途径，虽无法比拟大学中的正式教育，但在道德实践的效果上，起着不可忽视的作用。新疆少数民族大学生由于语言文化、风俗习惯的差异，通过高校学生社团引导他们参与热点事件辩论、讨论等，促进其道德认知内化。

不同类型的高校学生社团对新疆少数民族大学生的道德社会化均有影

---

① ［法］迪尔凯姆．社会分工论［M］．王力，译．上海：商务印书馆，1933：563.

响，但影响效果涉及面较小。对于道德认知方面，思想教育类、科技创新类、兴趣艺术类、实践服务类对其均有影响，如多数不赞同“社会上人与人的关系就是相互利用”及“只讲金钱，不讲道德”的负面认知观点。文化体育类学生社团对尊重其他民族学生的风俗或习惯的道德行为有所影响。不同类型的高校学生社团具备互补型的道德社会化功能，能让少数民族大学生的道德水平全面提升。

参与高校学生社团的程度对新疆少数民族大学生的道德社会化产生显著影响，尤其是参与社团的深度对其影响最多。来自各个民族的大学生，他们的观念、信仰、思维方式等存在差异，在参与高校学生社团活动以及与其他成员交流互动之时，难免会产生误会。但正是由于这些误会，会让少数民族大学生对“有所不为，有所必为”的行为举止产生意识，通过不断尝试及纠正错误，其道德认识和行为会愈加符合道德行为规范及准则。

3. 角色社会化影响的体现

高校学生社团具有角色认知、角色移情、角色参与三方面的角色社会化功能，其作用是不可忽视的。高校学生社团中的组织规范、制度、目标等对其成员有确定的角色期望，成员的角色地位是由其在社团活动中的成绩表现、指导老师及其他成员的相关评价构成的，通过高校学生社团的活动以及与成员间的互动学习，利于形成今后的社会角色，增强角色扮演的实际经验，积累正确处理角色冲突的方法，为顺利进行社会化和进入社会奠定基础。

是否参与高校学生社团对新疆少数民族大学生的角色社会化作用是非常明显的。通过参与高校学生社团，少数民族大学生可以逐渐了解认识社会角色，准确理解社会对其的角色期望，并积极参与到角色实践中。同时，经过参加形式多样、内容丰富的社团活动，能让他们进行实际的角色体验，也会对角色认知、角色移情产生更深、更有利的影响。

不同高校学生社团类型对新疆少数民族大学生的角色社会化功能的影响并不十分明显。兴趣艺术类对角色认知有显著影响，文化体育类对角色移情有显著影响，实践服务类对角色参与有显著影响。可见，对角色社会化水平的影响，并不在于参与了何种类型的高校学生社团，而在于少数民族大学生参与高校学生社团的积极性。

参与高校学生社团的程度对新疆少数民族大学生角色社会化的影响十分明显，尤其是参与高校学生社团活动的频率对角色认知、角色移情、角色参与三方面的角色社会化的影响更加显著。高校学生社团是少数民族大学生走向社会、面向大众的一座桥梁，对社会角色起着“模拟”的作用。深入参与社团组织及其活动，可以让高校学生社团的角色社会化功能发挥得更加淋漓尽致。

4. 知识技能社会化影响的体现

高校学生社团自身所具有的独立自主性、社会实践性、多样性，能够让参与其中的大学生获得社会经验、社会活动技能等。高校学生社团是校园文化的重要载体，为大学生的素质教育拓展、大学生专业知识技能的完整体系构建和创新能力的开发提供了全新的平台。①

参与高校学生社团与否会对新疆少数民族大学生知识技能社会化产生显著影响，尤其在生活自理能力、汉语交流专业问题及组织管理能力上体现得最为明显。少数民族大学生利用学生社团这一平台，广泛参与形式丰富多样的社团活动，可以提升人际交往能力和自信心，打通与其他民族大学生的相处渠道，从而习得和掌握与社会接轨的行为风格、生活方式、知识技能等，从而更好地提高服务社会的能力。

不同类型的高校学生社团对新疆少数民族大学生某些知识技能社会化方面存在明显影响。研究根据高校学生社团的活动内容将其划分成五大类，每一类高校学生社团的性质、功能不尽相同，对少数民族大学生知识技能社会化影响方面也各不相同，但多数影响都体现在生活能力、职业能力上。

参与高校社团的深度对新疆少数民族大学生知识社会化有显著影响，尤其体现在生活上与其他民族同学相处较为和谐，能较流畅地使用汉语交流专业问题等方面。通过深入参与高校学生组织活动，不仅对少数民族大学生的理论知识水平有所提高，而且对其生活自理能力、组织管理能力等也有所提升，这些都有助于拓展少数民族大学生的就业之路。

（二）高校学生社团产生社会化影响的机制分析

《高等教育法》中指出，高等教育的紧要任务就是培育出具备创新精神、实践能力的高素质人才，以促进科学发展、社会进步。学校作为实施

① 胡元林．高校学生社团社会化功能透析［J］．云南教育，2003（30）：44-48.

社会化教育的重要场所，对促进大学生社会化具有重要作用。[①] 通过对新疆少数民族大学生是否参与高校学生社团、不同高校学生社团的类型及参与高校学生社团的程度对其社会化的影响进行了动态分析，不难发现学生社团已成为少数民族大学生社会化的中介和平台。因此，本研究试图从高校学生社团的组织环境、人际环境、社团活动三方面挖掘得以产生社会化影响的原因，以期更好地把握其影响机制，便于更好地发挥其社会化作用。

1. 通过高校学生社团的组织环境产生影响

高校学生社团组织是以大学生拥有共同的志趣爱好为前提而建立的，组织具有非正式群体中的某些特性，其沿袭社会中的社团组建方式，内有结合自身实际的组织机构设置、组织章程、条例制度等，从而构成了完整的学生社团组织环境。它们既有高校学生社团的特殊性，又有社会团体中的内涵文化，故对少数民族大学生社会化会发挥一定的作用。

（1）利用组织的自发性

高校通过行为规范、纪律守则等有形的条例条款教育大学生，这些条例条款中带有的强制性质，基本能达到教育大学生遵规守纪的目的。少数民族大学生的风俗传统、伦理观念有所不同，而高校在上述方面的教育是不具备强制性的，需要少数民族大学生自觉地内化符合规定的内容。学生社团组织是根据各自的信仰理念、志趣爱好，经过相互了解认同，而自愿自发结成的群体，故含有非正式群体自发性的优势。在学生社团中，虽也含有章程制度、准则规范等内容，但不具备高校的强制性。由于学生社团是大学生自行创立的组织，需要依赖每位成员自觉地悉心维护，其中的规章制度每位成员也需要自觉地遵守履行。同时，这些制度与学校所推行的行为规范、纪律守则有共通之处，也可对其成员进行遵规守纪的教育。学生社团中成员的交往和互动是自主的，成员们通过研讨式、探究式等自主合作学习的方式，自由结合和依据需要开展活动，形成开放兼容的学习氛围，培养成员自觉学习的主动性以及自觉参与的积极性。它不仅避免了正式群体所含有的高度正规化，而且也区别于课堂教育中的被动、灌输的学习模式。

“在社团中，没有民族，没有地域，更没有家庭背景或者社

① 中华人民共和国高等教育法［M］．北京：中国法制出版社，1998：2.

会地位的好坏，没有贫富贵贱之分，没有学习成绩优劣，没有专业对口区别。因为没有这些东西的限制，自己也不会为此感到自卑，因为大家都是在同一个起跑线。自己能自由地决定与谁交往，遇到聊得来的人会多说两句，或者互留联系方式，而且年龄与是否为班干部也不会成为交往的障碍。我喜欢跟我认同的人学习，学习他好的言行品质，做人做事的方法。我还喜欢学习自己身上没有，而别人身上有的优秀品质，来丰富自己，让自己更充实。在社团的交往中，因为没有这些限制，所以变得十分舒心，自己也更愿意去自觉地遵守一些规章制度，而不是强制性地让我们去做些什么。”（社团成员06）

通过上述自觉性的养成，少数民族大学生能够通过参与社团活动、与其他成员的互动交往，切实地体会到纪律规范、道德素质等内容，并自觉地遵守和规范自身言行，以达到与组织要求、其他成员的统一。这一社会化功能是高校正规教育和正式群体无法替代的。

（2）依靠组织的民主性

非正式群体中言论自由、成员地位平等、决策共同参与程度等体现了组织的民主性。高校学生社团的民主性主要体现于：一是不存在严明的层级界定划分，民主、自由、平等的思想得以充分发挥和体现；二是学生社团的定位、活动开展、成员骨干选拔是由民主讨论商议而抉择的。在学生社团组织内，成员能够畅所欲言、各抒己见，自身的个性爱好能够得到其他成员的尊重，大多数决策和活动是经协商后决定的，可充分发挥每个成员的作用，间接锻炼其与今后职业相关的能力。如此民主性行为和观念的实施运用，影响着少数民族大学生个性发展、自我认知。个性，一般表现于人的性格、气质、能力、爱好等方面；自我，是个体对自身社会存在及状况的意识，是心理、生理等特征的认识。

“在家要听爸妈的，在学校要听老师的，根本没有自己发挥的空间。因为他们比我们年长，小孩子又得听话，所以也就没有自由可言。之所以成立社团这个组织，就是因为大家可以无拘无束地在一起，解放自己，过自己想要的课余生活，交到与自己无话不说的知心朋友。大家在一起可以畅所欲言，我们之间的交流

是真正的平等对话，这样平等也会让我们更加有耐心去倾听对方的想法，相互受启发。”（社团干部03）

因此，民主理念的使用，一方面促进少数民族大学生认同其他民族成员各种特质，内化和学习所在学生社团的目标理念、行为方式等；另一方面少数民族大学生通过学生社团发现和了解自己与他人的差异，知晓他人对自己及自身实际形象的评价，逐步形成自我意识和认知，从而有利于自身进一步完善与发展。

（3）通过组织的流动性

风华正茂的青年大学生群体，兴趣爱好、发展需要会呈现变化的特点，加入学生社团组织均是出于个人意愿，离开学生社团组织也未有成文规定的限制。少数民族大学生可根据自身需要的变化，不断寻找新的渠道和方式，来满足需求。同时，一个少数民族大学生可能是多个学生社团的成员，其角色就充盈交错。各高校学生社团每当新生入校之际，都会举办别开生面的纳新活动，此时会有老成员的退出，新成员的加入。因此，学生社团成员具有很强的流动性。这种流动性是具有双向意义的，一是随着老社员退出学生社团，往往会将学生社团学习、内化到的价值理念传递给校园更多的大学生，让优秀的观念行为继续发挥影响；二是新进成员会将新的思想观念带入学生社团中，学生社团搭建一个融会贯通的平台，给每位成员都会带来新鲜的体验。少数民族大学生具有很浓厚的“老乡”情结，更能促进学生社团流动性作用的发挥。如此一来，学生社团流动的双向性会形成一种开放式的良性循环系统，使其产生的社会化影响不仅作用在成员身上，也会作用在更多非成员的少数民族大学生身上。

2. 通过高校学生社团的人际环境产生影响

伴随着大学生自我意识的强化，他们的社交行为由定向、被动到自主、主动，同辈群体的关系也随之提升，尤其对于从家庭逐渐要走向社会的青年来说。在个人成长环境中，同辈群体扮演着一个重要的影响角色，它的影响甚至会超过父母、教育实施者所给予的。

（1）制造角色互动

来自不同民族、不同地域、不同学院、不同专业的少数民族大学生，因彼此拥有相似的志趣爱好、个性态度、信念理想等而加入学生社团组织并相识相知。通过这个平台的互动，让学生社团成员了解到对方的相似性、互惠性，从而极大地影响了他们之间的人际关系和人际吸引，提升了他们的社交能力，促进了社会化的发展。

A. 群体与成员互动

学生社团是在一定的制度规范、目标准则上成立的，对外的交流也是依靠规范准则得以进行的，其中的社员需要自觉地遵守组织的规章制度，维护组织的名誉，形成端正、积极的社风，以达到优秀学生社团的标准。优秀的社团具备很强的内聚力，它能够引导成员对组织、集体产生认同感，培养成员的责任感。遵守集体规范，履行在集体中的角色义务，也是归正角色行为的体现。访谈中的一位学生提及：

> "我是紫焰艺术团的一个成员，我们社团经常组织文艺晚会、大型广场舞等活动，让我们参与到其中，我也会在活动现场做一些力所能及的事情。平时我们家里跳舞都是很随意的，但是参加社团活动的时候，我会觉得自己是代表着社团，我应该认真地、好好地表演，让大家看到我们社团的精神风貌。"（社团成员 02）

不难看出群体对少数民族大学生的担当意识有提升作用，他人对学生社团组织的评价也是对自我的评价，自己的一言一行不再代表个人而是代表集体，从而产生强烈的集体荣誉感和责任感，对今后处理好工作与个人的关系也是有助益的。

B. 成员间的互动

不同家庭背景的少数民族大学生，对于知识经验的掌握也有所不同。成员间的互动分为两种：一是在普通成员与普通成员间的互动交流过程中，会了解到不同的社会知识，在正规教育内容以外的价值观念等；二是在普通成员与社团干部间的交流互动过程中，有利于习得社会交往所需的经验技能。通过这两种接触交流，使少数民族大学生学会协调与他人的观点冲突，学会相互合作、服务、帮助等社会人所需要的能力。

在对社团干部进行访谈的过程中，提及与普通社团成员收获的不同时，有人这样说道：

> "在开展活动的时候，我们社团干部是主力，这种主力作用对我来说，最主要体现在沟通方面。特别是我们在筹办重要活动

的时候，我要做好上下级的信息互递，这时就要考验我的说话技巧了。我要理解其他社团干部的做法，这样我再传递的时候才不会带着情绪。因此，我也更多地学会了顾及别人的感受，注重说话的艺术。”（社团干部01）

由此可见，学生社团成员间的互动，会对少数民族大学生未来的角色行为产生好的影响，提升顾全大局的“主人翁”意识。

C. 成员与社会人的互动

学生社团在组织活动时，活动内容的策划、经费的筹措、场地的布置等环节，都需要社团成员与各种各样的社会人打交道。在活动策划中，学生社团指导教师会引导、指点成员开展与活动相关的工作和准备事宜。

“我是社团学习实践部的成员，社团主要的活动都是我们组织策划的。在准备举行一个活动的时候，经常会牺牲很多休息的时间，甚至是吃饭的时间，有个成语‘事无巨细’，每个过程环节的细节都要想到。而且还得及时和老师去沟通，和其他社团成员沟通。有时候因为赞助的原因，还要跟赞助商沟通。这对提高我的沟通能力起了很大的作用，也是我最大的收获之一。”（社团成员03）

指导教师的气度品质、才能观念及待人接物的行为方式对学生社团成员社会能力的发展有一定促进作用，指导教师还能将社会生活中所需的知识技能言传身教于学生社团成员，对未来少数民族大学生遵守社会道德规范也有所帮助。在活动经费的筹措环节中，学生社团成员要与形形色色的商家打交道，说服他们为活动提供赞助。因此，该环节中能充当与社会交往的通道，使更多的少数民族大学生接触到社会人，对其产生社会化影响。

（2）建立平等关系

同辈群体是在自愿的基础上结合而成的，其间的关系也基本上是平等的。同辈群体间鲜有禁忌，即使有权威人物的领导和成员的服从，也可以自由协商，产生能服众的结果。在这样宽松、随意的氛围之下，有利于建立信任和实现社会化。高校学生社团在规则章程的保障之下建立，因参与其中的成员基本来自同辈群体，他们之间不会因为规章制度的限定而疏离，依旧能够相互信赖，形成平等和谐的融洽氛围，这不仅为其社会化提供了良好的条件，也让少数民族大学生的社会化内容比正规教育的灌输更易被他们所接受、内化。

> “我们大家在一起年龄都差不多，兴趣爱好也差不多。我记得在我刚刚进入社团的时候，有一位社团学姐特别帮助我，那时候我比较内向、不爱讲话，而且可能是家庭的原因有些叛逆，她总是耐心地指导我，帮我锻炼胆量，让我敢站在讲台上说话。而且我也很愿意听她的话，跟着她学习。”（社团成员04）

正是因为平等这一组织特征，使得学生社团发挥社会化功能的潜力要高于家庭环境和正规教育。同时，这些社会化影响并不是有计划、有目的地执行，而是在潜移默化地影响着社团成员，少数民族大学生可以自由地进行待人接物、明辨是非等能力的训练。这种无意识的影响，对其社会化的作用也会更优。

3. 通过高校学生社团的活动产生影响

高校学生社团开放性的活动形式，使参与其中的成员之间打破了院系、专业、年级、民族的限制，织成了一张多层级、多方面的交互网络，促使他们之间通过互帮互助、取长补短，从而达到共同提高的目的。

（1）社团活动的社会化教育功能

随着高等教育大众化的发展，学生社团也得到了迅速发展壮大，参与其中的少数民族大学生也越来越多，社团活动影响着他们的成长和社会化发展。学生社团作为高校开展第二课堂的主要模式以及校园文化的重点组成部分，社团活动也理所当然地成为高校对大学生进行教育的桥梁，成为引领正确政治思潮、道德标榜、角色见习及知识技能发展的平台。少数民族大学生通过参与社团活动，对其社会化产生了直接或间接的影响，多角度、多方位影响其社会能力的发展。社团活动多姿多彩，不同于拘泥形式的正规教育中的课程学习；社团活动有明确的组织目的，也不同于隐性课程教育。因此，学生社团活动无疑是少数民族大学生社会化中的重要环节，对其社会化发展起着不可替代的作用。

（2）符合心理发展特点

成熟的人需具备身体成长、心理发展良好、社会化程度高三个基本条件，大学阶段是大学生转为成熟人、社会人的关键时期。随着年龄的推移，少数民族大学生的认知能力基本完善，独立性、主体性等心理意识和需求不断提高，促使他们按照自己的志趣爱好、理想观念及专业特点自发地参与社团活动，以期拓宽自己的发展空间，了解更多的知识技能及其他民族知识，最大限度地完善发展自身个性，成长为合格的社会人。因此，社团活动以其自主自由、内容丰盈、形式多样等特点，不断满足着少数民族大学生的心理发展要求，促进其全方面发展。

（3）满足多元智力需求

学生社团活动作为一种特殊的教育形式，创造和衍生出多种多样展现才能的舞台，给予有不同需求的少数民族大学生多样的选择。每个少数民族大学生都具备某一项或几项潜力和才能，如语言天赋、面部识别天赋等。学生社团这一展现自我智能的舞台，为成员提供了合适的机会，使其在活动过程中发现自己的潜在智力，从而达到激发和发展其人格的目的，为成为合格的社会人奠定基础。

第四节 高校学生社团促进新疆少数民族大学生社会化的不足及建议

一、高校学生社团产生社会化影响的不足

高校学生社团的组织环境、人际环境和社团活动在少数民族大学生社会化过程中扮演着不容小觑的角色，通过三位一体的作用，使高校学生社团成为影响和发挥少数民族大学生社会化作用的重要因素。但是，就目前结合调研情况的全面分析来看，高校学生社团的社会化作用发挥仍存在不足之处。

（一）高校学生社团组织建设欠佳，影响学生社团社会化功能的发挥

1. 管理制度落实不到位

就目前新疆高校学生社团来看，每个学生社团都拥有规章制度，新疆

各所高校也都在尽力加强和完善这些制度建设，但在学生社团内部仍有制度执行不力的现象发生。大部分大学生认为学生社团虽有规章制度，但由于未被成员普遍熟知，甚至存在规章制度“雪藏”现象，而使其成为一纸空谈，并不能落到实处和照章办事，弱化了对成员的约束力，导致了学生社团混乱的管理体制，阻碍了学生社团的长久发展。同时，部分学生社团虽有规章制度，但存在缺乏特色、千篇一律的现象，仅仅是照搬形式，并没有结合新疆地域的特殊性、民族的多样性及自身发展情况来制定章程。如此一来，使学生社团的规章制度流于形式，丧失了原有的价值意义，违背了制定规章制度的目的和初衷，不利于学生社团的健康发展，进而阻碍社会化功能的发挥，影响成员社会化水平的提高。

2. 类型结构不合理

通过调查，少数民族大学生参与最多的学生社团为兴趣艺术类，达到 287 人次，占参加学生社团总人数的 32. 0%；参与最少的学生社团为思想教育类，仅有 100 人次，占参加学生社团总人数的 11. 2%。这一现象，从侧面反映出各种类型学生社团发展不均衡问题，很多学生社团偏向于兴趣艺术类，同质化明显。

> “我们喜欢舞蹈，很多男生也热爱体育运动，比如足球、乒乓球、篮球之类的。社团纳新的时候，感觉最多就是表演类社团和志愿者协会，我们想参加的运动类社团比较少。还有些人，想要结合自己的专业，搞一些发明创造，这样的社团也很少发现。”（社团成员 01）

各种类型性质学生社团的不均衡发展，主要表现在兴趣艺术类、实践服务类学生社团较多，而思想教育类学生社团最少。这样的学生社团结构布局，会让社团活动的内容、范围都有所限制，既不利于学生社团形成良好的优势互补格局，也不利于少数民族大学生的全面发展，进而影响高校学生社团对少数民族大学生社会化作用的发挥。

3. 干部职责混淆

高校学生社团的骨干成员，是学生社团得以运作的生命支撑，是决定着学生社团未来发展的核心人物。通过访谈发现，部分学生社团的骨干成员，大多等待着负责人或指导教师的发号施令，却未很好地发挥自身的主观能动性。实践服务类学生社团的一位学生干部说：

> "我是通过竞选而成为生活服务部部长的，顾名思义我应该是在组织活动时，为群众服务的。但是，大多数时候我们部里的成员却被调拨维持现场秩序，听老师还有社长的派遣。所以，有时候不太明白我们生活服务部到底作用是什么。"（社团干部05）

由此可见，由于组织内部的分工不合理、不明确，骨干成员过于依赖听从命令，而忽略自己的职责所在，导致部分学生社团未能形成科学合理的运作模式，这也正印证了之前实践服务型学生社团对知识技能社会的影响作用不明显的调查结果。同时，骨干成员的职责不明确，会对其角色认知产生负面影响，也会使学生社团角色社会化的作用大打折扣。

（二）高校学生社团中的互动不足，阻碍少数民族大学生社会化推进

1. 组织的开放性发挥不足

高校学生社团以其开放性的特点，保障沟通交流的渠道通畅，以开展符合时代主题的活动，促进各民族大学生广泛参与。虽然高校学生社团已打破年级、专业、民族的界限，但社团间交流不足。从高校学生社团的横向交流来看，类型、功能相近的学生社团，能够进行省际、校际交流的学生社团仅停留于校级学生社团，且数量也是屈指可数的。很多贴近少数民族大学生实际或者少数民族大学生自行组建的院级学生社团，由于经费欠缺、平台不多等多种原因，缺乏交流机会。从高校学生社团的纵向交流来看，如今各个高校涵盖了各种不同类型性质的学生社团。其中有校级学生社团，也不乏院级学生社团。由于组织形式、活动类型等各种原因，校级学生社团的指导、带动作用未能很好地发挥，使得院级学生社团的综合能力提升较慢，有些甚至在竞争中逐渐被淘汰。横向与纵向交流不足，难免会影响高校学生社团社会化功能的有利整合、优势互补。

2. 普通成员间的互动机会少

来自边远地区的少数民族大学生，汉语水平相对较低，这就带来了与其他成员交流上的语言障碍和畏难情绪。同时，少数民族大学生课业负担较重以及汉语水平考试，让他们参与学生社团的互动时间减缩。大部分学

生社团活动的组织策划等工作都是由干部成员来完成的，而极少数的普通成员会参与其中，久而久之便成为干部成员的锻炼平台。这对于本已缺少参与时间的少数民族大学生而言，更加打击了他们的积极性和参与度。因此，学生社团仅仅顾及了“点”，而忽略了重要的“面”，将知识技能、沟通协调等多种能力的锻炼和提高限制在干部成员中，未能很好地调动少数民族大学生的积极性，影响学生社团参与的广度和深度作用发挥，致使学生社团的社会化作用不能均衡地发挥在每一位成员身上。

（三）高校学生社团活动中存在的问题

1. 活动质量参差不齐

目前，高校学生社团的类型繁多，活动内容丰富，但被公众认可的高水准学生社团却很有限。从活动形式上来看，学生社团活动的名目较多，但形式大同小异，多为讲座、晚会、竞赛等形式，具有民族特色的节目形式过于简单重复。从活动内容上来看，多数停留于表现和模仿，缺乏创新与内涵，娱乐化倾向严重。从活动层次上来看，娱乐性质内容较多，而思考、启发、实践等性质内容较少。同时，指导教师身兼多个学生社团的指导工作，不能面面俱到地参与学生社团的各个细节，从而导致活动整体策划缺乏，文化底蕴不足，有较强的随意性。因此，高校学生社团的活动未能从真正意义上满足少数民族大学生的发展需要，水平层次与期望值存在一定的差距，不能很好地帮助他们摆脱稚气“大学生”的人格特性，不利于他们的社会化发展。

2. 活动缺乏规律和持久

缺乏规律和持久主要表现在以下两点：一是表现在学生社团的活动时间过于集中。多数高校学生社团的活动旺季为学期初，即春季和秋季，而夏季和冬季开展的社团活动较少。其原因主要为：首先，这两个时段是老生即将毕业和新生刚刚入校的时间节点，高校学生社团可以进行新老生的交接工作；其次，这两个时段是各个高校安排考试较少的时间，大学生的学业压力有所缓解，可以投入部分时间和精力参与学生社团；最后，国家和少数民族的传统节日多数集中在此季节，便于开展各种各样的文化教育活动。二是表现在学生社团活动的频率不均匀。传承较久、发展较好的学生社团，尤其是校级学生社团，组织开展活动都较有科学性，每学期都会举办影响深远、号召力大的几场大型活动，且保证全员的广泛参与。但是，部分新组建或规模较小的学生社团，往往是学期初热热闹闹，而学期末销声匿迹，缺乏持续作用和影响力。众多学生社团无论规模大小、类型如何，若社团活动的时间、频率缺乏可遵循的规律性、持久度，势必将少数民族大学生社会化过程中有效资源整合的能力减弱。

3. 活动范围有局限

就目前来看，部分高校学生社团的活动已延伸至社会领域，尤其是社会实践类的学生社团，但其活动的区域仍更多的是在校内及院内，与社会成员的交流也较少，并未突破原有的小圈子。这样一来，由于活动范围受限，学生社团组织环境创造出的“模拟社会”氛围缺少一定的复杂、多样性，少数民族成员虽然在归属感、组织认同感方面有所加强，但他们综合判断能力会有所不足。同时，这种局限还会强化高校与社会间的明显分割，如此一来学生社团缺乏与社会的信息交流传递，缺乏对社会资源的获得和有利整合，而限制了少数民族大学生对社会的情感体验，阻碍他们综合素质能力的提升，使其不能真正掌握角色扮演中的基本经验和必需元素。

二、发挥高校学生社团社会化功能的建议

不完美是任何事物的固有属性。弥补不足之处和消除不利因素，才能更好地发挥学生社团社会化功能的影响作用，使学生社团成为少数民族大学生社会化进程中的积极有效因素。因此，通过以上分析，对高校学生社团提出如下建议。

（一）强化学生社团建设

1. 加强学生社团制度建设

制度是维系学生社团组织发展的保障，学生社团的管理更应从制度着手。根据调研情况来看，目前新疆高校社团存在职责混淆不清、资源配置欠优等问题，这势必会影响学生社团的可持续发展。因此，新疆高校学生社团的制度建设势在必行，加强学生社团的制度建设应从以下两方面着手：第一，新疆高校的共青团组织担当着学生社团的领头军，负责对它进行建设、管理的工作。需要建立一套长效管理机制，完善校党委宣传部、校团委、校社团联合会、校级学生社团的组织管理模式。同时，校社团联合会还应负责对院社团联合会的管理和指导工作，从而将影响力渗透到院

级学生社团。如此一来，在学生工作管理中将学生社团加入其管理轨道，有益于校级、院级学生社团的统筹兼顾和协调规划。第二，建设系统性的学生社团制度。完善校团委、指导单位及教师、学生社团内部的三级管理体制，形成一系列较为系统规范、行之有效的学生社团管理准则和条例。新疆高校应结合多年来学生社团工作的经验，将学生社团的管理文件进行汇编，并且与各个高校进行共享交流，从而量身定制社团联合会以及学生社团工作手册，为学生社团健康发展营造良好的制度氛围，为推动学生社团迈向制度化、规范化奠定基础。

2. 调整学生社团结构

伴随着高等教育自身的深化改革，高校也更倾向于培养符合时代要求的复合型人才。高校学生社团作为提升学生综合能力、帮助其完成社会化发展的重要平台，满足的是不同兴趣爱好的大学生，单调或统一内容及模式是不可取的。因此，当前新疆高校应基于多数学生的兴趣，整合校内外现有资源，发挥高校学生社团自身的创造力，调整学生社团的结构，丰富学生社团的类型，与多元化的高等教育目标和社会需求相适应。一方面，高校学生社团管理机构应进行严格的审批，避免某类学生社团的过度增加。虽然数量居多的同类型的社团，有利于扩大对学生的覆盖面，提供更多培养学生的爱好和发掘其潜能的机会。但随着时间的推移，初建学生社团的繁荣劲头退却，又缺少深入发展的刺激元素，学生社团发展活力便会削弱，甚至名存实亡。故对于规模小、活力不足、发展不规范的同质性学生社团进行有效整合，以符合高校整体学生社团建设的发展要求，使整合后的学生社团在规模和实力上都有所提升，拥有更多可利用的现有资源，也能更好地发挥社会化作用。另一方面，要政策性地扶持思想教育类、科技创新类学生社团。就目前调研情况来看，思想教育类、科技创新类学生社团的数量较少，其中的原因可能是这两类学生社团的组织者的能力有限，学生的积极性和亟待开发的潜质，并没有得到及时的关注和发挥。故应加强这两类学生社团的指导教师队伍力量，安排思维活跃、年轻有活力的思想政治教育教师及自然科学教师，或者优秀的研究生作为学生社团指导，促进这两类学生社团的发展。

3. 加强学生社团骨干队伍建设

加强学生社团的骨干队伍建设，关乎学生社团的前途命运和奋斗方向。一方面，严格学生社团骨干队伍的选拔，配备一定量的少数民族大学生骨干，借鉴学生干部的选拔标准，尤其注重政治思想上较为积极成熟，热心学生社团事业，具有较强的管理能力和全心全意的服务意识的人才。校院两级团委要在选拔规范和程序上给予指导和支持，还可鼓励具备较强综合素质能力的学生参与学生社团的建设管理。另一方面，建立和完善骨干队伍的培训和奖惩机制。对学生社团的骨干定期进行思想政治教育，系统地进行干部培训和考核，培训内容涵盖学生社团的服务宗旨、工作理念模式等。还可针对学生社团的具体情况，设置专项培训，从而增强他们的业务能力和综合素质，强化他们的团队协作和服务意识。树立学生社团干部的优秀典范，利用奖惩办法，激励行动能力强和业务能力强的骨干。同时，做好后备力量的培养工作，完成学生社团的交接工作，以延续和继承学生社团的优良传统，保证学生社团的良性发展。实践证明，学生社团已逐渐成为高校培养人才的摇篮，为社会输送了一批又一批综合素质高的人才。

（二）营造开放多元的交流互动环境

1. 积极与其他学生社团交流经验

开放性是学生社团的自身属性，闭门造车是不可取的，学生社团要通过交流学习、取长补短，发挥现有学校和社会资源的作用，强化学生社团的各项实力并扩展其影响面。一是加强学生社团之间的横向交流。其他地区的学生社团起步较早，很多早已形成了一套成熟的管理模式和办法。新疆绝大多数高校拥有一个甚至几个知名的对口支援高校，故可以充分利用这一优势平台，加强学生社团间的交流往来。通过“走出去，请进来”的办法，向对口支援高校学习和借鉴优秀的学生社团发展建设经验，并结合自身的实际情况，开发和完善具有新疆特色的学生社团发展路线。同时，在全疆范围内，以开展学生社团活动为契机，进行学生社团间的交流学习。新疆高校中也有学生社团创办和发展较为成功的典范，通过学生社团管理工作、特色活动创办等方面的经验学习，尤其要学习有益于吸引更多少数民族大学生参与的方式方法。这样不仅有利于高校学生社团工作水平和活动影响力的提升，也有利于学生社团成员的全面发展。二是加强学生社团之间的纵向交流。高校学生社团的领导组织团委，应定期举办学生社团文化节等交叉性的经验交流会，无论校级还是院级学生社团都可进行互动，尤其是建立好同质性学生社团间的联系。同时，设立大中型活动的主办方和承办方，主办方由校级社团承担，承办方由院级社团承担，加强校级学生社团对院级学生社团的指导作用，提高院级学生社团的综合能力。

2. 重视组织内部成员的人际互动

调动学生社团少数民族成员积极性，加强学生社团群体的互动。一方面，可在学生社团中设立互学互助小组，定期或不定期开展组内活动，增加相互接触的机会，提升学习能力和知识技能，丰富他们的爱好才艺。另一方面，高校团委应加大学生社团的宣传力度，印制宣传海报，内容多倾向于思想教育类、科技创新类。同时，要积极鼓励少数民族大学生参与学生社团活动，甚至学生社团的管理工作，让他们逐渐从参与者转化为组织者，吸引更多的少数民族大学生参与。一部分少数民族大学生由于汉语表达能力较弱，而在活动中显露出不自信，应组织少数民族成员骨干多引导鼓励他们，积极参与具有民族文化特色的活动，提升自己的自信心，打造自己自信的形象。

（三）提升学生社团活动品质

1. 全面提高学生社团活动质量

学生社团活动的目的是让参与的大学生得到成长，使他们与社会人才的要求接轨。要全面提升学生社团常规活动和重点活动的质量，应从以下两方面入手。一方面，从学生社团自身提高活动质量。在活动内容上，应充分考虑活动的价值性、锻炼性、普适性，将活动层次由消遣娱乐层面升华到成才立业层面，贴近大学生生活的实际内容，尤其是能吸引少数民族大学生广泛参与的题材；在活动方式上，要更加新颖，跟随时代需求，充分调动学生社团成员力量，让每位成员对活动方式进行提案；在活动宣传上，利用一切可利用的宣传媒介，在显眼处张贴海报、横幅，利用微信公众平台等方式，加之有特色的宣传内容，让人们更多地了解学生社团活动。另一方面，加强学生社团活动的物质保障。高校团委从相关经费中划拨一部分学生社团活动的专项经费，确保活动经费的稳定充裕，保障学生社团各项工作的正常运作。并且，定期组织经费管理培训，让划拨的经费真正落到实处，让学生社团负责人学会用财理财。同时，高校应政策性地鼓励和引导学生社团与社会合作，从社会中获取帮助，这样不仅能获取一定的活动经费支持，也能提高学生社团成员的社会交往沟通能力。

2. 加强学生社团的科学指导

教育部、共青团中央《关于加强和改进大学生社团工作的意见》中要求："高校要以专家学者、干部教师和学生骨干为主体构建研究队伍，关注和研究学生社团发展中出现的新情况、新问题，掌握学生社团工作的动态信息，总结和把握高校学生社团发展的规律，为学生社团的繁荣发展提供理论支持。"① 为了保证学生社团的健康繁荣发展，学生社团的软件建设就显得尤为重要。一方面，结合新疆高校实际情况，培养学生社团指导教师。高校开设相关学生社团的科学管理理论课程，鼓励指导教师积极参与课程学习，提升管理水平及能力；利用学生社团的投入资金，激励指导教师进行有关学生社团管理的课题研究。组建一支政治思想端正、综合素养较高、专业知识丰富和奉献精神较强的指导教师队伍，从学生社团活动的内容、方式上严格把关，才能保证学生社团开展更多优质有效的活动，对参与其中的成员产生持久深远的积极影响。另一方面，学生社团负责人主动经常性地与指导教师沟通，邀请指导教师参与学生社团例会，增强与成员间的互动交流，为开展更多富有影响力的活动奠定基础。同时，高校要制定一套学生社团指导教师的激励机制，比如将指导教师的工作量纳入教师工作量考评中，定时定期地给予物质和精神上的鼓励。

3. 拓展学生社团发展空间

如今的高校学生社团已立足于高校，但与社区、社会的接触还有所欠缺。如果学生社团在服务好参与成员的情况下，能够走向社区、社会，服务于社区、社会，会让学生社团的社会化功能更加完善。因此，在学生社团条件可以的情况下，参与社会举办的积极向上的活动，尤其是与优秀的企业、事业单位联谊等，对外界打开一扇门，经常开展互动交流活动。通过这样的互动联系，利用学生社团的优势，争取得到企业、事业单位的肯定与支持，达成长期有效的往来与互动。对于学生社团而言，这不仅有利于日后举办活动的经验积累，也为获得更多的人力物力支持打下基础；对于参与的成员而言，可以使少数民族大学生更加了解社情、民情，获得课堂以外的社会知识，锻炼沟通能力和实践能力。同时，学生社团还可利用其自身的特点，与社会进行"专业对口"的实践活动，让活动范围不局限于高校内部，而是面向整个地区。

---

① 共青团中央，教育部．关于加强和改进大学生社团工作的意见［EB/OL］．中青联发［2005］5 号．

第五节　研究结论

本研究采用调查问卷和个案访谈相结合的方式，对新疆 9 所高校的少数民族大学生进行了调查，调查内容涉及少数民族大学生社团参与状况及其社会化的现状，在对问卷资料和访谈资料加以整理分析的基础上，探析参与高校学生社团与否、高校学生社团类型、参与数量及新疆少数民族大学生社会化的影响。同时，研究主要得出如下结论：

第一，新疆少数民族大学生参与高校学生社团的现状。高校学生社团对少数民族大学生的吸引程度较低。最受欢迎和参与最多的为兴趣艺术类、实践服务类学生社团；参与思想教育类、科技创新类社团的少数民族大学生较少。少数民族大学生的社团参与度有所不足，参加活动“较少”及“很少”的学生占了三分之一以上，与其他成员交流往来“较少”及“很少”的学生占了五分之一。通过与之前的参与学生社团动因进行对比，发现他们所得到的收获，基本符合其预计和期望，还有部分同学拥有的意外收获，明显体现在扩大与其他民族交往方面。但也有一少部分学生，对参与学生社团活动能否提高自己能力持怀疑态度。

第二，新疆少数民族大学生的社会化现状。少数民族大学生的政治态度和情感表现较为积极乐观，其政治理论及知识的储备也较为丰富，政治认知情况也较为理想。少数民族大学生在政治参与时，基本是先从集体利益出发。道德认知处于中等水平，无论是在公共场合还是在个人领域，少数民族大学生的道德行为符合常规的道德行为规范及标准。大部分少数民族大学生有良好的角色感，也清晰地认识到组织所赋予的角色期望，能够按常规完成角色参与。在知识技能方面，少数民族大学生的生活能力情况很理想，知识储备也较为理想，大多数人能够使用汉语交流专业问题，通用型证书获取情况也较为乐观。

第三，是否参与高校学生社团、参与学生社团的类型及程度对新疆少数民族大学生社会化的影响。高校学生社团对新疆少数民族大学生的社会化确实产生了较深的影响。首先，是否参与高校学生社团，对社会实践的政治参与行为有显著影响；对道德认知、道德参与、道德行为三方面的道德社会化都有显著影响；对角色认知、角色移情、角色参与产生了显著影响；对生活能力、知识储备、职业能力三方面的知识技能社会化也有显著影响。其次，思想教育类学生社团对政治社会化中的政治态度和情感、道德社会化中的道德认知和道德参与、知识技能社会化中的知识储备的提高有明显帮助；科技创新类学生社团对少数民族大学生的道德社会化中的道德认知、知识技能社会化中的生活能力、组织管理能力的提高有明显影响；兴趣艺术类学生社团影响少数民族大学生政治社会化表现在政治态度和情感上；文化体育类学生社团对少数民族大学生政治社会化的影响不仅体现在政治参与上，还主要体现在政治认知上；实践服务类学生社团对道德社会化的显著影响主要体现在道德认知方面。再次，高校学生社团的参与数量对少数民族大学生道德社会化、角色社会化、知识技能社会化都有一些影响。最后，少数民族大学生参与深度对政治态度和情感、政治认知均有影响，而参与活动的频率会对其选举投票、社会实践等行为产生显著影响；与其他成员的往来会对其社会实践等行为产生显著影响；同时，参与程度越深，对道德参与、道德行为、角色认知、角色移情、角色参与、生活能力、知识储备及职业能力的影响越大。

参考文献

一、专著、报告

[1] [德] 卡尔·西奥多·雅斯贝尔斯. 什么是教育 [M]. 邹进, 译. 北京: 三联书店, 1991: 1.

[2] [法] 埃米尔·涂尔干. 教育与及其性质与作用 [A] //张人杰. 国外教育社会学基本文选: 修订版 [C]. 上海: 华东师范大学出版社, 2009: 8.

[3] [法] 布尔迪厄. 文化资本与社会资本炼金术——布尔迪厄访谈录 [M]. 包亚明, 译. 上海: 上海人民出版社, 1997: 153, 192-194.

[4] [法] 布尔迪约, 帕斯隆. 再生产: 一种教育系统理论的要点[M]. 邢克超, 译. 北京: 商务印书馆, 2002: 242-243.

[5] [法] 迪尔凯姆. 社会分工论 [M]. 王力, 译. 上海: 商务印书馆, 1933: 563.

[6] [美] 伯顿·克拉克. 高等教育新论——多学科的研究 [M]. 王承绪, 译. 杭州: 浙江教育出版社, 2001: 27.

[7] [美] 塞缪尔·鲍尔斯. 不平等的教育和社会分工的再生产 [A] //张人杰. 国外教育社会学基本文选 [C]. 上海: 华东师范大学出版社, 1989: 226.

[8] [日] 友田泰正. 教育社会学 [M]. 东京: 东信堂出版社, 1982: 175.

[9] [英] 迈克尔·W. 艾波. 意识形态与文化再制、经济再制 [A] //厉以贤. 西方教育社会学文集 [C]. 台北: 五南图书出版社, 1992: 699.

[10] 蔡文伯. 中国西部地区受援高校发展研究 [M]. 北京: 北京大学出版社, 2011: 35.

[11] 柴效武. 高校学费制度研究 [M]. 北京: 经济管理出版社, 2003: 189.

[12] 陈向明. 质的研究方法与社会科学研究 [M]. 北京: 教育科学出版社, 2000: 165.

［13］李兴华，冯今源．中国伊斯兰教参考资料选编（1949—1991）［C］．银川：宁夏人民出版社，1985：61.

［14］成有信．教育原理［M］．开封：河南大学出版社，2003：86.

［15］戴维斯沃茨．文化与权力：布尔迪厄的社会学［M］．上海：上海译文出版社，2012：228.

［16］董云川，张建新．高等教育机会与社会阶层：一项基于多民族聚集省份高校的实证研究［M］．北京：科学出版社，2008：4.

［17］［美］丹尼尔·科顿姆．教育为何是无用的［M］．仇蓓玲，卫鑫，译．南京：江苏人民出版社，2005：246.

［18］范先佐．教育经济学［M］．北京：中国人民大学出版社，2008：149.

［19］费孝通．乡土中国生育制度［M］．北京：人民出版社，1998：24-30.

［20］郭淑琴．普通心理学［M］．北京：中国科学技术出版社，1999：99.

［21］联合国教科文组织国际教育发展委员会．学会生存——教育世界的今天和明天［M］．北京：教育科学出版社，1996：251.

［22］林崇德．发展心理学［M］．北京：人民教育出版，2009：346.

［23］鲁洁．教育社会学［M］．北京：人民教育出版社，2001：477.

［24］陆学艺．当代中国社会阶层研究报告［M］．北京：社会科学文献出版社，2002：8.

［25］陆学艺．当代中国社会流动［M］．北京：社会科学文献出版社，2004：1.

［26］马和民，刘晓红，何芳．新编教育社会学：第二版［M］．上海：华东师范大学出版社，2009：325.

［27］麦可思研究院．2013 年中国大学生就业报告［M］．北京：社会科学文献出版社，2013：52-55.

［28］毛勇．中国公办、民办高校公平竞争研究［M］．厦门：厦门大学出版社，2009：163-164.

［29］［美］莫琳·T. 哈里南．教育社会学手册［M］．傅松涛，译．上海：华东师范大学出版社，2004：99.

［30］孙远太．文化资本与教育不平等［M］．北京：知识产权出版社，2013：13.

［31］王小云，王辉．大学生社会实践概论［M］．北京：中国经济出

版社，2005：299.

［32］吴康宁．教育社会学［M］．北京：人民教育出版社，1998：137.

［33］余秀兰．中国教育的城乡差异——一种文化再生产现象的分析［M］．北京：教育科学出版社，2004：206.

［34］张德祥，周润智．高等教育社会学［M］．北京：高等教育出版社，2002：61.

［35］张红霞．教育科学研究方法［M］．北京：教育科学出版社，2009：223.

［36］张意．文化与符号权利：布尔迪厄的文化社会学导论［M］．北京：中国社会科学出版社，2005：134.

［37］张应强．高等教育现代化的反思与建构［M］．哈尔滨：黑龙江教育出版社，2000：65.

［38］郑杭生．社会学概论新修［M］．北京：中国人民大学出版社，2003：11.

［39］中国毛泽东思想理论与实践研究会理事会．毛泽东思想辞典［M］．北京：中共中央党校出版社，1989：152.

［40］中华人民共和国高等教育法［M］．北京：中国法制出版社，1998：2.

［41］周生贵．新疆高校与区域经济社会发展研究［M］．乌鲁木齐：新疆大学出版社，2009：180-183.

［42］杨倩．中国不同少数民族高等教育入学机会研究——基于多民族边疆省份云南的调查分析［M］．福建：福建教育出版社，2015.

二、硕博论文

［1］高卉．新疆维吾尔族与汉族生育文化比较研究［D］．石河子：石河子大学，2008：32.

［2］亓学太．现阶段我国高等教育入学机会均等研究［D］．南京：南京师范大学，2006：45.

［3］乔智．家庭背景与教育机会分配——中国城镇子女教育分流（1977—2003）［D］．上海：复旦大学，2008：28.

［4］舒强．农民工家庭子女高等教育个人投资收益风险研究［D］．重庆：西南大学，2014（5）：55.

［5］王丹．论消费主义时代的大学生消费道德教育［D］．上海：华东师范大学，2007（5）：17-23.

［6］王一涛．农民的社会流动与教育——基于英山县的个案分析［D］．武汉：华中师范大学，2007（5）：62.

三、期刊论文

［1］柏杨，樊家军，等．新疆少数民族大学生就业现状分析及对策研究［J］．教育教学论坛，2014（26）：88-89.

［2］蔡文伯，马瑜．高等教育对社会分层流动的影响研究［J］．高等农业教育，2014（2）：16-19.

［3］蔡文伯，马瑜．高校收费政策：理论基础、社会支持与争议［J］．高校教育管理，2014（6）：81-86.

［4］蔡文伯，伍开文．家庭背景对高等教育入学机会的影响［J］．教育科学，2014（4）：55-61.

［5］陈晶．民族地区青年阶层意识实证分析［J］．当代青年研究，2011（8）：38-44.

［6］旦智多杰．略论我国高校招生中的少数民族优惠政策［J］．教育界，2011（6）：13-14.

［7］樊春萍．关于新疆少数民族人口分布与迁移问题的思考［J］．决策咨询通讯，2005（05）：27.

［8］桂艳春．高校毕业生就业观念影响因素分析与思考［J］．理论月刊，2008（10）：110-135.

［9］郭丛斌，闵维方．家庭经济和文化资本对子女教育机会获得的影响［J］．高等教育研究，2006（11）：24-31.

［10］郭秀云．城市户籍改革的经济学考量——基于博弈论框架的分析［J］．生产力研究，2010（06）：23.

［11］胡元林．高校学生社团社会化功能透析［J］．云南教育，2003（30）：44-48.

［12］白建灵．论伊斯兰教的中国化和回族化［J］．回族研究，2013（1）：68-73.

［13］黄照旭．我国不同收入家庭高等教育支付能力及经济负担分析［J］．教育科学，2012（6）：24-29.

[14] 蒋国河，阎广芬. 城乡家庭资本与子女的学业成就 [J]. 教育科学，2006 (4)：27-30.

[15] 金久仁. 家庭背景与教育获得的代际传递公平性研究 [J]. 教育学术月刊，2009 (2)：17-20.

[16] 敬莉. 少数民族人口贫困问题的多角度分析 [J]. 生产力研究，2008 (3)：61.

[17] 李丹. 小学课外补习问题研究 [J]. 教学与管理，2013 (1)：26-28.

[18] 李晓霞. 新疆高校招生中的少数民族考生优惠政策分析 [J]. 新疆大学学报：哲学人文社会科学版，2005 (1)：77-88.

[19] 李雅南. 家庭收入是否影响子女教育水平——基于 CHNS 数据的实证研究 [J]. 南方人口，2012 (4)：46-53.

[20] 李煜. 制度变迁与教育不平等的产生机制——中国城市子女的教育获得（1966—2003）[J]. 中国社会科学，2006 (04)：97-109.

[21] 厉以宁. 缩小城乡收入差距促进社会安定和谐 [J]. 北京大学学报：哲学社会科学版，2013 (01)：8.

[22] 刘生全. 教育批评的教育基础刍议 [J]. 北京师范大学学报：人文社会科学版，2001 (2)：42-49.

[23] 刘志民，高耀. 家庭资本、社会分层与高等教育获得——基于江苏省的经验研究 [J]. 高等教育研究，2011 (12)：26.

[24] 热扎克·铁木尔. 新中国成立 50 多年来新疆经济社会发展所取得的巨大成就 [J]. 新疆社会科学，2003 (4)：33-37.

[25] 荣凤杰，房宏君. 社会资本与职业发展的作用关系研究 [J]. 商场现代化，2012 (6)：134-135.

[26] 孙绵涛. 教育体制理论的新诠释 [J]. 教育研究，2004 (12)：17.

[27] 谭敏，谢作栩. 家庭背景、族群身份与我国少数民族的高等教育获得 [J]. 高等教育研究，2011 (10)：50-58.

[28] 王顶明，刘永存. 硕士研究生专业认同调查 [J]. 中国高教研究，2007 (8)：18-22.

[29] 王霆，杨玉梅，张瑾. 高校毕业生就业状况及就业问题研究——基于企业用人单位、高校教师和毕业生的调查 [J]. 黑龙江高教研究，2010 (10)：93-97.

［30］温涛，王小华，董文杰．金融发展、人力资本投入与缩小城乡收入差距——基于中国西部地区40个区县的经验研究［J］．吉林大学社会科学学报，2014（02）：35.

［31］翁定军．阶级或阶级意识中的心理因素：公平感和态度倾向［J］．社会学研究，2010（1）：85-110.

［32］吴江梅．中国高等教育立法中存在的若干问题及思考［J］．昆明师范高等专科学校学报，2007（1）：46-51.

［33］吴晓灵．建立现代农村金融制度的若干问题［J］．中国金融，2010（10）：8.

［34］夏余才．要科学看待大学女生增多现象［J］．教育与职业，2011（02）：89.

［35］闫文军．少数民族地区高考招生优惠政策与教育公平问题探讨［J］．理工高教研究，2014（3）：35-36.

［36］杨春华．农村家庭的教育期望与策略安排——基于苏北农村调查的分析［J］．中国青年研究，2014（04）：97-101.

［37］杨汝岱，陈斌开．高等教育改革、预防性储蓄与居民消费行为［J］．经济研究，2009（8）：113-124.

［38］［美］伊丽莎白·韦尔．美国的男女生分班教育［J］．译林：文摘版，2008（05）：55.

［39］余丽红．教育体制［J］．中国教育学刊，2009（03）：4.

［40］余秀兰．高考中的城市偏向——十年高考语文试卷分析［J］．教育理论与实践，2004（01）：43.

［41］岳昌君．高校毕业生就业状况分析：2003—2011［J］．北京大学教育评论，2012（1）：32-47.

［42］岳昌君．教育对个人收入差异的影响［J］．经济学（季刊），2004（3）：137-139.

［43］张吉庆，喻科，何伦志．新疆城乡居民收入水平变化及其影响因素分析［J］．安徽农业科学，2013（4）：65.

［44］张家勇．美国大学的学生社团活动［J］．比较教育研究，2004（4）：80-81.

［45］张健．教育与经济相互促进共同发展——谈谈建国以来教育与经济的相互关系［J］．教育与经济，1989（3）：1-6.

[46] 赵叶珠，陈海燕．大众化背景下我国高等教育入学机会的多维度分析 [J]．现代大学教育，2011（4）：57-62.

[47] 周海旺，严善平，周安芝．中小学男生相对弱化问题研究——以上海为例 [J]．社会科学，2012（12）：88.

[48] 周作宇．教育、社会分层与社会流动 [J]．北京师范大学学报：人文社会科学版，2001（5）：85-91.

四、外文文献

[1] Bourdieu, Pierre, and Jean-Claude Passeron. Reproduction in Education, Society and Culture [M]. London and Beverly Hills: Sage Publications, 1977: 162.

[2] Steinberg, L., Lamborn, S. D., Darling, N., Mounts, N. S., & Dornbush, S. M. Over-time changes in adjustment and competence among adolescents from authoritative, authoritarian, indulgent, and neglectful families. Child Development, 1994, 65: 754-770.

五、其他中文文献

[1] Annabel. 专业会影响工作吗 [EB/OL].（2008-3-24）[2015-5-16]. http://www.chinadaily.com.cn/language_tips/suvival/2008-03/24/content_6560962.htm.

[2] 财智理财．内地父母愿承担子女所有教育费 [EB/OL].（2014-8-25）[2015-5-28]. http://newspaper.jfdaily.com/jfrb/html/2014-08/25/content_7715.htm.

[3] 高梦蝶．32 岁考霸清华报到，曾被北大录取而不入（图）[EB/OL].（2014-8-28）[2015-7-14]. http://news.163.com/14/0830/11/A4T4009500014AEE.html.

[4] 共青团中央、教育部．关于加强和改进大学生社团工作的意见．中青联发 [2005] 5 号．

[5] 教育部．2014 年全国高等学校名单（截至 2014 年 7 月 9 日）[EB/OL] 名单查阅．中华人民共和国教育部网．（2014-7-9）[2015-2-6]. http://www.moe.edu.cn/publicfiles/business/htmlfiles/moe/moe_229/201408/173611.html.

[6] 教育部. 关于进一步完善国家助学贷款工作若干意见的通知 [EB/OL]. 政策法规. 教育部门户网站, (2004-06-12) [2014-12-23]. http: //www. moe. gov. cn/publicfiles/business/htmlfiles/moe/moe_1201/200703/20058. html.

[7] 教育部. 介绍国家学生资助政策及成效的有关情况介绍 [EB/OL]. 新闻通气会, 教育部门户网站, (2012-12-13) [2014-12-23]. http: //www. moe. gov. cn/business/htmlfiles/moe/s6686/201208/140367. html.

[8] 教育部新闻办公室. 教育部"阳光高考"今天开通, 900 多所高校参加 [EB/OL]. 中华人民共和国教育部. (2005-05-09) [2014-11-26]. http: //www. moe. gov. cn/publicfiles/business/htmlfiles/moe/moe_. html.

[9] 习近平在第二次新疆工作座谈会上发表重要讲话 [EB/OL]. (2014-5-30) [2015-9-27]. http: //www. xj. xinhuanet. com/zt/2014-05/30/c_ 1110932196. htm.

[10] 新京报. 人社部治理"考证热": 无依据职业资格明年取消 [EB/OL]. (2014-8-31) [2015-4-13]. http: //scitech. people. com. cn/n/2014/0831/c1057 -25573090. html.

[11] 与高等教育经济学相关的基本概念 [EB/OL]. (2010-8-27) [2015-4-24]. http: //www. pep. com. cn/xgjy/jyyj/jyts/jysk/bjyc/wtcl/201008/t20100827_ 811253. htm.